La educación de las personas adultas y el aprendizaje permanente

La educación de las personas adultas y el aprendizaje permanente

Óscar Medina Fernández

ULPGC
Universidad de
Las Palmas de
Gran Canaria | Servicio de
Publicaciones y
Difusión Científica

2024

MEDINA FERNÁNDEZ, Óscar

La educación de las personas adultas y el aprendizaje permanente / Óscar Medina Fernández. -- Las Palmas de Gran Canaria : Universidad de Las Palmas de Gran Canaria, Servicio de Publicaciones y Difusión Científica, 2024
  344 p. ; 24 cm. -- (Divulgación Científica ; 20)
  ISBN 978-84-9042-528-2
  1. Educación de adultos 2. Educación permanente I. Universidad de Las Palmas de Gran Canaria, ed. II. Título III. Serie
  374.7
Thema: JNP, JNM

Colección Divulgación Científica, nº 20

© del texto: Óscar Medina Fernández

© de la ilustración de la cubierta: César Manrique, con motivo del compromiso por la educación de adultos que adquiría la sociedad canaria durante la celebración del Año Internacional de la Alfabetización en 1991. Con la autorización de la Fundación César Manrique y de la Consejería de Educación del Gobierno de Canarias.

© de la edición: Universidad de Las Palmas de Gran Canaria
Servicio de Publicaciones y Difusión Científica
https://spdc.ulpgc.es/ • serpubli@ulpgc.es
1ª edición. Las Palmas de Gran Canaria, 2024

ISBN: 978-84-9042-528-2
eISBN: 978-84-9042-529-9
Depósito Legal: GC 315-2024

Maquetación y diseño: Servicio de Publicaciones y Difusión Científica de la ULPGC

Impresión: Gráficas Atlanta, S.L.

Impreso en España. *Printed in Spain*

A Florentino Sanz Fernández (1945-2007)
In memoriam

Tal como consta en el título, este libro trata de "educación", pero no de la educación de los niños en las escuelas, ni de la formación de los adolescentes en los institutos, ni siquiera de la enseñanza universitaria. Nos centramos en otro tipo de educación: la que realizan las personas adultas, de forma voluntaria, a veces, por razones académicas para conseguir una titulación, otras, por motivos laborales, y la mayoría, simplemente para aprender y relacionarse con otras personas.

Un ámbito educativo que, aunque con matices, grados y superposiciones, históricamente ha transitado por dos caminos. El de las enseñanzas formales u oficiales (regladas), que conducen a las titulaciones del sistema educativo y que se imparten en centros oficiales. Y el de las enseñanzas no formales o no oficiales (no regladas), que se llevan a cabo al margen, o fuera del sistema educativo formal en dos grandes campos: la formación relacionada con el trabajo y la mejora del empleo; y la formación personal y comunitaria, que sobre todo se desarrolla a nivel local, a cargo de diferentes instituciones públicas y privadas.

Pero, para adentrarnos en el tema que nos ocupa, conviene señalar que de antemano contamos con dos problemas que nos pueden confundir porque dificultan el análisis e impiden ver el bosque. Uno es que, cuando se habla de educación (en la calle, entre los vecinos y amigos, en los medios, en la universidad, incluso en el parlamento), generalmente se piensa en una parte de la educación (la que reciben los niños y niñas en la escuela), y no en la educación de toda la sociedad, de las personas de todas las edades, incluyendo también a las personas adultas. Cualquiera de nosotros ha podido comprobar que, si se habla o se debate sobre determinados problemas, como la obesidad, las drogas, la violencia, las variaciones del clima, etc., siempre pensamos en lo que habría que hacer en las escuelas con los niños y los más jóvenes.

Lo cual no debería extrañarnos (y aquí está el segundo problema), porque lo mismo sucede en el mundo académico. Tradicionalmente, los pedagogos, se han ocupado de la educación en la infancia y en la escuela, sin la dedicación que merece la educación de toda la sociedad. Este enfoque inicial de la educación ha terminado instalando toda una suerte de Pedagogía dominante, con una exigua preocupación y tardío reconocimiento de la educación de adultos que, además, se han visto reforzados por las propias teorías psicológicas, que desde sus inicios se han centrado en la infancia y la adolescencia, ignorando durante mucho tiempo el desarrollo psicológico en la edad adulta.

Aunque con este libro no pretendemos resolver ambos problemas, debido a su envergadura y complejidad, nuestro interés sí es abordarlos, restableciendo así, en todo caso, la deuda que, desde nuestro punto de vista, tiene la Pedagogía con este sector de la educación.

Es verdad que esta doble problemática con la que se cruza actualmente la educación de las personas adultas tendría sentido si habláramos de la realidad de este campo de la educación en el pasado que, según los historiadores, era un sector residual, limitado, marginal, sin apenas desarrollo teórico. Pero las cosas han cambiado, como veremos, porque la situación actual de la educación en la edad adulta, como práctica y como saber educativo, nada tiene que ver con su historia más remota, en la etapa de sus comienzos en los siglos XVIII y XIX. Más aún, también veremos que la realidad presente, con un nivel de desarrollo importante en la historia de la educación, incluso se distancia de su pasado más próximo (mediados del XX). Todo un sistema educativo en la sombra, que la universidad no nos cuenta, que la sociedad apenas conoce y del que los medios no se hacen eco.

En efecto, trataremos de explicar que, a partir de los años sesenta del siglo pasado, la Educación de Personas Adultas (en adelante, EPA) experimenta un cambio sin precedentes, que avanza con el paso de los años.

Lógicamente, aportaremos argumentos que lo justifican, relacionados con la historia de este sector de la educación, su nivel de desarrollo, su definición profesional y su impacto en la sociedad. A ello es a lo que nos referimos cuando hablamos de la evolución y situación actual de la EPA, tratando de indagar en la organización de las ofertas, en la gestión de las instituciones proveedoras, en la actuación de los profesionales y en el aprendizaje de los propios participantes. Grado y ámbito de progreso que, en todo caso, veremos que se encuentra refrendado por datos que los confirman desde el punto de vista histórico, didáctico, psicológico, pedagógico y social.

En el fondo, se trata de comprobar si asistimos o no al desarrollo de la educación de adultos que, basada en la investigación, nos permita acceder, con la suficiente fiabilidad y validez, al conocimiento de este campo y optimizar las prácticas educativas. Además de analizar su historia, su estructura y la organización de las ofertas, también buscamos conocer los beneficios personales y sociales que genera, y si la EPA opera como un sector educativo diferenciado. De ser así, hablaríamos de discursos teóricos legítimos, de investigaciones plausibles, de prácticas profesionales particulares y de beneficios personales y colectivos.

Dicho de otro modo, lo que buscamos es examinar de dónde venimos y a dónde vamos. Se trata de comprobar cómo ha evolucionado este sector educativo y en qué situación de desarrollo institucional se encuentra en la actualidad. Para ello abordaremos el papel que cumplen los centros de educación de adultos como estructuras y espacios para el aprendizaje a lo largo de la vida, para hacer realidad el derecho de todos a la educación, para contribuir al desarrollo de las personas y sus comunidades, en suma, para afrontar los desafíos y retos del mundo actual. Pero, sobre todo, también nos preocupa saber en qué medida contamos con la organización, los modelos de gestión, los sistemas de calidad, la legislación y la financiación suficientes.

En este empeño, no son pocas las preguntas sobre la EPA que se plantean las instituciones, los investigadores y los propios educadores de personas adultas, así como los gobiernos y las autoridades educativas. Algunas son de carácter más general sobre la evolución y su situación en la actualidad: ¿cómo ha evolucionado la formación de la población adulta desde sus comienzos hasta hoy?; ¿qué datos tenemos a nivel internacional y sobre todo en España de dicha evolución?; ¿cuál es la tarea de los centros de educación de adultos como estructuras y espacios para el aprendizaje a lo largo de la vida? Otras preguntas afectan a su función social, su carácter institucional y al papel del Estado: ¿qué beneficios personales y sociales tiene la educación en la edad adulta?; cuándo hablamos de la EPA ¿nos referimos a un fenómeno educativo que merezca la atención de los legisladores, o por el contrario, resulta irrelevante y de escaso recorrido? También están las cuestiones más directamente relacionadas con el trabajo y la dedicación de los profesionales: ¿de qué modo el conocimiento obtenido en este sector educativo afecta a los diseños de formación, a la práctica de los profesionales y a las instituciones y sus ofertas, sean estas formales o no formales?; ¿cuál es el margen de discrecionalidad que tienen los profesionales para adaptar las enseñanzas oficiales a las características, necesidades y demandas de las personas adultas?; ¿en qué hemos de formar a los educadores de personas adultas y qué rasgos definen su identidad profesional? No menos relevantes son las preguntas que se refieren a los conocimientos adquiridos y a las consideraciones más teóricas: ¿en qué dirección va la investigación en este campo y cuál es su peso entre las Ciencias de la Educación?; ¿desde el punto de vista pedagógico, cabe establecer diferencias entre la educación que reciben los niños y jóvenes en el sistema educativo y la educación de las personas adultas?

Las respuestas a estas y otras preguntas las iremos viendo con detalle en cada uno de los siguientes capítulos, basándonos en las aportaciones de los investigadores y en las contribuciones de los organismos supranacionales y de algunas instituciones, teniendo en cuenta también el punto de vista de los profesionales y los participantes.

Al igual que sucede en otros ámbitos del conocimiento, tendremos ocasión de abordar a lo largo de estas páginas un conjunto de temas como los que aquí nos ocupan, relacionados con el desarrollo de determinadas actividades educativas y su correlato profesional, institucional y académico. Así, a título de resumen inicial, podemos adelantar algunos datos y consideraciones acerca de la EPA, que nos hablan de su progreso como práctica y como saber educativo:

- En primer lugar, se ha terminado aceptando por la mayoría de los países el principio de aprendizaje a lo largo de la vida, concebido como el nuevo modelo que rige la educación de toda la sociedad y reconocido como un derecho de todas las personas.

- Hablamos de un nuevo principio educativo que, a diferencia de la situación marginal de este sector en épocas pasadas, se refleja cada vez más en las leyes y documentos oficiales con avances y acuerdos ambiciosos en materia de educación de adultos, que se reflejan en las políticas educativas de los gobiernos.

- Estas políticas educativas se concretan, en la mayoría de los países, en un amplio y variado catálogo de ofertas para personas adultas, de carácter formal y oficial, con la finalidad de adquirir una titulación básica (que no se pudo conseguir en su momento), así como poder continuar en el sistema educativo de cara a su desarrollo profesional y académico.

— Al mismo tiempo, desde hace varias décadas venimos observando un notable desarrollo de ofertas de carácter no formal (relacionadas con el trabajo, el desarrollo personal, los intereses culturales y la animación sociocultural), por parte de una gran pluralidad de instituciones, cuyo número de participantes suele superar ampliamente a los de la educación formal.

— La consecuencia más inmediata de todo esto es el incremento que viene experimentando la participación de personas adultas en los procesos de formación, respondiendo así a las dos finalidades que suelen tener para formarse: porque quieren seguir aprendiendo a lo largo de sus vidas y porque quieren mejorar sus relaciones sociales a través del aprendizaje.

— También hemos de señalar que en la mayoría de los países desarrollados ya se aplican en el campo de la EPA los que se conocen como sistemas de acreditación de la experiencia y de la educación no formal que, incluso, en algunos países se reconocen como un nuevo derecho de los ciudadanos.

— Asimismo, teniendo en cuenta el papel que están teniendo las universidades, asistimos a un hecho inédito sobre la evolución de este sector de la educación. Se han multiplicado las investigaciones sobre el impacto personal, familiar, laboral, económico y social que tiene la EPA. Y además, cada vez contamos con más estudios en los que se analiza la participación de las personas adultas en activades formativas en función de diferentes variables: demografía, formación previa, situación socioeconómica, diferencias entre países y territorios, motivaciones para participar, causas del abandono, tipos de educación (formal y no formal), etc.

— Desde el punto de vista teórico, iremos viendo diferentes contribuciones acerca de la EPA, unas veces, sobre el análisis del conocimiento obtenido y las bases doctrinales que lo sustentan, y otras, sobre las aportaciones que ahondan en las teorías y su relación con la práctica y los métodos. Muy fecundas están resultando en esta dirección las aportaciones que apuestan por las relaciones entre educación de adultos y educación social, tanto desde el punto de vista pedagógico como profesional.

– En este recorrido no podrían faltar las investigaciones, las orientaciones y debates que, nacidas al amparo de organismos supranacionales como la UNESCO, el Consejo de Europa, la OCDE y la Unión Europea, abordan la problemática del desarrollo institucional de la EPA, cuya respuesta política (en términos de recursos, financiación y control de calidad) iremos viendo que es diferente dependiendo de los territorios y países.

En resumen, todo parece indicar que, en lo que se refiere a la formación de las personas adultas, se evoluciona con el paso de los años en una triple vertiente, que podríamos formular del modo siguiente: la EPA se fortalece como *sector educativo* diferenciado, como *ámbito profesional* específico y como *campo académico* que comienza a tener entidad propia. Una transformación considerable y cada vez más acreditada, que se inicia en los años sesenta del s. XX, coincidiendo con la emergencia del concepto de educación permanente y su posterior enunciado de aprendizaje a lo largo de la vida.

Sin embargo, no podemos perder de vista que no todo son progresos en este campo y que hay problemas y déficits que abordar, a nivel internacional, y cómo no, en España. El más importante nos enfrenta al hecho de que las personas adultas más necesitadas de formación no son precisamente las que participan. Cualquiera que sea el país e independientemente de su desarrollo, está demostrado que cuanta más formación tiene una persona más formación demanda, y por el contrario, cuanta menos formación se tiene, menos se siente la necesidad de formarse. Aquí tenemos un serio problema de desigualdad (educativo, social y político al mismo tiempo), toda vez que el incremento de las ofertas educativas para las personas adultas en una determinada comunidad siempre tiende a favorecer sobre todo a los que ya poseen un buen nivel de instrucción.

Otro de los problemas de la EPA tiene que ver con la formación de los educadores y su profesionalización, respecto de lo cual es obligado lamentar que no siempre se contempla la doble oferta de educación formal y educación no formal. Un asunto este que, en relación con el progreso que viene experimentando la EPA, podría considerarse como el eslabón más débil de la cadena.

En el caso de la educación formal de personas adultas, hablamos de la insuficiente formación específica de los profesionales y de su limitada autonomía para adaptar las enseñanzas a las características y necesidades de las personas adultas. Se diría que en este ámbito profesional se mantiene todavía parte del mimetismo tradicional consistente en aplicar a la educación de adultos las mismas pautas escolares e infantiles que afectan a los métodos, las actividades, la organización, los currículos, etc.

Respecto de la educación no formal asistimos a un estrepitoso fracaso y desatención. Se trata de una oferta cada vez más creciente, que está cumpliendo una importante función económica y social. Pero no cuenta con el apoyo institucional suficiente, ni con la necesaria dotación de recursos, ni siquiera con la correspondiente dedicación de las universidades y los pedagogos. El resultado es que no se progresa en la organización con criterios de calidad, en el imprescindible apoyo institucional y económico, y en la legislación que asegure su viabilidad y desarrollo.

Estos son algunos de los problemas principales que actualmente vemos en la EPA. No tienen fácil solución, pero deben abordarse. No solo porque son problemas que afectan a la educación de las personas adultas, sino sobre todo porque son problemas educativos, sociales y políticos que comprometen el derecho de todos a la educación, y con ello, el bienestar y el desarrollo de nuestras sociedades.

La pregunta es ¿por qué? ¿A qué se debe que estemos ante un sector educativo, ámbito profesional y campo académico con evidentes adelantos a nivel internacional, pero todavía con importantes carencias que frenan y encorsetan su desarrollo en algunos países?

La respuesta que se plantea en este libro tiene que ver con el modo en que los Estados, las universidades y las instituciones dispensadoras de las ofertas, han entendido y aplicado el concepto de educación permanente o el de aprendizaje a lo largo de la vida. Ya hemos dicho antes que el progreso en el que avanza la EPA a partir de los años sesenta del s. XX coincide con la emergencia de la educación permanente. De esto no cabe duda, y hay que reconocer que asistimos a cambios importantes como los señalados anteriormente. Pero, a la vista de los problemas que también hemos indicado, desde nuestro punto de vista, no siempre se ha entendido la complejidad que representa el aprendizaje a lo largo de la vida, y mucho menos se han extraído las debidas consecuencias para la práctica.

En general, lo que vienen a decir los especialistas en este tema y los organismos internacionales es que la educación de la sociedad o los sistemas educativos de los Estados no pueden limitarse a la educación de los niños y jóvenes, ni referirse solo a la formación inicial que se realiza en las escuelas, que era el planteamiento dominante a partir del comienzo de la institucionalización de la educación obligatoria a finales del XVIII.

Lejos de ser así, lo que se plantea es un cambio radical, un nuevo paradigma que afecta a la concepción de la educación y a la función de la escuela. Es decir, la idea tradicional que confina la educación a los menores de edad en la escuela, como condición para el desarrollo económico y social, se cambia por una concepción más amplia, que asegura el desarrollo, siempre que se apueste por el aprendizaje permanente como un derecho de todos los ciudadanos.

Este es el sentido profundo del cambio, que afecta tanto a la educación como a su impacto en el desarrollo. Se trata de concebir y planificar la educación, contando ahora con un nuevo principio organizador que representa tres principales innovaciones respecto de los planteamientos tradicionales: uno, la finalidad de la educación es el desarrollo personal y social como un derecho de todos los ciudadanos (niños, jóvenes y adultos); dos, nos educamos a lo largo y ancho de la vida (no solo en la escuela y la infancia); tres, se aplica a todos los tipos de educación y oportunidades de aprendizaje (formal, no formal e informal).

Por tanto, hablamos de una auténtica reinvención de la educación, un giro de gran calado y envergadura, una transformación global, totalizadora, que va más allá del sistema educativo formal y afecta a todo el universo educativo, a la educación de todas las personas, sea cual sea su edad.

Pero no siempre se ha entendido así y, en no pocos casos, la respuesta en algunos países se limita al sistema educativo, unas veces, prolongando la educación obligatoria, otras, ofreciendo la posibilidad de titularse mediante la acreditación de la experiencia, y sobre todo, mejorando y dando más oportunidades a las personas adultas sobre las ofertas de educación formal que conducen a los títulos oficiales. Es evidente que este es un avance importante, que los profesionales de la EPA vienen reivindicando desde hace mucho tiempo. Pero, a nadie se le esconde que esto no representa una transformación radical que afecte a todo el universo educativo, porque los cambios que se llevan a cabo por parte de los Estados no responden del todo a los problemas señalados ni abordan los desafíos de todo orden (económicos, laborales, sociales y culturales) que debemos afrontar en la actualidad.

De ahí el título de este libro: *La educación de las personas adultas y el aprendizaje permanente*. Porque solo desde el aprendizaje permanente estaremos en mejores condiciones para enfrentarnos a los problemas de la EPA, resolviendo los déficits tradicionales y abordando los retos del momento presente. Una posición, en todo caso, abierta al debate y la crítica, con la única intención de poner en común determinadas consideraciones sobre la educación en la edad adulta y las posibles salidas del atasco en que se encuentra actualmente.

Un libro pensado, en primer lugar, para los educadores de personas adultas, cuya tarea principal, como la de cualquier profesional de la educación, es la de diseñar, llevar a cabo y evaluar la acción educativa (el programa, el curso, el taller, el proyecto); pero que, a diferencia de otros educadores, realizan una actividad que nada tiene que ver con lo que habitualmente se hace con los niños y adolescentes en la escuela. Todo lo contrario, hablaremos de una práctica profesional que posee rasgos propios y características específicas.

Pero un libro también para los profesores universitarios que, como el autor de este texto, se dedican a la investigación y a la docencia en temas de educación de adultos. Cualquier profesor universitario que se encuentre en esta situación ha podido comprobar cómo se ha ido transformando la EPA a lo largo de los dos últimos siglos, precisamente debido a las investigaciones que, desde la perspectiva de las personas adultas, se han desarrollado en disciplinas como la Historia, la Psicología, la Sociología, la Didáctica y las Ciencias de la Educación. Avances, directamente relacionados con la educación de la población adulta que, en el marco de la Pedagogía Social, han terminado modificando las pautas pedagógicas tradicionales sobre cuestiones tan clave de la acción educativa como son los objetivos, los currículos, la organización, las metodologías, la actuación de los profesionales, la calidad, la participación comunitaria, etc.

Incluso, por pretencioso que pueda parecer, un libro también para los participantes. En todo momento no hemos dejado de pensar en las innumerables personas adultas con las que nos hemos visto y reunido a lo largo de nuestra vida profesional, al principio, como educador en diferentes centros y proyectos, y posteriormente, como profesor de la universidad. Sus demandas y sus críticas, así como su colaboración y agradecimiento, no han dejado de estar presentes durante la escritura de estas páginas. Esperamos que aquí puedan reconocerse y ubicar su propia experiencia y exigencias, encontrando seguramente también nuevos argumentos para continuar, pero con más calidad, comprensión y apoyo institucionales, en esta tarea compartida de seguir aprendiendo a lo largo de la vida.

Así, a partir de un conjunto de autores y documentos institucionales, que veremos a lo largo de estas páginas, nos ocupamos de responder a las preguntas anteriores, sin perder de vista la doble tesis que defendemos en este libro. Por una parte, teniendo en cuenta el conocimiento disponible actualmente, la EPA a nivel general se desarrolla y se consolida en una triple vertiente: como sector educativo, como ámbito profesional y como campo académico. Y por otra, vemos que en algunos países este avance se ve frenado debido a que sus autoridades educativas, si bien reconocen y declaran la importancia del aprendizaje permanente, sin embargo, no parece que hayan sabido extraer las debidas consecuencias para la práctica educativa. Las razones que se aportan son históricas, didácticas y pedagógicas que, a su vez, se basan en investigaciones psicológicas, sociológicas, educativas, etc.

Toda la obra se organiza en siete capítulos, teniendo en cuenta en todo momento las dos perspectivas sobre la EPA que atraviesan estas páginas y sobre lo que invitamos a la crítica y el debate por parte de los lectores: el nuevo paradigma educativo centrado en el aprendizaje a lo largo de la vida y las aportaciones de la Pedagogía Social sobre este sector de la educación social.

1. En primer lugar, se aborda la situación actual de la EPA a nivel internacional, destacando los principales hitos que definen en el momento presente algunas de sus características diferenciales. Empezamos con la nueva concepción educativa basada en el aprendizaje permanente y su relación con la educación social, para analizar con más detalle las variaciones en el incremento de la participación y la demanda, los sistemas de reconocimiento de competencias y el impacto social para las personas y sus comunidades.

2. En el capítulo dos se presenta la evolución de este sector en los países europeos, así como la política actual de la Unión Europea en esta materia. A este respecto, se analiza el contenido del último informe de la UE sobre la educación de las personas adultas, destacando las áreas o indicadores de su desarrollo, así como los diferentes perfiles de países.

3. A continuación, se analiza el liderazgo que viene ejerciendo la UNESCO en la EPA y las consecuencias que está teniendo en todo el planeta en orden a su consolidación. Especialmente nos centramos en las funciones del *Instituto de la UNESCO para el Aprendizaje a lo*

largo de la Vida, organismo que se ocupa de la educación de adultos mediante la organización de conferencias internacionales y a través de la elaboración de los informes mundiales correspondientes.

4. El capítulo 4, a partir de un breve recorrido por la historia y un análisis de la normativa actual, se centra en la descripción de las ofertas de EPA en España, distinguiendo entre enseñanzas oficiales, experiencias de educación popular y actuaciones de acogida y reeducación. Finalmente se cierra este capítulo con algunas aportaciones críticas acerca del desarrollo institucional de este campo de la educación en España y en Canarias.

5. Aquí se abordan dos de las tres vertientes en las que vemos que se afianza la EPA: la que refiere al sector educativo con datos y aportaciones que nos remiten al carácter específico de este espacio de la educación; y la referida al ámbito profesional y con ello a la problemática sobre su formación y cualificación.

6. Se trata la EPA como campo académico, analizando su recorrido por las universidades, así como presentando una selección de las algunas áreas de investigación, abordadas bajos los siguientes epígrafes: Breve referencia histórica; Acerca del concepto; Metas y objetivos; Desarrollo comunitario; Acreditación de la experiencia; Psicología de la edad adulta; Sociología de la educación de las personas adultas; Participación e impacto social; Educación formal y educación no formal; Política educativa y financiación; Pautas metodológicas.

7. Para terminar, en el último capítulo se examina el sentido que la aplicación del aprendizaje a lo largo de la vida tiene en el universo educativo, más allá del sistema educativo. Se plantean, a título de conclusiones, los que, desde nuestro punto de vista, tendrían que ser los cambios institucionales que den cumplida respuesta a los problemas y déficits que están impidiendo el desarrollo de la EPA en algunos países.

Como ya se ha podido ver desde las primeras páginas, dedicamos este libro a Florentino Sanz Fernández, que nos dejó hace ya dieciséis años. Se trata de una dedicatoria especial por dos razones. En primer lugar, porque siempre representó para quienes lo conocimos un ejemplo de honestidad intelectual con sus aportaciones al tema que se trata en este libro. Como profesor de la UNED y miembro del departamento de Teoría e Historia de la Educación, buena parte de su dedicación profesional se centró en la educación de las personas adultas, con libros, artículos de revista y proyectos de investigación, que todos los que trabajamos en este campo reconocemos por su rigor científico, su calidad, y su visión acerca del horizonte que siempre había vislumbrado para la EPA. En segundo lugar, no menos importante es la relación personal que, como miembros del Grupo 90 que él dirigía, tuvimos durante algún tiempo, compartiendo viajes, investigaciones y publicaciones sobre la educación de las personas adultas. Por estas dos razones, a lo largo de este libro queremos dejar constancia de la oportunidad que ha tenido su autor de hablar, contrastar y discutir con Floro (como le llamábamos los amigos) sobre las cosas que aquí se dicen.

Finalmente, señalaremos algunos elementos del contexto en el que se escribe este libro, por su especial significado teniendo en cuenta varias circunstancias profesionales de su autor: durante 15 años dedicado a la docencia con personas adultas y a tareas de coordinación en Radio ECCA; también ha trabajado durante varios años en los programas de formación del profesorado de educación de adultos y en la gestión y organización de este mismo sector educativo desde la administración educativa canaria; finalmente, como profesor titular de la Universidad de Las Palmas de Gran Canaria, integrado en varios grupos de investigación y formando a los futuros profesionales de la educación en temas relacionados con la educación social y la educación de las personas adultas. Se comprenderá fácilmente que nos ocupamos ahora de esta tarea, como antes hacíamos como profesor de la universidad, con la conciencia de afrontar un doble reto: por un lado, abordar en la teoría gran parte de los problemas que hemos tenido la ocasión de observar en la práctica; y por otro, hacer un planteamiento de la educación de adultos, teórico y profesional, alejado de los postulados exclusivamente escolarizantes y más próximos a un modelo de intervención social en el marco de la educación permanente.

Capítulo 1

LA EDUCACIÓN DE PERSONAS ADULTAS A NIVEL INTERNACIONAL

En nuestro intento de describir la evolución que ha experimentado la educación de las personas adultas a lo largo de los dos últimos siglos, abordamos en este capítulo la situación en la que se encuentra en la actualidad. Analizaremos una selección de las principales transformaciones que han ido modificando la fisonomía de la educación de adultos en el mundo, cuyos efectos personales y sociales cuentan, cada vez más, con nuevas y contrastadas evidencias. Aunque a lo largo de los siguientes capítulos seguiremos hablando de la información y de los datos que aquí se exponen, necesitamos una primera aproximación que nos aporte una visión de conjunto sobre la situación de la EPA.

Partimos de una idea cada vez más compartida, que apuntan los especialistas en este campo: desde su aparición a finales del XVIII, la educación de las personas adultas ha experimentado un cambio, muy débil todavía en las primeras etapas, pero con mucha más relevancia, a partir de mitad del s. XX. Cambios que acaban transformando completamente el rostro de la educación de adultos en el mundo: su didáctica, su concepción educativa y su función social. Sobre todo, en la mayoría de los países desarrollados, queda atrás el fenómeno residual, limitado y escasamente diferenciado de este campo durante las primeras etapas de su desarrollo.

Analizaremos a continuación tales cambios, incidiendo en los principales hitos que definen en el momento presente algunas de sus características diferenciales y señas propias de identidad.

Comenzamos con el nuevo paradigma educativo basado en el aprendizaje permanente y la evolución de la educación social, para analizar los cambios en el incremento de la participación y de la oferta, los sistemas de reconocimiento de competencias y el impacto social para los usuarios y sus comunidades.

No obstante, en este pulso que tomamos de la situación de la EPA en el mundo, también tendremos ocasión de constatar que no todo son luces en su evolución. Veremos al final de este capítulo que hay sombras que nos remiten a un conjunto de dificultades, ya con una cierta tradición, que lastran su desarrollo teórico y práctico, impidiendo que llegue a los sectores sociales más necesitados.

1. LA EMERGENCIA DEL CONCEPTO DE EDUCACIÓN PERMANENTE Y SU CONTEXTO

En el origen del cambio que ha experimentado la EPA en el mundo está la aparición del concepto de educación permanente a mitad del siglo XX. Una nueva concepción según la cual, la educación no comienza y termina en la infancia y la juventud (como se venía creyendo), sino que se prolonga de forma permanente. A diferencia de lo que se pensaba tradicionalmente, se rechaza que haya una edad para estudiar y otra para trabajar. La educación no se puede limitar a una etapa de la vida, sino que tiene que ser el centro de nuestra vida y a lo largo de todas las etapas del desarrollo, desde la cuna hasta la tumba.

Es decir, veníamos de una concepción de la educación centrada en la escuela y los niños, que se cambia por un nuevo paradigma educativo, que modifica las coordenadas especio temporales: nos educamos a lo largo de la vida (no solo en la infancia) y en la comunidad (no solo en la escuela). Lo que significa que ahora se entiende la educación como un derecho de todos los ciudadanos, cualquiera que se la edad que se tenga, y un deber de los Estados para convertirla en realidad y garantizarla en todos los territorios y comunidades.

Durante los años sesenta, esto es lo que piensan los primeros autores que hablan de la educación permanente, como Lengrand (1966), Husén (1968) y Faure. (1972), coincidiendo con las aportaciones algunos organismos supranacionales del momento (UNESCO, 1972; Conseil de l'Europe; 1969; OCDE, 1973).

Aunque volveremos con este tema en el capítulo 7, a título de resumen sobre la idea de educación permanente, que ya se poseía en la década de los setenta, bien nos puede servir el mismo resumen, elaborado por Gonzalo Junoy, entonces director de la Revista de Educación de España, en su libro sobre la cooperación cultural y educativa del Consejo de Europa desde 1949 a 1978: "En resumen —nos dice Junoy— la educación permanente no significa prolongar la duración de la enseñanza obligatoria y conceder más importancia a la educación de adultos. Se trata de reestructurar el sistema educativo en un conjunto coherente, y la educación permanente se presenta como una estrategia global, como un principio organizador de toda educación (escolar y extraescolar, profesional y extraprofesional), teniendo como objetivo constante la ampliación de las posibilidades ofrecidas a todos en cualquier momento de su vida, cualquiera que sea su edad, su origen social, su educación anterior, su experiencia, para desarrollar plenamente su autonomía, su personalidad, en actividades educativas y culturales, recreativas o creativas, conforme a sus deseos, necesidades y aptitudes" (Junoy, 1979: 148).

Conviene aclarar, no obstante, que el concepto de educación permanente no se improvisa ni surge de la nada, sino que se produce en un contexto caracterizado por dos hechos a los que se enfrenta la sociedad en ese momento: la crisis de la escuela y un mundo que cambia de forma acelerada.

En efecto, hasta los años sesenta en que comienza a hablarse de la educación permanente, se pensaba que la escuela representaba un extraordinario recurso, una palanca para el desarrollo y el progreso, una gran hazaña de la humanidad con ventajas indiscutibles: igualdad de oportunidades, reducción del analfabetismo, movilidad social, desarrollo de los pueblos, implantación de las democracias, reducción de las desigualdades, universalización del conocimiento científico, etc.

Pero la edad de oro de las escuelas se acaba; su época brillante como una gesta indiscutible termina, porque algunas de sus ventajas empiezan a cuestionarse. Todo comienza con el *Informe Coleman* en USA (Coleman *et al.*, 1966), que concluye afirmando que, en lo que se refiere a los resultados, al rendimiento y a la eficacia de las escuelas, los factores no escolares (como el origen familiar, el sexo, la situación de la escuela, la raza, etc.) acaban siendo más importantes que los factores propiamente escolares (como el currículo, el profesorado, los recursos pedagógicos, o el dinero empleado).

El jarro de agua fría que representó el informe Coleman genera diferentes críticas a la escuela. En primer lugar, aparecen los *teóricos de la reproducción* (Bourdieu, 1977; Bourdieu y Passeron, 1070) afirmando que la escuela está al servicio del capitalismo y que más bien reproduce las desigualdades. También están los *teóricos de la desescolarización* (Illich, 1974), apelando a la desaparición de las escuelas, porque producen dependencia e infantilizan a los alumnos. En tercer lugar, tienen importancia los *teóricos de la pedagogía crítica* (Freire, 1970) que, aunque menos radicales que los anteriores, reconocen las desigualdades que crea la escuela y la dependencia del sistema capitalista, pero apuestan por su transformación, mediante un fuerte compromiso moral del profesorado con los más necesitados.

El pesimismo y el desconcierto que genera la crisis de la escuela y sus críticas obligan a la UNESCO a tratar el tema, celebrando en Virginia (USA) en 1967 una conferencia sobre la crisis de la educación. Philip H. Coombs es quien elabora el documento base para el encuentro, titulado *The world educational crisis* (Coombs, 1968) (*La crisis mundial de la educación*). En este documento se reconocen no pocos problemas y déficits de las escuelas: no se resuelven del todo las desigualdades, importancia de los factores no escolares que influyen en el rendimiento, se habla de la escuela como una burbuja que funciona de espaldas a la sociedad, escasas relaciones entre escuela y trabajo, dificultades para compatibilizar educación integral e instrucción, fracasos y abandonos escolares, y sobre todo, el hecho de que el origen social influye en el destino y el éxito escolar.

El segundo de los problemas que está en el origen de la aparición del concepto de educación permanente es el cambio constante y acelerado. La conciencia de que vivimos en un mundo que cambia de forma permanente y acelerada se agudiza a partir de mitad el siglo XX. Los historiadores, economistas, sociólogos y filósofos empiezan a hablar del cambio como un rasgo característico de la época que afecta al desarrollo económico, a las estructuras sociales, al mercado laboral, a las normas y a los valores.

El cambio, dicen los analistas, ha dejado de ser episódico y coyuntural y se torna esencial y estructural en nuestras sociedades, cualquiera que sea el nivel en el que nos situemos (local, regional, nacional, internacional). Cambio determinado por varios elementos: *factores demográficos* (tasas de mortalidad, natalidad, migración, etc.), *factores económicos y laborales* (distribución de la riqueza, derechos laborales, precariedad de algunos trabajos, etc.), *factores científicos y tecnológicos* (avances de la ciencia y de la técnica, innovación en medicina, informática, sistemas de información, etc.) y *factores culturales* (nuevas corrientes de pensamiento, nuevos modelos económicos, nuevas alternativas políticas, nuevos paradigmas educativos, etc.) (UNESCO, 1960; Thomas, 1976; Botkin *et al.*, 1979; Toffler, 1985).

"Todo cambia a nuestro alrededor" es la expresión que más se utiliza. Cambia la familia, el trabajo, la educación de los hijos, las comunicaciones, las instituciones, los países, los gobiernos, las políticas, en suma, nuestra propia vida y nuestro entorno. El problema es cómo reaccionamos ante el cambio. ¿Nos sorprende desprevenidos y sin recursos o preparados y con iniciativa? ¿Lo tenemos en cuenta y lo integramos en nuestra vida para mejorar y avanzar, o, por el contrario, lo ignoramos, o lo rechazamos, quedándonos al margen y fuera de sitio?

El concepto de educación permanente nace en este doble contexto, caracterizado por la crisis de la escuela y el cambio permanente y acelerado en el que vivimos. La convicción de sus defensores es doble: las escuelas van a cumplir mejor con su función educativa, y además, permitirá que los ciudadanos estén mejor preparados ante los cambios de todo orden que inevitablemente le acompañarán durante su vida.

Posteriormente, en los años noventa el concepto de educación permanente adquiere un nuevo vigor y se desarrolla con más fuerza, por parte de nuevos autores, como Delors *et al.* (1996) y Bélanger (1995), y nuevos organismos internacionales, esta vez, con una intervención muy destacada de la Unión Europea (1994 y 2000).

Lo que se hace en este momento es sustituir la expresión de educación permanente por la de aprendizaje a lo largo de la vida; unos términos que se ajustan mucho mejor a las transformaciones sociales propias de la sociedad de la información en la que vivimos, que se añaden a los cambios permanentes y acelerados de los que hemos hablado anteriormente.

Desde la Sociología, se habla de un contexto social marcado por la globalización, el incremento de las migraciones, el cambio de rol de las mujeres, el surgimiento de una conciencia cada vez más ecológica, etc. Una nueva realidad social en la que se plantean viejos y nuevos problemas al mismo tiempo, como la pobreza, el desempleo, la exclusión social, el deterioro del medio ambiente y nuevas situaciones de desigualdad. En este contexto, asistimos al hecho de que el desarrollo de las tecnologías de la información y la comunicación ha roto todas las fronteras tradicionales: el conocimiento y el saber ya no es monopolio de determinadas instituciones, circula por las redes al alcance de toda la población, generando aprendizajes, competencias y valores (Echeverria, 1994; Castell, 1994 y 2002; Flecha, 1994; Tedesco, 1995; Terceiro, 1996; Majó, 1996 y 1997; Alonso Maturana, 1997; Menéndez, 1997).

Es lo que los sociólogos denominan "sociedad de la información" que, a diferencia de la anterior sociedad industrial (caracterizada por el capital económico y la distribución de bienes y mercancías), se define por la importancia del capital cultural y la relevancia social y económica que tiene la información y el conocimiento, así como las comunicaciones y los servicios. Nuevo tipo y modelo de sociedad en la que la educación sigue siendo indispensable para el progreso y para responder a los nuevos desafíos e incertidumbres, pero no tanto la educación inicial, como se creía tradicionalmente, sino más bien el aprendizaje permanente.

2. LA EDUCACIÓN SOCIAL: ORIGEN Y ETAPAS

La evolución de la EPA a nivel internacional también ha dependido de la propia evolución de la educación social, que igualmente se consolida coincidiendo con la aparición del concepto de educación permanente o aprendizaje a lo largo de la vida. Nos referimos al nacimiento y expansión de las diferentes formas de educación social, que ya venían funcionando tradicionalmente (formación laboral, animación sociocultural, educación de adultos, educación social especializada, educación popular, etc.), pero con un débil desarrollo teórico y práctico. Todo ello, debido a los cambios sociales de cada momento histórico, en los que acaban teniendo una especial relevancia en la actualidad las iniciativas sociales, las políticas de bienestar y, especialmente, el papel de las universidades en esta materia. Hablamos de cambios sociales y de las necesidades de cada momento, que reclamaban una actuación educativa alejada de los planteamientos escolares tradicionales y más en consonancia con la función socializadora del aprendizaje permanente (Sáez, 1987; Petrus, 1997; Quintana Cabanas, 1994 y 1997; Pérez Serrano, 2002; Tiana, 2017).

Tiene interés que nos detengamos en el origen y desarrollo de la educación social, donde reconocemos buena parte de las claves que también explican el origen y el desarrollo de las diferentes formas de educación de personas adultas, desde la Edad Moderna hasta la actualidad.

Analizando la evolución de la educación social, sobre todo en Europa, Tiana (2017: 85-100) distingue entre cuatro etapas clave, que relacionan estrechamente la doble función, cultural y social, que tiene toda acción educativa. Una primera etapa tiene lugar en los inicios de la Edad Moderna, fruto del incipiente capitalismo que transforma las estructuras económicas y sociales del medievo. Se inicia así un amplio proceso de acumulación de capital y de urbanización creciente, que obliga a las administraciones municipales de entonces a responder a las demandas de la vida colectiva con nuevas formas de acción social, reeducación y atención a los pobres y vagabundos, antes en manos de la acción individual o a expensas de las actuaciones caritativas.

Una segunda etapa coincide con la caída del Antiguo Régimen, debido al impacto producido por la Revolución Francesa y la Revolución Industrial. La Revolución Francesa no solo representó el final de la monarquía absolutista y la aparición de los regímenes políticos basados en la libertad. Sobre todo, el cambio social y político consistía en que los súbditos dejaban paso a los ciudadanos a los que se les reconocía unos derechos que los Estados tenían que asegurar y proteger. En este nuevo contexto basado en las libertades y los derechos, durante la segunda mitad del XVIII y en Europa se inician las transformaciones generadas por la Revolución Industrial: nuevos modos de producción, desarrollo del capitalismo industrial, avances científicos y tecnológicos, desarrollo de la medicina, crecimiento demográfico, mejora de las condiciones higiénicas y sanitarias de la población, etc. Cambios sociales y políticos que sentarían los gérmenes de las revoluciones de finales del XVIII y comienzos del XIX que se extendieron por Europa y América, generando finalmente las bases de un nuevo orden social, tal como se expresaron en su momento en la *Declaración de Independencia de los Estados Unidos* de América (1776) y en la *Declaración de los Derechos del Hombre y del Ciudadano* de Francia (1789). De este modo, se da paso a una nueva sociedad supuestamente más igualitaria, donde todos los ciudadanos tenían el mismo valor, pero con nuevas diferencias y desigualdades, a las que los Estados-nación responden con la creación de los sistemas educativos nacionales y oficiales, centrados fundamentalmente en la educación infantil y escolar de carácter formal. Nuevo contexto educativo, que acaba identificando educación y escolarización, donde la educación social, de la mano de la sociedad civil, queda limitada a la educación no formal (al margen o fuera del sistema educativo), con experiencias de educación popular, formación laboral, difusión cultural y educación de adultos, cuyos destinatarios principales eran las personas o colectivos excluidos de los circuitos oficiales.

Continuando con las aportaciones de Tiana, la tercera etapa, que se inicia a partir del XIX, se caracteriza por la creciente intervención del Estado en materia de educación, debida a lo que entonces se denominó la *cuestión social* (problemas sociales, conflictos de clase, organizaciones obreras de resistencia y socorro mutuos, movimientos políticos, etc.). Se trata de un fenómeno que tiene una especial relevancia en el último tercio del s. XIX y principios del XX con el reconocimiento de nuevos derechos civiles, sociales y políticos, que van más allá de los referidos a la libertad. En este momento, la intervención del Estado ejerce también una influencia notable en la educación en dos sentidos: mejorando y ampliando el proceso de escolarización obligatoria (que sigue un ritmo diferente según los países); y apoyando y promoviendo diferentes iniciativas de educación social, tanto en el ámbito de la infancia y la juventud (jóvenes delincuentes, personas discapacitadas, etc.), como en el ámbito laboral y de la cultura popular.

Incluso Tiana se refiere a una cuarta etapa que se expande por Europa una vez finalizada la Segunda Guerra Mundial, en 1945, consistente en reforzar todavía más la intervención del Estado con la creación de lo que se denominaría el *Estado de Bienestar*. Un nuevo modelo de Estado, fruto, en el fondo, de un pacto social tácito en el que todos los actores sociales (empresarios, trabajadores, poderes públicos) ponían algo de su parte para reconstruir la vida de los ciudadanos terriblemente afectada por la guerra, mediante la intervención del Estado en una red social de protección y asistencia de todas las personas, sea cual sea su origen o condición. Es este el nuevo contexto de reconstrucción postbélica en el que definitivamente la educación social despega y se desarrolla como práctica socioeducativa y ámbito profesional: se incrementan los programas de formación laboral para los trabajadores (estén trabajando o en paro); se consolidan las iniciativas basadas en la socialización secundaria (conductas disruptivas, marginación, delincuencia, drogodependencias, etc.); nacen buena parte de las ofertas educativas basadas en la educación del tiempo libre, el ocio y el deporte; se extienden las experiencias de democratización y participación cultural, promovidas por asociaciones y entes municipales (animación sociocultural, espacios formativos en los museos y exposiciones, etc.).

No en vano se trata de una época (después de la Segunda Guerra Mundial) en la que, según Piketty (2021: 9-24), tienen lugar los mayores avances sociales (igualdad, educación, sanidad), aunque sus primeros pasos, todavía muy limitados, ya se habían iniciado a partir del XVIII, fruto de una nueva fase del pensamiento moderno que nace al amparo de la Revolución Francesa, las ideas de la Ilustración y el nacimiento de muchos Estados.

En lo que se refiere al tema que nos ocupa, esta última etapa, que coincide con el desarrollo del Estado de Bienestar, es precisamente el período (sobre todo a partir de los años sesenta del s. XX) en el que vamos a asistir a ese extraordinario despegue y evolución de uno de los ámbitos de la educación social, la educación de adultos, que, como veremos a continuación, se caracteriza por un incremento notable de la participación.

3. El incremento de la demanda y de la oferta

El cambio de la EPA del que estamos hablando coincide en el tiempo con un incremento extraordinario del número de *participantes* adultos que se forman. A nivel internacional, actualmente asistimos a un hecho inédito que se inicia en la década de los sesenta del siglo pasado: cada vez son más las personas adultas que se forman y quieren seguir aprendiendo, fruto en parte, como ya hemos visto, de la crisis de la escuela y del cambio permanente en el que vivimos. Un fenómeno social que ha trastocado y obligado a replantear los propios sistemas educativos de los estados modernos.

Afortunadamente, desde hace ya algunos años, contamos con cifras que nos permiten cuantificar tal incremento de la demanda. Dependiendo de los países, los datos oscilan entre el 30% y el 60% de participación de personas adultas en procesos sistemáticos de formación (UNESCO, 2010b; OCDE, 2003, 2017, 2021a y 2021b; Unión Europea, 2015 y 2021). Un hecho, destacado por la UNESCO y algunos autores, en términos de "explosión educativa" o "crecimiento exponencial", que nos lleva a afirmar que en la actualidad este sector educativo, en lo que se refiere a los usuarios, ha abandonado el carácter tan secundario y marginal que representaba en el pasado.

Tal es así que en algunos países se ha invertido la tendencia tradicional, toda vez que en la actualidad el volumen de población adulta que se forma ya es mayor que la población infantil y adolescente escolarizada; un fenómeno que también está incrementando sustancialmente el número de profesionales de la educación (UNESCO, 2010a; Bélanger, 1999).

Además, los datos disponibles ponen de manifiesto que este incremento de la participación se viene produciendo en las dos modalidades que siempre han existido en la EPA: las enseñanzas formales y oficiales del sistema educativo, y las enseñanzas no formales que se llevan a cabo fuera del sistema educativo (tanto las relacionadas con el trabajo y el empleo, como las que se cursan por motivos de aprendizaje y relación social). Y lo que queremos destacar aquí es el extraordinario crecimiento que viene experimentando sobre todo la educación no formal que, en muchos países, supera ampliamente en número de participantes a los de la educación formal, tal como se admite en la Unión Europea (2021: 12): "aunque hay diferencias entre países, una característica común es que la mayoría de las actividades de aprendizaje en las que participan las personas adultas tienen un carácter no formal". Un hecho social sobre el que años antes ya comentaba Bélanger (1999) como una de las tendencias más significativas del quehacer educativo, que rara vez se ha reconocido oficialmente.

Los datos de la UNESCO (2010c) en esta materia revelan grandes disparidades entre países. En un total de 18 estudiados, la participación en actividades de educación de adultos formal y no formal entre la población de 25 y 64 años se sitúa en el 35,7% de media, con países, como Hungría, que no llegan al 10%, o Suecia que superan el 70% (pág. 62). En tal sentido, la Unión Europea (2021), con datos más recientes, también aporta cifras de participación entre las personas de 25 a 64 años, pero distinguiendo entre educación formal y no formal: de hecho, la media de participación en educación no formal (UE-27), por encima del 40%, más que triplica el porcentaje de la educación formal (pág. 37).

Si tenemos en cuenta los datos de los países de la OCDE, alrededor de la mitad de los adultos de 25 a 64 años participan en procesos de aprendizaje formal o no formal (OCDE, 2017: 326). También, en este caso, con diferencias entre países, por ejemplo, Nueva Zelanda, que se sitúa casi en el 70%, y la Federación Rusa por debajo del 20%. Dicha participación, según datos más recientes, se ha visto claramente reducida, debido a los efectos sociales y económicos de la pandemia (COVID-19) (OCDE, 2021b: 133).

De todas formas, el volumen que está representando esta participación sorprende todavía más en los países desarrollados, si pensamos en la no participación. La pregunta es ¿participan todos los que lo desean? Tiene sentido la pregunta, porque sabemos que no son pocas las personas adultas que querrían formarse, pero no pueden por razones familiares, laborales o económicas. En el mismo informe, citado anteriormente de la Unión Europea (2021), se destaca que una de cada tres personas adultas consultadas querría participar en alguna actividad formativa, pero no lo hace debido a los costes de la formación (pág. 77).

Por ello en algunos países, con la intención de cuantificar con más rigor la magnitud de la demanda, ya comienzan a distinguir entre varios tipos de participación de personas adultas en actividades de formación. Se habla así de *participación real*: son los participantes que dedican un determinado número de horas al aprendizaje cada año; *participación potencial*: los que no participan, pero expresan su deseo de participar; y *no participación*: quienes no participan ni desean participar (Bélanger y Valdivielso, 1997).

Por otra parte, conviene señalar que este hecho inédito que se está produciendo a nivel internacional también se da en España: cada vez son más las personas adultas que se forman, con cifras importantes de participación y, especialmente, con un incremento exponencial en las últimas décadas. Prueba de ello es la aceptación y acogida que tienen, por ejemplo, las Universidades Populares en España, con más de dos millones y medio de participantes, según la información que aporta la Federación Española de Universidades Populares (FEUP, 2022a).

En nuestro país por fin ya contamos con estadísticas oficiales sobre este asunto desde 2007, que nos permiten cuantificar al alcance y la dimensión del crecimiento que está experimentando la formación de las personas adultas en España. Se trata de una encuesta que realiza en Instituto Nacional de Estadística (INE, 2016) sobre *Participación de la Población Adulta en Actividades de Aprendizaje* (EADA). Según la última de estas encuestas realizada en 2016, vemos que, entre la población de 18 a 64 años, participan en *educación formal* 4.715.973 personas adultas, cifra que en el caso de la *educación no formal* llega hasta 11.822.954. En la misma encuesta del INE se aportan datos de las diferentes Comunidades Autónomas. En Canarias, por ejemplo, la población adulta que ha realizado actividades de *educación formal* en el año citado alcanza la cifra de 257.318, y los que han realizado *educación no formal* suben hasta 504.988, lo que en este último caso representa el 36% de población canaria de entre 18 y 64 años.

Como se puede ver, hablamos de cifras nada desdeñables sobre todo en lo que se refiere a la educación no formal, que nos aportan una doble lectura: sobre la demanda creciente que está representando este fenómeno, y sobre la respuesta de la sociedad al derecho de todos los ciudadanos a la educación. Aunque no es el tema que nos atañe, invitamos a los lectores a que valoren, por ejemplo, el impacto que tiene este fenómeno en la creación de empleo.

La dimensión y el alcance que tienen estos datos sobre participación, sobre todo por los efectos sociales que genera, es lo que ha conducido a la Unión Europea a plantearse, como objetivo de su política en materia de educación de adultos, que en el año 2030 podamos llegar a una media de participación del 60%, tal como se formula en el Plan de Acción del Pilar Europeo de los Derecho Sociales (Unión Europea, 2021: 34).

4. Reconocimiento y validación de competencias

Una de las consecuencias prácticas del concepto de educación permanente o aprendizaje a lo largo de la vida es el *reconocimiento y validación de competencias*, que se ha convertido en un rasgo de la EPA de las últimas décadas. Se trata de una nueva práctica educativa, que consiste, no tanto en enseñar, sino en reconocer (en términos de enseñanza formal) y validar (mediante un sistema de evaluación) las competencias y los aprendizajes que las personas adultas han podido adquirir a través de la experiencia y/o de la educación no formal. Lo cual quiere decir que estamos ante una actuación estrictamente educativa de los profesionales de la educación formal, a través de la cual se puede acceder a un título oficial del sistema educativo.

Debido al extraordinario desarrollo de la educación de adultos y a los cambios en el mercado laboral, tales "sistemas de reconocimiento y acreditación de la experiencia y de la educación no formal", como también se denomina esta práctica educativa, actualmente ya se aplican en la mayoría de los países desarrollados. En algunos, incluso, reconocido como un derecho, actuando como punto de encuentro entre lo formal, lo no formal y lo informal, de acuerdo con las recomendaciones de los organismos internacionales (UNESCO, 2021).

A nivel internacional, ya contamos con bastantes datos sobre esta materia. En uno de los informes de la UNESCO (2020) sobre la situación mundial de la educación de adultos, elaborado a partir de las respuestas a una encuesta por un total de 159 países, se afirma que el 66 % dan cuenta del progreso en esta materia. No obstante, admitiendo que se trata de un asunto que ha recibido una considerable atención, tanto en la literatura académica como en las políticas de los estados, se advierte que su implementación resulta todavía problemática porque no se llega suficientemente a los colectivos más necesitados. En tal sentido, varios países encuestados destacan la importancia que tienen estos sistemas para mejorar la calidad de la educación y el aprendizaje de adultos, reduciendo al mismo tiempo las tasas de abandono.

También la Unión Europea (2021) aborda este tema en uno de sus informes, destacando nuevamente diferencias territoriales, pero con una contrastada conclusión: en lo que se refiere a los mecanismos para la validación del aprendizaje no formal e informal, se trata de una realidad que, prácticamente, se aplica en todos los países europeos.

En el caso de España, pese a las reticencias que inicialmente han despertado en las autoridades educativas y en los propios profesores, la aplicación de estos procedimientos ha sido una reivindicación de algunos profesionales y pedagogos dedicados a este campo. No obstante, aunque tardíamente, la norma española que da respuesta a esta demanda es de 2002. Se trata de la *Ley Orgánica 5/2002 de las Cualificaciones y de la Formación Profesional* (BOE, 2002b), que regula la evaluación y la acreditación de las competencias profesionales adquiridas por los trabajadores a través de la experiencia laboral o de vías no formales de formación, teniendo siempre como referente el Catálogo Nacional de Cualificaciones Profesionales (INCUAL, 2022a y 2022b; CNCP, 2022).

5. Beneficios y resultados

Otro de los cambios que nos hablan de la evolución que está experimentando la educación de adultos en el mundo es que cada vez tenemos más información sobre su desarrollo en general y, de manera especial, sobre los efectos sociales que genera.

Ello es así porque, en los últimos años, se han multiplicado las investigaciones sobre los resultados económicos y sociales de la EPA, aportando evidencias sobre los beneficios del aprendizaje en la edad adulta. Investigaciones sobre las que se hace eco la OCDE (2017), relacionando el nivel educativo de las personas adultas con el empleo, los ingresos y determinados aspectos de la salud. Por su parte la Unión Europea (2021) registra que el aprendizaje a lo largo de la vida ya comienza a dar muestras de los efectos que tiene en el progreso social y económico.

Otra de las instituciones que nos aporta información sobre los resultados y beneficios de la EPA es la Asociación Europea de Educación de Adultos (EAEA). En el *Manifiesto por la Educación de Personas Adultas en el siglo XXI* (EAEA, 2019) se aportan evidencias y buenas prácticas sobre los resultados económicos y sociales, precisamente de la educación no formal de personas adultas. Dirigido a los responsables políticos europeos, nacionales y regionales para demostrar los beneficios y contribuciones del aprendizaje de adultos, el manifiesto recoge un conjunto de investigaciones sobre los siguientes temas: ciudadanía activa y democracia, salud y bienestar, habilidades para la vida, cohesión social, equidad e igualdad, empleo y trabajo, digitalización, migración y cambio demográfico y desarrollo sostenible. A título de ejemplo, en este manifiesto se aportan datos sobre los efectos de la educación de adultos no formal en la *salud*: se gestiona mejor la propia salud y los tratamientos, se fuma menos, se utilizan menos drogas, se hace más ejercicio, se aceptan mejor las vacunas, etc. Respecto de la *ciudadanía activa y democracia*, entre otras cosas, todo parece indicar que la educación de las personas adultas fortalece y regenera la sociedad civil, pues mejora la tolerancia, el respeto, el sentimiento de pertenencia, e incrementa la participación, que se traduce en un mayor interés por el hecho de ir a votar.

En esta materia es la UNESCO (2017) la que aporta más datos y evidencias. Desde el año 2009 (fecha en la que se celebra la Sexta Reunión Internacional de Educación de Adultos en Belén-Brasil), la UNESCO viene publicando diferentes informes (conocidos por las siglas GRALE), siempre basados en investigaciones y estudios, sobre la situación y los resultados de la educación de adultos en el mundo. El tercero de estos informes, *III Informe Mundial sobre el Aprendizaje y la Educación de Adultos* (UNESCO, 2017), editado por el *Instituto de la UNESCO para el Aprendizaje a lo Largo de Toda la Vida*, ha sido redactado por un distinguido grupo de académicos e investigadores especialistas en el tema.

Aunque hablaremos con más detalle sobre el contenido de este informe en el capítulo 6, toda la información y documentación demuestra que a través de la educación de adultos mejoran cuestiones tan importantes como la familia, la salud, la nutrición, la lucha contra la pobreza, el bienestar, el empleo, el mercado de trabajo, la vida social, la equidad, la participación comunitaria, las prácticas sostenibles sobre el medio ambiente, etc. La idea central de todos los estudios es que la educación de adultos no solo es una herramienta para la formación personal, el pensamiento crítico y el empoderamiento, sino sobre todo es un recurso para el desarrollo económico, social y político. Un argumento que, además, ha venido a reforzar las políticas en esta materia, así como el destino de medios, personal y financiación.

Irina Bokova, directora general de la UNESCO en ese momento, nos dice que el objetivo de este tercer informe es "reforzar la defensa del aprendizaje y la educación de adultos con pruebas de sus beneficios" sobre todo en el momento en el que la comunidad internacional pone rumbo a la *Agenda 2030 para el Desarrollo Sostenible*. Un informe, según se dice, dirigido a los políticos, los actores sociales y a los investigadores: "En el *GRALE III*, —continúa la directora general— los responsables de la formulación de política encontrarán pruebas de gran calidad para apoyar políticas, estrategias y presupuestos. Los actores sociales interesados encontrarán argumentos convincentes para sostener cómo el aprendizaje y la educación de adultos promueven el desarrollo sostenible, sociedades más saludables, mejores trabajos y una ciudadanía más activa. Los investigadores encontrarán puntos de acceso e ideas para la investigación futura". (pág. 8).

A la vista de los datos aportados, no podemos estar más de acuerdo con las anteriores palabras de la directora general de la UNESCO. Estamos ante pruebas y evidencias sobre el impacto de la EPA, que abundan en los motivos para que los políticos, los actores sociales y los investigadores apoyen, estudien y financien este sector de la educación.

6. EL PROBLEMA DE LOS EXCLUIDOS

Lo explicado hasta ahora refleja la parte luminosa del cuadro, pero hay un lado sombrío. No todo resulta un avance en este campo. A nivel internacional, tenemos graves problemas que afectan a la EPA, impidiendo su desarrollo teórico y práctico, así como sus efectos sociales. Algunos de estos problemas ya se han mencionado en la introducción y volveremos sobre ellos en el capítulo 7: el hecho de que las personas adultas más necesitadas de formación no están participando; el que atañe a la formación y profesionalización de los educadores en el ámbito de las enseñanzas formales; y el abandono institucional en el que se encuentran las ofertas de educación no formal.

Entre tales problemas, nos detenemos en el primero: las personas que no participan y están siendo excluidas de las ofertas y programas de educación de adultos. Una situación de carácter general que afecta a todos los países, cualquiera que sea su nivel de desarrollo (Medina, 2020a).

Hemos hablado en este capítulo de cantidades elevadas de participación, cifras inéditas en algunos países desarrollados, que sorprenden por su magnitud, pero ¿quiénes son los que participan? Pues, no precisamente los que más lo necesitan, es decir, no precisamente las personas adultas que tienen un nivel más bajo de formación, sino todo lo contrario: las que tienen un nivel más alto. Esto se descubrió por primera vez en la *Tercera Conferencia Internacional de Educación de Adultos,* celebrada en Tokio en 1972 por la UNESCO (1972), poniendo de manifiesto que cuanta más formación tiene una persona, más formación demanda; y, por el contrario, cuanta menos formación tiene, menos siente la necesidad de formarse.

Lowe, profesor de Pedagogía de la Universidad de Edimburgo y uno de los especialistas que había participado como experto en la conferencia de Tokio, lo explica en su libro *L'education des adultes. Perspectives mondiales*, destacando que, pese al incremento que se iniciaba de la participación, sin embargo, no estaban participando los más necesitados, que eran los desfavorecidos social y económicamente, hecho que todos los asistentes reconocían en sus propios países (Lowe, 1976).

Basándose en las estadísticas de participación de los diferentes países, los presentes en la conferencia de Tokio analizan la relación inversamente proporcional que se establece entre la formación que se posee y las necesidades que de ella se tienen. Es lo que conduce a Lowe a sugerir la siguiente ley de participación: «Cuantos más contactos haya tenido un individuo con la educación, más tenderá a buscar otros; cuanta menos instrucción haya recibido, menos deseará adquirir más instrucción» (pág. 51).

De hecho, en el informe final de la Conferencia de Tokio se analiza cómo afecta este fenómeno al incremento en las ofertas de formación de las diferentes comunidades: «La experiencia demuestra que el aumento de los servicios educativos de una comunidad tiende a favorecer sobre todo a los que ya disfrutan de los beneficios de la educación; los desfavorecidos en materia de enseñanza tienen todavía que hacer valer sus derechos. La educación de adultos no es una excepción a la regla, pues aquellos adultos que más necesitan la educación han quedado en gran medida marginados: son gentes olvidadas. Por consiguiente, la principal tarea de la educación de adultos durante el Segundo Decenio de las Naciones Unidas para el Desarrollo es buscar a esas gentes olvidadas y ponerse a su servicio" (UNESCO, 1972: 21).

En definitiva, hablamos del problema de las desigualdades en el campo de la educación de adultos sobre el que, a partir de la conferencia de Tokio, la UNESCO ha seguido aportando datos. En una publicación más reciente, que se basa en diferentes estudios sociológicos (Cross, 1981; Rubenson,

2006; Ahmed, 2009 y otros), se analiza con detalle este problema de las desigualdades en la participación, señalando que, aunque con diferencias según los países, en general las tasas más bajas de participación se incrementan con la edad, la pobreza, la pertenencia a minorías étnicas o la situación de emigrante, y sobre todo con los niveles más bajos de competencias (UNESCO, 2010c).

Además de las causas señaladas que aluden a las características o situación en la que se encuentran los educandos, el mismo informe de la UNESCO (2010c) apunta otras causas de carácter institucional, aludiendo con ello al modo de proceder de algunas instituciones cuyas condiciones de las ofertas (fechas, horarios, lugares, precios, condiciones de acceso, etc.) desmotivan, frenan u obstaculizan la participación en los procesos de formación, sobre todo de los más pobres y con menor nivel educativo.

Por ello, transcurridos 38 años de la conferencia de Tokio, todavía en 2010 la realidad de los excluidos de la educación de adultos sigue vigente: "Los datos disponibles sobre quien participa revelan una pauta consistente en una amplia gama de países y regiones: quienes han adquirido más educación, tienden a obtener más, y quienes no la han adquirido, encuentran difícil recibir alguna. Sin embargo, posibilitar la participación puede romper este ciclo, conduciendo a una espiral ascendente de logro para quienes llegan a participar en la educación como adultos" (págs. 69-70).

Una realidad, además, que vemos en todos los países europeos. En el último de los informes de la Unión Europea (2021) sobre la EPA se reconoce que el aprendizaje a lo largo de la vida se está convirtiendo cada vez más en motor del progreso social y económico; pero se alerta que tenemos en Europa un grave problema: el bajo nivel de cualificaciones y habilidades básicas que tienen todavía muchas personas adultas, situadas entre los grupos más desfavorecidos del mercado laboral y de la sociedad. Una situación que, según los datos con los que contamos actualmente, es probable que empeore aún más. Las cifras aportadas hablan por sí mismas: "Aproximadamente una de cada cinco personas adultas en la UE no ha completado la segunda etapa de educación secundaria" (pág. 12). "Una proporción sustancial de personas adultas en Europa se ve afectada por bajos niveles de alfabetización, aritmética o habilidades digitales" (pág. 12). "Las personas adultas con baja cualificación participan menos en la educación y la formación que aquellos con niveles más altos de logro educativo" (pág. 13). Por ello se plantea en este informe la necesidad de avanzar, instando a los países miembros a dar pasos más firmes para hacer realidad las políticas europeas en materia de educación de personas adultas.

Desde un punto de vista social y político estamos ante uno de los problemas más graves que afecta a EPA, que nos hablarían de sus pies de barro. Está claro que no basta con el mero incremento de las ofertas de educación o difusión cultural si al mismo tiempo no se toman medidas específicas en favor de los menos favorecidos, que son los más necesitados de educación. Este problema lo tienen todos los departamentos de cultura y educación, cualquiera que sea el nivel de la administración pública de los Estados, cuyas ofertas de cultura y formación podrían estar contribuyendo a la paradoja de incrementar las diferencias sociales en lugar de a disminuirlas, si no se hace algo por corregir esta tendencia.

Un problema este que, como ya se ha dicho, afecta a todos los países, pero que en algunos se agudiza todavía más con la "caducidad del título de formación básica" (Medina, 2003). Nos referimos a que, en algunos países como España, cada vez que se hace una reforma educativa, las personas adultas que tienen un nivel educativo de formación básica, adquirido antes de la reforma, quedan descalificadas académica y socialmente. Son reformas educativas que, al incrementar los años de escolaridad, y con ello, el nivel de Formación Básica, se crea un nuevo título que produce un doble efecto: se recualifica al alza el nuevo título y a la baja el título anterior.

Así sucedió con la LGE de 1970, que creó el nuevo título de Graduado Escolar que vino a sustituir al anterior de Estudios Primarios. Y lo mismo ocurrió con la LOGSE en 1990, creando el nuevo título de Graduado en Educación Secundaria que sustituyó al anterior de Graduado Escolar.

Es lo que algunos autores denominan como el "efecto desnivelador" (Flecha, 1990b) o el "fenómeno de la obsolescencia académica" (Alonso Maturana, 1997) que generan algunas reformas educativas en determinados sectores de la población adulta. Una nueva expresión en este caso del conocido como "efecto Mateo" (Merton, 1968) que, en la aplicación a este fenómeno, podría formularse de este modo: aquellos que más formación tienen buscan más y más formación se les da, pero a aquellos que menos formación tienen, ni siquiera la formación adquirida se les reconoce con el paso del tiempo.

Capítulo 2

LA EDUCACIÓN DE PERSONAS ADULTAS EN LA UNIÓN EUROPEA

Si en el primer capítulo hemos visto una panorámica general de la situación en la que se encuentra actualmente la EPA en el mundo, ahora nos centramos en los países de la Unión Europea, abordando especialmente las políticas de la unión en esta materia. Políticas que, como veremos a continuación, en los últimos años han dado un salto cualitativo, al considerar la formación de las personas adultas como un dispositivo esencial del aprendizaje permanente.

Para entrar en ello, antes que nada, conviene recordar que en los Tratados de Paris (1951) y Roma (1957), precedentes de la actual Unión Europea, la educación es la gran ausente; cuánto más, la educación de adultos... Debido al enfoque exclusivamente económico de ambos tratados en esta primera etapa, solo vemos unas mínimas referencias a la formación profesional. Posteriormente, en 1974 se crea el Comité de Educación, que comienza a abordar la relevancia de los temas educativos, distinguiendo entre las competencias de los Estados miembros y las que se desarrollan a nivel comunitario. Preeminencia sobre la educación que da un nuevo paso a partir de la aprobación del Acta Única Europea en 1986, en la que ya se habla de la "dimensión europea de la educación" (Rodríguez, 1993; López Noguero, 2008).

Hay que esperar a la década de 1990 para ver los primeros documentos de la Unión Europea que se ocupan de la educación de las personas adultas, con ocasión de las publicaciones en las que el concepto de educación permanente comienza a ser sustituido por el de aprendizaje a lo largo de la vida. Uno de estos primeros documentos se publica en 1994. Pero no trata precisamente de educación, sino de empleo, en un momento en el que las economías nacionales se enfrentaban a nuevos retos y desafíos para los ciudadanos europeos, debidos el desempleo creciente. Hablamos del Libro Blanco titulado *Crecimiento, Competitividad y Empleo. Retos y pistas para entrar en el siglo XXI* (Unión Europea, 1994). Así, entre las prioridades de acción para mejorar el empleo, entre otras, está la de "apostar por la educación y la formación a lo largo de toda la vida", especialmente de la población adulta. El problema del empleo, según este libro blanco, no es únicamente presupuestario. "En la preparación para la sociedad de mañana —se afirma—, no basta con poseer un saber y un saber hacer adquiridos de una vez para siempre" [...] "La apuesta por una educación a lo largo de toda la vida se convierte así en el gran designio al que habría que convocar a las comunidades educadoras nacionales". [...] Esta idea fundamental debe convertirse en materia prioritaria del diálogo social a nivel europeo» (pág. 17 y 160).

1. Aprendizaje permanente y sociedad educativa en la era de la información

Ya instalado el nuevo concepto de aprendizaje a lo largo de la vida, a mitad de la década de los noventa se publican dos documentos institucionales, que han resultado claves sobre la EPA. Uno es el *Libro Blanco sobre la educación y la formación. Enseñar y aprender. Hacia la sociedad del conocimiento* (Unión Europea, 1996), y el otro es *La educación encierra un tesoro* (Delors *et al.*, 1996). En ambos documentos se reflexiona sobre los problemas de exclusión social que se crean en la sociedad de la información, se aborda la problemática de la educación de finales de siglo XX y se proponen recomendaciones y orientaciones de cara al futuro basadas en la idea del aprendizaje permanente.

En el Libro Blanco de la Unión Europea (1996), con la mirada puesta en la sociedad cognitiva y en la preocupación por reducir las desigualdades, se destacan los efectos sociales que tiene la sociedad de la información en cada uno de los individuos, dependiendo de los conocimientos y competencias que se hayan podido adquirir a lo largo de la vida: «La educación y la formación serán, más que nunca, los principales vectores de identificación, pertenencia y promoción social» [...] «Cada vez más, las capacidades para aprender y la posesión de conocimientos fundamentales colocarán a los individuos en relación con los demás individuos en las relaciones sociales. La posición de cada uno en el espacio del saber y de la competencia será decisiva. Dicha posición relativa, que podemos calificar de 'relación cognitiva' estructurará cada vez más nuestras sociedades" (pág. 16 y 17). Posición relativa que ocupa el conocimiento en la sociedad de la información, que además está produciendo efectos paradójicos, toda vez que, al mismo tiempo que se incrementan las posibilidades y oportunidades para todos, se generan nuevas incertidumbres y situaciones de exclusión intolerables (pág. 5). Por todo ello, la respuesta de la educación, según la Unión Europea, tiene que superar buena parte de los planteamientos tradicionales y apostar por unos sistemas educativos más abiertos y flexibles y que operen con menos divisiones y más pasarelas, siempre desde la perspectiva de la educación permanente a lo largo de la vida, con la correspondiente financiación que ello lleva consigo.

Por su parte, el libro coordinado por Delors parte de las nuevas desigualdades, debidas a la importancia que cada vez más tiene el capital cultural en la sociedad de la información. Desigualdades que no sólo dependen de factores económicos, sino de la formación recibida y de la capacidad para seguir aprendiendo a lo largo de la vida. Por ello Delors y su equipo insisten en los peligros que entrañan tales desigualdades: «El principal peligro es que se abra un abismo entre una minoría capaz de moverse en ese mundo nuevo en formación y una mayoría que se siente sacudida por los acontecimientos e impotente para influir en el destino colectivo, con los riesgos de un retroceso democrático y de rebeliones múltiples» (Delors *et al.*, 1996: 54). De ahí que la idea de aprendizaje permanente que defienden estos autores no se limite solo a un cambio metodológico y organizativo, sino que va más allá, operando en las sociedades modernas como todo "un imperativo democrático", tal como vemos que se aborda el concepto de "educación a lo largo de la vida" en el capítulo 5 (págs. 111-126). En franca oposición a los planteamientos tradicionales sobre la educación, se reconoce que "el concepto de educación a lo largo de la vida es la llave para entrar en el siglo XXI", pero se aclara que poco tiene que ver con la distinción tradicional entre educación inicial y educación continua. Más bien se alude a la idea de "sociedad educativa" en la que desde una visión "pluridimensional" la educación ocupe el "centro mismo de la sociedad", de forma que todo puede convertirse en una ocasión para aprender y desarrollar las capacidades de las personas.

Nada relacionado, por tanto, con lo que se suele hacer en nombre de la educación continua (actividades de nivelación, adquisición de competencias, promoción de profesionales adultos, etc.). La novedad está en el acceso de todos a la educación cualquiera que sea la finalidad (aprender, superación personal, mejora profesional, acceso libre a la cultura, etc.). "En resumen, la 'educación a lo largo de la vida' debe aprovechar todas las posibilidades que ofrece la sociedad" (pág. 126). Se rescata, pues, en este documento la idea de "ciudad educativa", que ya se había planteado en el libro de Faure *et al.* (1972), *Aprender a ser*, como el mejor espacio para responder, esta vez, mediante el aprendizaje permanente, a los problemas y desafíos de la sociedad de la información.

De forma más explícita, las políticas europeas sobre EPA se inician a partir del año 2000 con la publicación del *Memorándum sobre el aprendizaje permanente* (Unión Europea, 2000), en el que se concreta cómo tendría que ser ese espacio en el que los ciudadanos puedan hacer realidad el aprendizaje continuo. Con este documento, la Unión Europea quiere sentar las bases de lo que será su futura política educativa, insistiendo en que los nuevos desafíos no solo afectan a las personas que tendrán que adaptarse, sino también a las instituciones que deberán cambiar las maneras de actuar. Por ello en el *Memorándum* se establecen los *seis mensajes clave* que definen una estrategia integrada y coherente para responder a este nuevo orden educativo: (1) garantizar el acceso universal y continuo al aprendizaje; (2) aumentar la inversión en el capital más importante de Europa: sus ciudadanos; (3) desarrollar el aprendizaje continuo a lo largo y ancho de la vida; (4) valorar y reconocer los aprendizajes no formales e informales; (5) lograr que todos los ciudadanos europeos cuenten con la necesaria información y orientación sobre las opciones de aprendizaje; (6) ofrecer oportunidades de aprendizaje próximas a los ciudadanos y al alcance de las propias comunidades con el apoyo de las tecnologías de la comunicación (pág. 11-21).

Estos mensajes clave se van desarrollando en nuevos documentos de la Unión Europea, que avanzan en la misma dirección con nuevas propuestas y prácticas ejemplares: *Hacer realidad un espacio europeo del aprendizaje permanente* (2001a), *Iniciativas nacionales para promover el aprendizaje a lo largo de la vida* (2001b), *Principios europeos comunes para la identificación y validación de los aprendizajes no formales e informales* (2004). La idea que va madurando en estos últimos documentos es que la promoción y el desarrollo del aprendizaje permanente, para toda la vida resulta decisivo para el desarrollo económico, la competitividad y el empleo, a la vez que se trata de un factor fundamental para el empoderamiento, la inclusión social, la ciudadanía activa y el desarrollo personal y comunitario. Por ello, tiene todo el sentido que el documento citado de la Unión Europea (2001a), elaborado precisamente para "para hacer realidad un espacio europeo del aprendizaje permanente", comience con la cita del ya famoso y clásico proverbio chino que reza así: "Para un año, sembrad cereales. Para una década, plantad árboles. Para toda la vida, educad y formad a la gente" (Guanzi (c. 645 a.C.).

2. EL APRENDIZAJE DE ADULTOS Y SU AGENDA EUROPEA RENOVADA

Años más tarde ya empieza a vincularse de forma más explícita la educación permanente con el aprendizaje de las personas adultas, entendido este como un componente fundamental e imprescindible de aquella. Este es el argumento esencial de otro de los documentos de esta época: *Aprendizaje de adultos: nunca es demasiado tarde para aprender* (Unión Europea 2006). Se contempla la función de la educación en general (de todas las personas, sean niños, jóvenes o adultos) para el desarrollo económico y social y especialmente se destaca el papel del aprendizaje de adultos en dicha función. Pero lamentando, al mismo tiempo, un desarrollo insuficiente por parte de los Estados miembros, debido a que la mayoría de los sistemas educativos continúan con la inercia tradicional en lo que se refiere al aprendizaje a lo largo de la vida.

En este comunicado, la Comisión Europea habla de resultados limitados debidos a que no se cumplen las "recomendaciones sobre participación" ni se tienen en cuenta las ventajas de "invertir en el aprendizaje de adultos". Entre tales ventajas, se citan, según las aportaciones de la OCDE (2005) y de Schuller *et. al* (2004), la mejora de la empleabilidad, la productividad, la calidad del empleo, la salud, la reducción de la delincuencia, el bienestar y realización personales, beneficios sociales, la participación y, con ello, la reducción de gastos en sanidad, prestaciones de desempleo, subsidios sociales y pensiones de jubilación anticipada (pág. 2). Por ello, la conclusión de la Unión Europea (2006: 6) no puede ser más clara: "Los Estados miembros ya no pueden permitirse no tener un sistema eficaz de aprendizaje de adultos, integrado en su estrategia de aprendizaje permanente".

La única salida que se propone es una reflexión comunitaria sobre el aprendizaje de adultos en torno a cinco mensajes fundamentales que tendrían que aplicar los Estados miembros: 1) Suprimir los obstáculos que impiden la participación. 2) Garantizar la calidad del aprendizaje de adultos. 3) Reconocer y validar los resultados del aprendizaje. 4) Invertir en la población de más edad y los inmigrantes. 5) Disponer de una información más fiable con indicadores y patrones de referencia (págs. 6-11).

Basándose en los documentos anteriores, unos años más tarde la Comisión Europea, reconociendo nuevamente que la educación de adultos no está recibiendo la atención y la financiación que merece en los diferentes países, consigue aprobar un ambicioso plan y una agenda concreta para responder a la demanda de formación de las personas adultas y a la mejora de las ofertas. Se trata del plan *Renewed European Agenda for Adult Learning* (Unión Europea, 2011) en el que, entre otras, se proponen las siguientes medidas (que se amplían con las correspondientes estrategias) para que sean adoptadas por los Estados miembros: incrementar y ampliar la participación de los adultos en el aprendizaje permanente; mejorar la calidad y eficiencia de la educación de personas adultas; avanzar en el reconocimiento y validación de competencias; potenciar la cohesión social en el campo de la educación de adultos, brindando una segunda oportunidad de aprender a quienes lo necesiten y deseen; impulsar nuevas pedagogías y entornos educativos creativos en lo relacionado con el aprendizaje de adultos; fomentar estudios e investigaciones sobre la educación de las personas adultas; abordar la inversión en los diferentes grupos de la edad adulta; promover la formación y profesionalización del personal dedicado a la formación de personas adultas; etc. (págs. 5-6).

En esta Agenda Europea Renovada se hace hincapié en las medidas para contribuir a que las personas adultas desarrollen y mejoren sus destrezas y competencias a lo largo de toda la vida, pero con una atención y dedicación especial a las competencias básicas de quienes abandonaron prematuramente la educación inicial, es decir, de las personas con escasa o nula cualificación. Un asunto central este, como veremos a continuación, de las políticas de la UE en materia de educación de adultos. Sobre todo, porque en épocas de crisis económica, los adultos necesitan mejorar periódicamente sus destrezas y competencias personales y profesionales, como la única forma de reducir el riesgo de exclusión social, que afecta particularmente a quienes poseen un bajo nivel de competencias y cualificaciones.

3. La educación de adultos en Europa: un sector con entidad propia

Contando ya con una agenda europea específica sobre la EPA, la consideración de que la educación adultos representa un componente esencial, un sector, del aprendizaje a lo largo de la vida (que merece más atención, apoyo y financiación de la que actualmente se le presta) parece que se consolida, sobre todo si tenemos en cuenta los efectos sociales que genera y su papel como factor de desarrollo económico y social. Así se desprende de las motivaciones y enfoques que, más allá de las declaraciones y recomendaciones (que era lo que se venía haciendo tradicionalmente), dan lugar a la aparición de nuevos documentos e informes que describen la realidad de la educación de adultos en contraste con las políticas de la UE.

El primero de esos informes, elaborado por Eurydice, es de 2015 y se publica con el siguiente título: *La educación y formación de adultos en Europa. Ampliar el acceso a las oportunidades de aprendizaje* (Unión Europea, 2015). Tiene un especial interés este documento porque, por primera vez se aporta una visión general con datos estadísticos sobre la situación de este campo de la educación en los diferentes países de la UE. El objetivo, como se dice en su presentación, es "ofrecer una panorámica general de la educación y formación de adultos en Europa y contribuir a la toma de decisiones políticas en este ámbito". Además, para hacer un seguimiento de la Agenda Europea Renovada, se "propone un enfoque integrado del aprendizaje a lo largo de la vida", poniendo de relieve las "medidas orientadas a garantizar el acceso a las oportunidades de formación a los adultos cuyas competencias y cualificaciones no se ajustan a las actuales demandas sociales y del mercado laboral" (pág. 8).

Específicamente para analizar los resultados de la educación de adultos sobre competencias básicas (que, como ya se ha dicho, constituye una cuestión central de las políticas europeas de educación de adultos), el informe utiliza como indicador de evaluación el "capital humano europeo", entendiendo por ello el nivel educativo de destrezas y competencias de la población adulta de Europa. Los datos que se aportan sobre ese asunto resultan especialmente interesantes, en la medida en que abundan en el problema de los excluidos del que hemos hablado en el capítulo anterior: "según la Encuesta de Población Activa de la UE, alrededor de un 75% de los adultos europeos (de 25 a 64 años) ha finalizado, como mínimo, la educación secundaria superior. Esto significa que la cuarta parte de la población adulta europea, aproximadamente 70 millones de personas, posee como máximo, estudios de secundaria inferior". Además, las cifras de los diferentes países ponen de manifiesto los peores resultados que tienen los del sur, entre los que se encuentra España: "Existen diferencias significativas entre los países en cuanto al porcentaje de adultos que no han finalizado educación secundaria superior. En la República Checa, Estonia, Lituania, Polonia y Eslovaquia, por ejemplo, no supera el 10%. También es relativamente reducido —entre un 10% y un 20%—en Bulgaria, Alemania, Letonia, Hungría, Austria, Eslovenia, Finlandia, Suecia y Noruega. Por el contrario, el número de adultos que no tiene secundaria superior rebasa el 40% de la población de entre 25 y 64 años en España e Italia, se sitúa en torno al 60% en Malta y Portugal, y alcanza casi un 70% en Turquía" (pág. 16).

Seis años más tarde la Unión Europea (2021) publica un nuevo informe con la misma finalidad de describir la realidad de la EPA que, en muchos casos, todavía contrasta con las propias políticas de la UE, aportando nuevos datos y análisis. También elaborado por Eurydice, esta vez con el siguiente título: *Educación y formación de personas adultas en Europa. Creación de vías de acceso inclusivas a las competencias y cualificaciones*. A la vista de la información que se presenta y su estructura, tal vez estemos en este caso ante la primera vez que, a nivel europeo, contamos con un estudio ampliamente desarrollado, riguroso y fiable sobre este sector de la educación. Un estudio que, por su naturaleza y por los apartados que abarca, podrá convertirse en uno de los principales instrumentos políticos, específicamente, para responder a la demanda creciente de formación de las personas adultas y para mejorar la calidad de las ofertas.

Desde la misma presentación, por parte de los responsables políticos de la Unión Europea, se habla de la educación de las personas adultas en el marco más general del aprendizaje a lo largo de la vida, como "motor del progreso social y económico" que "contribuye a la empleabilidad y al crecimiento profesional de las personas, así como a su desarrollo y bienestar personal". Pero no solo. Además, "el aprendizaje continuo también puede ayudarnos a hacer frente a retos importantes, como las repercusiones de la pandemia de COVID-19 y el cambio hacia una sociedad europea digital y ambientalmente sostenible" (pág. 3).

En el mundo actual en el que las personas se enfrentan a múltiples desafíos y pasan por diferentes cambios y transiciones en su vida personal, profesional y social, la idea de partida a la hora de elaborar este informe es el reconocimiento del derecho a aprender de todas las personas, tal como consta en el primero de los veinte principios del *Pilar Europeo de Derechos Sociales* de 2017: "Toda persona tiene derecho a una educación, una formación y un aprendizaje permanente de calidad e inclusivos, con el fin de mantener y adquirir las competencias que le permitan participar plenamente en la sociedad y gestionar de manera adecuada las transiciones al mercado laboral" (Unión Europea, 2017: principio 1).

Para avanzar en esta dirección, la Comisión Europea, a través de planes y resoluciones viene planteando diferentes objetivos cuantitativos relacionados con la mejora de la educación de adultos, entre los que destacan dos principales: incrementar cada año la participación global de las personas adultas en procesos de formación, intentando llegar al 60% en el año 2030; y dar prioridad a las personas adultas con bajos niveles de cualificación en competencias básicas y digitales (Unión Europea, 2021: 23).

Precisamente, en relación con las competencias básicas, este informe del 2021 nos brinda dos nuevos datos, que merecen nuestra atención por su gravedad y por la relación que guardan entre sí. Por una parte, que aproximadamente una de cada cinco personas adultas (de 25 a 64 años) en la UE no ha completado la segunda etapa de educación secundaria, lo que significa que tienen bajos niveles de alfabetización, aritmética o habilidades digitales. Por otra, que las personas adultas con baja cualificación participan menos en la educación y la formación que aquellos con niveles más altos de logro educativo (pág. 12 y 13). Dos datos que nuevamente nos remiten al problema de los excluidos de la EPA.

Continuando con las competencias básicas, el informe analiza la relación entre la participación de personas adultas en procesos de aprendizaje y sus niveles previos de formación. Fruto del análisis, se han establecido tres perfiles de países en la Unión Europa (2021: 42-43), entre los que vemos la situación en la que se encuentra España. Tales perfiles dan una visión de la diversidad europea en función de las variables estudiadas:

- Países que tienen una proporción baja de personas adultas poco cualificadas y además participan por encima de la media en actividades de formación: Dinamarca, Estonia, Francia, Luxemburgo, Países Bajos, Austria, Finlandia, Suecia, Suiza, Islandia, Noruega y Reino Unido.

- Países que tienen una proporción baja de personas adultas poco cualificadas, pero, al mismo tiempo, con bajas tasas de participación en actividades de aprendizaje: Bélgica, Bulgaria, República Checa, Alemania, Irlanda, Chipre, Letonia, Lituania, Hungría, Polonia, Eslovenia y Serbia.

- Países que tienen una proporción elevada de personas adultas poco cualificadas y, al mismo tiempo, las tasas de participación de estas personas adultas en actividades de formación son relativamente bajas: Grecia, España, Italia, Portugal, Macedonia del Norte, Turquía y Malta.

4. ÁREAS DE LA EDUCACIÓN DE PERSONAS ADULTAS

Abundando en la idea de la educación de adultos como un sector con entidad propia en el contexto del aprendizaje permanente, otro de los logros de este último informe de la Unión Europea (2021) son las áreas que se estudian de este sector. Así, basándose en las fuentes de Eurydice (Unidades Nacionales de 37 países), Cedefop, Eurostat y la OCDE, el informe adopta una amplia perspectiva, analizando ocho áreas de la EPA que, en su conjunto, dan una visión global de la evolución que ha experimentado la educación de las personas adultas en la Unión Europea hasta el momento presente. Se describen a continuación tales áreas, resumiendo a título de ejemplo algunas conclusiones más relevantes que aportan los autores del informe.

1. *Descripción del contexto.* Mediante indicadores cuantitativos, se describe la realidad de la educación de adultos en los diferentes países europeos (nivel educativo, competencias, cifras de participación, etc.). El dato más relevante en este sentido es que, como ya se ha dicho, una proporción importante de personas adultas de 25 a 64 años en Europa no tiene los niveles mínimos de alfabetización, aritmética o habilidades digitales. Respecto de la participación de las personas adultas en procesos de formación, resulta desigual, según los países, pero se aportan dos aclaraciones: es mayor en las actividades de carácter no formal y es menor entre las personas de baja cualificación.

2. *Gobernanza y políticas.* Se examinan las políticas, las medidas y los compromisos de los gobiernos en todo lo referente al aprendizaje de las personas adultas, especialmente, de aquellas que poseen bajos niveles de competencias básicas y digitales. El dato relevante aquí es que en toda Europa existe una política establecida de educación de personas adultas, aunque con diferencias respecto de las metas, las estrategias, la coordinación, el rango de la administración que interviene y las medidas destinadas a los más desfavorecidos.

3. *Oferta educativa.* Teniendo en cuenta la complejidad que tiene la clasificación de las ofertas (formal, no formal e informal), se distingue entre dos tipos de ofertas subvencionadas por el sector público: los programas de carácter formal que conducen a cualificaciones reconocidas en el sistema educativo; y los programas de competencias básicas que no conducen a obtener cualificaciones reconocidas. Todo parece indicar en este caso que las personas adultas de la UE pueden

mejorar sus habilidades básicas a través de varios tipos de programas subvencionados públicamente, que van desde programas formales de educación básica hasta cursos no formales también relacionados con las competencias y habilidades básicas para defenderse en la vida.

4. *Apoyo financiero*. El informe también aborda las diferentes modalidades de financiación de programas y actividades para la población adulta, así como las medidas de apoyo económico (directo e indirecto) e incentivos para promover la participación de los grupos con bajos niveles de cualificación. Expresamente, sobre los programas subvencionados públicamente que conducen a cualificaciones reconocidas, se dice que en general se ofrecen de forma gratuita en la UE; no obstante, todavía en 2016 en torno a un tercio de las personas adultas poco cualificadas en la UE no pudieron participar por cuestiones económicas.

5. *Metodologías flexibles*. Se analiza en qué medida se están llevando a cabo algunas metodologías más flexibles que se aplican en el campo de la educación de adultos, como educación a distancia, plataformas en línea, enseñanzas modulares, individualización de los itinerarios, el uso de créditos, etc. Tienen importancia tales metodologías flexibles, sobre todo porque las personas adultas, incluidas aquellas con niveles bajos o nulos de cualificaciones, suelen tener dificultades para hacer compatibles sus responsabilidades (familiares, laborales y sociales) con la dedicación a la formación.

6. *Reconocimiento y acreditación de competencias*. Se aportan datos sobre el desarrollo y aplicación en los países de las diferentes modalidades de reconocimiento y validación de los aprendizajes no formales e informales adquiridos a lo largo de la vida, así como la existencia de auditorías que contribuyen al rigor y calidad de tales sistemas. En el informe se hace constar que la mayoría de los países europeos cuentan con auditorías de competencias y con sistemas de validación del aprendizaje no formal e informal, pero el servicio no siempre es accesible para quienes más lo necesitan. Además, se constata que los sistemas de validación no funcionan del mismo modo: en algunos países, el proceso puede llevar a cualificaciones formales completas, mientras que en otros países es posible obtener solamente partes de las cualificaciones formales.

7. *Actividades de sensibilización.* Se analizan las medidas y actividades que se llevan a cabo para divulgar, sensibilizar y motivar a las personas adultas sobre las ofertas y oportunidades de aprendizaje. Se aportan datos de los esfuerzos de los gobiernos para llegar a los grupos más desfavorecidos e involucrarlos en los procesos de formación, poniendo de manifiesto que las iniciativas públicas y las campañas para crear conciencia sobre las oportunidades de aprendizaje de personas adultas, si bien están muy extendidas en Europa, es posible que precisen de mayores esfuerzos para llegar a las personas adultas con bajos niveles de competencias o cualificaciones básicas.

8. *Servicios de orientación.* Finalmente, se analiza también en este informe el papel ineludible que tiene la orientación en el campo de la educación de adultos. Especialmente se investigan los servicios de orientación personal con apoyo público que están a disposición de las personas adultas, así como las herramientas (información, autoayuda, bases de datos en línea, etc.) sobre las oportunidades de aprendizaje. Según los datos, usan esos servicios subvencionados (que están muy extendidos en Europa) aproximadamente una cuarta parte de las personas adultas en la UE, pero el menor uso lo registran las personas adultas con bajos niveles educativos, los económicamente inactivos y las personas adultas mayores.

Desde nuestro punto de vista, las ocho áreas señaladas dibujan el avance en ese proceso de desarrollo e institucionalización de la EPA, que estamos describiendo en este libro, así como las asignaturas que todavía tenemos pendiente en las políticas europeas. Ocho áreas sobre todo un sector educativo que progresa en la definición de determinadas características o rasgos específicos. Estamos, por tanto, ante un recurso útil y excelente, no solo para dar una visión general de la realidad de los Estados miembros sobre este campo sino sobre todo para encontrar argumentos y pruebas que abunden en la justificación, el compromiso y el apoyo que merece la dotación de recursos y la financiación de la educación de adultos.

CAPÍTULO 3

EL LIDERAZGO DE LA UNESCO EN LA EDUCACIÓN DE PERSONAS ADULTAS

Buena parte de la evolución y consolidación de la EPA en el mundo y en Europa, descrita en los anteriores capítulos, se debe en gran parte al liderazgo que ha ejercido la UNESCO en esta materia. Un acreditado liderazgo internacional que se ha puesto de manifiesto en los campos de investigación que ha promovido por todo el planeta, contribuyendo así de forma notable al desarrollo teórico y práctico de este sector educativo y con ello a su correspondiente y necesaria institucionalización.

Nacida después de finalizada la Segunda Guerra Mundial en el seno de la ONU, la UNESCO se crea para contribuir al desarrollo de la paz mediante el fomento de la educación, la cultura y la ciencia. Inicialmente ratificada su creación y finalidad en 1945 por 20 Estados fundadores, actualmente cuenta con un total de 195 Estados miembros. A partir de 2015, que se aprueba la Agenda 2030 de Naciones Unidas, la UNESCO ha sumado a sus objetivos el de contribuir al desarrollo sostenible; un asunto este que, por su relación con la educación de adultos, abordaremos también en este capítulo.

Para tener una visión general del papel e influencia de la UNESCO en el mundo basten algunos ejemplos, que se describen en su página web: actualmente preserva el patrimonio mundial de 167 países; coordina sistemas de alerta contra tsunamis en todo el planeta; defiende la libertad de expresión y condena el asesinato de periodistas; ha publicado las historias generales de la Humanidad de América Latina, del Caribe, de África, de Asia, etc.; desde hace tiempo viene trabajando con 177 Estados miembros en todo lo relacionado con el patrimonio cultural inmaterial; gracias a su intervención actualmente se protege un total de 10 millones de km^2 en todo el planeta, el equivalente a la superficie de China; hasta la fecha se han creado en todo el mundo 763 Cátedras UNESCO a través de acuerdos con las universidades; y desde hace ya varias décadas viene promoviendo y desarrollando proyectos y actividades de todo orden para garantizar una educación de calidad para todos (UNESCO, 2023a).

Desde nuestro punto de vista creemos que tales realidades, así como las actividades, proyectos, redes e institutos creados nos hablan de su autoridad en el ámbito educativo, de su reconocimiento basado en la ciencia y de su función estratégica, precisamente en el tema que nos ocupa, como es la nueva concepción de la educación basada en el aprendizaje permanente. Para la UNESCO "la educación ocupa el centro de su actividad y su misión, considerada como un derecho humano para todos a lo largo de toda la vida" (UNESCO, 2023b).

1. El Instituto de la UNESCO para el Aprendizaje a lo Largo de la Vida

Para el desarrollo de sus funciones relacionadas con la educación, la cultura y la ciencia, la UNESCO ha creado diferentes programas, redes e institutos de investigación. Uno de estos últimos fue el *Instituto de la UNESCO para la Educación* (UIE por sus siglas en inglés), creado en 1950 para promover los derechos humanos y la comprensión internacional, abarcando todos los temas educativos desde el preescolar hasta la educación de las personas adultas.

Pero a partir de 1972, con la publicación, por parte de la UNESCO, del libo *Aprender a ser* (Faure *et al.*, 1972), la educación permanente se convierte en el centro principal del trabajo del Instituto, tal como se va poniendo de manifiesto cada vez más en los diferentes congresos internacionales y en sus publicaciones.

Fruto de todo ello fue el cambio de nombre del instituto en 2006, que pasa a denominarse *Instituto de la UNESCO para el Aprendizaje a lo Largo de la Vida* (UIL). Ubicado en la ciudad alemana de Hamburgo, el UIL representa actualmente el organismo de la UNESCO que, en el seno de Naciones Unidas, se ocupa de la *educación de adultos*, mediante la convocatoria de seminarios, congresos y proyectos, y a través de la publicación de estudios e investigaciones que, finalmente, se concretan en pautas de acción y recomendaciones para los Estados miembros en todo lo que se relaciona con la formación de las personas adultas.

En la propia página web del Instituto se describe cuál es el mandato de la UNESCO (2023c) para esta nueva etapa del UIL: se trata de adoptar un "enfoque holístico, integrado e intersectorial del aprendizaje a lo largo de toda la vida como paradigma rector de la educación del siglo XXI", dedicándose especialmente a la educación de adultos, sea formal o no formal, promoviendo la calidad y la atención a los grupos desfavorecidos.

Desde nuestro punto de vista, se trata de un instituto que, a nivel internacional, está contribuyendo sólidamente al desarrollo e institucionalización de la educación de adultos, dando pasos firmes en el camino hacia el fortalecimiento de este sector educativo. Precisamente por ello, las aportaciones de la UNESCO, a través del UIL, acreditadas por su calidad y rigor, se incluyen ampliamente entre las referencias bibliográficas de este libro, por varias razones: porque suelen basarse en investigaciones que se han realizado en una representación importante de países; porque, en la mayoría de los casos, han participado expertos; y también, debido a la influencia que acaban ejerciendo en las políticas educativas de los diferentes gobiernos del planeta (Marín Ibáñez *et al.*, 1988).

Entre las diversas aportaciones del UIL, hemos de señalar el papel que tienen, tanto las conferencias o congresos internacionales, como los informes mundiales, en todo lo relacionado con la promoción, el desarrollo y la investigación de la educación de las personas adultas. Entramos en ello con cierto detalle por su importancia pedagógica y por la influencia que están teniendo en todos los países, sea cual sea su nivel de desarrollo.

2. Las Conferencias Internacionales de Educación de Adultos

En el primer caso, están las *Conferencias Internacionales de Educación de Adultos* (conocidas por las siglas CONFITEA), que se convocan cada 10 o 12 años y ya se han celebrado siete: la primera en 1949 en Elsinor (Dinamarca); la segunda en 1960 en Montreal (Canadá); la tercera en 1972 en Tokio (Japón); la cuarta en 1985 en París (Francia); la quinta en 1997 en Hamburgo (Alemania); la sexta en 2009 en Belén (Brasil); y la séptima (y última hasta la fecha), en Marrakech (Marruecos) en junio de 2022.

Hablamos de congresos internacionales a los que suelen asistir especialistas de cada país miembro, así como los propios especialistas con los que cuenta la UNESCO. A través de los documentos que se elaboran en estos encuentros, la UNESCO va elaborando su visión y doctrina compartida sobre el tema, así como las recomendaciones que se dan a los Estados, sin perder de vista los acontecimientos históricos de cada momento.

Cabe desatacar, en este sentido, cómo han ido evolucionando diferentes cuestiones o áreas de este campo de la educación; por ejemplo, el concepto de educación de adultos (cada vez más global y permanente, así como social y comunitario); los objetivos de este sector educativo (relacionados con los derechos humanos, la justicia, la igualdad, la libertad, la democracia, la inclusión, etc.); el tipo de organización (que promueva la calidad); la financiación institucional (de todas las ofertas que tienen que ver con la cultura y la educación); la metodología (basada en la psicología de la edad adulta y en las prácticas de autoaprendizaje), etc. Cuestiones todas estas, y muchas otras, sobre las que volveremos en los siguientes capítulos.

Los principales documentos que se publican en cada uno de estos encuentros de CONFITEA son diversos. En la mayoría de las conferencias se publica un *Informe Final* con una relación de los temas tratados y los debates planteados, que suele terminar con unas conclusiones. En algunos casos se añade una *Declaración*, de carácter más prescriptivo y teórico, como la de París sobre el Derecho a Aprender, o la de Hamburgo sobre el Aprendizaje a lo Largo de la Vida.

Sin embargo, a partir de CONFITEA V, los principales documentos sobre el contenido de las conferencias suelen ser dos, que poseen un carácter complementario: el que se conoce como *Marco de Acción*, que registra los compromisos de los Estados miembros y señala la hoja de ruta a seguir en los próximos años; y el que recoge y actualiza *Las Recomendaciones* para los países, teniendo en cuenta las investigaciones realizadas, así como las aportaciones de los profesionales y los participantes por todo el mundo.

Por tanto, en lo que se refiere a los compromisos de los Estados miembros y la guía estratégica para el desarrollo de la EPA en los próximos años, los últimos documentos de la UNESCO, que se basan en las dos últimas conferencias (CONFITEA VI y VII), son el *Marco de Acción de Belén*, (UNESCO, 2010b), el *Marco de Acción de Marrakech* (UNESCO, 2022a), y una actualización de la guía para la acción con el nombre de *Recomendación sobre el aprendizaje y la educación de adultos 2015* (UNESCO, 2016).

Volveremos sobre estos documentos en el capítulo 6, cuando hablemos de los avances y acuerdos acerca del desarrollo teórico y práctico de la EPA en diferentes cuestiones básicas, como el concepto de EPA, metas y objetivos, en el marco del aprendizaje a lo largo de la vida, dado su carácter prescriptivo, como corresponde a cualquier sector de la educación. Progresos y alianzas que se refieren también a las claves de su organización y pautas metodológicas, en tanto que medios y recursos para conseguir las metas y cumplir con su función social.

Acuerdos y logros que se han convertido en compromisos para los Estados miembros, representando actualmente una guía para avanzar en este campo de la educación. En el fondo, nos referimos a determinadas variables clave que definen su marco teórico, a la vez que pautas para la acción de cara a su desarrollo e institucionalización.

3. INFORMES MUNDIALES SOBRE EL APRENDIZAJE Y LA EDUCACIÓN DE ADULTOS

En el segundo caso, están los *Informes Mundiales sobre el Aprendizaje y la Educación de Adultos* (conocidos por sus siglas en inglés GRALE), que empezaron a elaborarse en 2010 y ya se han publicado cinco; el último se dio a conocer en el citado encuentro de Marruecos en 2022.

La finalidad de estos informes es aportar una imagen clara y completa del estado de la educación de adultos en el mundo, analizando si se cumplen los compromisos y recomendaciones de la propia UNESCO y aportando según los casos los resultados de investigaciones sobre la EPA. Su contenido se basa evidencias obtenidas a través de encuestas, estudios de casos y buenas prácticas de los diferentes países.

El primero de estos informes (GRALE-I), basado en 154 estudios nacionales, se elabora con la finalidad de describir y analizar cuál es el panorama general de la educación de adultos en el mundo, definiendo además los principales problemas que se plantean (UNESCO, 2010c y 2010d). En una primera lectura, en general queda claro en este informe que, en efecto, la educación de adultos ayuda a la población adulta a conducir sus vidas, contribuyendo además al desarrollo de la sociedad; pero todavía existe un gran número de personas adultas en el planeta que están siendo excluidas de tales oportunidades de aprendizaje. No obstante, se plantea la necesidad de disponer de más información y de más investigación para superar los importantes vacíos que todavía existen sobre el conocimiento de este sector educativo. Se dispone de datos e indicadores básicos, estudios de impacto y una gran diversidad de experiencias, pero con una cobertura global dispar. Tendríamos que avanzar, según de concluye en el informe, en una triple dirección: mejorar las prácticas de descripción y medición existentes; articular un marco conceptual compartido sobre la educación de las personas adultas; y, en la definición de políticas en esta materia, que incluyan planes de acción, gestión de recursos, monitoreo sobre los resultados y financiación. Por todo ello, cabe pensar que otra de las finalidades de este primer informe es marcar la pauta sobre el enfoque general de estos estudios, su imprescindible rigor sobre los datos aportados y su aplicación por parte de los profesionales, el mundo académico y los Estados miembros.

El segundo informe mundial sobre la educación de adultos (GRALE-II) se centra en uno de los temas clásicos de este campo, la alfabetización (UNESCO, 2013). El objetivo de este informe es una invitación a "repensar" la alfabetización, toda vez que opera como la primera condición o el fundamento que hace posible que las personas adultas se beneficien de las oportunidades de aprendizaje. No obstante, se trata de un campo de la educación de adultos que, para que realmente avance y cumpla con su función (personal y comunitaria), precisa de unas condiciones previas ineludibles que lo hacen posible y viable. Tales condiciones previas se establecieron como recomendaciones en el documento final de CONFINTEA VI, el *Marco de acción de Belém*, para apoyar la alfabetización como el fundamento del aprendizaje a lo largo de toda la vida. Son las siguientes: compromiso político por la educación de las personas adultas, avanzar en la institucionalización de este sector educativo mejorando la gobernanza, contar con programas específicos de financiación, incrementar la participación y las ofertas, y asegurar la calidad.

El tercero (GRALE-III) comienza con los resultados del monitoreo de 139 Estados sobre la situación de la educación de adultos, evaluando el cumplimiento de los compromisos asumidos en el congreso de Belén (CONFINTEA VI). Se aportan datos de participación de personas adultas en procesos de formación, que ponen de manifiesto el hecho inédito que se está produciendo prácticamente en todo el mundo: aunque hay diferencias según los países, cada vez se incrementa más el número de personas adultas que se forman y quieren seguir aprendiendo. Pero, lo más interesante de este informe es el amplio estudio que se hace acerca del impacto social de la EPA, ofreciendo argumentos y pruebas convincentes para su implementación y desarrollo por parte de los responsables políticos, investigadores y profesionales de todo el mundo. El análisis de tal impacto se hace en tres áreas clave (salud y bienestar; empleo y mercado de trabajo; y vida social, cívica y comunitaria), que son las que tienen un mayor alcance desde el punto de vista personal, cultural, social y político (UNESCO, 2017).

El cuarto de los informes mundiales (GRALE-IV) parte del reconocimiento de la educación como un derecho fundamental que, además, como se ha puesto de manifiesto en el anterior GRALE-III, constituye un valioso bien público, indispensable para construir sociedades pacíficas, sostenibles y mas justas. Sin embargo, se alerta sobre las dificultades para conseguirlo: crecimiento de las desigualdades, cambios demográficos, cambio climático, cambios sociales drásticos y rápidos, etc. Se hace necesario implementar los esfuerzos y las alianzas para superar tales desafíos. Sobre todo, porque muchas personas adultas en el mundo corren el peligro de quedarse atrás, si no se avanza en las políticas decisivas de los Estados sobre educación de adultos. Este es tema central de este cuarto informe mundial, cuyo subtítulo, *No dejar a nadie atrás: participación, equidad e inclusión*, da lugar a que se aborden algunas de las principales contribuciones que la educación de adultos puede hacer para cumplir y hacer realidad la Agenda 2030 para el Desarrollo Sostenible (UNESCO, 2020).

El quinto informe mundial (GRALE-V), que se presentó en la conferencia de Marrakech, posee una estructura similar a los anteriores con dos partes: mostrar los resultados del monitoreo de la educación de adultos en el mundo (primera parte) y analizar el tema específico, que esta vez es el de la educación para la ciudadanía (segunda parte). En la primera parte, de acuerdo con lo establecido por la UNESCO en las conferencias de Hamburgo, Belén y Marrakech, se rastrea, se analiza y se evalúa el progreso de la EPA respecto de los cinco indicadores clave de este sector educativo: política, gobernanza, inclusión y equidad, calidad y financiación; cinco indicadores o áreas de acción sobre los que se aportan datos, cifras, y experiencias respecto de su nivel de desarrollo en los diferentes países. En la segunda parte se aborda el tema que da subtítulo a este informe, *Educación para la Ciudadanía*, un enfoque de la educación de adultos (no suficientemente desarrollado, pese a su potencial) que destaca "el respeto por las diferencias, el pensamiento crítico y la conciencia de nuestra humanidad compartida, al tiempo que refuerza la participación cívica" (UNESCO, 2022b: 3). Algunas de las conclusiones que nos parecen más relevantes de este quinto informe son las siguientes: la participación en la educación de adultos sigue siendo mayor entre quienes más se han beneficiado de la educación en el pasado (un argumento que ya hemos analizado en el capítulo 1 bajo el epígrafe de los excluidos de la educación de adultos); a pesar del creciente reconocimiento del valor y los beneficios personales y sociales que tiene la educación de adultos, la inversión sigue siendo insuficiente en la mayoría de los países; la expansión del aprendizaje a distancia en línea acercó la educación de adultos a una gama más amplia de educandos; se demuestra que la calidad de la educación de adultos cada vez depende más de la formación de los educadores y profesionales; la educación para la ciudadanía es un instrumento fundamental en la respuesta mundial ante los desafíos contemporáneos, especialmente los relacionados con la Agenda 2030 para el desarrollo sostenible; durante la pandemia de COVID-19, la adopción generalizada de la tecnología digital ha facilitado la continuidad de la educación de millones de personas durante el confinamiento (UNESCO, 2022c).

4. La Educación de Personas Adultas y el Desarrollo Sostenible

En los últimos años se ha generado una preocupación y una cierta alarma por los problemas que afectan al clima y al medio ambiente, debidos al mal uso y la explotación de los recursos naturales. El punto de partida tiene que ver con la información que aportan los científicos sobre la salud del planeta: reducción de la capa de ozono, calentamiento de la atmósfera, cambios en el clima, sequías intensas, aumento del nivel del mar, especies en riesgo de extinción, deshielo de los polos, destrucción de bosques y océanos, contaminación generalizada, etc. Datos objetivos que dan prueba de la magnitud y gravedad a la que nos enfrentamos, así como de la necesidad de una respuesta urgente y ambiciosa de toda la población mundial.

Todo parece indicar que el futuro, nuestro futuro, nuestra vida, en suma, depende del equilibrio ecológico y sostenible del planeta. O, dicho de otra manera, se impone cada vez más la afirmación de que no hay política en la actualidad (incluyendo la política educativa) que no pase por el Desarrollo Sostenible.

Para responder a esta problemática contamos con una destacada iniciativa a nivel internacional de la Organización de Naciones Unidas (ONU): la *Agenda 2030 para el Desarrollo Sostenible*, que se aprueba en 2015 en Chile por parte de 193 países miembros de la ONU (2015). Se trata de un plan de acción internacional (entre los que han contado con un mayor apoyo en la historia de la ONU) para llevarlo a cabo durante el período 2016-2030. La finalidad es el desarrollo sostenible del planeta y del medio ambiente que, por su propia naturaleza, es universal, indivisible e interrelacionado, lo que significa que, en el fondo, se trata también de una agenda en favor de las personas de todos los países y su prosperidad.

Bajo el lema *Transformar nuestro mundo*, la Agenda 2030 formula un total de 17 Objetivos de Desarrollo Sostenible (ODS), que a su vez consisten en 169 metas. Los objetivos de Desarrollo Sostenible versan sobre los siguientes temas: 1: Pobreza; 2: Hambre y seguridad alimentaria; 3: Salud; 4: Educación; 5: Igualdad de género; 6: Agua y saneamiento; 7: Energía; 8: Crecimiento económico; 9: Infraestructura; 10: Desigualdades entre países y dentro de ellos; 11: Ciudades; 12: Producción y consumo sostenibles; 13: Cambio climático; 14: Océanos; 15: Bosques, desertificación y diversidad biológica; 16: Paz y justicia; 17: Alianzas.

En lo que se refiere al tema 4, sobre Educación, el objetivo se formula del siguiente modo: "Garantizar una educación inclusiva, equitativa y de calidad y promover oportunidades de aprendizaje durante toda la vida para todos" (pág. 16). Vemos en esta formulación que, cuando se habla de educación, se va más allá de lo que se hace en la escuela y en la formación inicial, dado que se destaca el "aprendizaje durante toda la vida para todos".

Parece claro, por tanto, en esta Agenda 2030 que estamos ante un fenómeno al que no es ajeno la educación de las personas adultas porque, entre las medidas que ya están programadas para responder a este desafío, se ha tenido en muy cuenta la función que tiene la educación de toda la población.

Pero, en lo que se refiere al Desarrollo Sostenible, en la Agenda 2030 no solo se ha previsto contar con la educación como uno de los disisiete objetivos; además, teniendo en cuenta el carácter transversal y global de los objetivos, queda clara la relación estrecha de dependencia que guardan entre sí la educación de toda la población (objetivo 4) y el resto de las medidas u objetivos programados. Lo cual quiere decir que difícilmente se pueden conseguir determinados objetivos (por ejemplo, el 3 sobre salud, el 5 sobre la igualdad de género, el 7 sobre energía, o el 16 sobre paz y justicia, etc.) sin, o al margen de, la acción educativa de toda la sociedad, que es la función que viene ejerciendo el aprendizaje a lo largo de la vida, y en su marco, la educación de personas adultas desde hace más de dos siglos.

Esta relación, tan estrecha, entre la educación de la población adulta y el logro de los objetivos de Desarrollo Sostenible, se ha puesto de manifiesto a partir de 2015 en no pocos encuentros promovidos por la UNESCO y los correspondientes documentos institucionales publicados, por ejemplo, con ocasión de las conferencias internacionales (CONFITEA

VII) y en los informes mundiales comentados anteriormente (GRALE III, IV y V).

Además, esta vinculación entre educación de adultos y desarrollo sostenible ha contado con un momento de inflexión a partir del Foro Político sobre Desarrollo Sostenible, celebrado en la sede de la ONU en Nueva York del 9 al 18 de julio de 2019 y al que asiste la UNESCO. En dicho foro, el Instituto de la UNESCO para el Aprendizaje a lo Largo de Toda la Vida ha destacado el potencial, con frecuencia subestimado, de la educación de adultos para el desarrollo sostenible (UNESCO (2023f).

Mas concretamente, en este encuentro de Nueva York se subrayaron dos aspectos relevantes de este tema: por una parte, la vital importancia de la educación no formal de personas adultas para la consecución del objetivo 4 (sobre educación) de Desarrollo Sostenible; y por otra, se destacaron los numerosos vínculos intersectoriales que la educación de adultos comparte con otros objetivos. Incluso, se llega afirmar que, aunque el aprendizaje de adultos no se menciona explícitamente en el resto de los objetivos de Desarrollo Sostenible, es importante darse cuenta de que ninguno de los objetivos puede lograrse sin que exista, en cierta medida, alguna forma de aprendizaje de la población adulta en esta materia.

Precisamente por ello, a partir de la Agenda 2030, la UNESCO ha terminado redimensionando el propio concepto de aprendizaje permanente en un marco todavía más amplio: "El aprendizaje a lo largo de toda la vida nunca ha tenido más importancia, ya sea para los individuos, las ciudades, los estados nacionales o los responsables de políticas educativas. Es fundamental para el desarrollo de las Naciones Unidas y constituye un importante objetivo de la labor de la UNESCO, tal como se expresa en la Agenda 2030". En la misma dirección se ha manifestado la Directora General de la UNESCO, Audrey Azoulay, en el citado Foro Político de Alto Nivel sobre la Agenda 2030: "La educación es un derecho fundamental y la piedra angular de la Agenda 2030 en su conjunto. Es urgente que actuemos conjuntamente y que intensifiquemos nuestros esfuerzos para invertir más en educación. Los gobiernos tienen la responsabilidad en primer lugar, pero la sociedad civil y los agentes multilaterales e internacionales deben aunar esfuerzos para alcanzar este objetivo común". Razón por la cual, insistió en que la UNESCO continuará colocando a la educación en la primera fila de sus prioridades, cumpliendo con su función de coordinación y seguimiento a escala mundial (UNESCO, 2023a y 2023b).

5. Publicaciones de la UNESCO sobre Educación de Personas Adultas

En este capítulo sobre el papel y la función que viene ejerciendo la UNESCO en cuestión de EPA, no podía faltar algo que también refuerza su liderazgo y explica todavía más su influencia, a saber, los recursos que el *Instituto de la UNESCO para el Aprendizaje a lo Largo de la Vida* pone a disposición de la sociedad: por una parte, la biblioteca con un amplio catálogo de libros y otras publicaciones; y por otra, la revista especializada en el aprendizaje permanente (UNESCO, 2023d).

La Biblioteca contiene un conjunto de libros, publicaciones periódicas y otros materiales y los pone a disposición del público para apoyar el trabajo de investigadores, académicos, educadores, estudiantes y responsables políticos. Actualmente cuenta con más de 56.000 libros y documentos (una de las colecciones más grandes del mundo en la materia), unos elaborados por el propio UIL con ocasión de los proyectos y actividades (conferencias internacionales, informes mundiales, etc.), y otros aportados por instituciones, autores, investigadores, académicos y profesionales de la educación adultos de todo el planeta. Las principales obras que contiene (la mayoría se puede consultar en línea) se refieren al aprendizaje permanente, la educación de adultos, la alfabetización de adultos y la educación no formal.

En segundo lugar, cabe destacar la revista *The International Review of Education - Journal of Lifelong Learning* (IRE). Especializada en el aprendizaje permanente a lo largo de la vida, ya con una amplia tradición, se trata de una revista académica, revisada por pares, que consta con índices de impacto en bases de datos como Scopus o Web of Science. Según se dice en la propia web de la revista, publica artículos de investigación sobre políticas y prácticas de aprendizaje permanente, prestando una atención especial a los trabajos sobre educación de adultos, educación no formal y alfabetización, o sobre educación formal vista a través de la lente del aprendizaje a lo largo de toda la vida (UNESCO, 2023e).

Hasta aquí, los principales progresos de la EPA debidos, en parte, al liderazgo que viene ejerciendo la UNESCO que, como vemos también en este trabajo, dependiendo de los diferentes países y territorios, contrastan con hechos y realidades bien diferentes, lo que nos enfrenta al mismo tiempo a los retos que todavía debemos hacer frente en este campo.

Capítulo 4

LA EDUCACIÓN DE PERSONAS ADULTAS EN ESPAÑA

En los capítulos anteriores hemos hablado de la evolución, desarrollo y situación actual de la educación de adultos en el mundo y en Europa, destacando de manera especial el liderazgo que viene representando la UNESCO en este campo; liderazgo cuyas aportaciones, entre otras, nos sirven de referencia en los siguientes capítulos para la descripción y el análisis de la EPA en su contexto teórico, práctico e institucional.

Ahora nos ocupamos de España y también de Canarias. Abordamos la descripción de la educación de adultos, tratando de indagar en su desarrollo, así como en los efectos que tal desarrollo tiene en la práctica educativa, en la organización de las ofertas, en la gestión de las instituciones proveedoras, en la actuación de los profesionales y en el aprendizaje de los propios participantes. Grado y ámbito de desarrollo que, en todo caso, se supone que se encuentra refrendado por datos que confirman su evolución desde el punto de vista histórico, didáctico, pedagógico y social.

Insistimos en esta perspectiva institucional y profesional, porque creemos que, además de ofrecernos una visión general y diversa del campo, quienes nos dedicamos a este sector de la educación nos interesa sobre todo la práctica profesional, que siempre comienza con algún tipo de diseño de la formación que vamos a impartir. Este diseño de la formación no es otra cosa que la planificación que realizan los profesionales de la educación para que un conjunto de participantes (en nuestro caso, personas adultas) consigan determinados aprendizajes, de los que se supone que mejorarán su comprensión del mundo, sus competencias para el trabajo y sus relaciones sociales, es decir, optimizarán su desarrollo y bienestar personal y comunitario. Planificación que, como iremos viendo, será diferente dependiendo de la diversidad de las ofertas y sus proveedores.

Lo que veremos a lo largo de este capítulo es que la desigual planificación y sus componentes dependen, en primer lugar, del tipo de oferta (formal o no formal) y su pluralidad, pero también de la diversidad de las instituciones. Y ello no así por casualidad, sino porque parece la respuesta más racional, cuando se trata de planificar la formación y llevarla a cabo. Pensemos, por ejemplo, en el profesor de Matemáticas, de Lengua o de Geografía en un centro de educación secundaria, o reparemos en el monitor de un taller de Pintura, de Historia o de Igualdad en una universidad popular. Cuando estos profesionales de la educación planifican su materia y la desarrollan a lo largo del curso, viven ese momento clave en el que tratan de llevar a la práctica lo que les han enseñado y han aprendido en su trayectoria académica previa de formación.

Sí, justamente se trata de esa ocasión y oportunidad de aplicar los conocimientos, teorías y técnicas, disponibles actualmente en el campo de la Pedagogía y la Didáctica, sobre el modo de planificar y conducir una determinada acción formativa. Por ello, se piensa que, en el fondo, el diseño de la formación es algo así como la "clave del del arco" del edificio educativo, o, dicho de otra manera, la "piedra de toque" del resultado de la educación. Estas son expresiones que, como vemos en el diccionario (DRAE), permiten llevar su significado, netamente profesional, a figuras retóricas que se nos muestran llenas de sentido: la clave del arco evita que este se desplome, según los arquitectos; y la piedra de toque es el método que emplean los orfebres y joyeros para determinar la pureza del oro y la plata. Pero también son locuciones que operan como perfectas metáforas en nuestro caso, ya que, en una segunda acepción del registro, tales expresiones en el diccionario además se refieren a "aquello que permite calibrar el valor preciso de una cosa".

Este es el alcance práctico que esperamos que aporte este capítulo. Cuando actuamos como profesionales de la educación, ya sabemos la teoría, que se supone que, con el diseño y la conducción de la acción formativa, hay que llevarla a la práctica. Pero iremos viendo que, al igual que sucede con la planificación, dicha práctica también será diferente según se trate de enseñanzas formales o no formales, nos situemos en el sistema educativo o fuera del mismo, sean las clases de Formación Básica o de Bachillerato, trabajemos en una casa de acogida o en una universidad popular.

Por la misma razón, también creemos que este es el sentido práctico que tiene este libro: responder a los problemas que se plantea el profesional de la educación de personas adultas a la hora de diseñar la formación y llevarla a cabo. Estamos convencidos de que, en una obra como esta, en la que se aborda la diversidad y complejidad de la EPA, este es el momento de la verdad, en el que los conocimientos disponibles y las competencias adquiridas se ponen a prueba y nos brindan la ocasión de evidenciar si funcionan, si consiguen los efectos previstos. Volviendo al diccionario, ninguna ocasión mejor para "calibrar el valor preciso" de la acción educativa y su sentido.

En síntesis, podemos anticipar dos conclusiones complementarias a lo largo de este capítulo. Al igual que en otros países de nuestro entorno, el nivel de desarrollo actual de la EPA en España representa avances importantes respecto de las décadas anteriores, sobre todo teniendo en cuenta la gran diversidad de instituciones y ofertas. Sin embargo, creemos que no refleja del todo el nivel de institucionalización descrito en los capítulos anteriores, ni concuerda enteramente con el desarrollo teórico y práctico que se desprende de las aportaciones de la UNESCO. Desde este doble punto de vista, toda la información que se presenta en este capítulo sobre la situación de la EPA en España se agrupa en los siguientes apartados.

— Para situarnos en la perspectiva temporal, comenzamos con un breve recorrido por *la historia de este sector de la educación en España*, distinguiendo entre tres etapas principales que han marcado su evolución, durante los dos últimos siglos, desde sus orígenes hasta la actualidad.

— A continuación, a la hora de describir el sector en el momento actual, nos vemos obligados a partir de una *clasificación de las instituciones y ofertas* de EPA, cuyo debate teórico resulta insoslayable, porque, como sucede en otros campos de la educación, estamos ante un asunto que tiene importantes consecuencias para la práctica.

— En tercer lugar, con la mirada puesta sobre todo en la actuación de las instituciones y profesionales, se describe y analiza de forma general *la normativa española actual sobre la EPA*, deteniéndonos especialmente en los currículos de las enseñanzas y su relación con los objetivos, la organización y las pautas metodológicas.

— El apartado cuatro es el más amplio, porque nos ocupamos de las *ofertas oficiales del sistema educativo* para personas adultas, lo que nos permitirá entrar con más detalle (a nivel del Estado y en algunas CCAA) en cada una de ellas: Educación Básica, Bachillerato, Formación Profesional e Idiomas, incluyendo los sistemas de acreditación de competencias.

– En el punto cinco se abordan las experiencias y programas de educación de personas adultas que se desarrollan *fuera o al margen de las enseñanzas oficiales del sistema educativo*. Basándonos en su recorrido histórico, es lo que denominamos *educación popular* de personas adultas, como la extensión universitaria, la universidad para mayores y las universidades populares.

– Además, también fuera del sistema educativo, se describen en sexto lugar las ofertas que, vinculadas con la denominada *Pedagogía Social Especializada*, tienen que ver con los programas y proyectos educativos y culturales, cuya finalidad es la acogida y/o la reeducación de las personas adultas.

– Finalmente, a la vista de los datos anteriores, nos planteamos cual es el nivel de *desarrollo institucional* de la educación de personas adultas en España y también en Canarias, entendiendo por desarrollo institucional los efectos que se derivan de la intervención de los poderes públicos, sean del Estado o de las CCAA, en la política y en la financiación de este sector educativo.

Esperamos que esta presentación global de la educación de adultos en nuestro país nos permita situarnos con más realismo y perspectiva, como profesionales e investigadores de un campo de la educación ampliamente caracterizado por una pluralidad de ofertas, modalidades, centros, profesionales y participantes.

1. Etapas de la historia de la educación de adultos

En general los historiadores suelen centrarse en los orígenes de la EPA, dando cuenta de los hechos y fenómenos que generan su nacimiento, así como de las primeras experiencias y medidas legislativas, destacando, en todo caso, algunos momentos clave de su evolución (Terrot, 1983; Tiana, 1991; Lorenzo Vicente, 1993).

En el caso de España, algunos autores describen tres principales épocas que han marcado la evolución de la educación de adultos, dependiendo de las leyes educativas de cada momento histórico: la primera, marcada por las leyes del siglo XIX y primera mitad del XX; la segunda, con la publicación de Ley General de Educación en 1970; y la tercera, a partir de la Ley Orgánica de Ordenación General del Sistema Educativo, que se aprueba en 1990 (Gómez R. de Castro, 1995; Moreno Martínez y Viñao,

1997; Medina, 2020a y 2021). Tres épocas que lógicamente han estado condicionadas por los vaivenes del régimen político de cada momento.

La evolución a la que se refieren estos autores ha venido afectando, desde el punto de vista histórico, pedagógico y didáctico, a las dos categorías, ya comentadas en capítulos anteriores, por las que siempre ha discurrido la EPA: la educación formal (escuelas, escuelas de adultos, centros de educación de adultos) y la educación no formal (centros cívicos, educación popular, extensión universitaria, universidades populares, empresas, etc.); una distinción, en todo caso, sobre la que existe un importante debate actualmente, que abordaremos en el capítulo 6.

1.1. Siglo XIX y primera mitad del XX

Debido a los cambios que representó la Revolución Francesa, el régimen de monarquía absoluta en España se abre a la influencia del pensamiento liberal de la época, que se traslada a la instrucción, sobre todo a partir de la Constitución de 1812 que establece el derecho a la educación.

En esta primera época, tres son las leyes que regulan la educación en España: la *Ley de Instrucción Primaria* de 1838 (Gaceta, 1938), la *Ley de Instrucción Pública* de 1857 (Gaceta, 1857) y la *Ley de Educación Primaria* de 1945 (BOE, 1945). Tales leyes, coincidiendo con las concepciones del momento, aunque se refieren casi exclusivamente a la instrucción de los niños, obligan también al Gobierno a dedicar espacios, recursos y profesorado a la formación de la población adulta (Flecha *et al.*, 1988; Tiana, 1991).

Algunos historiadores que describen la educación de adultos en este período reconocen que, a diferencia de lo que sucedía en el XVIII, estas primeras medidas legales (debido a su carácter formal y oficial con la intervención del Estado) elevan los niveles de alfabetización y mejoran la situación de los trabajadores. Pero se destaca lo que se ha denominado su perfil *compensatorio*, aludiendo con ello a que las citadas leyes se centran en la educación de los "niños" a los que se les considera casi únicos destinatarios de la acción educativa, abriendo las mismas escuelas también para los adultos, cuya instrucción había sido olvidada, no habían ido a la escuela, o eran analfabetos (Guereña, 1992).

Una concepción que, de una u otra forma, vemos en las tres leyes citadas. "Asimismo, procurará el gobierno la conservación y fomento de las escuelas de adultos" (Gaceta, 1938: art. 37). "Igualmente fomentará el establecimiento de lecciones de noche o de domingo para los adultos cuya instrucción haya sido descuidada, o que quieran adelantar en conocimientos" (Gaceta, 1857: art. 106). Incluso la ley que establece lo que va a ser la educación durante el franquismo, como en los casos anteriores, se limita a la educación de los "niños" con solo dos artículos sobre la "educación de adultos" (BOE, 1945: arts. 31 y 32).

En realidad, debido a las exigencias del proceso de industrialización, lo que pasaba es que se abrían escuelas de adultos porque no funcionaban bien las escuelas de los niños y sucedía con mucha frecuencia que, cuando estos ya eran adultos, se comprobaba que, o nunca habían ido a la escuela (porque trabajaban o porque no había escuelas en todos los sitios), o habían olvidado lo aprendido (por falta de práctica), volviendo a ser analfabetos.

Esto es lo que significa "compensatorio", dado que la función de las escuelas de adultos era compensar, remediar, dar una segunda oportunidad a los adultos, que perdieron la primera cuando eran niños. Tan estrecha era la relación entre alfabetización de adultos y déficit de formación en la infancia, que se pensaba que la realización efectiva de la escolaridad infantil acabaría haciendo innecesarias las escuelas de adultos, que podrían desaparecer.

Así pues, esta era la visión de la educación de adultos de las leyes de la época antes de 1970: la formación de la población adulta no se consideraba necesaria, imprescindible en cualquier tiempo, con valor en sí misma por sus beneficios personales y sociales, como hoy lo es, por ejemplo, la educación de los niños, la formación profesional o la educación universitaria (Rumbo, 1998 y 2020).

Más bien, se trataba de una oferta educativa coyuntural, limitada en el tiempo, con una función correctora. Esto es lo que los historiadores de la educación han denominado *perfil compensatorio* de este campo, que se reforzaba todavía más con este *carácter sustitutorio* de unas escuelas para adultos llamadas a desaparecer. Además, hablamos de unos programas educativos que se limitaban a impartir a la población adulta las mismas enseñanzas que a los niños, con una pedagogía centrada exclusivamente en los contenidos, que no diferenciaba entre niños y adultos; es lo que para algunos autores representaba los inicios del *modelo escolar* de la educación de adultos de esta época (Gaceta, 1906; Medina, 1997).

Ello explica en parte que haya sido precisamente en este período cuando nacen las primeras experiencias de educación popular, como la extensión universitaria y las universidades populares (Palacios, 1908; Gue-reña y Tiana, 1994; Medina, 2017), que parecían responder mejor a las ne-cesidades y demandas de las personas adultas.

1.2. Desde 1970 hasta 1990

Casi a finales de la dictadura del General Franco, en 1970 se aprueba la *Ley General de Educación* (LGE) con lo que cambia radicalmente la si-tuación de la EPA, que abandona el perfil compensatorio y sustitutorio y deja de ser coyuntural y limitada en el tiempo (Medina, 2020b).

Todo ello, fruto de los cambios sociales y educativos que acaban lle-gando, aunque tarde, al último lustro del régimen franquista. Nos referi-mos al movimiento pedagógico de la Escuela Nueva, algunas corrientes educativas basadas en la libertad y en el desarrollo, y sobre todo a la in-fluencia de instituciones supranacionales, que ya hablaban de lo que re-presentaba el concepto de *educación permanente*.

Decimos que el cambio es considerable porque es la primera vez que en un texto legal español se regula el sistema educativo de acuerdo con el principio de educación permanente, incluyendo la educación de adultos en su estructura (BOE, 1970: art. 9), lo que significa que la educación no comienza y termina en la infancia y la juventud (como se venía creyendo), sino que se prolonga a lo largo de toda la vida (Moreno Martínez, 1992a; Rumbo, 2020).

A partir de ahora lo que vemos es que la educación de personas adultas se normaliza institucionalmente y adquiere valor en sí misma, como una oferta con sentido propio, que no se vincula a la formación previa que po-sean los destinatarios, ni depende de la evolución efectiva de la escolaridad infantil. La realidad, esta vez sí, cambia debido a las leyes: se van creando centros de educación permanente de adultos por todo el país, se dota a los centros de profesorado y recursos propios, se asignan partidas presu-puestarias específicas, se incrementan las cifras de personas adultas que se forman, etc.

Dicha normalización institucional es lo que lleva a los historiadores a comentar los progresos que se han conseguido hasta este momento. Re-conocen que la aparición de las primeras experiencias del XVIII, clara-mente balbuceantes, mejoran durante el siglo XIX y primera mitad del XX, período en el que los cursos, las clases y las escuelas de adultos habían conseguido elevar notablemente los niveles de alfabetización, incluso, con iniciativas complementarias de carácter extraescolar y profesional (Tiana, 1991; Moreno Martínez, 1992b).

Pero, todavía estamos en un período en el que la educación de las personas adultas representaba un sector residual, limitado, sin apenas desarrollo teórico. En la práctica, sucedía que la ausencia de innovaciones didácticas, la inexistencia de Pedagogía alguna diferenciada, así como el carácter escolar y, en muchos casos, con planteamientos todavía compensatorios, eran la norma. Sobre todo en un momento, como sucedió a partir de la guerra civil, durante la dictadura en la que se suprimen las experiencias de educación popular y las universidades populares (Moreno Martínez y Viñao, 1997).

1.3. Desde 1990 hasta la actualidad

Durante 20 años está vigente la LGE hasta que, en 1990, ya en plena democracia, se aprueba la *Ley Orgánica de Ordenación General del Sistema Educativo* (la LOGSE), entre otras razones, para adaptar el sistema educativo a la Constitución y para ajustar la educación española a la Unión Europea (BOE, 1990). Además de otros cambios de carácter general, la LOGSE aborda también reformas en el campo de la educación de adultos: se aparta todavía más del tradicional enfoque compensatorio y sustitutorio, y se profundiza en el principio de educación permanente, mejorando las oportunidades de formación para las personas adultas.

Cuando se preparaba el nuevo texto que daría lugar a la LOGSE, todos lo que nos dedicábamos a la educación de adultos esperábamos que la nueva ley abordara buena parte de los déficits y problemas, que se habían superado en otros países, pero no en España. De alguna manera, se mantenía el modelo tradicional de educación de adultos, escolar e infantil, que se había iniciado en el s. XIX y continuaba en el XX; y ello, al margen de las orientaciones de la UNESCO, que apostaban ya por un modelo social y comunitario, con sistemas de acreditación. Otro de los problemas es que no existía coordinación entre las dos vías por las que se desarrollaba la formación de la población adulta: la vía oficial de las enseñanzas formales que conducen a los títulos básicos del sistema educativo, y la vía no oficial de las enseñanzas no formales y los aprendizajes informales que operaban al margen del sistema educativo (Medina, 1988; ECCA, 1988).

Tan claro resultaba este enfoque de la educación de adultos a nivel internacional y nacional que, antes de la aprobación de la LOGSE, el Ministerio de Educación publica el *Libro Blanco de la Educación de Adultos en España* (MEC, 1986), en el que se definen las líneas básicas de la política educativa en materia de educación de personas adultas.

¿Cuáles son esas líneas básicas? Fundamentalmente las siguientes: 1. La educación de adultos tiene que funcionar como un subconjunto integrado en un proyecto global de educación permanente. 2. No resulta adecuado dar a la educación de adultos el mismo tratamiento que al resto del sistema educativo: debe tener un tratamiento diferenciado, propio, específico. 3. Las leyes educativas deben establecer sistemas de reconocimiento y acreditación de la experiencia. 4. En el campo de la educación de personas adultas deben crearse mecanismos de coordinación y sinergias entre las dos vías (formal y no formal). 5. La formación de las personas adultas debe alejarse de los planteamientos escolares del pasado (centrados en el aula y en la formación exclusivamente individual), optando por un modelo social y comunitario en el que la unidad espacial de referencia trasciende el aula y se sitúa en el contexto territorial.

Aunque de forma muy resumida, estos son los principales puntos de la reforma de este sector, lo que explica la extraordinaria acogida que tuvo en su momento el Libro Blanco, como reconocen algunos autores (Viladot y Romans, 1988; Jabonero *et al.*, 1997; Sarrate, 1997). Dicho planteamiento, repetimos, elaborado por el Ministerio de Educación, en su momento se pensaba abordar, o bien, mediante una ley específica sobre EPA para todo el Estado, o bien, a través de una ley general de educación, dedicando algunos artículos a la educación de adultos. Finalmente, como ya sabemos, se elige la segunda de las opciones y lo que se presenta para ser aprobado en el Parlamento es una ley general, que dedica solo cuatro artículos a la "Educación de personas adultas"; expresión esta llamada a sustituir a la de "Educación de Adultos", debido a su carácter más inclusivo.

El resultado es que, de los cinco puntos principales que se abordan en el Libro Blanco, la ley solo se limita al tratamiento diferenciado de la vía formal, es decir, de los currículos de las enseñanzas oficiales del sistema educativo, sobre todo, Educción Básica, Bachillerato y Formación Profesional. Un hecho que representó un adelanto importante, pues se trataba de una demanda de los profesionales y académicos durante más de 100 años reclamada. Por primera vez en la historia parecía estar claro en un texto legal (y se podía llevar a la práctica) que no es lo mismo educar a niños que a personas adultas.

No obstante, no podemos olvidar la falta de respuesta que también representó la LOGSE sobre las otras cuestiones que se habían planteado en el Libro Blanco. Nada, por tanto, sobre mecanismos de coordinación y colaboración entre las dos vías (formal y no formal); apenas unas consideraciones generales sobre los sistemas de reconocimiento de la experiencia; cierto temor en lo que se refiere al tratamiento diferenciado; insuficiente desarrollo sobre los proyectos sociales y comunitarios; y ni siquiera alguna alusión a la educación no formal e informal que realizan las personas adultas. Y, como cabía esperar, a la vista de los resultados, una cierta desilusión se instaló entre los profesionales y los investigadores universitarios. En lo que se refiere a la educación de las personas adultas, a la LOGSE le faltó ambición y amplitud de miras (Medina, 2020a).

Al mismo tiempo, debido a la influencia de no pocos organismos supranacionales y al debate que se generó con ocasión de la LOGSE, estamos en una fase en la que se producen otros avances importantes: se inicia la institucionalización de los sistemas de reconocimiento y acreditación de la experiencia; se abre el sistema educativo a la formación profesional de los trabajadores (en activo o parados); se genera un importante desarrollo de experiencias de educación no formal, sobre todo a partir de la refundación de las universidades populares después de la Constitución de 1978; y nace y se consolida la educación social, en la que la EPA comienza a encontrar sus señas de identidad.

2. Clasificación de las instituciones y ofertas

A la hora de describir el sector en el que nos movemos, el primer problema que se nos plantea es el de la diversidad de instituciones y ofertas, tratando de precisar cómo y en qué medida nos atañe como profesionales. Así vemos que, a diferencia de otros sectores de la educación, en el ámbito de la EPA nos vamos a encontrar con una extraordinaria diversidad de instituciones (de carácter público, privado, laboral, asociativo, municipal, etc.) y de ofertas (enseñanzas oficiales, formación laboral, formación personal, animación sociocultural, proyectos de desarrollo comunitario, etc.). Los profesionales de la educación de adultos sabemos que no es lo mismo trabajar, por ejemplo, en un centro oficial de educación básica de personas adultas, que en una universidad popular o en un centro cívico.

Atendiendo a esta diferencia, procede la descripción de instituciones y ofertas dedicadas a la formación de personas adultas, admitiendo que hacer una clasificación representa un empeño difícil y arriesgado. Sobre todo, porque en este campo, como en otros, no siempre se consigue una clasificación disjunta, que describa suficientemente por separado la diferencia organizativa en relación con los objetivos de las ofertas. Algunos organismos internacionales se han ocupado de este asunto, con propuestas clasificatorias que, aunque no del todo convincentes, permiten avanzar en este campo, teniendo en cuenta las implicaciones institucionales y estrictamente profesionales que tiene su abordaje.

En nuestro caso, coincidiendo con algunas publicaciones de la UNESCO y la Unión Europea, se propone una clasificación (lógicamente, discutible, por las limitaciones que entraña), considerando (a veces, por separado, y otras veces, de manera conjunta) el tipo de formalidad y la naturaleza de las ofertas.

La clasificación de la que hablamos depende de que el tipo de formación sea *formal* o *no formal*. Aunque se trata de una clasificación cuestionada, como veremos en el capítulo 6 y apartado 3.9, suele aceptarse porque es la que se utiliza en las estadísticas sobre participación y en la descripción de las ofertas que aportan los organismos internacionales, así como en la mayoría de los gobiernos a través de sus propias leyes. Nos referimos a dos grandes grupos de instituciones o centros dedicados a la EPA.

2.1. Centros de educación formal

Son los centros oficiales, que imparten enseñanzas para personas adultas que conducen a alguna titulación del sistema educativo. Regulados por las autoridades educativas, estos centros funcionan de acuerdo con un conjunto de normas legales que afectan al currículo, al profesorado, el tipo de centro, la organización, la metodología, el calendario, la evaluación, etc. En España estos centros son los que imparten las enseñanzas (no universitarias) oficiales y formales para las personas adultas. Además, son también los que ofertan los sistemas de reconocimiento y acreditación de la experiencia y de la educación no formal.

2.2. Centros de educación no formal

Son los centros que imparten enseñanzas situadas fuera del sistema educativo oficial o al margen de este. Ofertan enseñanzas no regladas para personas adultas que, por su propia naturaleza, no conducen a titulación alguna oficial del sistema educativo. En el caso de España, podemos distinguir entre dos tipos de estos centros en función de la finalidad:

- Centros de *Formación Profesional Continua*, cuyos participantes buscan una formación relacionada con el trabajo y la mejora del empleo. Tales enseñanzas, en la mayoría de los casos, de acuerdo con lo establecido en el Catálogo General de las Cualificaciones Profesionales (CNCP), se llevan a cabo a través de una diversidad de organismos: centros de formación ocupacional, instituciones públicas dedicadas a la formación (Instituto Nacional de la Administración Pública (INAP), Centros de Profesores (CEP), etc.), organizaciones empresariales y/o sindicales, asociaciones e instituciones municipales y las propias empresas que forman a sus trabajadores. Cuando la formación se basa en el CNCP, se obtiene un certificado de profesionalidad que, como veremos más adelante, se puede considerar que es oficial.

- Centros de *Formación Personal y Comunitaria*, que se desarrolla, no por motivos laborales o académicos, sino por el deseo de seguir aprendiendo a lo largo de la vida, por el interés de mejorar las relaciones sociales a través del aprendizaje y con la intención de apoyar causas solidarias a nivel comunitario. Se trata de ofertas educativas que sobre todo se desarrollan a nivel municipal o en el ámbito del tercer sector, por parte de una gran diversidad de instituciones: universidades populares, universidad para mayores, extensión universitaria, centros cívicos, casas del pueblo, ateneos, centros de reeducación y acogida, fundaciones, asociaciones, ONG, etc.

A continuación, a partir de esta primera clasificación más general, analizamos la legislación española actual sobre las enseñanzas formales para personas adultas, como paso previo para describir posteriormente los diferentes proveedores (centros e instituciones) de educación de adultos, así como sus ofertas educativas y la actuación de los profesionales.

3. NORMATIVA ESPAÑOLA SOBRE LAS ENSEÑANZAS OFICIALES PARA PERSONAS ADULTAS

Antes de entrar en la descripción de las enseñanzas oficiales para las personas adultas, conviene detenernos en la normativa que las regula, analizando, según los casos, el carácter específico de tales normas, así como el margen de actuación que tienen las autoridades educativas y los profesionales para adaptar la acción formativa a los destinatarios. Aunque las primeras aproximaciones a este asunto aparecen en la LGE (BOE, 1970), propiamente la normativa específica de cierto calado para la población adulta aparece por primera vez en la LOGSE (BOE, 1990), estableciendo cambios claramente destacados respecto de los objetivos, los currículos y la organización que, por primera vez, comienzan a apartarse de la Pedagogía tradicionalmente escolar, que no diferenciaba entre la educación de niños y adultos. Cambios que, en general y cualquiera que fuera el signo político del Gobierno en cada época, se han mantenido con otras leyes educativas como la LOCE (BOE, 2002a), la LOE (BOE, 2006), la LOMCE (BOE, 2013) y la actualmente vigente LOMLOE (BOE, 2020).

En adelante iremos citando esta última, la *Ley Orgánica 3/2020, de 29 de diciembre, por la que se modifica la Ley Orgánica 2/2006, de 3 de mayo, de Educación* (BOE, 2020), pero con el articulado que consta en un texto completo de la LOE con las modificaciones de la LOMLOE, elaborado por el Ministerio de Educación y Formación Profesional y que citamos de este modo: MEFP, 2020.

En este documento del Ministerio de Educación de España (MEFP, 2020), concretamente, en el Título I, es donde se ordenan y regulan todas las enseñanzas del sistema educativo. También vemos que, dentro del Título I, el Capítulo IX está dedicado a la *Educación de Personas Adultas*, con seis artículos dedicados a los siguientes temas: Objetivos y principios (art. 66); Organización (art. 67); Enseñanzas obligatorias (art. 68); Enseñanzas postobligatorias (art. 69); Centros (art. 70); Tecnologías digitales y formación de adultos (art. 70 bis).

Si analizamos lo que se regula en estos seis artículos en general vemos un tipo de normas que tienen en cuenta buena parte de los acuerdos (con sus correspondientes recomendaciones), definidos por la UNESCO, sobre el desarrollo de la EPA. Incluso, podemos comprobar que, en algunos artículos (por ejemplo, el 66, sobre los objetivos) el registro normativo parece que va más allá de las enseñanzas oficiales y se sitúa en un plano más general, sea cual sea el tipo de formación para las personas adultas.

Veamos, pues, a continuación, lo que nos dice la normativa citada sobre los currículos de las enseñanzas formales y, a partir de ahí, sobre los objetivos y el tipo de organización que incluye algunas pautas metodológicas.

3.1. Los currículos de las enseñanzas oficiales

Comenzamos con los currículos por su carácter global, que acaba afectando a sus componentes, sobre todo, a los objetivos, a la organización y a la metodología. Lo primero que hay que decir sobre los currículos de las enseñanzas oficiales de las personas adultas, es que la legislación actual, de la que venimos hablando, permite algunos cambios que parecen superar parte de la dependencia y el mimetismo que tradicionalmente han mantenido los currículos con el sistema escolar e infantil.

La normativa a la que nos referimos define el currículo y establece determinadas normas en su aplicación a las personas adultas. Se define el concepto de currículo como "el conjunto de objetivos, competencias, contenidos, métodos pedagógicos y criterios de evaluación de cada una de las enseñanzas" (MEFP, 2020: art. 6.1). Una definición muy acorde con la literatura pedagógica actual, que concibe el currículo como el punto de partida a través del cual se articula y se lleva a cabo toda la acción educativa y sus componentes.

Además, se aclara en el mismo artículo que "El currículo irá orientado a facilitar el desarrollo educativo de los alumnos y alumnas, garantizando su formación integral, contribuyendo al pleno desarrollo de su personalidad y preparándolos para el ejercicio pleno de los derechos humanos, de una ciudadanía activa y democrática en la sociedad actual. En ningún caso podrá suponer una barrera que genere abandono escolar o impida el acceso y disfrute del derecho a la educación" (art. 6.2).

A partir de esta amplia definición del currículo, la norma prevé que, para las enseñanzas oficiales dirigidas a las personas adultas, las autoridades educativas puedan elaborar currículos específicos, que tengan en cuenta sus especiales circunstancias (características, experiencias, necesidades, intereses, etc.). El texto legal se refiere, con carácter general, exactamente a currículos "específicos", aunque no siempre se usa esta misma expresión en todos los casos: "En atención a sus especiales circunstancias, por vía reglamentaria se podrán establecer currículos específicos para la educación de personas adultas que conduzcan a la obtención de uno de los títulos establecidos en la presente Ley" (art. 67.9).

Sobre las enseñanzas obligatorias, se precisa que las que conducen al título de Graduado en Educación Secundaria Obligatoria, puedan contar con una oferta "adaptada" (aquí no se dice "específico") a las condiciones y necesidades de las personas adultas: "Las personas adultas que quieran adquirir las competencias y los conocimientos correspondientes a la educación básica contarán con una oferta adaptada a sus condiciones y necesidades" (art. 68.1). Asimismo, para las enseñanzas postobligatorias, como el Bachillerato y la Formación Profesional, se vuelve nuevamente a usar la expresión de oferta "específica": "Corresponde a las Administraciones educativas adoptar las medidas oportunas para que las personas adultas dispongan de una oferta específica de estos estudios organizada de acuerdo con sus características" (art. 69.2).

No se entiende por qué, en algunos casos, la norma habla de currículo específico y, otras veces, de currículo adaptado. Evidentemente no es lo mismo que el ajuste curricular a la población adulta se limite a una "adaptación" o que, por el contrario, hablemos de un currículo "específico". Un debate que se planteó entre los profesionales de los centros de educación de personas adultas desde la misma publicación de la LOGSE en 1990. Debate que incluso se trasladó a las "Jornadas Técnicas para el desarrollo de la LOGSE en materia de educación de adultos", organizadas por el Ministerio de Educación en diciembre de 1991, en las que se llegaron a plantear, según las CCAA, propuestas curriculares claramente diferenciadas (Medina, 2020a).

No obstante, independientemente del debate citado, las leyes dejan muy claro que las enseñanzas del régimen general (inicialmente pensadas para niños y adolescentes en el sistema educativo) deben ajustarse a las condiciones y necesidades de la población adulta. En teoría, cabe pensar que, de acuerdo con la normativa sobre el currículo, debería existir un cierto margen de maniobra por parte de los centros y profesionales para realizar cambios en sus diferentes componentes (objetivos, competencias, contenidos, métodos pedagógicos y criterios de evaluación) de cara a su aplicación a la población adulta. Pero la propia normativa solo entra en las competencias de las autoridades educativas respecto de los objetivos y sobre algunas cuestiones de organización y metodología.

3.2. Los objetivos de las enseñanzas para personas adultas

Respecto de los objetivos, a diferencia de los planteamientos tradicionales, que se quedaban en la educación básica y la formación laboral, la legislación actual reconoce una gran diversidad de objetivos en esta materia. Así vemos que, a la hora de formular los objetivos, la ley plantea una finalidad general: "La educación de personas adultas tiene la finalidad de ofrecer a todos los mayores de dieciocho años la posibilidad de adquirir, actualizar, completar o ampliar sus conocimientos y aptitudes para su desarrollo personal y profesional (MEFP, 2020: art. 66.1). A continuación, desde la perspectiva de esta finalidad general, se definen los siguientes objetivos:

"a) Adquirir una formación básica, ampliar y renovar sus conocimientos, habilidades y destrezas de modo permanente y facilitar el acceso a las distintas enseñanzas del sistema educativo.

b) Mejorar su cualificación profesional o adquirir una preparación para el ejercicio de otras profesiones.

c) Desarrollar sus capacidades personales, en los ámbitos expresivos, comunicativo, de relación interpersonal y de construcción del conocimiento.

d) Desarrollar su capacidad de participación en la vida social, cultural, política y económica y hacer efectivo su derecho a la ciudadanía democrática.

e) Desarrollar programas que corrijan los riesgos de exclusión social, especialmente de los sectores más desfavorecidos.

f) Responder adecuadamente a los desafíos que supone el envejecimiento progresivo de la población, asegurando a las personas de mayor edad la oportunidad de incrementar y actualizar sus competencias.

g) Prever y resolver pacíficamente los conflictos personales, familiares y sociales. Fomentar la igualdad efectiva de derechos y oportunidades entre hombres y mujeres, así como analizar y valorar críticamente las desigualdades entre ellos.

h) Adquirir, ampliar y renovar los conocimientos, habilidades y destrezas necesarias para la creación de empresas y para el desempeño de actividades e iniciativas empresariales, de la economía de los cuidados, de la colaboración social y de compromiso ciudadano.

i) Desarrollar actitudes y adquirir conocimientos vinculados al desarrollo sostenible y a los efectos del cambio climático y las crisis ambientales, de salud o económicas y promover la salud y los hábitos saludables de alimentación, reduciendo el sedentarismo" (art. 66.3).

A la vista de la relación anterior, parece que la diversidad de objetivos es más que evidente. Se reconoce la importancia de la formación básica como punto de partida, pero se va mucho más allá, incluyendo la cualificación profesional, la promoción de la salud, la mejora de las relaciones interpersonales, el desarrollo sostenible, la ciudadanía democrática, la participación, etc. Diversidad y globalidad de objetivos que en general guardan una cierta sintonía con el carácter global de los objetivos que formula la UNESCO y que nos remite a una concepción general de la EPA, se trate de enseñanzas formales o no formales.

3.3. La organización y la metodología

Veamos qué dice la misma legislación sobre la organización y metodología de tales enseñanzas. Dos cuestiones claramente relacionadas con los currículos y también con los objetivos, en la medida en que podrán facilitar su cumplimiento y desarrollo o, por el contrario, ponerle trabas y hacerlo todo prácticamente inviable. Sabemos que el tipo de organización acaba convirtiéndose, en última instancia, en la clave para que, a partir de los diseños curriculares (adaptados o específicos), se avance en el cumplimiento de objetivos de la EPA, que es de lo que se trata.

Seleccionamos a continuación las principales medidas organizativas que se plantean en la citada ley (MEFP, 2020) para las enseñanzas oficiales del sistema educativo cuyos participantes son personas adultas:

– En primer lugar, se regula el acceso, precisando que en general podrán incorporarse a la EPA quienes hayan cumplido los dieciocho años de edad, aunque, excepcionalmente, puedan hacerlo también los mayores de dieciséis años que trabajan (art. 67.1). Tales enseñanzas para personas adultas se podrán impartir en centros docentes ordinarios o específicos, debidamente autorizados por la Administración educativa competente (art. 70).

– En segundo lugar, se avanza en algunos planteamientos que han nacido al amparo de la nueva concepción de la educación basada en el aprendizaje a lo largo de la vida. Uno de tales planteamientos es el reconocimiento de que las personas adultas pueden aprender a través de la enseñanza (sea esta reglada o no reglada), o por medio de la experiencia (laboral o social). En tal sentido la norma ordena que se establecerán conexiones entre ambas vías y que se adoptarán medidas para la validación de los aprendizajes así adquiridos (art. 66.4).

– En el mismo marco del aprendizaje a lo largo de la vida, se regulan otras formas de obtener una titulación del sistema educativo, sea el título de Graduado en Educación Secundaria, el título de Bachiller o los títulos de Formación Profesional: mediante pruebas periódicas a las que se pueden presentar las personas mayores de dieciocho años. Además, se ordena que en la organización de dichas pruebas se tomen las medidas necesarias para asegurar la igualdad de oportunidades, la no discriminación y, especialmente, el acceso de las personas con discapacidad (arts. 68.2 y 69.4).

– En este mismo contexto más general y también mediante pruebas (es decir, sin la titulación previa del sistema educativo), se regulan distintas formas de cursar otras enseñanzas del sistema educativo: el acceso a la Universidad para las personas mayores de 25 años y el acceso a las Enseñanzas Artísticas Superiores para los mayores de 18 años (música y danza para los mayores de 16 años) (arts. 69.6 y 69.5).

– Por otra parte, se plantea una metodología reconocida internacionalmente como la más adecuada para la EPA. Se trata de una metodología flexible, abierta, que responda a las capacidades, necesidades e intereses de las personas adultas, basada en el autoaprendizaje y que combine la educación presencial y la educación a distancia, haciendo uso de las tecnologías de la información y la comunicación (arts. 67.2, 67.7, 69.3 y 70bis 1 y 2).

– Finamente, queda claro en la norma qué pueden hacer las Administraciones educativas para cumplir la finalidad general y los objetivos de la EPA: colaborar con otras instituciones públicas, privadas, laborales, sociales y municipales (arts. 66.2 y 67.3); desarrollar programas especiales de aprendizaje en lengua castellana y otras lenguas oficiales para facilitar la integración de las personas emigrantes (art. 67.4); prestar una atención adecuada a quienes presenten necesidad específica de apoyo educativo (art. 67.5); garantizar a la población reclusa el acceso a estas enseñanzas (art. 67.6); impulsar medidas de orientación profesional que fomenten el aprendizaje a lo largo de la vida y las oportunidades de formación (art. 67.10); y contribuir a la formación de los profesionales mediante la realización de investigaciones y el fomento de prácticas innovadoras en el campo de la EPA (art. 67.8).

Como se puede observar, estamos ante una importante legislación que afecta a todas las enseñanzas oficiales que, inicialmente reguladas para niños y jóvenes, se ofertan también para la población adulta. Legislación que, como ya se ha visto, permite cambios en los currículos, que afectan a los objetivos, la organización y las pautas metodológicas, respondiendo así mejor a las características, intereses y necesidades de las personas adultas. Otra cosa es que, dependiendo de las propias Administraciones educativas, de los centros y de los propios profesionales tengan claro hasta donde pueden llegar a diferenciarse del sistema escolar (para niños y adolescentes) en sus ofertas de formación.

Desde nuestro punto de vista, creemos que, cuando se trata de personas adultas, existe un amplio margen de actuación (basado en las actuales leyes) para realizar el ajuste debido de los currículos de las enseñanzas oficiales que conducen a diferentes titulaciones del sistema educativo.

Analizamos a continuación cada una de las enseñanzas oficiales de la EPA, examinando en cada caso la normativa específica que lo regula, a nivel general y por parte de las Comunidades Autónomas, así como las implicaciones profesionales en la elaboración de los diseños de formación y su aplicación en el aula para responder a los problemas y necesidades de las personas adultas.

4. OFERTAS OFICIALES PARA PERSONAS ADULTAS: ENSEÑANZAS Y ACREDITACIÓN

Comenzamos precisando cuáles son las enseñanzas que en España ofrece el sistema educativo, según las leyes vigentes. Nos seguimos basando en el mismo texto completo de la LOE con las modificaciones de la LOMLOE: MEFP, 2020. Según esta norma, las enseñanzas que ofrece el sistema educativo son las siguientes: "a) Educación infantil. b) Educación primaria. c) Educación secundaria obligatoria. d) Bachillerato. e) Formación profesional. f) Enseñanzas de idiomas. g) Enseñanzas artísticas. h) Enseñanzas deportivas. i) Educación de personas adultas. j) Enseñanza universitaria" (MEFP, 2020, art. 3.2).

Son estas, pues, las enseñanzas oficiales (formales, regladas), que conducen a las titulaciones reconocidas oficialmente por el Estado. Reguladas por las autoridades educativas, se basan en diferentes normas legales que afectan, en primer lugar, al currículo, pero también al profesorado, al tipo de centro, al acceso, a la organización, a la metodología, al calendario, a la evaluación, etc.

En nuestro caso y para este trabajo, nos limitamos a las ofertas oficiales que la propia legislación ordena su adaptación específica a la población adulta. No hablaremos, pues, de las enseñanzas artísticas, las enseñanzas deportivas o la enseñanza universitaria. En primer lugar, porque la legislación que regula estas enseñanzas no siempre se refiere al acceso, ni establece acomodación alguna de las ofertas a las personas adultas y sus características. Y, sobre todo, porque estas enseñanzas exigen una dedicación y un rol del alumnado que no parece compatible del todo con las obligaciones familiares, laborales y sociales de las personas adultas; una cuestión que también se analiza posteriormente en el capítulo 6.

Más bien, nos centramos en aquellas enseñanzas oficiales del sistema educativo (las que en el apartado anterior se agrupan entre las ofertas de educación formal) que en España explícitamente se ofrecen también para las personas adultas: Educación Básica, Bachillerato, Formación Profesional e Idiomas, incluyendo también en esta categoría los Sistemas de Acreditación de Competencias. En cada caso, iremos viendo las implicaciones institucionales y profesionales a la hora de enfrentarse a los correspondientes diseños de formación y su práctica educativa. Dado que en algunas ofertas existen diferencias entre las CCAA, veremos también cuál es su regulación y organización en la Comunidad Autónoma de Canarias.

4.1. Educación básica

Según los historiadores, estas ofertas de enseñanza básica y general para adultos nacen en España en el siglo XIX casi en paralelo con la extensión de la escolaridad obligatoria para los niños. De acuerdo con la legislación de cada momento, su creación se asocia a dos fenómenos que condicionaron su desarrollo: la industrialización y la urbanización crecientes. Al principio, debido a su función meramente compensatoria, se utilizaban los mismos programas en las mismas escuelas de niños y con los mismos profesores para personas adultas, pero en otro horario. Y con el paso del tiempo, en la medida en que se va superando su lesivo perfil compensatorio, se va creando una red nacional de centros y profesores de educación de personas adultas (Guereña, 1992; Moreno Martínez y Viñao, 1997).

Los primeros intentos, muy tímidos todavía, de adaptar el currículo oficial (pensado fundamentalmente para niños) a la población adulta, se establecen con la publicación de la *Ley General de Educación* (BOE, 1970), debido en parte al concepto de educación permanente que, según esta ley, se convierte en el principio estructurador del sistema educativo. Así, en lo que se refiere a las enseñanzas para la obtención del título de Graduado Escolar para las personas adultas, las autoridades educativas de entonces publican la *Orden del 14 de febrero de 1974* (BOE, 1974), donde se incluyen las conocidas «Orientaciones Pedagógicas del 74», con la finalidad de adaptar el currículo para niños y adolescentes a las personas adultas; unas orientaciones que claramente resultaron insuficientes en la práctica profesional, según Moreno Martínez (1992a).

Años más tarde, con la publicación de la LOGSE (BOE, 1990) se da un nuevo paso en la misma dirección, esta vez mucho más acorde con las orientaciones de los organismos internacionales y las demandas del profesorado. Como ya se ha dicho, se trata de un cambio relevante sobre los currículos y sus componentes, que se mantiene en todas las leyes educativas durante la democracia. Es lo que vemos en la ley actualmente vigente (MEFP, 2020) que en los artículos del 66 al 70 se define cuáles son las enseñanzas que, inicialmente reguladas para niños y jóvenes, se ofertan también para la población adulta, así como los cambios que afectan a los currículos, la organización y la metodología, con la finalidad de adaptarlos a sus características, intereses y necesidades.

Tales pautas legales de carácter general se concretan en los artículos 66, 67 y 68 en lo referente a las enseñanzas que conducen al nuevo título, creado por la LOGSE, de Graduado en Educación Secundaria. A continuación, se procede a elaborar los currículos de Educación Primaria y de Educación Secundaria Obligatoria para todo el Estado, elaborando los correspondientes reales decretos de enseñanzas mínimas (BOE, 1991c y 1991d). Estas normas de carácter general son las que dan lugar a que las diferentes CCAA, haciendo uso de sus competencias, elaboren para su territorio los decretos de tales enseñanzas, que publican en sus boletines oficiales con una disposición adicional en la que se establece que tal currículo (en el caso de Canarias, por ejemplo) se "podrá adaptar a las características, condiciones y necesidades de la población adulta según lo dispuesto en el Título III de la Ley 1/1990 de 3 de octubre" (BOC, 1993: DA).

Al mismo tiempo, mientras se están elaborando para todo el Estado y en cada CCAA los citados currículos del sistema educativo, entre 1991 y 1993 el proceso de adaptación a la población adulta se completa con un conjunto de acuerdos y orientaciones que se establecieron en las *Jornadas Técnicas para el desarrollo de la LOGSE en materia de educación de adultos*, donde estuvieron presentes los representantes del propio Ministerio de

Educación y de las Consejerías de Educación de los Gobiernos Autónomos (DGPE, 1993b; De Asís, 1993; MEC y CCAA, 1993 y 1995). En dicho encuentro parecía quedar claro, por parte de las autoridades educativas (Ministerio de Educación y Consejerías de Educación de las CCAA), que sobre tales enseñanzas para personas adultas no se iba a elaborar algún decreto de mínimos, como sí se había hecho para las enseñanzas del régimen general. Así se hacía constar en el acuerdo final de las jornadas, estableciendo que todo lo relacionado con los cambios en el currículo que conducía al título citado quedaría a la decisión que tomen las CCAA de acuerdo con sus competencias (MEC y CCAA, 1995).

Hablamos, pues, de cambios en la legislación actual sobre las enseñanzas oficiales y acuerdos entre las propias autoridades educativas que en el tema que nos ocupa afectan a la *Educación Básica* para personas adultas. Una expresión esta (equivalente a otras como Enseñanza Básica o Formación Básica) que se usa más en el campo de la educación de adultos que en el ámbito escolar, cuando nos referimos a la formación que conduce al título de Graduado en Educación Secundaria Obligatoria (GESO). De hecho, se trata de una expresión que aparece por primera vez en la LOGSE: "La educación primaria y la educación secundaria obligatoria constituyen la enseñanza básica" (BOE, 1990: art. 5.1); y que se define en los mismos términos en la LOCE (BOE, 2002a: art. 9.1). Así se explica, por ejemplo, que, en algunas CCAA, como en Canarias, en lo que se refiere a las enseñanzas para adultos que conducen al título de Graduado en Educación Secundaria, en un primer momento no se distinga entre Educación Primaria y Educación Secundaria (dos niveles educativos asociados a la edad de los niños que, lógicamente, no tienen sentido cuando se trata de personas adultas), sino que simplemente se habla de Educación Básica.

No obstante, años más tarde, a partir de la creación de los "ciclos formativos de grado básico" entre las enseñanzas obligatorias (BOE, 2006: art. 68.3), el propio concepto de Educación Básica cambia en su aplicación a los mayores de 18 años. Ya no es solo la suma de la educación primaria y secundaria, sino que se añaden tales ciclos formativos, según vemos en la actual legislación: "La educación primaria, la educación secundaria obligatoria y los ciclos formativos de grado básico constituyen la educación básica" (MEFP, 2020: art. 3.3). Este cambio en el concepto de Educación Básica es lo que da lugar a que en algunos CEPAS (siglas de los centros de educación de personas adultas) se impartan tales ciclos formativos con la colaboración de parte del profesorado de dichos centros.

En la actualidad, según la legislación educativa reseñada, existe un conjunto de centros de EPA, que imparten la Educación Básica a través de varias ofertas: Alfabetización, Graduado Escolar (se trata del antiguo título de Graduado en Educación General Básica) y el nuevo Graduado en Educación Secundaria. En relación con tales ofertas nos podemos encontrar con centros públicos o privados, así como con centros presenciales, a distancia y semipresenciales. Dado el carácter oficial de estas enseñanzas, también estos centros son los que organizan periódicamente las pruebas para la obtención directa del título de Graduado en Educación Secundaria. Precisamente por ello, algunos centros organizan ofertas formativas para preparar a quienes se vayan a presentar a dichas pruebas o también para el acceso a la Universidad de los mayores de 25 y 45 años.

Además, conviene señalar que es en este campo de la formación de las personas adultas, la Educación Básica, en el que, por parte de las CCAAA, se ha generado un mayor despliegue de normas, recursos, programas y proyectos específicamente adaptados a la población adulta, superando la tradicional dependencia que se tenía con el sistema educativo escolar e infantil. Una reivindicación de los profesores que defendían que la formación básica no podía ser la misma para los niños y para personas adultas.

Así, de acuerdo con la legislación del Estado, las diferentes CCAA han ido publicando en sus boletines regionales el currículo oficial específico de las enseñanzas que, para personas adultas, conducen al título de Graduado en Educación Secundaria Obligatoria, todo ello en el marco de una oferta más amplia que parece responder mucho mejor a las necesidades e intereses de las personas adultas.

En la Comunidad Autónoma de Canarias el currículo oficial de Educación Básica para la población adulta, de acuerdo con los plazos establecidos, se publica a los ocho años de la LOGSE, mediante el *Decreto 79/1998 sobre el Currículo de la Formación Básica para la Educación de Personas Adultas* (BOC, 1998). Una norma legal que se lleva a cabo (según lo establecido en la LOGSE y teniendo en cuenta los acuerdos tomados en las anteriormente citadas Jornadas Técnicas), después de un proceso de experimentación curricular de varios años de duración en los CEPAS.

Varias son las novedades de este decreto que afectan a los diseños de formación que elaboran los profesores de los centros oficiales de educación de adultos. En primer lugar, está la que se refiere al concepto de Formación Básica en la que se incluyen tres ámbitos del currículo que conduce al título de Graduado en Educación Secundaria: Formación Instrumental, Formación Orientada al Empleo y Formación Sociocultural. En el ámbito de *Formación Instrumental* se incluyen 4 áreas: 1. Área de comunicación (con tres bloques: Lengua, Literatura e Idioma); 2. Área del conocimiento social (con dos bloques: Medio geográfico y Medio social); 3. Área del conocimiento natural; 4. Área del conocimiento matemático. En el ámbito de *Formación Orientada al Empleo* se incluye el Área 5 de trabajo y sociedad (con dos bloques: Sociedad y trabajo y Tecnología y sociedad). En el ámbito de *Formación Sociocultural* se incluye el Área 6 de desarrollo personal (con cuatro bloques: Salud y consumo, Habilidades personales y sociales, Habilidades educativas y Valores, género y sociedad).

Pero lo más novedoso de esta norma es la regulación del reconocimiento y validación de competencias. Un asunto del que ya hemos hablado en el capítulo 1 (apartado 4) como una de las aplicaciones prácticas del concepto de educación permanente, aportando datos de su extensión y diversidad a nivel internacional. Ahora volvemos sobre ello, pero con la mirada puesta en la normativa canaria y la actuación de los profesionales.

Antes de continuar, hay que subrayar que, en el caso de la Educación Básica, en ese momento Canarias fue la única Comunidad Autónoma del Estado español que había regulado los sistemas de reconocimiento y validación para estas enseñanzas. En el decreto citado, además de definir los objetivos, contenidos, criterios de evaluación, etc. del currículum de las enseñanzas dirigidas a las personas adultas para la obtención del título de Graduado en Educación Secundaria (GESO), se creaba el *Sistema de Acreditación Formativa* (SAF), que consistía en hacer una *Valoración Inicial del Alumno* (VIA) para comprobar qué es lo que ya sabía y las competencias de formación básica que ya poseía, lo que se certificaba, en términos de créditos, en el expediente del alumno. Una vez realizada la VIA, se procedía a concretar el itinerario formativo a recorrer por el alumno para conseguir el título. Todo este proceso se realizaba en los CEPAS de Canarias unas semanas antes de que comenzaran las clases y pasaba por tres fases que se fueron precisando en diferentes normas sobre su desarrollo (Medina, 2006):

1ª) *Recogida de información* a través de varios medios (cuestionarios, análisis de documentos, entrevistas, etc.) para comprobar los conocimientos y capacidades que ya posee el alumnado.

2ª) *Acreditación del alumno/a*, consistente en que el equipo evaluador registra las acreditaciones que, con relación al título de GESO, el alumno ya ha adquirido.

3ª) *Propuesta de itinerario formativo* que hace el equipo evaluador, en diálogo con el alumno, proponiéndole el itinerario formativo más adecuado para continuar con la formación.

Durante todo este tiempo, mediante la correspondiente normativa, se ha ido precisando y mejorando los procedimientos para el desarrollo del citado *Decreto 79/1998* y la aplicación del SAF. Pero actualmente hay nuevas normas que afectan al diseño y a la actuación de los profesionales.

Recientemente, respondiendo a la normativa legal vigente (MEFP, 2020), se aprueba una nueva norma de carácter general para todo el Estado, que plantea cambios importantes en la oferta de Educación Básica para las personas adultas. Se trata del *Real Decreto 217/2022, de 29 de marzo, por el que se establece la ordenación y las enseñanzas mínimas de la Educación Secundaria Obligatoria* (BOE, 2022a), que en su disposición adicional tercera, sobre la Educación de Personas Adultas reitera que "las personas adultas que quieran adquirir las competencias y los conocimientos correspondientes a la Educación Secundaria Obligatoria contarán con una oferta adaptada a sus condiciones y necesidades, que se regirá por los principios de igualdad de oportunidades, no discriminación, accesibilidad universal, movilidad y transparencia, y podrá desarrollarse a través de la enseñanza presencial, semipresencial y también mediante la educación a distancia" (DA 3.1).

Según esta norma, para que el alumnado adulto adquiera una visión integrada del saber que le permita desarrollar las competencias y afrontar con éxito los principales retos y desafíos globales del siglo XXI, las enseñanzas de esta etapa se organizarán de forma modular en tres ámbitos y dos niveles en cada uno de ellos (DA 3.2): el *Ámbito de comunicación* (referido a las materias de Lengua Castellana y Literatura, Lengua Extranjera y lengua Cooficial); el *Ámbito social* (sobre los contenidos de Geografía e Historia y Educación en Valores Cívicos y Éticos); y el *Ámbito científico-tecnológico* (concerniente a Física y Química, Biología y Geología, Matemáticas y Tecnología y Digitalización). En este caso la idea de ámbito parece que representa una propuesta educativa más flexible, adaptada a este alumnado, en términos de enseñanzas mínimas sobre las competencias básicas para defenderse en la vida, cuyos aprendizajes (aquí hay otro cambio importante) se pueden conseguir en dos cursos que, si se superan, darán derecho a la obtención del título de Graduado en Educación Secundaria Obligatoria.

De acuerdo con los tres ámbitos, el real decreto también establece que las pruebas que se organicen para obtener directamente el título se basen en los tres ámbitos citados (DA 3.8). Además, se ordena que corresponde a las administraciones educativas establecer los procedimientos para el reconocimiento de los conocimientos adquiridos por el alumnado, a través de la experiencia y de la educación no formal, con objeto de proceder a su orientación y adscripción a un nivel determinado dentro de cada uno de los ámbitos de conocimiento (DA 3.5); con lo que vemos que lo que era una normativa exclusiva de Canarias parece que se generaliza para todo el Estado. Una norma que resulta coherente con la mayor autonomía que se le otorga al profesorado, ya que en esta disposición también se establece que "el equipo docente podrá proponer para la expedición del título a aquellas personas que, aun no habiendo superado alguno de los ámbitos, se considere que han conseguido globalmente los objetivos generales de la formación básica de las personas adultas. En esta decisión se tendrán en cuenta las posibilidades formativas y de integración en la actividad académica y laboral de cada alumno o alumna" (DA 3.7).

Otra novedad importante de este real decreto (que afecta a la educación básica de todas las personas, sean niños o adultos) es la incorporación al sistema educativo español de las *competencias clave* para el aprendizaje permanente, establecidas por el Consejo de la Unión Europea (2018), que recomienda a los Estados miembros "apoyar y reforzar el desarrollo de las competencias clave de todas las personas desde una edad temprana y durante toda la vida, como parte de las estrategias nacionales en materia de aprendizaje permanente". Así, a los efectos del citado real decreto, se definen las siguientes competencias clave: Competencia en comunicación lingüística; Competencia plurilingüe; Competencia matemática y competencia en ciencia, tecnología e ingeniería; Competencia digital; Competencia personal, social y de aprender a aprender; Competencia ciudadana; Competencia emprendedora; Competencia en conciencia y expresión culturales (art. 11.1).

Con la incorporación de tales competencias se trata de responder a los retos y desafíos del siglo XXI, fijando el perfil de salida al término de la enseñanza básica, que acaba convirtiéndose en el referente último del desempeño competencial tanto de la evaluación de las diferentes etapas de la formación básica como para la titulación de Graduado en Educación Se-cundaria Obligatoria, fundamentando así las decisiones curriculares y las estrategias metodológicas de la práctica educativa (art. 11.2).

Volviendo a Canarias, lo que hace la Administración educativa es adap-tar su legislación sobre la Educción Básica de las personas adultas a esta nueva norma del Estado. Así, a instancias de la Consejería de Educación se aprueba la *Orden de 20 de octubre de 2022, por la que se regulan la oferta educativa y la evaluación de las enseñanzas que integran la Educación Básica de Personas Adultas en la Comunidad Autónoma de Canarias* (BOC, 2022a), que en la exposición de motivos vemos que se refuerzan los planteamien-tos, ya expuestos anteriormente, que conciben la educación de las personas adultas como un dispositivo esencial del aprendizaje permanente: concebir la formación como un proceso permanente que se desarrolla durante toda la vida; responder a los cambios sociales y económicos con una motivación de aprendizaje continuo; el uso de las nuevas tecnologías de la información y la comunicación en los procesos de enseñanza; y sobre todo diseñar para las personas adultas una oferta de educación básica adaptada a sus condi-ciones y necesidades, de forma que los destinatarios puedan simultanear las obligaciones familiares y laborales con su proceso de aprendizaje, po-sibilitándoles un mayor desarrollo personal, social y profesional.

Basándose en la disposición adicional tercera del citado *Real Decreto 217/2022*, queda claro en la orden de Canarias que el currículo de Edu-cación Básica de personas adultas, que conduce al título de Graduado en Educación Secundaria Obligatoria, se organiza de forma modular en tres ámbitos y dos niveles en cada uno de ellos: el Ámbito Científico-Tecno-lógico, el Ámbito de Comunicación, y el Ámbito Social, con las mismas referencias a las materias que vienen en el real decreto del Estado.

Tres ámbitos que se desarrollan en dos períodos formativos (art. 3): el de Educación Inicial para Personas Adultas (EIPA) y el de Educación Se-cundaria para Personas Adultas (ESPA), cuyas competencias, criterios de evaluación y saberes básicos de los diferentes ámbitos y materias constan en las normas citadas. La EIPA se organiza en dos niveles: el nivel I, que permite al alumnado adquirir habilidades básicas digitales, matemáticas y comunicativas en lengua castellana; y el nivel II, que permite al alumnado adquirir y afianzar los aprendizajes necesarios para el acceso a la Educación Secundaria para Personas Adultas (art. 8). Y por su parte, la ESPA también se organiza en dos niveles: el nivel I, cuyos referentes son los cursos de 1º y 2º de la Educación Secundaria Obligatoria (ESO) y se divide en dos módulos cuatrimestrales; y el nivel II, cuyos referentes son los cursos de 3° y 4° de la ESO y se divide en dos módulos cuatrimestrales (art. 14.1).

Asimismo, para favorecer la flexibilidad en este tipo de enseñanzas, que tienen que hacer compatible las responsabilidades familiares y laborales con las propiamente de aprendizaje, se establece que la Educción Básica para personas adultas se podrá impartir en las modalidades presencial, semipresencial y a distancia, precisando además que el alumnado podrá solicitar el cambio de modalidad, siempre que justifique su propuesta y se resuelva por la dirección del centro (art. 14.2).

Por otra parte, aunque en esta orden no se hable del Sistema de Acreditación Formativa (que sí consta en el anterior *Decreto 79/1998* de Educación Básica), sí se rescata la VIA, cuyas siglas se asocian a ahora a la Valoración Inicial de los Aprendizajes que se realiza para determinar el periodo formativo, el nivel y los ámbitos en los que quedará matriculado el alumnado; valoración que tendrá en cuenta tanto los aprendizajes formales realizados con anterioridad como los no formales e informales (art. 4).

Dicha valoración inicial de los aprendizajes se regula mediante la *Resolución de 16 de noviembre de 2022* de la Dirección General de Formación Profesional y Educación de Adultos (BOC, 2022b). En esta resolución, además de la composición y funciones de los equipos evaluadores, se establecen dos fases para el desarrollo de la VIA:

— *La fase 1*, durante la que se reconocen las enseñanzas formales recibidas, así como las no formales y los aprendizajes informales. Una fase, además en la que tiene lugar una entrevista con el alumnado y termina con una adscripción provisional.

— *La fase 2*, en la que, a partir de un período de observación, de dos semanas lectivas, el profesorado comprueba la conveniencia de la adscripción provisional, y procede a la adscripción final del alumnado, que queda matriculado en los módulos de los ámbitos que le correspondan.

Así, a partir de las últimas normas señaladas (BOE, 2022a; BOC, 2022a y 2022b), los CEPAS de Canarias ofertan la Educación Básica de Personas Adultas que está estructurada en los dos periodos formativos ya comentados: la Educación Inicial para Personas Adultas (EIPA) y la Educación Secundaria para Personas Adultas (ESPA). Estas enseñanzas permiten obtener el título de Graduado en ESO que, dependiendo de los estudios previos que se posean, podrá obtenerse en un solo curso, en dos o al ritmo que permitan las circunstancias personales (EPAC, 2022b):

– La *Educación Inicial para Personas Adultas* (EIPA). Es un periodo formativo de dos cursos que se realiza en caso de que no se pueda abordar directamente el período de secundaria. Comienza con el trabajo en habilidades básicas de comunicación, matemáticas y digitales; y continúa introduciendo los tres ámbitos de conocimiento que se cursan en la ESPA: ámbito Científico-Tecnológico, ámbito de Comunicación y ámbito Social.

– La *Educación Secundaria para Personas Adultas* (ESPA). Es un periodo formativo de dos cursos de duración que permite obtener el título de Graduado en ESO. Debe tenerse en cuenta que, cuando se accede a esta enseñanza, se valorará el nivel formativo de partida a fin de acortar el tiempo necesario para cursarla. Según la disponibilidad horaria y las preferencias personales, podrá elegirse entre tres modalidades: *presencial* (con asistencia obligatoria al centro educativo); *semipresencial* (en la que se combina el trabajo autónomo del alumnado con la asistencia presencial a algunas clases y actividades); *a distancia* (en cuyo caso el proceso de aprendizaje se realiza autónomamente y a través de plataformas virtuales, contando con apoyo tutorial, con la obligación exclusiva de asistir a las actividades de evaluación).

Asimismo, en paralelo con la Formación Básica, algunos CEPAS de Canarias ofrecen otras enseñanzas que responden a las demandas de las personas adultas. Ofertas que, en unos casos, representan otras alternativas para obtener alguna titulación del sistema educativo, y en otros, constituyen programas de formación cuya finalidad es el desarrollo personal, social y profesional. Entre tales enseñanzas, destacamos las siguientes (EPAC, 2022a):

– *Cursos de preparación para las pruebas.* Son cursos de carácter no formal cuya finalidad es preparar a las personas adultas, que no cumplen con los requisitos de acceso, para obtener alguna titulación del sistema educativo, mediante la superación de las pruebas correspondientes. Se ofrecen cuatro tipos de cursos para la preparación de dichas pruebas: para la obtención del título de Graduado en Educación Secundaria Obligatoria; para el acceso a Ciclos Formativos de Grado Medio; para el acceso a Ciclos Formativos de Grado Superior; y para el acceso a la Universidad para mayores de 25 años.

- Las *Aulas Mentor* son una iniciativa de formación abierta, flexible y a través de Internet, dirigida a personas adultas que deseen ampliar sus competencias personales y profesionales. Promovida por el Ministerio de Educación, mediante un acuerdo con la Consejería de Educación del Gobierno de Canarias, cuenta con una matrícula que está abierta en cualquier momento del curso, contando el alumnado con el apoyo de un administrador para resolver problemas técnicos, y con un tutor que le resolverá sus dudas, evaluará y seguirá su proceso de aprendizaje.

- *Informática Básica*. Se trata de un curso, dirigido a adultos, con la finalidad de introducirlos en el uso del ordenador y de Internet. Va dirigido a tres tipos de alumnado: los que tienen interés en formarse en tecnologías de la información y la comunicación; quienes cursan Educación Básica de Personas Adultas y quieren obtener el reconocimiento de la materia de Tecnología o Informática en la ESPA; alumnado que desee acreditar un módulo de Ofimática por el Servicio Canario de Empleo.

- *Examen de competencias clave*. También algunos CEPAS de Canarias colaboran con el Instituto Canario de las Cualificaciones Profesionales (ICCP) en el examen de competencias clave para acceder a los certificados de Profesionalidad de nivel 2 y de nivel 3. Los destinatarios de estos exámenes son todas aquellas personas adultas interesadas en hacer los cursos de formación, pero no tienen los requisitos de acceso, que en caso del nivel 2 es el título de Graduado en Educación Secundaria, y en el nivel 3 el título de Bachillerato.

Lo cual quiere decir que, si la institución a la que estamos vinculados profesionalmente es un centro oficial, reconocido, de Educación Básica para personas adultas (un CEPA), de acuerdo con lo dicho, nos podemos ver, como profesores, en varias situaciones educativas, en las que tendremos que elaborar el correspondiente diseño de la acción educativa y llevarlo a la práctica.

Desde el punto de vista institucional y profesional, de acuerdo con la normativa actual, tales situaciones educativas pueden ser las siguientes: impartiendo alguna materia de uno de los tres ámbitos señalados del título de Graduado en Educación Secundaria; formando parte del equipo docente que interviene en la Valoración Inicial de los Aprendizajes (la VIA); preparando pruebas de evaluación para la obtención directa del título de

Graduado en Educación Secundaria Obligatoria y actuando como evaluador de los candidatos que lo soliciten; preparando pruebas para el acceso
a Ciclos Formativos de Grado Medio o de Grado Superior e impartiendo
algunas materias para preparar a los candidatos a las pruebas; actuando
como tutor de las Aulas Mentor y/o colaborando en el programa de Informática Básica; colaborando con el ICCP en el examen de competencias
clave; preparando pruebas para el acceso a la Universidad para mayores
de 25 años, contribuyendo también a la formación para dicho acceso.

Evidentemente, todas son situaciones educativas que precisan de la elaboración del correspondiente diseño o planificación, aunque la intervención del profesor y su margen de discrecionalidad para la toma de decisiones
sea diferente, dependiendo de cada caso y su correspondiente regulación
legal. Todo ello, por supuesto, sin perder de vista lo dicho hasta ahora, a
nivel general, sobre los cambios curriculares (objetivos, organización y metodología), y en el caso de Canarias, sobre lo establecido en la última
Orden de 20 de octubre de 2022.

Nos referimos a que, a la hora de elaborar el diseño o la planificación
de la acción educativa, nos vamos a encontrar con una serie de condicionantes ya predefinidos legalmente. Pero, tales condicionantes (a diferencia
de lo que sucedía en el pasado) no representan una aplicación mimética
de lo establecido para los niños en las escuelas, sino unas pautas curriculares específicas para personas adultas que, en la normativa de Canarias,
afectan a la concepción general del currículo, a los objetivos generales, a
los contenidos, a los criterios de evaluación, etc. Otras cuestiones, como
la distribución de materias, el margen de opcionalidad, el tiempo horario
destinado para las enseñanzas, el número de horas semanales y la duración
de cada una de las sesiones de clase, etc. no siempre vienen predefinidas
en el diseño curricular, sino que se deciden en cada centro por los propios
profesionales.

Además, hay otros argumentos que también debemos tener en cuenta
cuando nos referimos a la actuación de los profesionales que trabajan en
el campo de la Educación Básica. Se trata de la obligación que tiene todo
centro oficial de elaborar su Proyecto Educativo o también su Proyecto
Curricular. En algunas CCAA del Estado español, que funcionan con una
abundante legislación en esta materia, ya cuentan con leyes específicas de
educación de adultos y otras normas que regulan las diferentes enseñanzas
oficiales que se imparten en estos centros (Lancho, 2005; Medina, 2020a).

En el caso la Canarias, contamos con una ley específica para este sector de la educación y otras normas que, sobre la Educación Básica, además de la obligatoriedad de elaborar el Proyecto Formativo, permite y regula, como ya se ha dicho, la acreditación previa de las competencias que el alumnado ha podido adquirir a lo largo de su vida (BOC, 2003 y 2022a).

4.2. Bachillerato

Para encontrar las primeras ofertas de Bachillerato destinadas a las personas adultas tenemos que remontarnos a la época de la II República que, en el año 1936, ya iniciada la contienda nacional, se crea el primer bachillerato reducido (de dos años) para los adultos trabajadores (Gaceta, 1936; Sala *et al.*, 1975). Posteriormente, durante la dictadura, el Bachillerato para adultos se canaliza a través de dos vías: los centros nocturnos y las enseñanzas a distancia.

Durante la democracia, la primera ley que aborda la adaptación del currículo de Bachillerato en su aplicación para adultos es nuevamente la LOGSE, estableciendo que las personas adultas que quieran cursar el Bachillerato "podrán contar con una oferta específica y con una organización adecuada a sus características" (BOE, 1990: art. 53.2).

Un mandato este sobre el currículo que, como ya se ha comentado, se mantiene en las leyes posteriores a la LOGSE y en la actualmente vigente LOMLOE: "Las Administraciones educativas promoverán medidas tendentes a ofrecer a todas las personas la oportunidad de acceder a las enseñanzas de bachillerato [...] Corresponde a las Administraciones educativas adoptar las medidas oportunas para que las personas adultas dispongan de una oferta específica de estos estudios organizada de acuerdo con sus características" (MEFP, 2020: art. 69.1 y 69.2).

Es esta la normativa general sobre el currículo de Bachillerato a la que, lógicamente, hay que añadir ese otro conjunto de normas generales que, además de a los objetivos y competencias, afectan sobre todo a la organización y metodología de cualquiera que sea la oferta de enseñanzas oficiales para personas adultas: las relacionadas con la edad de acceso; el establecimiento de conexiones entre la vía formal y la no formal; la posibilidad de titular mediante pruebas periódicas las personas mayores de dieciocho años; el uso de una metodología flexible y abierta, basada en el autoaprendizaje y que combine la educación presencial y la educación a distancia; la obligación de las administraciones educativas a colaborar con otras instituciones públicas, privadas, laborales, sociales y municipales; prestar apoyo específico a las personas adultas con dificultades; impulsar medidas de orientación profesional que fomenten el aprendizaje a lo largo de la vida y las oportunidades de formación, etc. (MEFP, 2020: cap. IX).

En su momento, a los dos años de la publicación de la LOGSE, se publica a nivel general el diseño de las enseñanzas de Bachillerato, mediante el *Real Decreto 1179/1992, de 2 de octubre, por el que se establece el currículo del Bachillerato* (BOE, 1992), cuya estructura se fija en dos cursos académicos y cuatro modalidades: Artes, Ciencias de la Naturaleza y de la Salud, Humanidades y Ciencias Sociales y Tecnología (arts. 3 y 9-12). Además, para responder a lo establecido en la LOGSE, se añade la siguiente disposición adicional segunda: "El Ministerio de Educación y Ciencia adecuará el currículo establecido en el presente real decreto a las peculiares características de la educación a distancia y de la educación de las personas adultas".

A partir de dicha normativa general, en todas las CCAA se han ido creando un conjunto de centros oficiales (públicos o privados), que imparten las enseñanzas que conducen al título de Bachillerato para personas adultas, bajo dos modalidades: Bachillerato nocturno y Bachillerato a distancia. Además, algunos de estos centros son los que organizan periódicamente las pruebas para la obtención directa del título, ofertando también los correspondientes ciclos formativos para preparar a quienes se vayan a presentar a las pruebas.

Respecto del currículo actual de Bachillerato, teniendo en cuenta lo establecido con carácter general en la actualmente vigente ley de educación (MEFP, 2020), ha sucedido lo mismo que con la Educación Básica: a nivel general se aprueba una nueva norma que plantea cambios en la oferta de Bachillerato para las personas adultas.

Nos referimos al *Real Decreto 243/2022, de 5 de abril, por el que se establecen la ordenación y las enseñanzas mínimas del Bachillerato* (BOE, 2022b) que, a diferencia de lo establecido en el anterior Real Decreto de 1992, se podrá cursar en tres años académicos, mediante cuatro modalidades, pero con una denominación diferente: Artes, Ciencias y Tecnología, General, y Humanidades y Ciencias Sociales (art. 8 y 15). Además, en el anexo II de este real decreto se podrán consultar la programación y los componentes de las diferentes materias, sean comunes, específicas de cada modalidad u optativas.

Pero sobre todo lo que nos interesa destacar de este *Real Decreto 243/2022* es el contenido de la disposición adicional tercera que, sobre la Educación de Personas Adultas, establece que las administraciones educativas han de adoptar las medidas oportunas para que las personas adultas dispongan de una oferta específica de Bachillerato de acuerdo con sus características. Entre tales medidas específicas, con el fin de responder a la formación permanente de las personas adultas, está la educación a distancia y el uso de las nuevas tecnologías de la información y la comunicación y la aplicación del principio de flexibilidad que rige en la educación de personas adultas. En la misma dirección se ordena que en dicha oferta específica, las personas adultas podrán obtener el título de Bachillerato siempre que hayan obtenido evaluación positiva en todas las materias, salvo en una, en cuyo caso se requieren algunas condiciones: que el equipo docente considere que el alumnado ha alcanzado los objetivos y competencias vinculados a ese título; que el estudiante no haya abandonado por su cuenta dicha materia; que se haya presentado a las pruebas y actividades en la correspondiente evaluación; y que la media aritmética de las calificaciones obtenidas en todas las materias de la etapa sea igual o superior a cinco (DA 3.1).

También se podrá obtener el título de Bachillerato si el alumnado se encuentra en posesión de otros títulos del sistema educativo de técnico en Formación Profesional, Artes Plásticas, Música, Danza, etc., mediante la superación de las materias comunes (art. 23); o mediante pruebas (para las personas mayores de 20 años), siempre que demuestren haber alcanzado los objetivos y competencias del Bachillerato (DA 3.2).

A partir de lo dicho, conviene señalar que en España el currículo de Bachillerato actualmente sigue siendo el mismo que el del Bachillerato ordinario (del régimen general), solo que para la población mayor de 18 años. A diferencia de lo que ha sucedido con la Educación Básica que conduce el título de Graduado en Educación Secundaria, el currículo de Bachillerato no se ha elaborado específicamente para personas adultas. Ya hemos señalado antes que la legislación vigente ordena a las Administraciones educativas "adoptar las medidas oportunas para que las personas adultas dispongan de una oferta específica de estos estudios organizada de acuerdo con sus características" (MEFP, 2020: art. 69.2). Dicho mandato se ha interpretado con cambios que afectan, no tanto al diseño curricular, como a la organización y a la metodología (educación a distancia, aplicación del principio de flexibilidad, modalidades de formación, horarios especiales para personas adultas, etc.). Además, de momento no tenemos noticia de que alguna CCAA haya regulado la aplicación de sistemas de acreditación para el título de Bachillerato. Lo que sí ha cambiado sobre las enseñanzas que imparten algunos centros de Bachillerato para adultos es que, como sucede con los centros de educación básica, también se imparten las enseñanzas para el acceso a la Universidad de los mayores de 25 y 45 años. Concretamente en Canarias son los centros de educación a distancia de ambas provincias los que ofertan esas enseñanzas de acceso a la Universidad.

Por tanto, en lo que se refiere al proceso de ajuste curricular que establece la normativa actual para el Bachillerato, todo indica que las Autoridades educativas dan por concluido dicho ajuste. Un asunto que, sin duda, tendrá su influencia en los centros y en el margen de actuación del profesorado para la toma de decisiones sobre la conducción del proceso educativo y la necesaria adaptación a los destinatarios.

Como ya se ha dicho, lo que sí ha cambiado, de acuerdo con la normativa general, es la organización y algunos aspectos metodológicos, que dan lugar a la oferta de varios tipos de Bachillerato. Es lo que vemos en Canarias que, con la explícita denominación de *Bachillerato de Personas Adultas* (BPA), cuenta con una oferta flexible a partir de los 18 años, que se imparte a lo largo de dos cursos. Además, se trata de una enseñanza que se adapta a las características de este alumnado, toda vez que el estudiante podrá inscribirse en un número determinado de materias por curso, no hay límite temporal de permanencia en esta enseñanza y se puede promocionar de un curso a otro con algunas materias pendientes. Así, aprovechando la red pública de centros, se ofrecen tres modalidades para cursar estas enseñanzas para adultos con sus posibilidades y características (EPAC, 2022c):

- *Bachillerato semipresencial* (BSP). Se imparte en algunos Institutos de Educación Secundaria (IES) en un horario de tarde-noche, para las personas adultas que lo necesiten y puedan asistir a un número determinado de sesiones presenciales.

- *Bachillerato a distancia con tutorización* (BDT). Se imparte en algunos Centros de Educación de Personas Adultas (CEPA) (centros inicialmente creados para la Educación Básica) para quienes, en caso de disponer de menos tiempo para la asistencia a las sesiones presenciales, cuentan con la suficiente autonomía para su aprendizaje y seguimiento de las enseñanzas. Lo que significa que la carga horaria es menor a cambio de un mayor apoyo tutorial.

– *Bachillerato a distancia por Internet* (BDI). Se imparte en los Centros de Educación a Distancia (CEAD), que son los antiguos Institutos de Bachillerato a Distancia (IBAD). Las enseñanzas se ofrecen a través de Internet, contando además con sesiones presenciales y aulas virtuales en el centro, para la orientación y evaluación de los aprendizajes. Se trata de una opción más flexible y compatible con las obligaciones de las personas adultas, aunque igualmente requiere un alto nivel de autonomía del alumnado.

En cualquier caso, si como profesores trabajamos en un centro oficial de Bachillerato para adultos, también aquí nos podemos ver en varias situaciones educativas: impartiendo alguna asignatura del currículo de Bachillerato, sea semipresencial, a distancia o por Internet; preparando pruebas de evaluación de alguna asignatura para la obtención directa de dicho título y actuando como evaluador de los solicitantes; impartiendo materias de los ciclos formativos para preparar a los candidatos a las pruebas; preparando pruebas y contribuyendo a la formación para el acceso a la Universidad de los mayores de 25 años.

En cada una de estas situaciones, los factores que van a condicionar el diseño y la ejecución de la acción formativa son diferentes, toda vez que el margen de actuación discrecional del profesor es menor, por ejemplo, si imparte asignaturas de Bachillerato, que si elabora pruebas para el título o forma parte del equipo docente para la preparación a las pruebas.

4.3. Formación Profesional

Sobre el modelo de la formación para el trabajo en Europa, los historiadores de la educación distinguen entre tres períodos: la Edad Media, la Revolución Industrial y el siglo XX (Echeverría, 1993 y 2003; Greinert, 2004; Fuller, 2006; Homs, 2008; Gessler, 2009; Fernández Luzón y Torres, 2013). En la Edad Media, mediante los gremios, la formación laboral se realizaba en el lugar de trabajo, el taller, donde los adultos enseñaban a los jóvenes aprendices. A partir de la Revolución Industrial, debido a la complejidad de las máquinas y para responder a la creciente demanda de mano de obra técnica y especializada, la formación relacionada con el trabajo comienza a enseñarse en un lugar a parte, en las escuelas o centros de formación profesional, figurando entre los currículos oficiales de los sistemas educativos. Sin embargo, durante las últimas décadas del siglo XX, la mayoría de los países desarrollados crean los que se conocen como *Sistemas Nacionales de las Cualificaciones* por varias razones: para conseguir que la formación laboral no se desvincule de la realidad; para responder mejor a las demandas de especialización del mercado laboral; para evitar la exclusión social de los no titulados; y para dar oportunidades de formación y acreditación a todos los ciudadanos, sean jóvenes o adultos, especialmente a la población trabajadora (Banco Mundial, 1991; Arvil *et al.*, 1992; UNESCO, 1996; Unión Europea, 2002; INCUAL, 2003; OCDE, 2010; Miranda y Medina, 2017).

En España, también es a partir de la LOGSE en 1990 cuando se da un fuerte impulso a la creación de ofertas específicas de Formación Profesional para personas adultas. Política educativa que, como en los casos anteriores, se mantiene en la LOMLOE (BOE, 2020), que aborda cuestiones de carácter general, ya descritas (como la edad de acceso, la elaboración de una oferta específica, las diferentes modalidades presenciales y/o a distancia, así como la metodología flexible basada en el autoaprendizaje) y otros argumentos que iremos viendo más adelante (MEFP, 2020).

Así, a los tres años de la LOGSE, se publica el *Real Decreto 676/1993 de 7 de mayo por el que se establecen directrices generales sobre los títulos y las correspondientes enseñanzas mínimas de formación profesional* (BOE, 1993), distinguiendo entre formación profesional de base (incluida en la Educación Secundaria y en el Bachillerato) y la formación profesional específica (estructurada en ciclos formativos de grado medio y de grado superior). Una oferta que, de acuerdo con la LOGSE, permite el acceso, tanto a la población joven, como a las personas adultas que desean obtener los correspondientes títulos académicos, de acuerdo con el principio de educación permanente.

No obstante, la regulación legal de la Formación Profesional se desarrolla ampliamente a partir de 2002, con la *Ley Orgánica 5/2002, de 19 de junio, de las Cualificaciones y de la Formación Profesional* (BOE, 2002b), conocida como la *Ley de las Cualificaciones* que, entre otras cosas, crea el *Sistema Nacional de las Cualificaciones Profesionales* (SNCP) y el *Catálogo Nacional de Cualificaciones Profesionales* (CNCP), cuya finalidad es asegurar la integración de las diferentes formas y sistemas de acreditación profesional, para adecuar la formación laboral al mercado de trabajo, para facilitar la movilidad de los trabajadores, para asegurar la unidad del mercado laboral, y también para promover la formación a lo largo de la vida.

Antes que nada, sobre este campo de las enseñanzas oficiales, conviene que precisemos el propio concepto de *Formación Profesional*, que, según la Ley de las Cualificaciones y la LOMLOE (BOE, 2020), se define en los términos siguientes: "La formación profesional comprende el conjunto de acciones formativas que capacitan para el desempeño cualificado de las diversas profesiones, el acceso al empleo y la participación activa en la vida social, cultural y económica. Incluye las enseñanzas propias de la formación profesional inicial, las acciones de inserción y reinserción laboral de los trabajadores, así como las orientadas a la formación continua en las empresas, que permitan la adquisición y actualización permanente de las competencias profesionales" (MEFP, 2020: art. 39.1). Además, se precisa en el mismo artículo que la regulación contenida en la presente Ley se refiere a la formación profesional que forma parte del sistema educativo.

Por otra parte, en la misma LOMLOE (MEFP, 2020: disp. adic. 30) y de acuerdo con lo establecido en la Ley de las Cualificaciones, se insta al Gobierno para que regule los sistemas de reconocimiento y acreditación de competencias: "El Gobierno impulsará, sin perjuicio de las competencias de las Comunidades Autónomas, los procedimientos de reconocimiento y acreditación de las competencias profesionales adquiridas a través de la experiencia laboral o aprendizajes no formales e informales, de forma que permita a todos los ciudadanos la obtención de una acreditación de sus competencias profesionales".

Se desprende de lo dicho que, en el marco del SNCP (teniendo en cuenta sus instrumentos y acciones) y usando siempre como referencia el CNCP (con sus cualificaciones y unidades de competencia), podemos decir que operan tres grandes recursos, o sistemas (subsistemas), que se encuentran estrechamente relacionados entre sí en lo que se refiere a la formación, cualificación y acreditación profesional (Miranda y Medina, 2017):

– El *Subsistema de Formación Profesional Inicial* (SFPI) que se desarrolla en la red de centros de Formación Profesional del sistema educativo. A través de esta red se imparten enseñanzas de Grado Básico, Grado Medio y Grado Superior, así como los cursos de especialización (MEFP, 2020: art. 39.3). Los tres grados anteriores se corresponden respectivamente con el Certificado de Profesionalidad (nivel 1), el título de Técnico (nivel 2) y el título de Técnico Superior (nivel 3).

- El *Subsistema de Formación Profesional Continua* (SFPC) o para el Empleo, que se lleva a cabo a través de las organizaciones empresariales y sindicales, así como en centros reconocidos al efecto. De este modo, en un mismo rótulo se agrupa lo que antes se denominaba Formación Ocupacional (destinada a los trabajadores en paro) y Formación Continua (para los trabadores en activo). Se imparten enseñanzas conducentes a Certificados de Profesionalidad (niveles 1, 2 y 3) y otro tipo de certificaciones, así como enseñanzas que responden a las demandas de las empresas e intereses de los trabajadores.

- El *Subsistema de Reconocimiento y Acreditación de Competencias* (SRAC) que consiste en acreditar las competencias profesionales mediante acreditaciones parciales acumulables. Una tarea que se lleva a cabo a lo largo de un proceso de asesoramiento, evaluación y orientación de los solicitantes.

Tales subsistemas no funcionan de forma aislada sino coordinadamente, debido a la función que ejerce el CNCP y a la estructura del SNCP, que cuenta con una instancia superior, el Consejo General de la Formación Profesional (CGFP). Dicho consejo es el órgano consultivo y de participación institucional de las Administraciones Públicas y de asesoramiento del Gobierno en materia de Formación Profesional. Un importante organismo del Estado en el que están presentes los Ministerios de Educación y de Trabajo, así como las CCAA y los Agentes Sociales.

Para describir el funcionamiento y la actuación de los profesionales de los tres subsistemas de formación profesional, comenzamos con los dos primeros: la formación profesional inicial y la formación profesional continua, y no ocupamos finalmente de la acreditación de competencias.

Hay que señalar que tradicionalmente los dos subsistemas de formación profesional (inicial y continua) se han considerado, el primero, oficial, formal, formando parte del sistema educativo, y el segundo, no oficial, no formal, fuera del sistema educativo. Pero en la actualidad, esta diferencia se ha difuminado, debido a las siguientes tres razones principales que abundan en la integración.

En primer lugar, la integración sobre todo se consigue a través de la influencia, diríamos, oficial (reglada) que ejerce el *Catálogo Nacional de las Cualificaciones Profesionales* (CNCP, 2022a), en tanto que componente clave del *Sistema Nacional de las Cualificaciones Profesionales* (SNCP). Creado por la Ley de las Cualificaciones (BOE, 2002b), el CNCP es la relación ordenada de las cualificaciones profesionales más significativas del mercado laboral, agrupadas por familias profesionales y niveles. Si consultamos la web del Instituto Nacional de las Cualificaciones (INCUAL, 2022a), vemos que, hasta noviembre de 2022, el CNCP se componía de 26 familias profesionales con un total de 756 cualificaciones vigentes y 2.512 unidades de competencia. De cada familia profesional, en el catálogo se definen las cualificaciones de los tres niveles de Formación Profesional: nivel 1 (FP Básico), nivel 2 (Grado Medio) y nivel 3 (Grado Superior); además de los Cursos de Especialización (G. Medio y G. Superior) destinados a quienes ya disponen de un título de formación profesional para facilitarles la formación continua en el marco del aprendizaje a lo largo de la vida.

En segundo lugar, para conseguir la integración de ambos subsistemas (inicial y para el empleo) y garantizar el acceso a la formación profesional de diferentes colectivos (jóvenes, trabajadores en activo y parados), la propia *Ley de las Cualificaciones* (BOE, 2002b: art. 11) crea dos importantes tipos de centros singulares de Formación Profesional: los *Centros Integrados* (BOE, 2005), que dependen de educación, y los *Centros de Referencia Nacional* (BOE, 2008), vinculados a empleo. Entre otras, las funciones principales de estos centros son las siguientes: impartir formación profesional perteneciente a los dos subsistemas, realizar de forma permanente los procedimientos de reconocimiento y acreditación de competencias, promover la innovación y la experimentación, y llevar a cabo los programas o acciones de información y orientación profesional.

Además, la vinculación que actualmente se establece entre los dos subsistemas de Formación Profesional, también está relacionada con la *formación profesional específica para personas adultas*, sobre todo de los trabajadores. Es evidente que la Formación Profesional Inicial está pensada para un perfil de alumnado que en su mayoría son adolescentes y jóvenes que pueden cumplir los requerimientos de tiempo y dedicación que exige la asistencia obligatoria a las clases. Pero ¿qué sucede cuando nos encontramos con unos trabajadores que no tienen la titulación y la necesitan, pero no pueden asistir a las clases porque están trabajando?

Una primera respuesta a la pregunta ya la hemos visto con anterioridad al describir la normativa que regula las enseñanzas oficiales. Según la legislación educativa vigente, cuando se trata de las enseñanzas de Formación Profesional para las personas adultas, "corresponde a las Administraciones educativas adoptar las medidas oportunas para que las personas adultas dispongan de una oferta específica de estos estudios organizada de acuerdo con sus características" (MEFP, 2020: art. 69.2). Junto a esta primera consideración sobre el currículo de tales enseñanzas, también hemos descrito que la misma ley plantea cambios relevantes en los objetivos, la organización y la metodología (cap. IX).

Cambios en la organización y en la metodología que, de acuerdo con la Ley de las Cualificaciones, se abordan con más amplitud en el *Real Decreto 1147/2011, de 29 de julio, por el que se establece la ordenación general de la formación profesional del sistema educativo* (BOE, 2011). En este texto legal se establece que, cuando se trata de personas adultas, la oferta de Formación Profesional del sistema educativo "podrá flexibilizarse, permitiendo a las personas la posibilidad de combinar el estudio y la formación con la actividad laboral o con otras actividades" (ar. 41.3). Además, se ordena que tales "enseñanzas podrán ofertarse de forma completa o parcial y, en aquellos módulos profesionales en que sea posible, podrán desarrollarse en regímenes de enseñanza presencial o a distancia" (art. 41.4). Incluso, para "facilitar la formación permanente, la integración social y la inclusión de las personas adultas con especiales dificultades de inserción en el mercado de trabajo", se podrán ofertar de forma presencial o a distancia, módulos profesionales a "personas con experiencia laboral que no tengan las condiciones establecidas para el acceso a los ciclos formativos" (art. 42.1).

Como se puede ver claramente en el contenido de los artículos anteriores, además de la regulación propia del sistema educativo, se aborda un tipo de formación claramente destinada también a personas adultas (trabajadores, estén en paro o en activo), cuyo nivel de formación, relacionado con el trabajo, pone de manifiesto una de las debilidades más flagrantes de nuestro mercado laboral. Aunque se ha corregido en los últimos años, tradicionalmente venimos teniendo porcentajes nada despreciables de trabajadores, activos o parados, que no tienen título alguno de Formación Profesional y, en algunos casos, también sin el título de Formación Básica. Este déficit de la formación de los trabajadores es lo que ha llevado al Gobierno de España a ampliar la Formación Profesional Inicial también para las personas adultas, especialmente para los trabajadores, mediante el citado *Real Decreto 1147/2011*. Efectivamente, se trata de una norma que adapta la impartición de esta oferta, con una organización más flexible, para hacer compatible el estudio con el trabajo. Un cambio organizativo, en suma, que regula tres opciones específicas que se les ofrece a las personas adultas: las pruebas para la obtención de los títulos, la oferta de módulos por separado y las enseñanzas a distancia (arts. 36, 42 y 49).

Una segunda respuesta a la pregunta anterior, de acuerdo también con la Ley de las Cualificaciones, la vemos en la *Ley 30/2015, de 9 de septiembre, por la que se regula el Sistema de Formación Profesional para el empleo en el ámbito laboral* (BOE, 2015). Lo primero que vemos en esta ley es la finalidad con la que se define el subsistema de formación profesional para el empleo: "favorecer la formación a lo largo de la vida de los trabajadores desempleados y ocupados" [...]; "contribuir a la mejora de la productividad y competitividad de las empresas"; "atender a los requerimientos del mercado de trabajo, proporcionando a los trabajadores las competencias, los conocimientos y las prácticas adecuados"; "mejorar la empleabilidad de los trabajadores, especialmente de los que tienen mayores dificultades" [...] ; facilitar la "acreditación de las competencias profesionales adquiridas por los trabajadores" a través de "procesos formativos" o por medio de "la experiencia laboral"; "reducir la brecha digital" existente entre los trabajadores; etc. (BOE, 2015: art. 2). Finalidad que se espera conseguir mediante las siguientes iniciativas de formación profesional para el empleo: "a) La formación programada por las empresas, para sus trabajadores. b) La oferta formativa de las administraciones competentes para trabajadores ocupados [...] c) La oferta formativa de las administraciones competentes para trabajadores desempleados [...] d) Otras iniciativas de formación profesional para el empleo, relativas a los permisos individuales de formación, la formación en alternancia con el empleo, la formación de los empleados públicos y la formación no financiada con fondos públicos desarrollada por centros y entidades de iniciativa privada destinada a la obtención de certificados de profesionalidad [...]" (BOE, 2015: art. 8).

Nuevamente, a juzgar por el contenido de los artículos citados, también aquí vemos una oferta específicamente dirigida a las personas adultas, ya que hablamos de trabajadores, estén en activo o en situación de desempleo. El propio texto legal lo deja claro al hablar de la finalidad de este subsistema de formación profesional para el empleo: "favorecer la formación a lo largo de la vida de los trabajadores desempleados y ocupados" (art. 8.1).

Finalmente, teniendo en cuenta algunos planteamientos de la vigente ley de educación (MEFP, 2020), a propuesta del Ministerio de Educación y Formación Profesional, recientemente el Parlamento español ha aprobado una nueva ley de Formación Profesional, la *Ley Orgánica 3/2022, de 31 de marzo, de ordenación e integración de la Formación Profesional* (BOE,

2022c), cuya novedad principal, tal como consta en el propio título, es avanzar todavía más en la integración de la Formación Profesional del Sistema Educativo y la Formación Profesional para el Empleo.

Lo que se busca es contar con un sistema único de "formación profesional a lo largo de la vida", que contribuya a crear empleos de calidad, adecuando la formación a las demandas del mercado laboral y facilitando el reconocimiento de la experiencia. Un sistema único de formación profesional, como se dice en la ley, que sea "flexible, accesible, acumulable y acreditable", con más inversión y recursos, que amplía la formación dual, que mejora la formación del profesorado y la dotación de los centros y que, por fin, da la importancia debida a la orientación profesional.

A la vista de los objetivos (art. 6) del nuevo sistema integrado de Formación Profesional, en esta nueva ley queda claro el planteamiento expuesto anteriormente, que sitúa la formación profesional de las personas adultas en el marco más amplio del aprendizaje de las personas a lo largo de la vida, cuyo desarrollo iremos viendo en los próximos años.

En definitiva, con este sistema único e integrado se trata de regular la Formación Profesional con un "régimen de formación y acompañamiento profesionales que, sirviendo al fortalecimiento, la competitividad y la sostenibilidad de la economía española, sea capaz de responder con flexibilidad a los intereses, las expectativas y las aspiraciones de cualificación profesional de las personas a lo largo de su vida y a las competencias demandadas por las nuevas necesidades productivas y sectoriales tanto para el aumento de la productividad como para la generación de empleo" (art. 1.2).

Con tal finalidad se define en esta ley la composición del sistema y su función. "El Sistema de Formación Profesional está compuesto por el conjunto articulado de actuaciones dirigidas a identificar las competencias profesionales del mercado laboral, asegurar las ofertas de formación idóneas, posibilitar la adquisición de la correspondiente formación o, en su caso, el reconocimiento de las competencias profesionales, y poner a disposición de las personas un servicio de orientación y acompañamiento profesional que permita el diseño de itinerarios formativos individuales y colectivos" (art. 5.1). Un sistema cuya función es "el desarrollo personal y profesional de la persona, la mejora continuada de su cualificación a lo largo de toda la vida y la garantía de la satisfacción de las necesidades formativas del sistema productivo y del empleo" (art. 5.2). Además, una función que se "cumplirá conforme a un modelo de formación profesional, de reconocimiento y acreditación de competencias y de orientación profesional basado en itinerarios formativos facilitadores de la progresión en la formación y estructurado en una doble escala": por una parte, cinco grados ascendentes (A, B, C, D y E); y por otra, tres niveles de competencia profesional (1, 2 y 3) (art. 5.3).

Hemos visto anteriormente los dos subsistemas que regulan la Formación Profesional y la integración entre los mismos, que finalmente se culmina con la última ley (BOE, 2022c), así como la función que ejerce el catálogo (CNCP, 2022a) y el organismo que lo gestiona, el INCUAL (2022a).

A continuación, nos ocupamos del tercero de los subsistemas que operan en el marco del SNCP, el subsistema de *Reconocimiento y Acreditación de Competencias*, y cómo afecta a las nuevas tareas y competencias que están desarrollando actualmente los profesionales de la educación. Lo que quiere decir que, de acuerdo con la legislación actual, los profesionales de la formación profesional de adultos en España, que trabajamos en los centros oficiales, nos podemos ver participando en estos sistemas de reconocimiento y acreditación. Ello es debido a la aplicación práctica del principio de aprendizaje a lo largo de la vida, desde el que tales sistemas se ven como un recurso (o si se prefiere, una oferta) que opera como puente o pasarela entre la educación formal y la educación no formal.

Aunque en el capítulo 1 hemos visto cómo funciona este recurso educativo a nivel internacional y en anterior apartado 4.1 su aplicación en el caso de la Formación Básica, veamos a continuación cómo se aplica en el ámbito de la Formación Profesional y de qué modo afecta a la actuación de los educadores.

Como su nombre indica, hablamos de *acreditación de competencias* (expresión frecuentemente utilizada en la legislación española), que ya se ha dicho que consiste en acreditar las competencias profesionales, utilizando siempre como referencia las cualificaciones y unidades de competencias que se definen en el CNCP. Un proceso que se lleva a cabo mediante la actuación de un tribunal, que evalúa determinados aprendizajes que las personas adultas han adquirido a través de la experiencia o de la educación no formal. Durante el proceso de evaluación, el tribunal, formado por profesores de una titulación oficial, trata de comprobar (encontrar evidencias) si tales aprendizajes se corresponden con las competencias de una cualificación. Si finalmente, fruto de la evaluación, se comprueba que la persona posee las competencias, el tribunal lo acredita por escrito y la propone para continuar el proceso de formación que le conduce a la obtención del título oficial correspondiente (Medina y Sanz Fernández, 2009a y 2009b).

De alguna forma, se trata de una nueva vía que permite adquirir una titulación oficial sin haber cursado la formación previa, también oficial, en un centro del sistema educativo, igualmente oficial. Lo que significa reconocer, por fin, que se puede aprender a través de la formación (esto es lo que hemos venido haciendo tradicionalmente), pero que la experiencia también es fuente de aprendizaje (y aquí está la novedad). Una nueva oportunidad que se pone a disposición de los ciudadanos, desde el convencimiento, por parte de las autoridades educativas, de que lo que rige la educación de la sociedad y el sistema educativo es la educación permanente o el aprendizaje que se produce a lo largo y lo ancho de la vida (Miranda y Medina, 2009; Bélanger, 2015).

Para conocer el alcance de lo que decimos veámoslo con un ejemplo. Imaginemos un camarero con 20 años de experiencia, pero sin titulación alguna oficial. En una Comunidad Autónoma de España, las autoridades educativas habilitan a un Centro de Formación Profesional a iniciar un proceso de acreditación para el título de "Servicios de restaurante, bar y cafetería" (nivel 2 de la familia profesional de Hostelería y Turismo). En tal caso, después de un período de información pública y orientación que pone en marcha el Centro de Formación Profesional, se abre una convocatoria para participar, estableciendo los requisitos (identificación, edad, años de experiencia, formación recibida, etc.) y nuestro camarero se inscribe como candidato. El siguiente paso es la formación del tribunal que evalúa al camarero. Y si, como resultado de la evaluación, se comprueba que tiene las competencias del citado título, entonces el tribunal expide la correspondiente acreditación (certificado), informando al candidato sobre los resultados y los trámites que debe hacer para completar la acreditación mediante la formación correspondiente y poder obtener el título en cuestión.

Como se comprenderá fácilmente, a la vista del ejemplo del camarero, está claro que se necesita una normativa legal muy precisa y elaborada que no comprometa la validez y el reconocimiento social de los títulos de Formación Profesional. Por ello en su día se aprueba en el Parlamento la *Ley Orgánica de las Cualificaciones* (BOE, 2002b), y se desarrolla el conocido como *Proyecto ERA* (MECD, 2003) con la finalidad de contar con una primera experiencia que pudiera sentar las bases de una regulación posterior mediante el correspondiente real decreto. Al mismo tiempo, entre tanto se publica el esperado real decreto, algunas CCAA, como País Vasco y Cataluña, institucionalizan sus propios dispositivos de acreditación. En otras CCAA, como Canarias, se crean dispositivos de carácter experimental como paso previo para avanzar en un dispositivo propio. (López Lacalle, *et al.*, 2008; Medina y Miranda, 2011).

Finalmente, a los siete años de la publicación de la Ley de las Cualificaciones, en 2009, se publica por fin a nivel de todo el Estado, la norma regulatoria esperada: el *Real Decreto 1224/2009, de 17 de julio, de reconocimiento de las competencias profesionales adquiridas por experiencia laboral* (BOE, 2009). Lo que se busca a través de esta norma es promover su aplicación con criterios comunes en todas las CCAA del Estado, aplicando un mismo procedimiento para la acreditación de competencias, tanto para el ámbito educativo (títulos) como para el ámbito laboral (certificados).

En dicho real decreto se establecen los fines del procedimiento (artículo 3), derivados de la aplicación práctica del nuevo paradigma del aprendizaje a lo largo de la vida: en primer lugar, evaluar las competencias profesionales, adquiridas a través de la experiencia laboral y otras vías no formales de formación, mediante procedimientos y metodologías comunes que garanticen la validez, fiabilidad, objetividad y rigor técnico; en segundo lugar, acreditar oficialmente tales competencias profesionales, para facilitar la inserción laboral, así como la progresión personal y profesional; y también, ofrecer oportunidades para obtener una acreditación parcial acumulable, con la finalidad de completar la formación conducente al Título de Formación Profesional (niveles 2 y 3) o Certificado de Profesionalidad (nivel 1) (BOE, 2009: art. 2).

Además, en la medida en que hablamos de un proceso que se basa en la evaluación, el texto legal abunda en el concepto de *referente*, que constituye el primer elemento que siempre debe estar presente en todo proceso de evaluación por parte de los profesionales que intervienen en los sistemas de acreditación (art. 7). En el campo de la Formación Profesional, el referente es el perfil profesional que se concreta en la Cualificación que, con sus unidades de competencia, se define en el Catálogo (CNCP, 2022b). Para los profesores, el referente, como su nombre indica, es la referencia o el punto de mira con el que se trata de igualar (comparar) las competencias que se supone que tiene el candidato que aspira a que se le acrediten sus competencias (Medina y Miranda, 2015).

Con todo, lo que interesa a los profesionales de este campo es el procedimiento. Según el *Real Decreto 1224/2009*, una vez que se publica la convocatoria y se ofrece la información y orientación pertinente, la instrucción y resolución del procedimiento se desarrolla a lo largo de cuatro fases (art. 15, 16, 17, 18 y 20):

- *Primera fase: asesoramiento*. Consiste en asesorar al candidato, orientarle y ayudarle para que supere con éxito la fase de evaluación.

- *Segunda fase: proceso de evaluación*. Se trata de evaluar al candidato y comprobar si demuestra las competencias de una cualificación o parte de ellas, según se define en el documento-currículum del CNCP.

- *Tercera fase: acreditación de la competencia profesional*. Si se ha superado la fase de evaluación, este es el momento de hacer constar en el expediente del candidato qué unidades de competencia ha superado y cuáles no.

- *Cuarta fase: plan de formación*. Una vez cumplimentada la acreditación, se informa y orienta al candidato sobre sobre las posibilidades de formación que, dependiendo de los resultados, será, o bien, para completar la formación conducente a la obtención del título de formación profesional o certificado de profesionalidad, o bien para volver a acreditarse en convocatorias posteriores.

Para facilitar la actuación de los profesionales a lo largo de tales fases, el Ministerio de Educación, a través del INCUAL, publica en su web la documentación que le va a servir al profesor (de una determinada familia profesional y nivel) para diseñar y llevar a cabo la tarea de asesorar al candidato y evaluar sus competencias. Hablamos de un Manual de Procedimiento, que incluye la Guía del Asesor, la Guía del Evaluador y la Guía del Candidato (INCUAL, 2022b).

Por otra parte, en el real decreto queda claro que es la Comunidad Autónoma la que tiene competencias en esta materia y que los profesores que vayan a intervenir, en sus funciones de asesores y evaluadores, tienen que formar parte de la familia profesional correspondiente en la que se vayan a aplicar los sistemas de acreditación, y superar un curso de formación específica sobre este asunto.

En Canarias, podemos decir que se desarrolla una trayectoria especial en lo que se refiere a la acreditación de la Formación Profesional, si tenemos en cuenta la experiencia previa que se había iniciado en materia de Educación Básica a partir de 1998. Así, en 2006 se establece un acuerdo de colaboración entre el Instituto Canario de las Cualificaciones Profesionales (ICCP) y el departamento de educación de la Universidad de Las Palmas de Gran Canaria (ULPGC), para el desarrollo de un *Proyecto de Investigación sobre Sistemas de Acreditación de Competencias*, a lo largo de tres fases: 2007, 2008 y 2009.

Tres fases en las que los sistemas de acreditación se han aplicado de forma experimental a los títulos de Técnico en Cocina, Técnico en Servicios de Restaurante y Bar y Técnico en Equipos e Instalaciones Electrotécnicas. En todos los casos la finalidad era ir configurando una metodología, unos recursos y un sistema de seguimiento que dieran lugar a la creación de un dispositivo propio para Canarias y poder avanzar así en la acreditación de competencias con más rigor en la evaluación, con un sistema de organización adaptado a la realidad del Archipiélago y con un número importante de profesionales cualificados para esta nueva función educativa. Pero en medio de este proceso experimental, coincidiendo con la tercera fase, se publica el citado *Real Decreto 1224/2009*, que obliga a algunos cambios en el Procedimiento de Acreditación de Canarias, que afectan a la propia terminología, pero, sobre todo, al contenido de la acreditación, a las fases del procedimiento, a los sistemas de apoyo, a los centros responsables y a los profesionales que pueden intervenir y especialmente a los componentes de las comisiones de evaluación.

Tales cambios, de acuerdo con la legislación del Estado, dan lugar a la publicación del *Procedimiento de Acreditación de Canarias* mediante la *Orden de 29 de enero de 2010* (BOC, 2010). Proceso que finaliza con la formación de los candidatos y la correspondiente publicación del Manual de Formación en el que, a partir del análisis de tales sistemas a nivel internacional, se describe el funcionamiento del SNCP en España y el contenido de la formación en la fase de asesoramiento y en la fase de evaluación, culminando con la descripción de los pasos a seguir en el procedimiento de Canarias (Medina y Miranda, 2015).

Hemos visto, de manera necesariamente resumida, como funciona en España la Formación Profesional a través de los tres subsistemas (SFPI, SFPC y SRAC) en el marco más amplio del SNCP. Específicamente sobre la acreditación de competencias volveremos en el capítulo 6, pero desde una perspectiva más teórica, teniendo en cuenta algunas aportaciones en esta materia.

Entre tanto, la pregunta que ahora nos interesa abordar es ¿en qué medida lo dicho afecta a la actuación de los profesionales en lo que se refiere al diseño y a la conducción de la acción formativa de las enseñanzas relacionadas con el trabajo, sea del sistema educativo o para el empleo?

Sea cual sea la actividad educativa que se realice en cualquiera de los tres subsistemas, lo primero es acudir al CNCP que, de cada cualificación, ya hemos dicho que cuenta con su *referente* o su propio *currículo*. Un documento publicado en el BOE con sus componentes y pautas de actuación de cara a su docencia y/o acreditación. Así, a la hora de planificar la actuación educativa y conducirla, veremos en el catálogo (CNCP, 2022a) que dicho referente define los siguientes elementos de cada una de las *Cualificaciones*: los datos de identificación, la competencia general, las unidades competencia (con las realizaciones profesionales, criterios de realización), el entorno profesional (ámbito, sectores y puestos de trabajo) y la formación asociada (módulos formativos, capacidades, criterios de evaluación, contenidos, etc.).

Una vez localizado en el BOE el referente de nuestra actividad educativa, sea formativa (SFPI o SFPC) o estrictamente evaluadora (SRAC), a continuación, sin perder de vista la integración y relación entre los tres subsistemas, nos podemos ver, como profesionales de la educación relacionada con el trabajo, en una diversidad de situaciones educativas: formando parte del equipo de profesores, impartiendo un determinado módulo formativo de una unidad de competencia de una cualificación profesional perteneciente a una familia profesional; preparando pruebas de evaluación para la obtención directa de un título o certificado y actuando como evaluador de los que lo soliciten; impartiendo materias de los ciclos formativos para preparar a los candidatos a las pruebas; participando en la impartición de módulos formativos por separado; impartiendo enseñanzas de Formación Profesional a distancia; participando en acciones formativas para los trabajadores (activos o parados), a través de organizaciones empresariales y sindicales y las propias empresas; formando parte de un equipo docente o tribunal que, dentro de una determinada familia profesional, interviene en los procesos de acreditación; etc.

Finalmente, a la hora de elaborar y llevar a cabo el diseño o la planificación para personas adultas, podremos comprobar que el margen de actuación del profesorado para su adaptación a los destinatarios y sus características dependerá del modo en que se aplica el referente a cada una de las situaciones educativas anteriores.

4.4. Enseñanzas de idiomas

Pese a las pocas publicaciones históricas que existen sobre las enseñanzas de idiomas, sabemos que, hace ya más de 100 años, se creó la primera escuela oficial de idiomas en Madrid. Exactamente, el 2 de enero de 1911 mediante una orden se establecía que S. M. el Rey ha tenido a bien disponer la creación de la Escuela Central de Idiomas para cursar estudios de francés, inglés y alemán (Gaceta, 1911; EOI, 1927 y 2011; Sevillano, 2011; Amenós *et al.*, 2012).

A partir de su devenir histórico, plagado de cambios y adaptaciones, podemos decir que, coincidiendo con otros países de nuestro entorno, contamos en España con una oferta de enseñanzas de idiomas ampliamente consolidada. En la actualidad, con datos del curso 2020-2021 (MEFP, 2022a) y dependiendo de las diferentes Comunidades Autónomas, existe en España una red de 449 *Escuelas Oficiales de Idiomas* (EOI), de las cuales 169 son extensiones o secciones. En Canarias tenemos 24 EOI de las que 2 son extensiones.

De acuerdo con la normativa legal vigente en la que nos estamos basando, la finalidad y la organización de esta oferta se define del modo siguiente: "Las Enseñanzas de Idiomas tienen por objeto capacitar al alumnado para el uso adecuado de los diferentes idiomas, fuera de las etapas ordinarias del sistema educativo" (MEFP, 2020: art. 59.1). Se parte de la base de que "la competencia lingüística en varias lenguas contribuye al enriquecimiento personal, académico y profesional de los ciudadanos, amplía las posibilidades de movilidad y acceso a distintas enseñanzas o puestos de trabajo y favorece el intercambio intercultural y el desarrollo de la competencia plurilingüe" (MEFP, 2022a).

Dependiendo de las diferentes Comunidades Autónomas, a través las EOI, según la oferta de los diferentes centros, hoy se pueden estudiar hasta un total de 23 idiomas: alemán, árabe, catalán/valenciano, chino, coreano, danés, español como lengua extranjera, euskera, francés, finés, gallego, griego, húngaro, inglés, irlandés, italiano, japonés, neerlandés, polaco, portugués, rumano, ruso y sueco. En todos los casos, se trata de una oferta oficial y pública de enseñanza que se imparte, independientemente de las etapas ordinarias del sistema educativo, encuadrada en lo que ya la LOGSE definió como las "enseñanzas de régimen especial" (BOE, 1990, art. 3).

Tales enseñanzas "se organizan en los niveles siguientes: básico, intermedio y avanzado [...] que se corresponden respectivamente con los niveles A,

B y C del Marco Común Europeo de Referencia para las Lenguas (MCERL), que se subdividen en los niveles A1, A2, B1, B2, C1 y C2" (MEFP, 2020: art. 59.1).

Según la información que aparece en el portal del sistema educativo (MEFP, 2022a), las EOI apoyan el aprendizaje a lo largo de la vida, ofertando tales enseñanzas a quienes hayan cumplido los 16 años, mediante la modalidad presencial y a distancia. Una de estas ofertas, precisamente para dar respuesta a las demandas de aprendizaje permanente, es *That's English!*, creada por el Ministerio de Educación en 1993, para el aprendizaje del idioma inglés en la modalidad de educación a distancia. Permite la certificación de los niveles Básico (A1), Intermedio (B1) y Avanzado (B2) según el MCERL. Para seguir estas enseñanzas, el alumnado cuenta con material didáctico propio, dispone de una plataforma online para trabajar a distancia, cuenta con una aplicación móvil gratuita con multitud de recursos y puede acudir a sesiones tutoriales semanales en la EOI de su elección, pudiéndose presentar finalmente a las pruebas oficiales de certificación. Esta oferta se imparte en la mayoría de las comunidades autónomas, a través de las Escuelas Oficiales de Idiomas y de los centros públicos autorizados que tienen la consideración de centros de apoyo tutorial y están, a tal efecto, adscritos a una Escuela Oficial de Idiomas.

Siguiendo con la normativa vigente, los currículos oficiales de los diferentes idiomas los establece cada CCAA, a partir del *Real Decreto 1041/ 2017*, de 22 de diciembre (BOE, 2017), por el que se fijan, a nivel de Estado, las exigencias mínimas en esta materia.

En la Comunidad Autónoma de Canarias, la ordenación y el currículo de estas enseñanzas se establece en el *Decreto 142/2018*, de 8 de octubre (BOC, 2018) que, con carácter general, se sitúa en el contexto del aprendizaje permanente o a lo largo de la vida y en el ya citado MCERL. En lo que se refiere a los centros que imparten estas enseñanzas de idiomas, se establece que, son las Escuelas Oficiales de Idiomas (EOI) y sus aulas adscritas (AEOI), a través de la modalidad presencial y semipresencial, (art. 4.1); además, se decreta que sean las EOI las que se ocupen de la enseñanza de idiomas a distancia (art. 4.2).

En relación con los posibles participantes o destinatarios, aunque no se formule tan explícitamente, como hemos visto en otras enseñanzas oficiales, todo parece indicar que, también en este caso, y especialmente en la normativa de Canarias, hablamos de una oferta específica para personas adultas, por varias razones. En primer lugar, porque en el real decreto se establece que "para acceder a las Enseñanzas de idiomas será requisito imprescindible tener dieciséis años cumplidos en el año en que se comiencen los estudios" (BOE, 2017, art. 2.1), una referencia que se corresponde con la edad del final de la escolaridad obligatoria.

En segundo lugar, si consultamos el currículo de Idiomas de Canarias vemos que, en el apartado correspondiente a la metodología didáctica, se apuesta por un enfoque activo de las competencias lingüísticas. Dicho enfoque, basado en el plan curricular del Instituto Cervantes, establece que el aprendizaje se desarrolla de acuerdo con tres dimensiones de la persona: agente social, hablante intercultural y aprendiente autónomo (BOC, 2018: anexo 1, intr.). Cabe aquí destacar la tercera de las dimensiones, "aprendiente autónomo", aludiendo al papel del alumnado de "hacerse responsable de su propio proceso de aprendizaje con autonomía suficiente para continuar avanzando en su conocimiento de la lengua más allá del propio currículo"; una cuestión que afecta al proceso de enseñanza-aprendizaje que, como ya hemos visto anteriormente, constituye la principal pauta metodológica que las leyes educativas vigentes en nuestro país han establecido en el campo de la EPA en términos de *autoaprendizaje* (MEFP, 2020, art. 67.2).

En tercer lugar, para considerar las enseñanzas de Idiomas como ofertas específicas para la población adulta, tenemos que referirnos a la *Ley Canaria de Educación de Adultos* que deja meridianamente claro lo que decimos, pues en su articulado se decreta que "Las Escuelas Oficiales de Idiomas tendrán la consideración de Centros de Educación de Personas Adultas" (BOC, 2003, disp. adic. 2ª). Además, en la misma disposición se ordena que las ofertas de idiomas que se organicen específicamente para personas adultas adapten sus programaciones a lo establecido en la misma ley sobre las "enseñanzas no formales y el aprendizaje informal" (art. 6), sobre la "formación para el empleo" (art. 7) y sobre la "educación no presencial" (art. 11). En tales modalidades de aprendizaje, se ordena que las enseñanzas de idiomas hay que orientarlas a "la preparación de las pruebas libres establecidas para las personas adultas y las pruebas de acceso a otras enseñanzas, y a posibilitar la adquisición de las capacidades, habilidades y actitudes que permitan mejorar la empleabilidad, la adaptabilidad a la sociedad de la información y del conocimiento, la participación en los bienes culturales, el ejercicio de una ciudadanía activa y el aprendizaje permanente" (art. 6.1).

Por tanto, si somos profesionales de la educación de adultos de algún idioma, a la hora de conducir la acción formativa y elaborar su diseño, debemos tener en cuenta esta legislación específica sobre la oferta oficial; lo que significa que nos podemos ver en varias situaciones educativas: vinculado a una Escuela Oficial de Idiomas, impartiendo enseñanzas de Idiomas, de forma presencial, semipresencial o a distancia; perteneciendo a una EOI, preparando pruebas para el acceso al Certificado de alguno de los niveles establecidos en el MCERL y actuando como evaluador de los solicitantes; adscrito a una EOI, prestando apoyo tutorial en materia de idiomas a los alumnos de otros centros públicos autorizados; dependiendo de una EOI, actuando como tutor del *That's English!* y/o preparando pruebas y actuando como evaluador para la correspondiente certificación de tales enseñanzas.

En todas estas situaciones, lo relevante a la hora de realizar el diseño de la acción formativa es lo que, de acuerdo con el MCERL, se establece sobre los niveles A, B y C y sus correspondientes subniveles. Otras cuestiones, como los horarios, la asistencia a clase, el seguimiento del aprendizaje, el número de convocatorias, etc. dependerá de lo establecido con carácter general y de las normas de cada EOI.

No obstante, también como profesional de la educación y sin vinculación alguna a un centro oficial, nos podemos ver impartiendo clases de idiomas a personas adultas en la amplia red de centros de educación no formal, por ejemplo, en una universidad popular, o en una empresa, o a través de las organizaciones sindicales y patronales. En tales casos, también procede, aunque no es obligatorio, tener en cuenta los establecido en el MCERL, que sin duda facilitará la eventual solicitud del alumnado para acceder a alguna de las certificaciones oficiales convocadas por las EOI.

5. EDUCACIÓN POPULAR DE PERSONAS ADULTAS

Llamamos así a las ofertas educativas para personas adultas de una diversidad de instituciones o centros, que se desarrollan fuera de los circuitos oficiales y procesos escolares del sistema educativo (Guereña y Tiana, 1994). Representan alternativas de la sociedad civil y de algunas instituciones públicas, dedicadas a la educación popular, entendiendo por ello la educación y la difusión cultural de todos los ciudadanos, sin restricción alguna, académica o laboral.

La educación popular de las personas adultas se inicia en el s. XIX que, con diferente grado e intensidad, se va extendiendo por todo el planeta. Parece que las primeras actividades, con diferentes denominaciones (escuelas populares superiores, escuelas para la vida, escuelas de ciudadanía, o universidad para adultos), se inician en 1830 en Dinamarca con la finalidad de preparar al pueblo ante el cambio de régimen hacia la democracia. En Inglaterra las primeras iniciativas se despliegan a mitad del s. XIX en las universidades de Oxford y Cambridge mediante programas de extensión universitaria, con la finalidad de socializar la cultura, sacándola del lugar exclusivo y elitista que representa la Universidad, y llevarla al pueblo, al alcance de todos, especialmente a los sectores sociales más necesitados. A partir de estas primeras experiencias, los programas de educación popular se extienden por Francia, Alemania, España y el resto de Europa, con diferentes denominaciones: extensión universitaria, universidades populares, escuelas de ciudadanía, centros cívicos, casas del pueblo, ateneos, etc. (Grundtvig, 1838; Maillo, 1969; Mercier, 1986 y 2001; Lawson, 1993; Guereña y Tiana, 1994; Delgado, 2005; Moreno Martínez, 2005).

En la actualidad, algunas de estas instituciones son de carácter privado, por ejemplo, organizaciones no gubernamentales (ONGs), fundaciones, asociaciones culturales y vecinales, agrupaciones de profesionales, centros de estudios, etc. Se denominan también entidades del "tercer sector", que no son públicas, pero no tienen fines de lucro. Otras instituciones se crean en el seno de organismos públicos, dependiendo de determinados Ministerios o Consejerías (Sanidad, Educación, Trabajo, etc.), como el Instituto Nacional de Administración Pública (INAP) o la Escuela de Servicios Sanitarios y Sociales de Canarias (ESSSCAN). También hemos de mencionar aquí a buena parte de las empresas que forman a su personal en temas relacionados con los productos o servicios, la atención al cliente, la calidad, etc. Asimismo, en no pocos casos estas ofertas de educación se desarrollan al amparo de determinados proyectos de intervención socioeducativa o sociocultural, dependiendo de entidades públicas o de las que hemos denominado sociedades del tercer sector. Las propias universidades también cuentan con estas ofertas de educación popular: desde la más tradicional extensión universitaria a la más moderna de universidad para mayores. Y también están los Ayuntamientos que promueven la creación a nivel local de universidades populares, centros cívicos, escuelas de ciudadanía, casas del pueblo, ateneos, etc.

En todos estos casos, hablamos de actividades de formación y difusión cultural de carácter no formal (no reglada, no oficial), lo que significa que a través de esta formación no se obtiene algún título del sistema educativo, sino en todo caso un certificado sobre los aprendizajes adquiridos. Todo ello, por supuesto, sin perjuicio de las posibilidades que ofrece el propio sistema educativo, como ya hemos visto, para reconocer y acreditar las competencias que, respecto de un determinado título oficial, se han podido adquirir a lo largo de la vida, fuera de los circuitos oficiales del sistema educativo.

La función de los profesionales de la educación de personas adultas en este tipo de ofertas es elaborar el correspondiente diseño de formación y llevarlo a la práctica, sin prescripción alguna previa, salvo las que se derivan del contenido de la formación, de las señas de identidad de la institución de referencia o del proyecto más general del que forma parte.

Está claro, pues, que hablamos de una oferta educativa y cultural para la que no existe obligación de seguir un determinado currículo prescrito (como sí hemos visto en las enseñanzas oficiales). Pero ello no quiere decir que los profesionales de estas ofertas no tengan en cuenta determinados pautas pedagógicas y didácticas de carácter general, así como condicionantes y criterios de calidad que resultan ineludibles en toda acción formativa y su diseño, entre otras, las características personales y sociales de los participantes, el concepto de educación de adultos de partida, el desarrollo psicológico en la edad adulta, los objetivos globales que se espera conseguir con estas ofertas, las cuestiones organizativas y metodológicas, etc.

Por tanto, sea cual sea el tema y cualquiera que sea el formato, la formación que se imparte en estos centros y ofertas en general no viene definida previamente. Es el propio profesional de la educación, en diálogo con la institución y los propios participantes, el que diseña las acciones formativas y culturales, trátese de un curso de Historia regional, una Ruta por la ciudad, un Taller de pintura o un curso sobre Alimentación. Como ya hemos comentado, este es el momento de contemplar, entre otras cosas, las necesidades y los intereses de los participantes, la posibilidad de negociar el programa y la duración de las enseñanzas, la dedicación que se exige y el tipo de evaluación, el poder acordar los roles que van a adoptar el profesor y los alumnos, la viabilidad de compartir una metodología basada en la participación y el autoaprendizaje, etc.

Entre todas las ofertas de educación popular para personas adultas, teniendo en cuenta su crecimiento en las últimas décadas, así como su relevancia histórica y su importancia socioeducativa en la actualidad, nos ocupamos a continuación de la extensión universitaria, la universidad para mayores y las universidades populares.

5.1. Los programas de Extensión Universitaria

Ya hemos comentado antes el papel que tuvieron las universidades en las primeras experiencias de educación popular en Europa. Es el caso de las universidades inglesas, comenzando por Oxford y Cambridge que, durante la segunda mitad del siglo XIX, crean lo que se denominó *University Extension*, con la finalidad de poner la cultura (que estaba siendo secuestrada por las clases dirigentes y las élites universitarias) al alcance de toda la población. Así, mediante lo programas de Extensión Universitaria, los profesores y los alumnos se hacen itinerantes recorriendo los pueblos, fábricas, clubes, etc. para llevar la cultura, el conocimiento y la ciencia (generados por la Universidad) a todos los ciudadanos, sin requisito alguno o condición previa para participar (Torres Aguilar, 2009; López-Núñez y Lorenzo-Martín, 2009; Moreno Martínez y Sebastián Vicente, 2010; De Manuel Jerez y Donadei, 2018).

Para algunos autores, con estas experiencias de Extensión Universitaria se iniciaba lo que ha terminado reconociéndose como la tercera función sustantiva de la universidad (la transferencia), que actualmente se une a las otras dos (la investigación y la docencia) (D'Andrea *et al.*, 2012). La transferencia consiste en poner el conocimiento obtenido al alcance de la sociedad (empresas, administración pública, instituciones, ciudadanos, sociedad en general, etc.); razón por la cual también se dice que esta es la función social de toda universidad.

Con el paso de los años, estos programas de Extensión Universitaria se han mantenido, pero, dependiendo de las diferentes universidades, en una doble dirección. En algunos casos se conserva su espíritu fundacional, colaborando con la sociedad civil y los entes municipales, para llevar la cultura a todos los ciudadanos y en sus propios territorios; se trata de responder a las demandas de las instituciones y ayuntamientos para abordar problemas locales y debatir sobre los mismos en un espacio compartido de reflexión. En otros casos, se consideran enseñanzas de carácter extracurricular que completan la formación de los estudiantes universitarios, aunque orientadas también a difundir el conocimiento, la ciencia y la cultura en la sociedad; además, la participación de los universitarios en una actividad de extensión universitaria da lugar a la obtención de terminados créditos ECTS, que podrán ser reconocidos en las enseñanzas oficiales de estos centros superiores.

Algunos ejemplos de cursos y talleres de Extensión Universitaria, presenciales y a distancia, impartidos en el 2016-2017, tomados de la Universidad de la Laguna (ULL) son, entre otros, los siguientes: El teatro pedagógico aplicado a la expresión y comunicación emocional; La gestión del patrimonio cultural de San Juan de la Rambla como base para el desarrollo turístico: claves para la dinamización económica local; Aplicación de las nuevas tecnologías en el entorno educativo; Innovación en modelos de negocio en el sector turístico: marketing social para empresas sostenibles; Atención centrada en la persona con diversidad funcional: herramientas para mejorar la calidad de vida y el bienestar; Nutrición del deportista; Oportunidades productivas y comerciales de los productos ecológicos; Música de cine para entendernos: filmoterapia y mindfulness; Técnicas de comunicación para hablar en público. Programación de Apps móviles sin conocimientos de programación; etc. (ULL, 2018).

5.2. La Universidad para mayores

En el marco de esta tercera función de la universidad (la transferencia) y sin salirse de la Extensión Universitaria, continuamos con esa misión social que cumplen los centros de educación superior, mediante ofertas de formación destinadas específicamente a las personas adultas. Asistimos a un fenómeno y practica educativa que se ha extendido por la mayoría de las universidades con diferentes denominaciones: aula abierta de mayores, programas formativos para mayores, programas formativos especiales, aula permanente, aula de la tercera edad, aula de experiencia, universidad de la experiencia, universidad para mayores, etc. (Guirao y Sánchez, 1997 y 1999; Alfageme *et al.*, 2004; Cuenca, 2013; Fernández *et al.*, 2016; Moreno-Crespo *et al.*, 2018).

Si consultamos la propia documentación de las universidades que regula esta oferta educativa, encontramos, según los casos, tres tipos principales de finalidades. En primer lugar, se pretende continuar con la misma idea original de la Extensión Universitaria, poniendo el conocimiento, la cultura y la ciencia al alcance de toda la población, con el único requisito de la edad (mayores de 50 o 60 años). En segundo lugar, se proponen ofertas socioeducativas conducentes al desarrollo personal y comunitario, sin ningún propósito instrumental (académico o laboral), sino respondiendo a la doble demanda que suelen tener las personas adultas para formarse: seguir aprendiendo a lo largo de la vida y mejorar las relaciones interpersonales a través de la educación. Y también (lo más importante), contribuir a lo que se ha venido a llamar *envejecimiento activo*, que actualmente representa un nuevo reto de las sociedades modernas, que se sustenta en varios hechos incontestables: el incremento de la esperanza de vida, el hecho de que buena parte de las personas mayores viven muchos años y lo hacen saludablemente, y que se trata de un colectivo cada vez más numeroso (Prieto y Moreno-Crespo, 2009; Vilaplana, 2010; Pérez Serrano, 2013; Pinilla, 2017; Maestre *et al.*, 2023).

Es más, en la documentación de algunas universidades vemos que se plantea este tipo de oferta aludiendo a otros motivos: contribuir a la educación permanente sobre todo en la actual sociedad de la información; el hecho de que las personas adultas mayores representan un sector creciente de la población que, aunque laboralmente inactiva, dispone de tiempo para formarse; y la idea de que se trata de un derecho, tal como se reconoce en el Proceso de Bolonia al definir el Espacio Europeo de Educación Superior (Giménez, 2000; De Manuel Jerez y Donadei, 2018; EUR-LEX, 2021).

Sirvan de ejemplo de estas enseñanzas las de la Universidad de Las Palmas de Gran Canaria que, con la denominación de *Programas Formativos Especiales para Mayores*, son estudios propios con los que se pretende que la Universidad se abra a colectivos distintos de los que tradicionalmente ha sido su público y cubrir demandas de enseñanzas no satisfechas. Actualmente, la ULPGC imparte seis de estos programas formativos especiales: Peritia et Doctrina, Estudios Canarios, Estudios Europeos, Estudios Africanos, Estudios Latinoamericanos y Estudios Científicos y Tecnológicos. Destinados a las personas adultas mayores de 55 años, se imparten de forma presencial en las sedes de la ULPGC de Gran Canaria y Fuerteventura y, mediante un acuerdo con la Asociación Canaria de Universidades Populares (ACUP), en varias localidades rurales de la isla de Gran Canaria (ULPGC, 2022a), con la finalidad de descentralizar tales enseñanzas.

5.3. Las Universidades Populares

Entre las experiencias de educación popular que surgen a partir de la segunda mitad del siglo XIX en los países europeos, destacan las que acabaron denominándose *universidades populares*. Una extraordinaria experiencia educativa, que se ha extendido por Europa, América y algunos países de Asia, sobre todo para personas adultas y, como todas las experiencias de educación popular, fuera o al margen del sistema educativo formal o reglado.

En España nacen a principios del s. XX como un medio para consolidar la democracia, el desarrollo y la participación a nivel municipal. Durante las dos primeras décadas y especialmente durante la República, se van creando Universidades Populares por todo el territorio, hasta que se suprimen durante el franquismo, porque la defensa de la democracia, la participación, la crítica social, la extensión de la cultura, la educación social y política, eran postulados enfrentados a los del nuevo régimen (Palacios, 1908; Luzuriaga, 1958; Fernández y Tamayo, 1976; Omeñaca, 1978; Puente, 1983; Flecha *et al.*, 1988; De la Riva, 1990; Besnard, 1991; Labrador, 2003; Moreno Martínez, 2005; López Núñez y Lorenzo Martín, 2009; Montes 2016; Medina, 2017; ILE, 2022).

Pero, tras el restablecimiento de las libertades y de la democracia con la Constitución de 1978, se recuperan las iniciativas sociales y la educación popular. El primer paso en esta materia lo dan los ayuntamientos democráticos que, a partir de 1979, refundan las Universidades Populares. Además, en este período se crea la Federación Española de Universidades Populares (la FEUP) que, inspirada en otros modelos que ya funcionaban en Europa, nace con varias finalidades: apoyo y promoción, intercambio de experiencias, seguimiento científico, etc.

Actualmente, estas instituciones siguen ofreciendo a la población una extraordinaria oferta cultural, educativa y social que, en el marco del aprendizaje a lo largo de la vida, se han ido configurando como un proyecto sociocultural, cuya finalidad es mejorar la calidad de vida de las personas y sus comunidades.

Hablamos, pues, de una inestimable oferta educativa que, arraigada sobre todo en el ámbito local, cuenta con una acogida importante de participantes. Solo en España, según la FEUP (2022a), hablamos de miles de profesionales de la educación de adultos, que trabajan en las universidades populares, en contacto con más de dos millones y medio de participantes.

En el fondo, el carácter de educación no formal (no oficial), del que ya hemos hablado, es lo que explica la extensión y la acogida de las Universidades Populares en los diferentes municipios a lo largo de todo el territorio, por varias razones: por la facilidad y sencillez que tienen los ayuntamientos para su creación, sin los requerimientos y obligaciones de los centros oficiales; por la posibilidad de responder a las demandas de la población y a los problemas de la actualidad, sin las exigencias de los currículos oficiales; porque no se exige requisito académico alguno o titulación previa para participar, a diferencia de lo que sucede con las enseñanzas oficiales; y porque ofrecen a las personas adultas una ocasión para formarse y aprender en un espacio que canaliza su fuerte interés por comunicarse y relacionarse con otras personas (Medina, 2020a).

Como tal proyecto sociocultural para la población adulta, las universidades populares, emplean una multitud de formatos para la formación y la difusión cultural y popular: cursos, talleres, conferencias, charlas-coloquios, debates, tertulias, encuentros, jornadas de estudio, seminarios, mesas redondas, sesiones musicales, visitas guiadas (museos, monumentos, ciudades), conciertos, exposiciones, homenajes, lecturas, certámenes, concursos, teatro, cine, audiciones, carnavales, deportes, excursiones, fiestas populares, montañismo, viajes socioculturales, ferias del libro, publicaciones, etc.; actividades todas estas que nada o poco tienen que ver con lo que se ha venido haciendo tradicionalmente en las escuelas oficiales de adultos.

A través de tal diversidad de formatos, las ofertas culturales y educativas, que estas instituciones ponen actualmente a disposición de la población adulta, son innumerables. Para tener una visión de conjunto, hemos consultado las webs de algunas Universidades Populares de España y hemos podido comprobar que la lista de temas u ofertas es prácticamente infinita. Veamos algunos ejemplos que hemos agrupado en estas siete clases de ofertas:

- *Empleabilidad*: Ofimática, Informática básica, Introducción a Internet, Peluquería, Diseño y moda, Corte y confección, Maquillaje, Manicura y pedicura, Manipulador de alimentos, etc.

- *Desarrollo personal e intereses*: Economía social, Formación de padres y madres, Ecohuertos, Resolución de conflictos, Idiomas, Restauración, etc.

- *Creatividad y manualidades*: Oleo, Cestería, Acuarela, Fotografía, Diseño gráfico, Dibujo y pintura, Telares y tapices, Macramé, Bricolaje del hogar, Restauración de muebles, etc.

- *Artes y cultura*: Taller de teatro, Bailes, Danza para mayores, Iniciación a la música clásica, Introducción a la ópera, Audiciones y conciertos, Cine fórum, Muestra de artes plásticas, etc.

- *Salud y cuidado*: Educación para la salud, Actividades deportivas, Mantenimiento físico, Natación, Aquagym, Técnicas de relajación, Entrenando la memoria, Pilates, Estiramiento, Yoga, Rutas culturales, Senderismo, etc.

- *Solidaridad y participación*: Educación ambiental, Educación para la igualdad de oportunidades entre sexos, Educación ética, Educar sin barreras, Educación para la paz, Educación del consumidor, Derechos y deberes de los extranjeros, Jornadas sobre mujer e igualdad, Seminario sobre historia de España, Seminario sobre historia regional, El renacimiento y la modernidad, Piscología de la edad adulta, Campaña de recogida de alimentos, Proyecto Tres R (reducir, reutilizar y reciclar), Día Mundial del Medio Ambiente, Jornadas de ONGs, Feria del libro, Semanas culturales, Galdós y su obra, Club de lectura, Leyendo el Quijote, Visitas culturales, Visitas a otros municipios, Parques y jardines históricos de la ciudad, Ruta histórica de la ciudad, Ruta literaria, Ruta en bicicleta, Concurso de relatos, Concurso de poesía, Visita al museo, Exposiciones solidarias, Exposiciones y muestras, etc.

- *Académica*: Algunas Universidades Populares, mediante acuerdos con las autoridades educativas, ofertan enseñanzas que se sitúan entre lo académico y lo no formal, como Alfabetización, Acceso a la Universidad para mayores de 25 y 45 años, Acceso a los ciclos formativos, etc.

En algunos casos nos encontramos con Universidades Populares que, sin salirse de su ámbito, que es la educación no formal, distinguen entre sus ofertas dos categorías (entre las que se podrán agrupar los ejemplos anteriores): por una parte, la *Formación para el Desarrollo Personal y Comunitario*, y por otra, la *Formación Profesional Continua*. Sobre esta última ya hemos hablado anteriormente en el apartado 4.3. Se supone que la institución, mediante los acuerdos correspondientes, funciona también como centro reconocido para la impartición (según el Catálogo Nacional de las Cualificaciones Profesionales) de algunas enseñanzas relacionadas con el empleo (nivel 1), por ejemplo, agricultura, jardinería, albañilería, artesanía, carpintería, corte y confección, contabilidad, etc.

Si nos situamos en la Comunidad Autónoma de Canarias, las primeras Universidades Populares de la época de la restauración democrática se crearon en la década de 1980. Posteriormente, como ha sucedido en otras CCAA, en 1992 se funda en el archipiélago la *Asociación Canaria de Universidades Populares* (ACUP) que, creada por los propios Ayuntamientos, funciona como una institución sin ánimo de lucro, con la finalidad de promover la creación, el desarrollo, la coordinación y el seguimiento de las Universidades Populares. Durante los años siguientes, la ACUP, a través de acuerdos con la FECAM, algunos Cabildos y las dos universidades públicas de Canarias (ULL y ULPGC), ha conseguido firmar convenios con 28 Ayuntamientos para la creación de las Universidades Populares y para la formación de los técnicos municipales que, en los diferentes Ayuntamientos, se ocupan de la gestión cultural, la participación ciudadana y la coordinación de estas instituciones.

6. ACOGIDA Y REEDUCACIÓN PARA PERSONAS ADULTAS

Sin salirnos del sector de la educación de personas adultas, nos situamos ahora en el área de lo que se conoce como la *Educación Social Especializada*, que representa la perspectiva práctica y educativa de su equivalente teórico y disciplinar, la *Pedagogía Social Especializada* (Ortega Esteban, 1999a y 1999b). Como se puede comprobar en los rótulos, se trata de un área teórica y otra práctica, cuyos destinatarios son tanto niños (menores) como personas adultas.

Antes que nada, conviene no confundir el rótulo Educación Social Especializada con el de Educación Especial que en la bibliografía pedagógica española se asocia esta última con la atención a la diversidad o la educación de personas especialmente diferentes que, o bien poseen capacidades excepcionales, o bien tienen alguna minusvalía física o psíquica.

En el campo de la EPA, cuando hablamos de Educación Social Especializada nos referimos a la educación de las personas adultas que tienen dificultades sociales y problemas de integración social que van, desde simples demandas de acogida, acompañamiento y protección, hasta problemas más graves de integración social. Se trate de uno u otro caso, se requiere una respuesta educativa o reeducativa, aunque hay que reconocer que, de momento, no contamos actualmente con tanta bibliografía especializada como de hecho existe en el trabajo con menores.

Lo que sí vemos en el trabajo con personas adultas es una gran diversidad de situaciones problemáticas, por ejemplo, dependencia, soledad, desamparo, maltrato, exclusión social, violencia de género, marginación, desadaptación, drogadicción, conductas delictivas, conflicto social, etc. De cara a su educación y/o reeducación, cabe distinguir entre dos grandes grupos de instituciones, dependiendo de la función que cumplan:

– por una parte, están las instituciones o los centros que cumplen una *función socioeducativa*: centros de mediación familiar, centros ocupacionales, centros para mayores, residencias de la tercera edad, casas de acogida, centros de la mujer, hogares provisionales, etc.;

– y por otra, las instituciones o centros que desarrollan una función *reeducativa y/o terapéutica*: centros de intervención familiar, centros de reinserción social, centros para el tratamiento de las drogodependencias, instituciones especiales con grupos de riesgo, centros penitenciarios, etc.

Las ofertas educativas que ofrecen estos centros son variadas: cursos, talleres ocupacionales, programas de animación sociocultural, programas de laborterapia, actividades de prevención, programas específicos para la reinserción social, programas de tratamiento de las drogodependencias, programas especiales con grupos de riesgo, etc.

Si, como profesionales de la educación de adultos, nos vemos trabajando en alguna de estas instituciones, el diseño y la realización de la acción formativa será diferente, dependiendo de que los centros de referencia, como ya hemos señalado, cumplan una función *socioeducativa* o una función *reeducativa y/o terapéutica*.

En el primer caso, lo que se espera es que el centro diseñe un proyecto socioeducativo, que a su vez se concreta en un conjunto de acciones formativas. Es lo que se conoce como *proyecto de animación sociocultural*, en el que la participación y el compromiso de los destinatarios (tanto en el diseño, como en la realización y en la evaluación) constituye un elemento clave, mediante el trabajo en grupo y la colaboración (Trilla, 1997; Úcar, 1992). Esto quiere decir que, en la elaboración del diseño y la conducción de cada una de las acciones formativas, no existen tantos condicionantes previos (más allá de los que se deriven de la propia institución), que los que afecten a la naturaleza del proyecto, a los objetivos, así como a las características y demandas de los participantes. Es lo que vemos, por ejemplo, en las residencias de la tercera edad, en las casas de acogida o en los programas preventivos. En tales casos, el diseño del proyecto y de cada una de las acciones formativas dependen en gran parte de las decisiones de los propios profesionales en función de las necesidades y demandas de los participantes, aunque, lógicamente, condicionado por el propio proyecto del centro en relación con los objetivos, metodología, seguimiento, etc.

En el segundo caso, lo más probable es que la institución de referencia ya cuente con la colaboración de determinados profesionales (mediadores, psicólogos, criminólogos, juristas, etc.) especializados en la materia (drogodependencias, delincuencia, intervención familiar, reinserción social, etc.), sobre todo, por las implicaciones legales, psiquiátricas y psicológicas que tienen, según los casos, las tareas de reeducación y reinserción social. Así, el centro, contando con tales profesionales, elabora su propio proyecto *reeducativo y/o terapéutico* que, por razones jurídicas y estrictamente terapéuticas, responden a una gran diversidad, lo que significa que condicionarán en mayor medida la actuación de los educadores y su diseño de formación. Como se comprenderá fácilmente, no es lo mimo el trabajo con personas drogodependientes, que la tarea de reeducación o reinserción social que se realiza en un centro penitenciario.

7. Desarrollo institucional de la Educación de Personas Adultas

Hasta aquí hemos visto una descripción de las ofertas de formación para las personas adultas en España y sus proveedores, así como la forma en que se realiza en cada caso la intervención de los profesionales. Hemos podido comprobar que, a diferencia de lo que sucede con otros sectores educativos (como la Educación Infantil o la Educación Primaria), estamos ante un campo caracterizado por la amplitud y pluralidad de las ofertas e instituciones y también por las diferencias que existen entre las CCAA.

A partir de ahora y a la vista de lo anteriormente expuesto, la pregunta es obligada: ¿cuál es el nivel de desarrollo institucional de la EPA en España y particularmente en Canarias? O, dicho de otra manera, ¿la realidad de la EPA qué nos dice acerca de la acogida y la imagen que tiene entre los ciudadanos y las instituciones?

En primer lugar, conviene aclarar a qué nos referimos cuando hablamos de "desarrollo institucional". Algunos autores que entran en este asunto lo relacionan en general con la actuación de los Estados mediante la acción política y legislativa, así como a través de la correspondiente asignación de recursos financieros y humanos, que se traduce en una determinada respuesta social e institucional (Requejo, 1994; Beltrán y Beltrán, 1996; Sáez y García Molina, 2004; Vargas-Hernández, 2013; UNESCO, 2013; Avramovska *et al.*, 2017; Edineide *et al.*, 2020).

Podemos convenir, pues, que nos referimos al papel de los Gobiernos, sean a nivel del Estado o de las CCAA, y de algunas instituciones como las universidades, con efectos, lógicamente, en algunos estándares de inversión, de profesionales, de investigación y de calidad, que acaba traduciéndose en un cierto reconocimiento y eco social.

7.1. El desarrollo institucional en España

A la hora de analizar cuál es el nivel de desarrollo institucional de la EPA en España, lo primero que hay que decir es que sucede como en otros países. Tal como hemos visto en el capítulo 1, la educación de adultos en el mundo entra en una senda de desarrollo a partir de los años sesenta y setenta del siglo XX, debido a un conjunto de cambios sociales y acelerados, coincidiendo con la emergencia del concepto de educación permanente.

Aunque en nuestro país la idea de educación permanente empieza a aplicarse en las leyes educativas desde 1970, propiamente la influencia que ha ejercido la nueva cultura basada en el aprendizaje permanente tiene lugar desde la aprobación de la Constitución de 1978 hasta la actualidad, período en el que se ha producido un progreso sin precedentes en la EPA, que nada tiene que ver con el subdesarrollo de las épocas anteriores. En estos 45 años, el progreso institucional de la EPA en España claramente entra en una ruta de prosperidad e innovación.

Algunos datos y cifras resultan suficientemente elocuentes de lo que decimos. Por primera vez en la historia, coincidiendo con las recomendaciones de la UNESCO, como hemos visto, contamos en España con una legislación sobre la EPA con importantes partidas presupuestarias para su desarrollo. Lo que ha permitido, como no podía ser de otra manera, avances notables en los niveles de formación e igualdad de la población adulta.

Los niveles de formación de las personas adultas han ido mejorando con el paso de los años. Por ejemplo, entre 1977 y 2019, el porcentaje de personas adultas sin educación formal ha pasado del 10% a menos del 2%, y el porcentaje ciudadanos que tienen como mínimo la titulación secundaria superior se ha incrementado del 9% al 57% (De la Fuente y Domenech,

2016; Unión Europea, 2020). Además, se ha corregido sustancialmente la tradicional desigualdad en la participación de las mujeres en procesos de formación. De acuerdo con las estadísticas que aporta el Ministerio de Educación y Formación Profesional (MEFP, 2022b), vemos que del total del alumnado matriculado en educación de adultos durante el curso 2019-2020, el 63,1% son mujeres y el 36,9% son hombres; porcentaje mayor de participación entre las mujeres que resulta constante en la mayor parte de las ofertas de enseñanza y a partir de los 30 años cumplidos.

La expresión más evidente de este cambio es cómo se han modificado las cifras de participación en España, que ya hemos comentado en capítulos anteriores. En las estadísticas del INE (2016) sobre Participación de la Población Adulta en Actividades de Aprendizaje, vemos que, entre la población de 18 a 64 años, participan, tanto en educación formal como en educación no formal, más de 16 millones y medio de personas.

Los datos indican que hablamos de un período importante de desarrollo de la EPA que, como ya se ha dicho, se inicia con la Ley General de Educación de 1970, aunque propiamente experimenta un fuerte empuje a partir de 1990 con la Ley de Ordenación General del Sistema Educativo. En realidad, coincidiendo con el advenimiento de la democracia en España, y sobre todo a partir de la LOGSE, asistimos a todo un proceso articular, que supera los planteamientos marginales y balbuceantes del pasado. Hablamos de un momento de inflexión protagonizado por los profesionales, las instituciones, los académicos y los gobiernos, cuya apuesta por la formación de las personas adultas y su desarrollo parece estar fuera de toda duda. Una época marcada sobre todo por la notable influencia que llegó a tener el *Libro Blanco de la Educación de Adultos en España* (MEC, 1986), elaborado por el Ministerio de Educación de entonces.

Pero muchos autores reconocen que tal desarrollo extraordinario de la educación de adultos, así como la publicación del Libro Blanco no surge de la nada, sino que tiene lugar en un contexto excepcional (entre los años setenta y noventa) que lo promueve y apoya (Requejo, 1994; Beltrán, 1994; Formariz, 1994; Moya, 1995; Jabonero *et al.*, 1997: 15; Sarrate, 1997: 70; CREA, 1998; Sánchez Aroca, 1999; Grupo 90, 2000; Sanz Fernández, 2002, 2003 y 2006c; Lancho, 2005; Sarrate y Pérez de Guzmán, 2005; Medina, 1994 y 2020a). Algunos hechos y datos significativos de ese insólito y favorable contexto son, entre otros, los siguientes:

– La existencia de un alto grado de consenso entre los profesionales y académicos, sobre todo a partir de los setenta, respecto de las *orientaciones de la UNESCO* en materia de educación de adultos, así como la influencia que tuvo en España el desarrollo durante los años ochenta del *Proyecto 9 del Consejo de Europa* sobre la relación entre educación de adultos y desarrollo comunitario.

– La ampliación, durante la década de los ochenta, de la red de *centros oficiales de educación de adultos* en las Comunidades Autónomas, que se completa con ofertas a distancia sobre todo de bachillerato, por el valor estratégico que tiene la educación a distancia en el campo de la EPA.

– La proliferación, desde finales de los setenta, de no pocas *experiencias socioeducativas claramente innovadoras*, en algunos centros dedicados a la educación de adultos, como la Verneda en Barcelona, las escuelas populares de Oporto y la Prosperidad en Madrid, y Radio ECCA en Canarias.

– La refundación a partir de 1981 de las *Universidades Populares* (que habían sido suprimidas durante la dictadura), de la mano de los ayuntamientos democráticos, constituidos el 19 de abril de 1979, como resultado de las primeras elecciones municipales. A los pocos años, teniendo en cuenta la extensión y el crecimiento de las Universidades Populares por todo el territorio, se crea la *Federación Española de Universidades Populares* (FEUP) con varias funciones y finalidades relacionadas con el apoyo, la colaboración, el intercambio de experiencias, la búsqueda de fuentes de financiación, etc.

– La celebración de reuniones, encuentros, grupos de trabajo, comisiones y jornadas en muchos territorios, que culmina con la convocatoria en toda España de las *Primeras Jornadas Estatales de Educación de Adultos* celebradas en Madrid en 1984 y promovidas por diversas asociaciones, colectivos e instituciones de Cataluña, Euskadi, Murcia, Andalucía, Madrid y Canarias, contando con la colaboración y el apoyo de las autoridades educativas y de otros muchos centros y asociaciones dedicados a la EPA.

– El impulso que recibe la *investigación en el marco de la Pedagogía Social*, a partir de 1986, con grupos de investigación en no pocas universidades españolas que operan a través de los Seminarios Interuniversitarios y la revista de Pedagogía Social. Un nuevo marco teórico que en algunas universidades da lugar a que se creen programas de doctorado en Educación Social en los que la educación de adultos comienza a tener un espacio propio de docencia e investigación.

- La dedicación de las universidades a la educación de adultos entra en una fase de expansión, sobre todo a partir de 1991, cuando se publica el *Real Decreto 1420/1991* (BOE, 1991b) que crea el *título universitario oficial de Educación Social.* En algunas universidades, dicha norma favorece la creación de grupos de investigación y docencia centrados en la EPA, en tanto que ámbito de la educación social, tal como consta en el propio real decreto, con un incremento notable, a partir de esta fecha, de tesis doctorales sobre la educación de las personas adultas.

- La aparición de grupos de investigación y asociaciones en torno a la educación de adultos y su desarrollo, entre otros, los siguientes: *CREA. Community of Research on Excellence for All,* creado en 1991 por profesores de la Universidad de Barcelona; *Grupo 90. Universidad y Educación de Adultos,* que nace en 1990 integrado por profesores universitarios; y la *Federación de Asociaciones de Educación de Adultos* (FAEA), que agrupa a las diferentes asociaciones dedicadas a la educación de adultos; la *Federació d'Associacions Culturals i Educatives de Persones Adultes* (FACEPA) creada 1996 por asociaciones e instituciones de Cataluña.

- El número importante de *universidades* que, formando parte del *Grupo 90,* cuenta con profesores cuyos trabajos e investigaciones se centran en la EPA. Nos referimos sobre todo a las Universidades de Barcelona, Autónoma de Barcelona, Lleida, Ramón Llull, Rovira y Virgili, Vic, UNED, Salamanca, País Vasco, Santiago de Compostela, La Coruña, Valladolid, Alicante, Zaragoza, Las Palmas de Gran Canaria, Murcia, Valladolid, Castilla la Mancha y Almería.

- La multiplicación de cursos de formación para los profesionales de la educación de adultos en algunas CCAA, con la participación profesores universitarios ya con cierta experiencia en la investigación y docencia de la EPA. Proceso de formación que acaba cristalizando en dos importantes ofertas universitarias: el *Postgraduado en Responsables de Formación de Adultos y Adultas,* dirigido por Antoni Petrus Rotger y organizado en 1990 por la Universidad de Barcelona con la colaboración del Ministerio de Educación; y el curso de Postgrado sobre *Formación en Educación de Personas Adultas* dirigido por Florentino Sanz Fernández y organizado por la UNED, cuya primera edición se imparte 1994.

– La publicación, sobre todo entre los años ochenta y noventa, de algunas revistas especializadas en la educación de las personas adultas, entre otras: *Papers d'Educació de Persones Adultes*, editada por la AEPA de Cataluña en 1984; *Radio y educación de adultos*, que comienza a editarse en 1986 por Radio ECCA en Canarias; *Entre Líneas. Apuntes para la Educación Popular*, editada por la Federación Española de Universidades Populares, cuyo primer número se publica en 1986; *Contrastes. Temas de educación de Adultos*, editada por FAEA con el primer número en 1989; *Materiales para la Educación de Adultos*, editada por la Consejería de Educación del Gobierno de Canarias que edita el primer número en 1990; *Suport a la Formació d'Adults*, editada en 1990 por la Direcció General d'Afers Social del Departament de Benestar Social de la Generalitat de Catalumya; *Diálogos. Educación y formación de personas adultas*, editada en Cataluña por un grupo de profesores dirigidos por Ángel Marzo en 1995; *Notas: Educación de Personas Adultas*, editada por la Consejería de Educación del Gobierno de la Comunidad de Madrid en 2000; *EFORA. Revista Electrónica de Educación y Formación de Adultos*, creada por el Grupo 90 y editada en la Universidad de Salamanca.

– Hablamos de un período en el que se han incrementado de forma notable las *publicaciones de autores e investigadores* sobre educación de adultos que abundan en buena parte de los temas clave del Libro Blanco: educación de adultos y educación permanente, educación a distancia, relación entre educación formal y no formal, modelos de intervención educativa, participación y responsabilidad ciudadana, papel de los profesionales y voluntarios, etc.

– En lo que se refiere a los *sistemas de acreditación*, aunque a nivel europeo ya tenían un cierto recorrido, las primeras publicaciones aparecen en España a mediados de los ochenta, pero las primeras experiencias no se llevan a cabo hasta que se publica la Ley de las Cualificaciones en 2002.

– La celebración de las *Jornadas Técnicas para el desarrollo de la LOGSE en materia de Educación de Adultos*, que comienzan en 1991 en Madrid y se clausuran en Canarias en 1993, organizadas por el Ministerio de Educación con la participación de la mayoría de las CCAA. Teniendo en cuenta que no se iba a elaborar decreto alguno de mínimos, se trataba de definir, mediante el consenso, un conjunto de elementos comunes a todo el Estado para la elaboración de un diseño curricular de la Educación Básica de las personas adultas.

— No menos relevante es que, perdida la ocasión con la LOGSE de contar con una *ley estatal de educación de adultos*, la opción quedaba abierta en las CCAA que, como Andalucía, Aragón, Cataluña, Galicia, Valencia, Castilla León, Castilla La Mancha, Navarra, Canarias, etc., a partir de 1990 han ido aprobando en sus propios parlamentos una ley de educación de adultos.

— Finalmente, debemos señalar que a lo largo de este período se han ido creando *direcciones generales específicamente dedicadas a la EPA* dependiendo del Ministerio de Educación o de la Consejería de Educación en buena parte de las CCAA. Tales áreas de gobierno (de forma exclusiva o combinada con otras materias) fundamentalmente se vienen ocupando de la gestión de la educación formal de personas adultas, así como de la enseñanza a distancia y, en algunos casos, también de la educación cívica.

En resumen, desde los setenta hasta finales de los noventa, si bien es verdad que a nivel general podemos hablar de un desarrollo sin antecedentes en el campo de la EPA, sin embargo, la situación no es uniforme ni evoluciona de la misma manera en las diferentes CCAA. Lo que vemos es que algunos territorios continúan con los planteamientos tradicionales (fundamentalmente centrados en la alfabetización y la formación para los títulos básicos del sistema educativo), frente a otros lugares donde la innovación y el cambio parece ser la norma (centros que ofrecen enseñanzas formales y no formales, programas basados en la cultura popular, proyectos de desarrollo comunitario, etc.).

7.2. El desarrollo institucional en Canarias

Si nos situamos en Canarias, tenemos que reconocer que la situación de la EPA siempre ha representado una posición avanzada e innovadora: a partir de la década de 1960, de la mano de los poderes públicos y de las iniciativas sociales; y a partir de 1990, contando especialmente con el apoyo de la Universidad de Las Palmas de Gran Canaria. Lo que significa que el desarrollo institucional, y con ello, la política y la financiación en materia de educación de adultos, coincide con aquellas CCAA en las que el cambio y la renovación han sido una pauta ampliamente compartida.

Con todo, antes de entrar en el período de referencia, no podemos perder de vista el escenario de partida. En efecto, antes de 1960, la situación de este sector de la educación en Canarias era similar al resto del Estado. Durante el siglo XIX se inician las primeras experiencias de formación de personas adultas, aprovechando las mismas escuelas y profesores de los niños, pero en otro horario. La preocupación del Estado en este momento es la alfabetización de la población adulta para responder a las demandas de formación que exigían el creciente desarrollo industrial y urbano propio de la época. Todo ello, fruto, como en el resto de Europa, de las ideas de la Ilustración (que hablaban del valor económico de la instrucción) y de los postulados de la Revolución Francesa (que tratan de acabar con los privilegios, apostando por la libertad y la educación para toda la población).

Así, las dos primeras leyes españolas que ponen de manifiesto la responsabilidad y obligación del Gobierno, destinando espacios, recursos y profesorado a la formación de la población adulta son la *Ley de Instrucción Primaria* (Gaceta, 1838) y más tarde, la *Ley de Instrucción Pública* (Gaceta, 1857), ya comentadas anteriormente. Son estas dos leyes, sobre todo la segunda, conocida como la Ley Moyano, las que promueven el desarrollo institucional de la educación de adultos por parte del Estado, desde mitad del XIX hasta prácticamente los años sesenta del s. XX. La finalidad principal de estas leyes era la alfabetización de la población adulta, debido a las cifras tan altas de analfabetos que había en España, a diferencia de otros países europeos. Según los datos del INE, en 1900 teníamos en España un 56,07% de analfabetos; cifra que en Canarias subía al 72,00% (dieciséis puntos más).

Esta diferencia entre España y Canarias, sobre los niveles de estudio y alfabetización, se mantiene durante algún tiempo, lo que explica, en parte, la creación de Radio ECCA en 1965, contando inicialmente con un conjunto de maestros bajo la fórmula administrativa de Misiones Pedagógicas, según la *Ley de 17 de julio de 1945 de Educación Primaria* (BOE, 1945). De hecho, esta institución se crea inicialmente, para alfabetizar a la población adulta, debido a que todavía en 1960 había en Canarias un 22,58% de analfabetos, cuando a nivel nacional teníamos nueve puntos menos.

Con el paso de los años y con el apoyo del Ministerio de Educación de la época, Radio ECCA que, inicialmente había nacido para alfabetizar, a lo largo de su evolución se ha ido abriendo a toda una pluralidad de ofertas educativas siempre para la población adulta, que ponen de manifiesto la diversidad de sus ofertas (programas formativos y proyectos sociales), su función social y educativa en Canarias (con una red de puntos de encuentros distribuida en todo el territorio), la comunicación con el público en general (a través de programas abiertos de radio, clases emitidas, y podcasts), así como la proyección institucional y alianzas más allá del Archipiélago (actuando en Europa, África y América Latina) (ECCA, 2020 y 2023).

Otro momento clave de la historia de la educación de adultos en Canarias tiene lugar a partir de 1970, con la publicación de la ya citada *Ley General de Educación* (BOE, 1970) que, en lo que se refiere a las enseñanzas formales del sistema educativo (centradas en la alfabetización y la formación básica), consigue sacar del ostracismo la situación en la que se encontraba este sector de la educación: se crean nuevos centros de educación de adultos, con la correspondiente dotación de profesorado y recursos, se comienza a aplicar el acceso a la universidad para los mayores de 25 años y se promueve el desarrollo de las enseñanzas a distancia para adultos, reforzando así la actuación de Radio ECCA. De tal manera que durante estos años casi toda la educación de adultos del Archipiélago se canaliza a través de la oferta a distancia, con la excepción de tres centros presenciales que existían solo en Santa Cruz de Tenerife.

Posteriormente, a partir de 1984 y una vez aprobado el Estatuto de Autonomía, el Gobierno de Canarias, ya con las competencias transferidas en materia de educación, inicia un amplio plan de reformas en el campo de la educación de adultos. El punto de partida es la ampliación de la red de centros públicos presenciales de educación de adultos, con la consiguiente convocatoria de nuevos profesores y la consolidación de los estudios de bachillerato en la modalidad presencial y a distancia. Según las estadísticas que por entonces publicaba la DGPE (1992c) durante el curso 1990-1991, ya contábamos en Canarias con 25 centros presenciales de EGB, 14 de Bachillerato nocturno y 2 más de Bachillerato a distancia (Medina, 1994).

En la práctica, se trata de un primer plan de reformas que coincide con el debate que pone en marcha el Ministerio de Educación y que daría lugar a la publicación del *Libro Blanco de la Educación de Adultos en España* (MEC, 1986). La importancia que acaba teniendo esta publicación en todo el Estado, conduce a las Autoridades educativas de Canarias a utilizarla, basándose en sus criterios, para el desarrollo de la política educativa con la población adulta. Así, contando ya con un documento tan relevante y consensuado como el Libro Blanco, sus planteamientos y conclusiones se expresan en las resoluciones que cada año regulan la organización de los centros públicos, así como en los diferentes documentos de trabajo que se utilizan en los programas de formación del profesorado.

Una de las importantes medidas que toma el Gobierno de Canarias en este período es aprovechar el Año Internacional de la Alfabetización (a celebrar en 1990, según la UNESCO), para incentivar y avanzar más en sus políticas de educación de adultos en la región. Así, un año antes, en 1989, se crea el Comité Regional para su celebración (que funciona hasta 1991), con la finalidad de implicar a las instituciones y sensibilizar a la opinión pública sobre los problemas del analfabetismo y, más concretamente, sobre el analfabetismo funcional. Y todo ello en un contexto que, como reconocía el Consejero de Educación en una de las reuniones del Comité, tiene que servir para que las políticas de educación de adultos de Canarias se sitúen, como mínimo, al mismo nivel de desarrollo que los países europeos (García Ramos, 1990).

De este modo, a lo largo de los tres años (1989, 1990 y 1991) que se reúne el Comité Regional, desde la Dirección General de Promoción Educativa (departamento del Gobierno que se ocupa de la EPA) se llevan a cabo algunas iniciativas y acciones que resultan efectivas para el desarrollo de este campo de la educación, por ejemplo: la puesta en marcha de un plan específico de Formación del Profesorado de estos centros con una dotación presupuestaria propia; la convocatoria de subvenciones a la Alfabetización; la publicación de la "Revista Materiales para la Educación de Adultos" como un medio de comunicación con el profesorado de estos centros; y la declaración institucional el 15 de diciembre de 1990 del "Día Regional de la Alfabetización en la Comunidad Canaria", para cuya ocasión César Manrique elaboró un cartel que presidía los eventos del tal celebración por parte de los centros y las autoridades educativas (DGPE, 1991), cartel que vemos en la portada de este libro.

Pero hay otras iniciativas que, por su importancia, las describimos con más detalle. Una de esas iniciativas es la puesta en marcha de un proceso encaminado a contar con una primera definición del Programa de Educación de Adultos para Canarias. Así, para entrar en este proceso de debate y de fijación de acuerdos, se llevan a cabo dos actuaciones principales. La primera es la publicación, por parte de la Dirección General de Promoción

Educativa de un documento para el debate titulado *Nuevo modelo de Educación de Adultos en Canarias* (DGPE, 1990), que se hace llegar a todos los centros y profesorado. En este documento, a lo largo de nueve capítulos, se abordan los grandes temas del momento, como el concepto de Educación de Adultos desde la perspectiva de la Educación Permanente, los perfiles sociales y comunitarios del nuevo modelo de intervención, el enfoque territorial de los centros, recogiendo además buena parte de los planteamientos del Libro Blanco, las aportaciones de la UNESCO y de otras instituciones y asociaciones de profesionales de la Educación de Adultos.

En segundo lugar, para crear las mejores condiciones para el debate, se parte de una primera definición del Programa de Educación de Adultos para Canarias, mediante la *Orden de 10 de mayo de 1991 por la que se establece el contenido y los objetivos del Programa de Educación de Adultos* (BOC, 1991). La finalidad de esta orden es contar con una primera norma legal que permitiera adaptar las enseñanzas a las nuevas demandas y exigencias de la sociedad y a las características de las personas adultas como destinatarios de este programa. Para ello se definen unos objetivos mínimos, se nombra una Comisión Técnica para asesorar a las Autoridades educativas en esta materia, se implanta la figura de los Coordinadores Provinciales para el seguimiento del programa en cada provincia y se crea el Centro de Documentación, Investigación y Recursos para contar con información específica sobre la Educación de Adultos, fomentando el intercambio de experiencias y la formación del profesorado.

Otra de las iniciativas que se lleva a cabo en 1991, con motivo del Año Internacional de la Alfabetización y a través de un acuerdo entre la Consejería de Educación y la UNESCO, es una investigación sobre Analfabetismo Funcional en Canarias. Teniendo en cuenta que, en ese año, según el Censo de Población, todavía teníamos en Canarias 54.257 personas analfabetas (el 4,2% de la población mayor de 10 años), la finalidad del estudio era ahondar en los indicadores del analfabetismo funcional y describir los elementos diferenciales que pudiera haber en Canarias. Los resultados de la investigación ponen de manifiesto que el porcentaje de personas de 16 a 65 años que en ese año participaba en actividades de formación en Canarias estaba en el 20,5%, con un 61% de mujeres y un 90% con una edad superior a los 45 años. Como sucede en otras investigaciones de este tipo, se observa una alta correlación entre los niveles de estudio y las habilidades básicas para la resolución de problemas, pese a que los que se declaran analfabetos admiten que no saben leer, pero sí conocen los números, señal de que han desarrollado algunas destrezas para desenvolverse en la vida. Precisamente, en lo que se refiere a las habilidades básicas, algunos datos de esta investigación, que se podían considerar como indicadores del analfabetismo funcional, son los siguientes: una de cada cuatro personas no consigue enterarse acerca de cómo tomarse una medicina; el 41% de los encuestados no maneja adecuadamente las unidades de volumen; el 40% no sabe utilizar la guía telefónica cuando se le pide que busque un número; el 17% no sabe buscar un lugar en un plano de una ciudad; más de un 20% no acierta a resolver un sencillo problema de cálculo sobre la devolución de un pago; a la hora de cumplimentar un sencillo impreso donde escribir el nombre, los apellidos, la fecha y el lugar de nacimiento, el 11,3% no lo realiza correctamente y el 6,4% no lo contesta; el 28,4% no consigue cumplimentar correctamente un sobre para enviar una carta por correo (Valdivielso y Rodríguez, 1997: 135).

Un nuevo dato que nos habla del compromiso del Gobierno de Canarias por el desarrollo institucional de la educación de adultos es la puesta en marcha en 1992 del proceso de experimentación curricular y debate que tendría que dar lugar al currículo de Educación Básica de Canarias, teniendo en cuenta los planteamientos de la LOGSE. Para el desarrollo de este proceso de experimentación (que, además, discurre casi en paralelo con las Jornadas Técnicas para el desarrollo de la LOGSE en materia de Educación de Adultos, a las que nos hemos referido anteriormente), se elaboran varios documentos técnico-pedagógicos: un texto más bien teórico sobre *La problemática curricular y el proceso de experimentación,* (DGPE, 1992a); un primer borrador de currículo, *Diseño curricular base de la educación de adultos de Canarias. Estructura y elementos del diseño* (DGPE, 1992b); un segundo borrador, esta vez con el título de *Diseño curricular para la formación básica de la educación de adultos* (DGPE, 1994); así como un informe sobre las respuestas del profesorado durante la experimentación (DGPE, 1993a). Todo el proceso, que se extiende hasta mayo de 1998 y en el que participa un número importante de profesionales y centros, acaba con dos conclusiones que parecen concitar una gran unanimidad entre los profesores de los centros de educación de adultos de Canarias: por un lado, la idea de que el currículo para la formación básica de las personas adultas tiene que ser diferente al del régimen ordinario, es decir, que la Educación Básica que precisa un adulto poco tiene que ver con la que reciben los niños en las escuelas; y por otra parte, se solicita que se incluya en el diseño la posibilidad de reconocer lo ya adquirido, pero se constata una importante confusión respecto al modo de abordarlo por la falta de orientaciones al respecto (Medina, 1995).

Finalmente, con este acuerdo entre los profesionales y las autoridades educativas, tres años más tarde se publica el *Decreto 79/1998 sobre el Currículo de la Formación Básica para la Educación de Personas Adultas* (BOC, 1998). Decreto cuyas dos novedades más importantes nos remiten a esas dos conclusiones con las que finalizaba el proceso de experimentación curricular: por una parte, que en el concepto de Formación Básica se incluyen tres ámbitos del currículo que conduce al título de Graduado en Educación Secundaria: Formación Instrumental, Formación Orientada al Empleo y Formación Sociocultural; y en segundo lugar, tal vez lo más novedoso, la creación del Sistema de Acreditación Formativa que, como ya hemos comentado anteriormente, significa que Canarias, en ese momento, es la única CCAA del Estado que regula la aplicación los sistemas de reconocimiento y acreditación para estas enseñanzas.

No menos importante, en la dirección que estamos señalando, es la conclusión a la que llegan los profesionales de la educación de adultos, los agentes sociales y las autoridades educativas de Canarias ante la renuncia por parte del Ministerio de Educación de elaborar una ley marco de educación de adultos para todo el Estado, contradiciendo así los propios postulados del Ministerio, como vemos en la publicación del Libro Blanco de la educación de adultos. Así, tal como ha sucedido en otras CCAA y contando con una experiencia de casi cinco años de aplicación del currículo de Formación Básica para las personas adultas de Canarias, en 2003 el Parlamento de Canarias aprueba la *Ley 13/2003 de Educación y Formación Permanente de Personas Adultas de Canarias* (BOC, 2003). En general, se trata de una ley que ha sido recibida con satisfacción y agrado por parte de los profesionales y académicos, entre cuyas novedades más importantes podemos señalar las siguientes: se parte de una concepción amplia de la educación de adultos en términos de desarrollo personal, social y profesional, lo que conduce a ampliar la red de centros de educación de personas adultas incluyendo las Escuelas Oficiales de Idiomas y los Institutos de Educación Secundaria que impartan enseñanzas para las personas adultas (art. 1.2 y disposiciones adicionales 2 y 3); se apuesta por un marco normativo propio y por la coordinación entre todas las administraciones para asegurar el reconocimiento y la acreditación de las competencias que las personas adultas han podido adquirir a través de la educación no formal e informal o de la experiencia (art. 1.3, 1.4, 2.i, 3.e y 6.3); de acuerdo con las investigaciones al respecto, se destaca la importancia del autoaprendizaje desde el punto de vista metodológico, así como la participación en el marco más amplio del carácter local y comunitario de la educación de adultos, especialmente a través de diferentes comisiones (territoriales, interdepartamental y canaria) (art. 2.f y 2.e, 3.h, 10, 14, 15 y 16); finalmente se abordan dos cuestiones ampliamente reclamadas por los profesionales de este campo de la educación: la extensión de los servicios de asesoramiento y orientación al sector público de la educación de adultos, y todo lo referente a la investigación y formación de los profesores (art. 19.5, 21 y 22).

Por otra parte, en lo que se refiere al desarrollo institucional de la EPA en Canarias no podemos pasar por alto el papel que ha jugado la Universidad de Las Palmas de Gran Canaria, unas veces como iniciativa propia, y otras, mediante acuerdos con las consejerías de educación y empleo del Gobierno de Canarias. El primer dato relevante en este sentido es la identificación de la ULPGC con la nueva cultura del aprendizaje a lo largo de la vida y los programas expresamente dirigidos a la población adulta, tal como se desprende de su planificación estratégica (ULPGC, 2022b). Un planteamiento que, desde la creación en 1989, fruto del movimiento social que culmina con la aprobación en el Parlamento de Canarias de la *Ley de Reorganización Universitaria* (BOC, 1989), se aplica en una doble dirección. Por una parte, desarrollando su función docente en dos grandes campos: la *formación inicial* (mediante los Grados, Masters y Doctorados, cuyos destinatarios son los alumnos tradicionales) y la *formación continua* (mediante los títulos propios de carácter profesional, cuyos destinatarios son los profesionales y los trabajadores). Y por otra, la que, dependiendo del área de Educación Permanente, canaliza la función social (de transferencia) mediante ofertas especialmente dirigidas a la población adulta, como la Extensión Universitaria, la Universidad de Verano o los Programas Formativos Especiales. Hablamos en todo caso de un enfoque y objetivos de carácter general que afecta a todos los centros, departamentos y áreas de conocimiento, pero en especial al anteriormente denominado Centro de Formación del Profesorado que (en parte, por la relación que tiene con los temas que abordamos) pasó a denominarse Facultad de Ciencias de la Educación.

Efectivamente, a través de esta Facultad de la ULPGC se van tomando medidas y se desarrollan proyectos directamente relacionados con la innovación y mejora de la educación de adultos de Canarias, contando con profesorado que, junto a otras universidades, forman parte del citado

Grupo 90. Una de tales medidas es a partir de 1991, que se aprueba el título universitario oficial de Educación Social (BOE 1991b), creando así las condiciones para que algunos profesores del departamento de educación participen en diversos proyectos de investigación relacionados con la educación social y la educación de adultos sobre una temática diversa: Educación de Adultos y habilidades comunicativas; Acceso a la universidad y exclusión social; Formación de los trabajadores en las empresas; Enseñanza a distancia (CREA, 1998; Bourgeois y Frenay, 2001; Medina *et al.* 1998 y 2005; Rodríguez *et al.* 2001).

Casi una década después, en 1999, siguiendo la pauta de otras universidades españolas, la ULPGC toma la decisión de crear la nueva titulación de Educación Social que, como ya se ha comentado, la norma que lo regula establece que la educación de adultos es uno sus ámbitos de intervención. Lo que explica que comiencen a impartirse en la Facultad determinas asignaturas directamente relacionadas con dicho ámbito, como Pedagogía Social, Educación Permanente, Educación de Adultos, Formación Laboral, etc.

Contando ya con la nueva titulación, se imparten dos cursos de doctorado (bienios 2002-2004 y 2004-2006) bajo el título *Educación Social en la sociedad el conocimiento*, que organiza el departamento de educación, algunos de cuyos temas o módulos hablan por sí mismo sobre lo que venimos diciendo: Democracia, Educación Social y Educación de Adultos; Exclusión Social y políticas sociales. Las desigualdades sociales en Canarias; Evaluación de programas de intervención socioeducativa; Sociedad multicultural: conceptos y referencias. Migraciones e integración: la experiencia de Canarias; Repensar la escuela desde la Pedagogía Social; Investigación-Acción como metodología para la intervención social; La participación en el campo de la Educación Social; Los recursos humanos en las empresas; Los procesos de transición al mundo laboral, etc.

Al mismo tiempo, coincidiendo con la impartición de los citados bienios de doctorado, en el año 2002 se crea el *Grupo de Investigación en Educación Social* (GIES), con profesorado del departamento de Educación de la ULPGC. El grupo GIES, formado por cuatro profesores doctores, se pone en marcha con las siguientes líneas de investigación: Orientación sociolaboral, Educación de Adultos, Formación Laboral, Animación Sociocultural y participación, Educación y exclusión social, Alfabetización de personas adultas, Formación y perfiles profesionales, Competencias profesionales en Educación Social y Sistemas de acreditación de la experiencia.

A partir de este momento, es el propino grupo GIES de investigación, y/o alguno de sus miembros, el que avanza en la investigación de la doble problemática que estamos comentando (la educación social y la educación de adultos), contando en la mayoría de los casos con la colaboración institucional de las consejerías de empleo y de educación del Gobierno de Canarias, concretamente, el Instituto Canario de las Cualificaciones Profesionales y la Dirección General de Formación Profesional y Educación de Adultos. Los principales proyectos de investigación desarrollados, fruto de tales colaboraciones, han versado sobre los siguientes temas: El perfil del Psicopedagogo en el ámbito de la educación social; Sistemas de Reconocimiento y Acreditación; Experiencia piloto para el reconocimiento profesional del título de Técnico en Cocina; El procedimiento de Reconocimiento y Acreditación de Canarias; La formación de asesores y evaluadores para el Reconocimiento y la Acreditación de Canarias; Guía para el desarrollo curricular de la Formación Profesional; La creación de las Unidades de Orientación en los Centros Integrados de Formación Profesional (Miranda *et al.*, 2007 y 2015; Miranda y Medina, 2009 y 2017; Medina y Miranda, 2010, 2011 y 2015).

Años más tarde (entre 2019 y 2023), en relación con la función docente de la ULPGC directamente relacionada con la formación continua de los trabajadores y profesionales, en la Facultad se han diseñado y llevado a cabo dos títulos propios de postgrado (uno ya con tres ediciones) en la modalidad de Experto Universitario: el *Experto Universitario en Gestión Cultural y Coordinación de Universidades Populares*, en colaboración con la Asociación Canaria de Universidades Populares (ACUP) y el *Experto Universitario en Gobernanza y Participación Ciudadana*, en colaboración con Dirección General de Participación Ciudadana del Cabildo de Gran Canaria (ULPGC, 2023).

7.3. Retos del desarrollo institucional

A partir de lo expresado anteriormente, parece estar claro que el desarrollo institucional de la EPA en España ha alcanzado una transformación notable, si lo comparamos con las etapas anteriores que van desde el s. XIX hasta mitad del s. XX. Un desarrollo que, aunque da sus primeros pasos en la década de 1960, sobre todo, conviene recordarlo, ha experimentado un largo período de inflexión a partir del proceso democrático que se inicia con la Constitución de 1978.

No obstante, sin rebajar ni un ápice los logros y avances conseguidos, conviene señalar que el nivel de desarrollo institucional de la EPA ni responde del todo a la compleja y diversa realidad que se ha expuesto en los capítulos anteriores, ni se ajusta del todo a las recomendaciones de la UNESCO en lo que se refiere a su legislación y financiación. También hemos visto que el progreso en estos más de 40 años no es uniforme ni evoluciona de la misma manera en las diferentes CCAA.

La impresión general que se recibe de lo expuesto en este capítulo es que en España la mayor parte de los logros en términos de institucionalización de la EPA se han ido consiguiendo durante las cuatro últimas décadas del siglo XX, un período en que la apuesta por la formación de las personas adultas y su desarrollo se comparte entre los profesionales, las instituciones, los académicos y los gobiernos.

Sin embargo, en las dos décadas siguientes del s. XXI, parece que se instala una cierta inercia y una reducción del impulso inicial, con situaciones de estancamiento e, incluso, de repliegue institucional que nos remiten a un sector que ha perdido vitalidad, empuje y capacidad de innovación, sin el suficiente vigor para abordar buena parte de los temas que, independientemente de los avances conseguidos, siguen pendientes.

Lo que vemos, pues, a partir del siglo XXI son nuevos datos (seguramente los lectores encontrarán otros), que nos hablan de un cierto estancamiento, de la pérdida de iniciativa, por ejemplo, los siguientes: algunos grupos de investigación y asociaciones centrados en la EPA (cabe destacar aquí la proyección social y la autoridad académica del Grupo 90), o han desaparecido, o han reducido la influencia que tenían; la preocupación por la formación de los profesionales no solo ha perdido el impulso de las autoridades educativas, sino que, en muchas CCAA, no siempre responde a las demandas y problemas que se viven en los centros; tampoco se celebran reuniones, encuentros o jornadas de cierto recorrido, como las que hemos comentado en la etapa anterior; la mayoría de las revistas especializadas en la educación de adultos, que nacieron entre 1984 y 2000, han ido desapareciendo con los años; también vemos un cierto estancamiento en la aplicación de los sistemas de reconocimiento y acreditación; además, reconociendo el avance que ha significado el hecho de que algunas CCAA cuenten con una ley específica de EPA, no siempre existe algún tipo de seguimiento y, en algunos casos, ni siquiera se cumple con determinados preceptos clave; asimismo hay que señalar la insuficiente respuesta institucional ante la preocupación de los profesionales por avanzar todavía más en la necesaria adaptación de las enseñanzas formales a la población adulta; por no hablar del abandono en el que se encuentran las enseñanzas no formales que continúan sin el necesario apoyo institucional para mejorar las ofertas.

Pero, más allá de estos datos concretos, que podrían tener alguna explicación coyuntural (si contáramos con algún tipo de seguimiento y transparencia sobre el funcionamiento de la educación de adultos a nivel del Estado y por CCAA), lo que, desde nuestro punto de vista creemos que tiene una función directa en el grado de institucionalización y consolidación de EPA, son algunos temas que, de acuerdo con las orientaciones de la UNESCO, se plantean en el Libro Blanco y no están teniendo la respuesta oportuna a nivel institucional. Fundamentalmente nos referimos a estos grandes retos: el modelo social y comunitario de EPA, el acceso de las personas adultas más necesitadas a los programas de educación formal, el apoyo y la financiación de la educación no formal, las relaciones entre educación formal y no formal, así como todo lo relacionado con la formación y profesionalización de los educadores de personas adultas.

De estas cuestiones hablaremos en los siguientes capítulos, teniendo siempre en cuenta que, en lo que se refiere al desarrollo institucional de la EPA, no podemos bajar la guardia. Porque estamos ante un horizonte inacabado, sin límites precisos, siempre abierto a nuevas demandas, diferentes desafíos y renovados objetivos.

CAPÍTULO 5

LA EDUCACIÓN DE PERSONAS ADULTAS: SECTOR EDUCATIVO Y ÁMBITO PROFESIONAL

Hasta ahora nos hemos ocupado de la evolución que ha experimentado la EPA a lo largo de los dos últimos siglos. Qué es la educación de adultos, cómo ha ido cambiando y qué efectos tiene han sido las principales preguntas que nos han guiado en todo momento, reconociendo que nos enfrentamos a una realidad dispersa, poliédrica y compleja, con una percepción bien diferente según las épocas y países. En todo momento hemos tratado de conjugar una imagen cuyos rasgos nos permiten hablar de una realidad actual que nada tiene que ver con la de su pasado, por supuesto, remoto de las primeras etapas de su desarrollo, pero también, más próximo de las últimas décadas.

Se han aportado datos de las prácticas educativas, de las innovaciones y de los participantes, así como de los programas de formación y su impacto social. Especialmente hemos analizado la situación actual de la educación de las personas adultas a nivel internacional, europeo, nacional y regional. En este intento siempre hemos tenido en cuenta las contribuciones de diferentes autores y organismos internacionales, tratando de aportar datos y evidencias sobre su evolución y situación actual.

Si nos situamos en España, este interés nunca habría encontrado mejor ocasión que la de enfrentarnos (como hemos visto en el capítulo anterior) a las múltiples y desiguales ofertas de formación que, por su naturaleza (sean formales o no formales), conciernen de modo bien diferente (desde el punto de vista pedagógico y didáctico) a los profesionales de este campo de la educación a la hora de diseñar cada una de las acciones formativas y llevarlas a la práctica.

Básicamente, creemos que se ha descrito una realidad que representa la base argumental de las características propias que definen cada vez con más claridad la evolución que se ha ido produciendo en la EPA. Así, desde la perspectiva general que estamos planteando, la conclusión que cabe establecer es que, en las últimas décadas, la EPA parece que se consolida como *sector educativo*, como *ámbito profesional* y también como *campo académico*. Una conclusión, abierta, por supuesto, a nuevas aportaciones en este campo que, sin duda, enriquecerán el debate y la imagen de este entorno educativo.

En cualquier caso, aunque iremos volviendo sobre ello, en una primera aproximación, podemos convenir que, cuando hablamos de sector educativo nos referimos a la realidad social y educativa que se desarrolla en determinados centros e instituciones, distribuidos en el territorio; por su parte, el ámbito profesional, como su nombre indica, alude a las competencias de los educadores de personas adultas y a su formación; y finalmente el campo académico nos conecta con el desarrollo teórico en esta materia. Tres lecturas diferentes de análisis de la EPA, que nos remiten a los marcos de referencia o dimensiones de la realidad educativa, como las ya establecidas a nivel general, entre otros autores, por Sanvisens (1987) y Moore (1987).

A continuación, nos detenemos en estos tres puntos de vista del análisis para obtener un cuadro interpretativo más amplio y preciso sobre el alcance y la dimensión de la educación de adultos; marcos de referencia que, obviamente, han ido evolucionando al mismo tiempo, por la estrecha relación que guardan entre sí. En este capítulo nos centramos en las dos primeras dimensiones (sector educativo y ámbito profesional), dejando para el capítulo siguiente la tercera (campo académico).

Creemos que tiene importancia comenzar a dibujar esa visión general de la EPA, con la finalidad de neutralizar esos dos problemas que, como decíamos en la introducción, nos pueden confundir e impiden ver el bosque: la idea generalizada de que la educación es cosa de los niños y niñas en las escuelas y la dedicación tradicionalmente casi exclusiva de la Pedagogía y la Psicología a la infancia y las escuelas.

1. La Educación de Personas Adultas como sector educativo

Ya hemos adelantado que, al usar la expresión "sector educativo", nos referimos a la realidad social y formativa que se desarrolla en determinados centros e instituciones, distribuidos en el territorio. Queda claro, por tanto, que no estamos ante un determinado nivel, fase o grado de la educación, como en algún momento se ha creído, sino más bien ante una parte o parcela de la misma.

En tal sentido, hablamos de la EPA como fenómeno educativo, que nos conecta con un hecho social que se observa, una realidad que percibimos, y que a lo largo de su historia se ha ido dotando de toda una organización de centros, educadores, participantes, recursos económicos, normas, etc. En el seno de estos centros o instituciones se desarrolla propiamente la actividad educativa en términos de comunicación y aprendizajes optimizantes, de acuerdo con los correspondientes fines educativos de los diferentes programas de formación.

Es decir, por un lado, hablamos de la EPA como contexto espaciotemporal en el que se realiza un conjunto de actividades que, protagonizadas por personas adultas de forma autónoma o con la ayuda de profesionales, tratan de incrementar su aprendizaje; y por otra parte, se reconoce el carácter educativo de tales actividades, pues lo que se hace es algo que genéricamente se llama educación, es decir, adquirir conocimientos, competencias, procedimientos y valores para mejorar en la vida y para adaptarse mejor al mundo en el que se vive.

Y lo que nos interesa analizar es si estamos ante una realidad educativa que tiene características propias, o por el contrario, se trata de un caso más de lo que habitualmente se realiza en las escuelas con los infantoadolescentes.

1.1. Situación marginal y secundaria de partida

Como ya se ha mencionado en los capítulos anteriores, es a partir del s. XIX cuando se dan los primeros pasos de este sector educativo. Los países europeos comenzaron a impartir clases de adultos para que pudieran aprender a leer, escribir y contar quienes no habían ido a la escuela cuando niños o no habían terminado sus estudios. Según los historiadores, estamos propiamente en el comienzo de este sector educativo, asociado a dos hechos, relacionados entre sí, que lo hacen posible: por una parte, el proceso creciente de industrialización y urbanización que tiene lugar en esta época; y por otra, la posibilidad de contar con los recursos que ya ofrecían las escuelas para los niños a la hora de resolver los graves problemas de analfabetismo de la población adulta existente en algunos países.

Desde el convencimiento ilustrado sobre la ceñida relación entre instrucción y valor económico, se trataba de ofrecer a las personas adultas, sobre todo a los trabajadores, una segunda oportunidad para conseguir una mejor adaptación a los retos que exigía la revolución industrial. Todo ello, por supuesto, en un contexto cultural marcado por las ideas de igualdad y de educación para todos, herederas de la Revolución Francesa y de los ideales de la Ilustración (León, 1977; Cipolla, 1983).

Además, nos dicen los historiadores que tal segunda oportunidad, aunque representó importantes avances en lo que se refiere a la alfabetización de la población adulta, adolecía de varios problemas que frenaban el desarrollo de la EPA como sector educativo:

– En primer lugar, la falta de apoyo de los gobiernos de la época, cuya dedicación principal a la educación de los niños, conducía a un cierto abandono y marginación de la educación que recibían las personas adultas en el sistema educativo.

– También nos dicen los historiadores que se formaba a las personas adultas como si de niños se tratara, toda vez que la educación de adultos nace y se desarrolla en esta primera época calcada de la educación infantil y primaria, como una mera prolongación de la escuela; a los adultos se les enseña lo mismo que a los niños y la única diferencia que había era la edad y los horarios.

– Desde el punto de vista de los participantes, también se habla de la educación de adultos de esta época como un sector educativo claramente secundario, porque sus principales destinatarios eran los trabajadores que, debido a sus responsabilidades laborales, no siempre podían asistir a las escuelas.

– Sector educativo marginal que se remata con una Pedagogía escasamente diferenciada para la población adulta, cuyo efecto más inmediato era la constatación del escaso desarrollo teórico y práctico de la educación de adultos que vemos en estas primeras épocas.

Tal escenario de cierto subdesarrollo práctico y teórico, con diferentes formas y modalidades, se mantiene casi hasta los años sesenta del s. XX sobre todo en el ámbito de la educación formal de personas adultas (Tiana, 1991; Guereña, 1992; Rumbo, 1998; Sáez, 2007; Medina, 2020a).

1.2. Algunas señales de progreso y nuevos retos

Esta situación marginal, escolar, de limitada participación y de cierta pobreza teórica, comienza a cambiar a partir de mitad del siglo XX, aunque con diferente ritmo y extensión según los territorios. Tanto que, en la actualidad y a nivel internacional, debido en parte al papel de las universidades y a las aportaciones de los propios profesionales (contando en algunos países, además, con políticas claramente transformadoras en esta materia), hablamos de un sector de la educación, cuyo crecimiento, experiencias innovadoras e impacto social comienzan a percibirse con una nueva mirada. Una visión, además, compartida por buena parte de los organismos supranacionales y promovida especialmente por la actuación de la UNESCO. Tiene sentido afirmar, por tanto, que el cambio experimentado por la EPA comienza a ser relevante y, además, se encuentra acreditado. Visto su recorrido a lo largo del tiempo, creemos que tiene sentido afirmar que en la mayoría de los países desarrollados ya queda atrás y muy lejos la imagen de un sector educativo secundario y marginal, sin apenas señas diferenciales en las prácticas educativas.

En el capítulo 1 ya hemos visto algunos datos sobre la realidad de la educación de adultos a nivel internacional, destacando algunas señales de su progreso: la función que ha desempeñado el concepto de educación permanente, el desarrollo de la educación social, las cifras sobre el incremento casi exponencial de la participación, la generalización de los sistemas de reconocimiento de competencias y, sobre todo, las investigaciones sobre los efectos de la formación de personas adultas desde el punto de vista personal, social y comunitario.

En diferentes informes, la UNESCO se refiere al progreso que ha experimentado la EPA, pese a que determinados problemas mundiales, como la pobreza, el analfabetismo, las crisis económicas, las transformaciones del mercado laboral, etc. (por su volumen y carácter estructural) frenan el avance al ritmo que realmente se necesita. En efecto, se reconoce que la EPA, como tal sector educativo, desempeña un papel fundamental en la respuesta a los retos culturales, económicos, políticos y sociales contemporáneos, a juzgar por los beneficios de todo orden que genera.

Uno de los documentos de la UNESCO, que abunda en este desarrollo de la EPA como sector educativo, es el *Marco de Acción de Belén*, (UNESCO, 2010b), en el que constan acuerdos importantes a nivel internacional sobre el concepto de educación de adultos en el marco más amplio del aprendizaje a lo largo de la vida, así como en materia de financiación, gobernanza y calidad (págs. 27-31).

En realidad, son estos acuerdos de partida los que han generado avances notables, entre los que se citan como ejemplos la estrategia que viene desarrollando la Unión Europea desde el año 2000 en materia de aprendizaje permanente, y las políticas de algunos Estados del hemisferio Sur que se han traducido en leyes globales sobre el aprendizaje de las personas adultas que, en algunos casos se han llegado a consagrar en sus Constituciones. En esta dirección, destacan los esfuerzos de algunos gobiernos o instituciones municipales en el apoyo y la promoción de oportunidades de aprendizaje no formal, con contenidos que abarcan una diversidad de temas: los derechos humanos, la ciudadanía, la democracia, el fomento de la autonomía de las mujeres, la prevención del VIH, la salud, la protección del medio ambiente y el desarrollo sostenible, etc. (págs. 33-35).

Otros progresos que se reseñan en dicho documento son los siguientes: los programas y campañas de alfabetización, sobre todo en los países en desarrollo, con el correspondiente incremento de la tasa mundial de alfabetización; la introducción de tecnologías de la información en los procesos de aprendizaje; el establecimiento de sistemas de reconocimiento y validación de los aprendizajes; la creación de sinergias entre los aprendizajes formal, no formal e informal; y la organización de eventos y actos públicos cuya finalidad es la información, la publicidad y la promoción de la educación de adultos, como las semanas de los educandos adultos, los festivales de aprendizaje, las ciudades educativas, etc. (págs. 34-35).

Este balance que nos aporta la UNESCO sobre la evolución de la EPA bien puede conducirnos a pensar que hoy tenemos una imagen diferente a la concepción tradicional. Imagen que ha ido evolucionando históricamente a lo largo de dos siglos, hasta situarse en la actualidad como todo un sector educativo que comienza a tener unas características específicas.

Ello es debido a que, desde los años sesenta del s. XX, se ha avanzado en la única alternativa con la que seguimos contando y que forma parte ya del consenso internacional, a saber, la promoción y el desarrollo de la educación de las personas adultas en el marco más amplio de la educación permanente o el aprendizaje a lo largo de la vida. En términos generales, hablamos de un cambio consistente en que la EPA es un sector de la educación que funciona como un componente o eje fundamental del aprendizaje a lo largo de la vida. Porque el cambio cultural que se ha producido en las últimas décadas tiene que ver con la función social que representa el aprendizaje permanente como nuevo paradigma que afecta a todo el universo educativo, tratando de hacer realidad el derecho universal a la educación, derecho que tienen los niños, los jóvenes y los adultos, incluyendo a las familias, las instituciones y las comunidades.

Tiene importancia lo que decimos porque el aprendizaje permanente nos remite a un continuo aprendizaje (formal, no formal e informal) a lo largo y a lo ancho de la vida, que se oferta y/o se acredita (Delors *et al.*, 1996; Unión Europea, 2000; Vázquez Gómez, 2002; Colom, 2005; Du Bois-Reymond, 2005). Y es en el marco de este nuevo paradigma donde cobra sentido y ocupa un espacio propio y diferenciado la educación de las personas adultas con sus ofertas de formación y con sus sistemas de acreditación; una posición sobre la que volveremos en el capítulo siguiente, toda vez que afecta también a su desarrollo desde el punto de vista teórico.

No obstante, lo dicho sobre el progreso de la EPA como sector educativo no impide admitir lo mucho que queda por hacer todavía. Hablamos de temas pendientes, problemas o retos futuros a los que nos enfrentamos para seguir avanzando sobre la función personal y social que tiene la educación de las personas adultas. Temas pendientes que se reseñan también en el citado Marco de Acción de Belén. A pesar de los signos de progreso en el sector de la EPA, se dice en este documento que todavía continuamos con graves dificultades tradicionales a las que se suman nuevos problemas del momento presente (UNESCO, 2010b: 33-36):

— los gobiernos no le prestan la importancia debida a la función que tiene la educación de adultos en el marco más amplio del aprendizaje a lo largo de la vida;

— el conocimiento que actualmente tenemos disponible sobre el desarrollo personal, social y económico de la EPA no siempre es reconocido en el ámbito académico, institucional y político;

— no siempre se utilizan las políticas adecuadas en materia de formación básica y adquisición de competencias para la vida diaria, sobre todo teniendo en cuenta que quienes menos formación poseen menos sienten la necesidad de formarse;

— en algunos casos se observa poca cooperación entre las diferentes áreas gubernamentales en materia de educación de adultos (formal y no formal) y otros sectores;

— se avanza en los sistemas de acreditación, pero se hace más hincapié en las acreditaciones oficiales que en el aprendizaje no formal, el informal y el adquirido mediante la experiencia;

— acerca de las políticas en esta materia, los autores del informe se refieren a la falta de diálogo y cooperación con los participantes, los profesionales y los académicos;

– aunque asistimos a un aumento de la diversidad de los programas de educación de adultos, en muchos territorios todavía se concentran en la formación técnica y profesional;

– otro de los problemas importantes es la falta de profesionalización y posibilidades de capacitación de los educadores, que ha influido negativamente en la calidad de la educación de adultos;

– no siempre se evalúan e investigan las necesidades para decidir sobre el contenido, la pedagogía, la modalidad de enseñanza y la infraestructura de apoyo;

– se echa de menos que la función de los Estados abarque con más ambición el nivel de desarrollo institucional que merece la educación de las personas adultas;

– son escasos los mecanismos de seguimiento, supervisión y evaluación de la educación de adultos, etc.

1.3. Sector educativo diferenciado

Las señales anteriores sobre la EPA como sector educativo (pese a los retos todavía pendientes de abordar) ya nos aportan una primera lectura sobre sus rasgos diferenciales como un sector de la educación, un ámbito, un campo, es decir, un espacio compartido o una parte del universo educativo. Dicho de otro modo, podríamos pensar que estamos ante una práctica educativa específica, cuyas características se diferencian de otros tipos de educación y de la actividad escolar tradicional.

Globalmente considerado, hablamos de un sector de la educación en el que las personas adultas participan en actividades culturales y educativas, sean de carácter formal, no formal e, incluso, informal, con el fin de adquirir conocimientos, habilidades, actitudes y valores, que optimizan su desarrollo personal, cultural, profesional y social. Desde esta perspectiva global, la EPA representa un extraordinario recurso o dispositivo que contribuye al aprendizaje a lo largo de la vida, que es lo mismo que decir, que trata de hacer realidad, entre la población adulta, el derecho de todas las personas a la educación.

Por ello creemos que tiene sentido hablar de un sector diferenciado de la educación, teniendo en cuenta que temas tan importantes que afectan a su identidad, como los objetivos, prácticas, métodos, organización, regulación legislativa, actuación de los profesionales y del propio alumnado, se apartan de lo que habitualmente se hace en el ámbito escolar e infanto-juvenil; cuestiones que, como veremos en el capítulo siguiente se encuentran estrechamente interconectadas.

Tanto que, en la mayoría de los países desarrollados, hemos comentado lo lejos que queda el fenómeno secundario, marginal, limitado y meramente escolar que venía representando la educación de las personas adultas. Aunque en algunos países, como España, todavía asistimos a toda una suerte de Pedagogía dominante que no sale, ni se libra del todo, de las dos variables que mayoritariamente han condicionado su reflexión y sus investigaciones educativas: la escuela y los niños. Una dependencia que sobre todo afecta a la educación formal, pero menos a la educación no formal, como la formación laboral y las experiencias de las universidades populares, donde en general se responde más y mejor a las demandas de los participantes y sus necesidades de cada momento.

Tal diferencia respecto de lo que habitualmente se hace en otros ámbitos de la educación nos inclina a afirmar que estamos ante un vasto y difuso sector educativo, caracterizado por una gran amplitud, diversidad y dispersión de las ofertas, programas, actividades, instituciones, educadores y educandos, que se salen de lo convencional y se apartan de los cánones tradicionales.

Por ello resulta difícil la clasificación y estructuración de la EPA. La UNESCO (2010c), en el *I Informe Mundial sobre el Aprendizaje y la Educación de Adultos*, en lo que se refiere a la provisión de las ofertas, habla de un amplio y diverso espectro, pero, basándose en los informes enviados por los Estados miembros, distingue entre la educación básica, la formación relacionada con el trabajo y las actividades destinadas a la adquisición de conocimientos y competencias para la vida diaria (pág. 43 y 46). La propia Unión Europea (2021: 61-75), reconociendo los problemas teóricos que tiene este intento (debido a la diversidad existente en los diferentes países), se limita a la oferta de aprendizaje subvencionada por el sector público, distinguiendo entre dos tipos de programas: los que conducen a obtener cualificaciones reconocidas y los centrados en las competencias básicas. En esta misma dirección no han faltado estudios comparados, como el de Desjardins (2017: 19-20), que se refiere a cuatro tipos principales de ofertas específicas para las personas adultas: 1) Educación básica y general; 2) Educación superior; 3) Educación profesional; y 4) Educación complementaria.

En nuestro caso, como hemos visto en el capítulo anterior, basándonos en la ya tradicional, aunque no menos cuestionada, diferencia entre educación formal y educación no formal, preferimos distinguir dos tipos principales de ofertas en este sector de la educación: la de las *enseñanzas formales* y oficiales que conducen a las titulaciones del sistema educativo; y la de las *enseñanzas no formales* o no oficiales, que se han desarrollado en dos grandes campos (la *formación laboral*, por una parte, y la *formación personal y comunitaria*, por otra).

De cualquier forma, sea cual sea la clasificación de partida, caben varias consideraciones (basadas en los datos que se aportan en los capítulos anteriores), que nos autorizan a hablar del carácter diferenciado de este sector educativo:

- En primer lugar, que su amplitud y pluralidad, aunque dificulte su ordenamiento, también refleja la riqueza formativa de este sector de la educación. De ahí que la propia UNESCO (2010c) utilice la expresión de "diversidad saludable" para referirse a este campo "heterogéneo", caracterizado por tal "diversidad", que, si bien representa un espacio para la innovación y la respuesta a la diversidad, sin embargo, dificulta la gobernanza y la rendición de cuentas (pág. 39).

- Por otra parte, hablamos de un sector cuyas ofertas y participantes, en las últimas décadas, se han disparado casi de forma exponencial, sobre todo, en el ámbito de la educación no formal, con cifras de población adulta que, en algunos países ya superan en número a la totalidad de niños y adolescentes escolarizados en el sistema educativo.

- En tercer lugar, tenemos que referirnos a la función social y económica que tiene la EPA en tanto que sector educativo. Nos referimos a los resultados sociales de las ofertas de formación que, por primera vez, los conocemos a través de múltiples evidencias que nos aportan los investigadores en este campo y algunos organismos supranacionales.

- También hemos de señalar los acuerdos existentes a nivel internacional entre los especialistas en este campo, que abundan en sus rasgos diferenciales. Acuerdos que se han tomado en el seno de la UNESCO sobre el concepto, meta y objetivos de la educación de adultos que, como toda acción educativa, nos habla (en términos de aprendizajes optimizantes) del carácter prescriptivo de este campo de la educación.

- En quinto lugar, resulta obligado hablar del papel de los Estados sobre el desarrollo institucional la EPA. Ha quedado claro que estamos ante un sector de la educación cuyo volumen de participantes se incrementa cada vez más y con un impacto social ampliamente acreditado. Además, también hemos visto los problemas y los déficits que lastran su desarrollo. En buena lógica, estamos ante un sector educativo que precisa de políticas y apoyo financiero capaces y suficientes de promover su desarrollo y promoción, facilitando sobre todo el acceso de los sectores sociales más necesitados.

2. LA PROFESIONALIZACIÓN DE LOS EDUCADORES

El proceso creciente de diferenciación de la EPA como sector educativo conduce, lógicamente y en un camino de ida y vuelta, al quehacer de los educadores, que también se va diferenciando respecto de la tarea que se ha venido haciendo tradicionalmente y con relación a otros sectores de la educación.

Entramos en un asunto complejo, probablemente el elemento más débil de la cadena, si hablamos del desarrollo de la EPA. Al abordar la descripción y el análisis de la profesionalización de los educadores de personas adultas, nos enfrentamos a una cuestión difícil de categorizar, como admiten muchos autores (Bierema, 2011). Un fenómeno nada sencillo de definir y regular, debido precisamente (como ya hemos señalado) a la propia realidad de la EPA: un rico, dilatado y, muchas veces, indefinido sector educativo, caracterizado por la amplitud y pluralidad de las ofertas que vemos también, como no podía ser de otra manera, en las instituciones proveedoras y en los propios profesionales.

Así se explica que no resulte fácil recopilar y clasificar este entorno educativo desde el punto de vista profesional. Quienes participan en esta actividad, por la que reciben una remuneración, pueden ser trabajadores a tiempo completo o a tiempo parcial, trabajadores por cuenta ajena o autónomos, funcionarios o no. También nos encontramos con titulados en la materia que imparten o no titulados, o quienes tienen formación pedagógica previa y los que no la tienen. En algunos casos, hemos tenido ocasión de conocer determinados educadores que solo se basaban en su práctica profesional, cuyos conocimientos y pericia, heredados inicialmente, los habían ido mejorando de forma autónoma. Asimismo, no podemos olvidar que en algunas áreas también vemos que intervienen colaboradores y/o voluntarios, con algún tipo de remuneración simbólica, en el primer caso, y sin prestación económica alguna, en el segundo. Si nos centramos en las ofertas, la diversidad y amplitud de la educación de adultos no es menor: en el ámbito de la educación formal el nivel de desarrollo profesional está más conseguido y regulado, frente a la educación no formal, que es el ámbito en el que encontramos un menor desarrollo profesional.

Algunos autores, hablando de esta diversidad profesional, nos invitan a acercarnos al mundo de la práctica (los centros de adultos, las clases, los encuentros, las actividades que se realizan), donde intervienen los llamados educadores de personas adultas, para ver una realidad de lo más variada y multiforme. Por un lado, vemos clases y enseñanzas formales, destinadas a la obtención de determinados títulos oficiales del sistema educativo (Alfabetización, Formación Básica, Bachillerato, Formación Profesional, Idiomas, etc.); aquí intervienen maestros o profesores, según los casos que, partiendo de los currículos oficiales, promueven un tipo de aprendizaje práctico con proyecciones sociales y comunitarias en algunos casos. Por otra parte, están los programas de formación laboral, de carácter no formal, para mejorar en el empleo o para encontrar un primer trabajo, en la mayoría de los casos, impartidos por organizaciones empresariales y sindicales, y también por los ayuntamientos o centros oficiales que cuentan con autorización para ello. Y, en tercer lugar, los que se podrían considerar como proyectos de animación sociocultural, que se desarrollan en una universidad popular, un centro cultural, una asociación de vecinos, un club, un departamento de servicios sociales, una casa de acogida, un centro de la tercera edad, un hogar del pensionista, etc., cuyos educadores se conocen como animadores, trabajadores sociales, educadores sociales, mediadores, etc. (Palazón, 1994: 124 y 125).

La misma UNESCO reconoce esta amplitud y diversidad profesional que dificulta tener una visión general, aludiendo al hecho de que las personas adultas aprenden en diferentes contextos educativos (formal, no formal, informal), a través de una diversidad de instituciones proveedoras (centros públicos, empresas, sindicatos, ONG, fundaciones, asociaciones culturales, grupos confesionales, etc.), y con un amplio espectro de propósitos (alfabetización, formación básica, desarrollo profesional, competencias para la vida diaria, tecnologías de la información, actividades relacionadas con el ocio, etc.). "Esta heterogeneidad en la provisión de educación de adultos ha conducido inevitablemente a debates persistentes sobre lo que pertenece y no pertenece al sector. Lo que en un contexto se considera como una provisión valida de educación de adultos puede no serlo en otro, por lo que es difícil derivar una base común con fines de comparación o para tener una perspectiva global" (UNESCO, 2010c: 43).

2.1. Las profesiones y los profesionales de la educación

En nuestro afán, no obstante, por tener alguna panorámica desde el punto de vista profesional, el primer problema con el que nos encontramos tiene que ver con el propio término profesión, sobre cuyo concepto, dinamismo y características no han faltado los debates y controversias. Entre otras razones, porque no contamos con una única definición, porque la frontera entre profesión y ocupación sigue estando imprecisa, por los nuevos cambios sociales que demandan las nuevas profesiones, e incluso, por la falta de acuerdos en el seno de los colegios profesionales (Fernández Pérez, 2001). Schön (1983), uno de los autores ya clásicos sobre el estudio de las profesiones, reconoce que buena parte de los planteamientos tradicionales sobre la profesión se cuestionan actualmente, de forma que el tono triunfal de los años cincuenta y sesenta en esta materia dan paso a posiciones más prudentes y autocríticas (Sáez y Palazón, 1994b: 5-10).

Es este un tema recurrente en el campo de las ciencias sociales que, a través de un largo proceso de evolución y especialmente relacionado con el desarrollo de la ciencia y la tecnología, se ha venido asociando con una diversidad de temas importantes: calidad, competencias, conocimiento especializado, destrezas, formación previa, responsabilidad, autonomía, conciencia profesional, neutralidad, códigos de conducta, método, protocolos, estatus, trabajo, empleo, remuneración, etc. (Ranjard, 1988; García Carrasco, 1988b; Gómez, 1991; Bourdoncle, 1994; OCDE, 2005 y 2010).

Desde el ángulo estrictamente sociológico se destaca, entre otras cuestiones, la diversidad de enfoques y temas que abarca la profesionalización, las pretensiones conceptualizadoras, la ausencia de un marco teórico común ampliamente aceptado, así como los retos futuros (Finkel, 1999). Desde un punto de vista más educativo, algunos autores defienden la idea de la profesión como un proceso continuo de búsqueda y mejora para el logro de determinados objetivos (Imbernón, 1994).

No obstante, sin entrar en el debate sobre el concepto y evolución de la profesión, en términos generales, cuando hablamos de *profesionalización* podríamos convenir que nos referimos al proceso a través del cual determinadas personas adquieren las competencias necesarias para el ejercicio de una actividad que, al mismo tiempo que satisface las demandas y expectativas de los destinatarios, cumple con ciertos niveles de calidad (Mertens, 1994; Fernández Pérez, 2001). Desde este punto de vista general, parece claro que se trata de un concepto aplicable a un sinfín de actividades, entre las que se encuentra la educación, sea esta formal o no formal.

De hecho, algunos autores analizan la figura del profesor como profesional de la docencia (entendida como enseñanza que se realiza con un grupo de alumnos), cuyas denominaciones son las de maestro, profesor, enseñante, docente, etc. En tales casos, no faltan las propuestas de características que definen la profesionalidad de estos enseñantes, como la de Sarramona *et al.* (1998: 108), que proponen estos seis rasgos que definen al profesor como profesional: delimitación de un ámbito específico de actuación; preparación técnica y científica; actualización y perfeccionamiento; ciertos derechos sociales; autonomía en la actuación; y compromiso deontológico.

2.2. Profesionalización y calidad

No obstante (conviene subrayarlo, si aspiramos a tener una comprensión global de la educación de adultos), no podemos perder de vista que estamos ante una realidad, cuya amplitud y diversidad, efectivamente, complican la profesionalización, que se aparta de los parámetros convencionales, pero reflejan también su riqueza formativa. Lo cual nos enfrenta ante las dos caras que tiene este fenómeno: una gran amplitud y diversidad, cuyo patrimonio educativo contrasta con una cierta debilidad profesional. No en vano, ya hemos comentado que la propia UNESCO usa la expresión de "diversidad saludable" para referirse al carácter "heterogéneo" y "diverso" de la EPA, que afecta a la provisión, a los actores, a las demandas, y por supuesto a la gobernanza (UNESCO, 2010c: 8, 25, 39 y 43).

Por otra parte, independientemente de las dos caras que refleja la profesionalización de este sector educativo, en la EPA no podemos hurtar el análisis, el contraste y el debate desde el punto de vista profesional, precisamente por la estrecha relación que guarda con la calidad de las ofertas, de los programas educativos y de la actuación de los educadores.

Esta estrecha relación entre profesionalización y calidad es el enfoque que ha sostenido tradicionalmente la UNESCO sobre la EPA, cuyo punto de partida es una conclusión claramente negativa a nivel general, sobre todo en el ámbito de la educación no formal: "el sector de la educación de adultos permanece débilmente profesionalizado" debido entre otras razones, a la pobreza de recursos disponibles y a la insuficiente financiación (UNESCO, 2010c: 25).

La UNESCO argumenta su diagnóstico negativo basándose en la formación especializada, en los mecanismos de acreditación y en las condiciones de empleo: "Una gran cantidad de sus practicantes carece o tiene un mínimo de formación especializada o calificaciones reconocidas, y los mecanismos de acreditación del aprendizaje y experiencia previos para los profesionales que trabajan están insuficientemente desarrollados. Las condiciones de empleo son generalmente precarias, una situación que no favorece la retención a largo plazo de los practicantes experimentados y competentes" (pág. 25).

Tal situación profesional negativa (precariedad laboral, estatus y remuneración bajos, insuficiente capacitación, etc.) también afecta a la calidad y, con ello, a la sostenibilidad de los programas de educación de adultos. "La falta de profesionalización y posibilidades de capacitación de los educadores ha influido negativamente en la calidad del aprendizaje y la educación de adultos, al igual que lo ha hecho el empobrecimiento en cuanto a equipo, materiales y planes de estudio del entorno del aprendizaje" (UNESCO, 2010b: apdo. 17). Calidad sobre la que nuevamente la UNESCO (2010a y 2016) nos aporta algunas pautas que nos pueden servir de guía para el desarrollo de la EPA en esta materia. Se habla de la calidad como "un concepto y una práctica integrales y pluridimensionales" que, precisamente porque representa la esencia de la profesionalización (como sucede en cualquier actividad), se asocia con diversos fines que atañen a la acción educativa y a la actuación de los educadores: la pertinencia de las enseñanzas, la evaluación de las necesidades, la garantía de acceso equitativo, la participación, la autonomía de las personas y comunidades, la evaluación y el seguimiento de los resultados, la adquisición de competencias y conocimientos, el uso de una pedagogía flexible centrada en los educandos, la aplicación de nuevas tecnologías de la información y la comunicación, la mejora de la formación y de las condiciones de empleo, etc.

En tal sentido, las recomendaciones de la UNESCO sobre la calidad son claras, estableciendo las siguientes áreas sobre las que se supone que se comprometen los Estados miembros: "a) elaborar criterios de calidad para los currículos, los materiales de aprendizaje y las metodologías de enseñanza en los programas de educación de adultos, teniendo en cuenta las mediciones de sus resultados y repercusiones; b) reconocer la diversidad de los proveedores; c) mejorar la formación, la creación de capacidades, las condiciones de empleo y la profesionalización de los educadores de adultos, por ejemplo, mediante la colaboración con establecimientos de educación superior, asociaciones de docentes y organizaciones de la sociedad civil; d) formular criterios para evaluar los resultados del aprendizaje de los adultos en distintos niveles; e) establecer indicadores de calidad precisos; f) prestar más apoyo a las investigaciones interdisciplinarias sistemáticas en el aprendizaje y la educación de adultos, complementadas por sistemas de gestión del conocimiento para el acopio, el análisis y la difusión de datos y prácticas idóneas" (UNESCO, 2010b: apdo. 16).

2.3. Los profesionales como educadores sociales

Además de la calidad como factor clave del proceso de profesionalización, otra lectura que tiene este fenómeno en su aplicación a la educación de adultos es algo de lo que ya hemos hablado y volveremos sobre ello más adelante. Nos referimos a que la EPA es un campo de la educación social, en el que, además de profesores, intervienen otros profesionales de la educación, cuyas denominaciones son de lo más diversas: educador social, animador, capacitador, alfabetizador, socialpedagogo, educador especializado, educador de calle, educador de familia, monitor de tiempo libre, monitor ocupacional, monitor de taller, mediador, agente de desarrollo, animador sociocultural y, por supuesto, educador de personas adultas, etc. Lo que significa que buena parte del análisis de la profesionalización de los educadores sociales, tiene también su aplicación en la educación de adultos.

Lo primero que destacan los autores que analizan la profesionalización de los educadores sociales en Europa y España es la complejidad de definir un campo ampliamente diverso que, como también hemos visto que sucede con la educación de adultos, resulta difícil de categorizar, cualquiera que sea el tipo de aproximación (histórico, ámbito de actuación o perfil profesional). Complejidad que tradicionalmente ha generado desencuentros y diferencias sobre la formación, las competencias y la propia actuación educativa, creando entre los propios educadores no pocos problemas de identidad (Úcar, 1999; Cacho Labrador, 1999; Caride, 2002; Sáez, 2005; Calderón y Gotor, 2013).

Sobre las causas de tal diversidad y complejidad hay un cierto acuerdo. Se trata de una profesión de reciente creación, sin fronteras y límites definidos, entre otras razones, debido a que su actuación se circunscribe al ámbito social, que por su naturaleza también es dinámico, multiforme y complejo.

En la extraordinaria síntesis que realizan Ortega Esteban *et al.* (2013), además de las corrientes (alemana, francófona y anglosajona) que han jalonado el desarrollo profesional de los educadores sociales, se reconoce que estamos ante una figura que ha surgido a partir de diversas identidades profesionales. Pero con el compromiso de unir la teoría y la práctica, como parece que se pretendió, en el caso de España, con la creación del título universitario de Educador Social (BOE, 1991b) y su correspondiente formación y profesionalización, al amparo de la Pedagogía Social como su marco teórico de referencia.

En esta misma dirección de unir la teoría y la práctica a la hora de abordar la profesionalización de los educadores sociales, hay que mencionar los progresos que se vienen produciendo, desde hace ya varias décadas, a través de asociaciones de educadores sociales. Son agrupaciones que finalmente se han convertido en colegios profesionales, existentes ya en la mayoría de las CCAA, y agrupados todos actualmente en el *Consejo General de Colegios de Educadoras y Educadores Sociales* (CGCES, 2022). Entre sus aportaciones, tales colegios, además de definir la Educación Social con sus funciones y competencias, han acordado un código deontológico en el que establecen once principios básicos para mejorar el ejercicio profesional. Entre estos principios, además de la titulación, están los que afectan especialmente a la profesionalidad, como las competencias, el autocontrol, la reflexión sobre la práctica, el rigor en el uso de los métodos y estrategias, la autonomía, la coherencia institucional, etc.

Lo mismo cabe decir la *Sociedad Iberoamericana de Pedagogía Social* (SIPS, 2022). También con la preocupación de unir teoría y práctica, esta asociación de profesores universitarios cuenta ya con aportaciones inestimables en materia de profesionalización, destacando los estudios e investigaciones referidos a las competencias de los educadores sociales, así como a su formación y perfil profesional.

Continuando con la situación en España, algunos autores analizan específicamente la profesionalización de la EPA, pero desde el plano de la educación social, como uno de sus ámbitos específicos. Algunos de estos autores, aunque reconocen la existencia de tres perfiles profesionales (formador ocupacional, animador cultural y especialista en formación básica), se centran en la actividad docente, que tiene lugar en el ámbito de las enseñanzas formales del sistema educativo. En tales casos se destacan dos prejuicios que tradicionalmente han impedido el desarrollo profesional de este sector de la educación: la creencia de que los principios pedagógicos y los métodos educativos aplicados en la infancia eran igualmente válidos para las personas adultas; y, consecuentemente, la idea de que para ser educador de personas adultas basta conocer bien la materia o el contenido a enseñar. En tal sentido, se habla de unos educadores que precisan dos tipos de conocimientos profesionales: los relacionados con la concepción y los fundamentos de la educación de las personas adultas; y los relacionados con las teorías pedagógicas y estrategias metodológicas para enseñar (Arandia, 1997; Rumbo, 2010; Rodríguez Correa y Rivadulla-López, 2018).

Otros estudios hacen una aproximación profesional más global y comunitaria. Precisamente por su relación con la educación social, son autores que acuden a la historia de este campo de la educación a la búsqueda de alguna aproximación entre el *ser* y el *hacer* de la educación de adultos, entre la teoría y la práctica. Un análisis que, entre otras muchas cuestiones, plantea dos ideas que, desde nuestro punto de vista, tienen un especial interés sobre la profesionalización de la educación de adultos (Sáez, 1994; Palazón, 1994; Sáez y Palazón, 1994a y 1994b; Sáez y Escarbajal, 1998).

Una de estas ideas es la preocupación por la calidad de la acción educativa, como elemento esencial del proceso de profesionalización; "banderín de enganche", como dicen sus autores, de un rumbo más prometedor de la educación de adultos. Nueva ruta que, alejada de los planteamientos tecnocráticos y economicistas, conduce a plantear y reformular cuestiones tan importantes como las siguientes: ¿qué parámetros y valores definen una educación de adultos de calidad?; ¿hablamos de un servicio público o de una actividad sometida a las leyes del mercado?; ¿qué responsabilidad tiene el Estado en esta materia?; ¿qué perfil profesional se aparta del modelo tradicionalmente escolar y compensatorio?

La segunda idea alude a la profesionalización como un proceso dinámico, un camino a construir, que conecta con lo que ya hemos señalado anteriormente: la realidad de una educación de adultos plural y diversa, cuya profesionalidad se torna problemática y compleja, donde los límites no están claros ni tan definidos. Se habla así de un modelo profesionalizador, crítico y reflexivo, que no pierde de vista la práctica de los educadores de personas adultas y los diferentes espacios en los que actúan. No se trata de poner una frontera entre ser o no ser profesional, sino de abrir un proceso reflexivo de colaboración y acordar unos criterios para avanzar en la dirección deseada, desde la práctica a la teoría y viceversa.

Desde este punto de vista, entendemos que, cualquiera que sea la situación de los educadores que intervienen en la EPA, tiene sentido participar en este proceso continuo y permanente de reflexión y colaboración sobre las relaciones entre profesionalización y calidad. Respecto de los criterios, caben varias aproximaciones, como hemos visto anteriormente, pero podemos llegar a un cierto acuerdo sobre unos mínimos: los conocimientos científicos y técnicos sobre la materia de la que se ocupan; las competencias pedagógicas, pero en el marco de la Pedagogía Social y el sector de la EPA; el establecimiento de indicadores de calidad, según las aportaciones de la UNESCO; así como el compromiso sobre algunas pautas deontológicas, como la reflexión sobre la práctica, el rigor en el uso de métodos y estrategias, la coherencia institucional, etc.

En resumen, creemos que la diversidad y amplitud de la EPA no impiden que los profesionales actúen con el rigor, las competencias, la formación y el compromiso con su actuación, respondiendo así a las demandas y expectativas de los destinatarios con ciertos niveles de calidad. No obstante, conviene no perder de vista, como plantean Imbernón (1994) y Sáez y Palazón (1994a), que la profesionalización de la educación de adultos de ninguna manera hay que considerarla como una causa cerrada, en términos de todo o nada, sino como un proceso abierto y continuo de búsqueda y mejora, que se va completando a medida que avanzamos en esta dirección.

3. LA FORMACIÓN DE LOS EDUCADORES

De todos es sabido que profesionalización y formación constituyen elementos inseparables. Si hemos abordado la profesionalización de los educadores de adultos en términos de actuaciones basadas en el rigor, la calidad, el conocimiento especializado, las competencias, los métodos, etc. la formación es el medio para conseguirlo, sin olvidar, lógicamente, la función que cumple la experiencia en toda práctica educativa.

También aquí nos enfrentamos a una confusa y problemática realidad, salpicada por esa diversidad y complejidad que afecta a todas las dimensiones de la EPA de las que venimos hablando. La misma UNESCO señala la diversidad que existe en los diferentes países sobre la formación de los educadores de adultos en el contexto más amplio de la diversidad y pluralidad profesional; lo que significa que la formación se lleva a cabo desde posiciones profesionales muy variadas, con programas que alternan entre la formación inicial y la formación continua, contando con el apoyo de las universidades y de otras instituciones públicas y privadas.

En España, de acuerdo con las recomendaciones de la UNESCO, vemos que la preocupación de las autoridades educativas por la formación de los educadores de personas adultas se desarrolla con un fuerte impulso en la década de los ochenta del s. XX, fruto en parte del eco que tuvo la publicación y el debate del *Libro Blanco de la Educación de Adultos en España* (MEC, 1986). Un largo período en el que se llevaron a cabo diferentes iniciativas de formación (cursos, seminarios, jornadas, congresos, etc.), entre las que hay que destacar los Postrados impartidos por varias universidades, contando con la colaboración del Ministerio de Educación. Esta misma preocupación la vemos en algunas CCAA a partir del momento en que, de acuerdo con la Constitución de 1978, van asumiendo las transferencias en materia de educación, por ejemplo, en Andalucía, Canarias, Valencia, Castilla La Mancha, Extremadura, País Vasco, etc. (Benítez Herrara, 1990; CCEC, 1991; DGPE, 1990; Medina, 1995; AUPEX, 2022).

En este contexto educativo y profesional, no faltan las aportaciones de diferentes autores y organismos supranacionales sobre las competencias que se espera que posean los profesionales de la EPA, teniendo en cuenta que se trata de un sector educativo ya con algunos rasgos propios.

Así, desde una perspectiva estratégica, destacan algunos análisis críticos sobre la necesidad de construir una determinada cultura formativa, basada en una agenda de formación, contando con las instituciones proveedoras y la participación de los profesionales, en torno a tres actuaciones principales: la formación inicial de los nuevos educadores de personas adultas, la formación continua de los que ya tienen una cierta experiencia, y la formación más especializada para garantizar el desarrollo de proyectos y algunas variables de la calidad (Beltrán, 1994).

Desde este punto de vista estratégico y más general, cabe señalar también el análisis de la formación que plantea la DVV International (2019) en *Educación de Adultos y Desarrollo*. Su preocupación no es tanto la transferencia de conocimientos y habilidades, sino el debate y las actitudes respecto de algunos contenidos, como los derechos humanos, la adaptación a las necesidades locales, el pensamiento crítico, la toma de decisiones, el liderazgo, la comunicación, la participación y el compromiso, así como la autorealización y el desarrollo potencial de los participantes.

Otra aportación estratégica es la de Lucio-Villegas (1994) que se centra en la función docente sin perder de vista el campo particular de actuación que representa la EPA. Así, partiendo del concepto y modelo de profesional y a partir de las aportaciones de Gramsci y Stenhouse, se definen las que, según este autor, son las funciones principales del perfil del educador de adultos: implicarse en la vida cultural de los adultos, desarrollar las capacidades individuales y colectivas, utilizar la técnica del autoaprendizaje, fomentar el respeto a las diferentes culturas. Funciones que reclaman un tipo de formación en base a un conjunto de dominios o bloques relacionados con la comunicación y el trabajo en grupo, el conocimiento de la realidad socioeconómica actual, los fundamentos pedagógicos de la educación de adultos, la capacidad para el diseño y desarrollo de proyectos sociales y el compromiso respecto de las actuaciones solidarias.

Desde este punto de vista más general no faltan las propuestas de formación de los educadores de personas adultas que se centran en determinadas cuestiones conceptuales y/o metodológicas, como la priorización del debate y las actitudes sobre las competencias, las metodologías dialógicas, la investigación-acción o el nuevo profesionalismo (Palazón, 1992; Flecha, 1997a; Arandia, 1997; Alonso *et al.*, 2008; Rodríguez Correa y Rivadulla-López, 2018; Mauch *et al.*, 2019; Guevara, 2019).

Algunos autores llegan incluso a concretar las materias curriculares, como las que se basan en un formato más clásico, distinguiendo entre materias de carácter general (Antropología, Psicología, Sociología, Teoría de la Educación, Nuevas Tecnologías, Idiomas, etc.) y materias más específicas (Historia de la Educación de Adultos, Modelos de Educación de Adultos, Desarrollo Comunitario, Animación Sociocultural, Formación Laboral, Formación Básica, Organización de Centros, etc.) (Rodríguez Rojo y Díaz González, 1988).

Por su parte, la UNESCO se limita a señalar en este sentido un conjunto de temas curriculares que no deben faltar en la formación de los educadores de personas adultas: indicadores de calidad, tecnologías de la información y la comunicación, educación inclusiva, educación para la ciudadanía, atención a los grupos sociales más desfavorecidos, métodos innovadores de enseñanza y aprendizaje, tecnologías interactivas, métodos que combinen experiencia de trabajo y formación, así como servicios de información y documentación (UNESCO, 1997a, 2013, 2017 y 2022b). Formación que tiene que llegar, según la UNESCO, a actuales y futuros educadores de adultos que operan en al ámbito de la EPA, se trate de educación formal o de educación no formal.

Sin entrar en la temática estrictamente curricular, tradicionalmente han cobrado mucha importancia las propuestas de formación basadas en Paulo Freire (Freire, 1970, 1997a y 1997b; Freire y Macedo, 1989), como uno de los autores más representativos de la educación de adultos, no solo por sus contribuciones teóricas, sino también por su experiencia práctica de formador. Desde este punto de vista, se entiende que la formación de los educadores de personas adultas, entre otras cuestiones, debe basarse en algunas ideas fuerza del propio Freire, entre otras: el hecho de que toda educación siempre tiene lugar en un contexto histórico, económico, social y político determinado; la constatación de que toda práctica educativa siempre está relacionada con una posición teórica previa, que no suele ser neutra; el papel que juegan los sueños en la práctica profesional, entendiendo por ello, el norte optimizante que esperamos de la acción educativa; el diálogo como método para el conocimiento y el aprendizaje; el perfil de un profesional crítico y reflexivo que no descarta la indignación, pero apuesta por la esperanza (Arandia, 2004).

3.1. La formación de los educadores de las enseñanzas oficiales

Además de la confusa y problemática realidad que hemos descrito anteriormente sobre la formación de los educadores, hay otro problema, de carácter profesional y por tanto formativo, que conviene analizar. Se trata de una cuestión que afecta a las universidades, a las autoridades educativas y a los colegios profesionales sobre las relaciones entre educación de personas adultas y educación social.

Si aceptamos que la educación de las personas adultas es un ámbito de la educación social, ¿los profesionales que se dedican a las enseñanzas oficiales (formales) de personas adultas, por ejemplo, los profesores de la Educación Básica, así como los profesores de Bachillerato, Formación Profesional e Idiomas, de alguna manera o en alguna medida, podríamos decir que son también educadores sociales?; o, dicho de otro modo, ¿las enseñanzas oficiales de personas adultas, desde el punto de vista educativo y por tanto profesional, podrían situarse en el marco de la educación social y su referente teórico, la Pedagogía Social?

Este problema se plantea en España desde el principio, a partir de la creación del título universitario de Educación Social (BOE, 1991b), en diferentes foros y encuentros de educadores sociales y de educadores de adultos. En nuestro caso, hemos tenido ocasión de debatir este asunto con el alumnado en las clases de Pedagogía Social y de Educación de Personas Adultas de la Universidad de Las Palmas de Gran Canaria. En tales debates se plantea la posible contradicción que puede representar el hecho de que los profesionales titulados en Educación Social y, por tanto, especialistas también en educación de adultos (como uno de sus ámbitos de intervención), en función de la propia titulación universitaria, no han recibido formación específica sobre un campo de la educación de adultos como es el de las enseñanzas oficiales que conducen a los diferentes títulos del sistema educativo: Graduado en Educación Secundaria, Bachillerato, Formación Profesional e Idiomas.

La razón que se aduce es que, según la legislación que regula la educación oficial del sistema educativo (la última, la LOMLOE: BOE, 2020), los profesionales de las enseñanzas para personas adultas que conducen a los títulos de los que se ocupa la citada ley tienen que tener la misma titulación que los del régimen general, pero además están obligados a adaptar las enseñanzas a las características y necesidades de las personas adultas. Explícitamente, hablando de la educación de las personas adultas, la citada ley regula qué cambios hay que hacer en los currículos, en la organización, en la metodología y en los centros para adaptar las enseñanzas oficiales a las características y demandas de las personas adultas (MEFP, 2020: arts. 66-70). Y, precisamente por ello, la misma ley, hablando del profesorado de la educación de personas adultas, establece lo siguiente: "Los profesores de enseñanzas para las personas adultas comprendidas en la presente Ley, que conduzcan a la obtención de un título académico o profesional, deberán contar con la titulación establecida con carácter general para impartir las respectivas enseñanzas. Las Administraciones educativas facilitarán a estos profesores una formación adecuada para responder a las características de las personas adultas" (MEFP, 2020: art. 99).

Estas son las dos referencias legales claves que abordan el tema que nos ocupa. Pensemos, por ejemplo, en los profesionales de la Educación Básica de personas adultas; enseñanzas que conducen al título de Graduado en Educación Secundaria y que se imparten en los Centros de Educación de Personas Adultas (CEPAS), de los que ya hemos hablado en el capítulo anterior. En estas enseñanzas intervienen dos tipos de profesores: los de Educación Primaria y también los de Educación Secundaria.

En lo que atañe a los profesores de Educación Primaria, si aplicamos la legislación vigente, deben tener el título de *Grado en Educación Primaria*. Pero la formación que reciben actualmente los futuros Graduados en Educación Primaria, esencialmente, les capacita para la enseñanza de los niños y adolescentes en las escuelas. Si consultamos el último plan de estudios de esta titulación en la Universidad de Las Palmas de Gran Canaria, vemos asignaturas y especialidades para el ámbito escolar, cuyos destinatarios son los infantoadolescentes, toda vez que en el plan de estudios se define la "educación primaria como la etapa intermedia del sistema educativo, con alumnado de edades entre 6 y 12 años, posterior a la de la Educación Infantil y anterior a la de la Enseñanza Secundaria Obligatoria" (ULPGC, 2020a).

En tal caso, las preguntas son obligadas. ¿Qué hacen estos Graduados en Educación Primaria cuando trabajan con personas adultas, las cuales, ni son niños ni están asistiendo a una escuela, pero aspiran al título de Graduado en Educación Secundaria, porque lo necesitan para mejorar en su vida y en su trabajo o para continuar en su trayectoria académica? ¿Qué saben de la Psicología de la edad adulta estos educadores? ¿Qué conocimientos y prácticas tienen sobre los métodos que han demostrado su eficacia con personas adultas? ¿Conocen cómo funciona la inteligencia, la memoria y el aprendizaje en la adultez? ¿Tienen alguna información sobre las diferentes motivaciones de estas personas para formarse y sobre el tiempo y dedicación que disponen para estudiar? ¿De acuerdo con qué criterios y en qué medida se adaptan las enseñanzas (inicialmente diseñadas para los niños en las escuelas) a las personas adultas?

Lo mismo sucede con los profesionales de Educación Secundaria, Bachillerato, Formación Profesional e Idiomas, cuyos destinatarios son personas adultas. Tales profesores se van a encontrar con un alumnado cuyas características psicológicas, sus responsabilidades familiares y laborales y su dedicación a la formación nada tienen que ver con lo que sucede con los adolescentes o jóvenes que asisten regularmente al sistema educativo. Según la misma legislación vigente, estos profesionales de personas adultas tienen que poseer el título universitario de Graduado o equivalente en diferentes materias como Historia, Matemáticas, Lengua, Idiomas, etc. (MEFP, 2020: art. 94, 95 y 97), que se complementa con una "formación pedagógica y didáctica de nivel de Postgrado", fruto del acuerdo entre las universidades y las administraciones educativas, para asegurar que "el sistema educativo dispone de suficientes profesionales en todas las enseñanzas y especialidades" (MEFP, 2020: art. 100).

Pero tal formación pedagógica y didáctica de nivel de Postgrado no parece que contemple el importante colectivo de personas adultas que en nuestro país aspira a la titulación de Educación Secundaria, Bachillerato, Formación

Profesional o Idiomas. Si consultamos el *Máster Universitario en Formación del Profesorado de Educación Secundaria Obligatoria y Bachillerato, Formación Profesional y Enseñanza de Idiomas* de las universidades de Las Palmas de Gran Canaria y de La Laguna, vemos que las enseñanzas se estructuran en tres módulos (el genérico, el específico y el prácticum), cuyos contenidos nuevamente se centran en el desarrollo psicológico de la adolescencia, en el centro escolar, en las relaciones familia escuela, etc. que nos hablan de unos profesionales que van a trabajar con adolescentes y jóvenes en el sistema educativo, no específicamente con personas adultas (ULPGC, 2020b).

Hasta ahora, esta es la forma en que las universidades, de acuerdo con la administración educativa (estatal y/o autonómica), están respondiendo al mandato legal (artículo 99 de la legislación educativa vigente, comentado anteriormente), que ordena que los profesores de las enseñanzas oficiales de personas adultas (que conducen a alguno de los títulos académicos) "deberán contar con la titulación establecida con carácter general para impartir las respectivas enseñanzas". Pero el citado artículo 99 añade una segunda parte: "Las Administraciones educativas facilitarán a estos profesores una formación adecuada para responder a las características de las personas adultas" (MEFP, 2020: art. 99). Y esto último no parece que se esté teniendo en cuenta en la formación universitaria: ni en el Grado en Educación Primaria, ni en el Máster de Educación Secundaria. Lo que sí hacen algunas Administraciones educativas es ofrecer formación en materia de educación de adultos a los Graduados en Educación Primaria que vayan a trabajar en un centro de formación de personas adultas; pero en este caso se echa de menos un acuerdo de mayor calado entre la Universidad y la Administración educativa.

Es más, la misma legislación educativa (que se describe con más detalle en el capítulo 4 y apartado 3) que regula la formación y las competencias que deben tener los profesionales de las enseñanzas que conducen a alguno de los títulos oficiales del sistema educativo, establecen que, cuando el alumnado de tales profesionales sean personas adultas, los currículos (y con ello, los objetivos, los centros y la metodología) deben adaptarse a los destinatarios con una oferta específica y una organización propia (MEFP, 2020: arts. 66-70). Cuestiones que, por lo que vemos en el diseño de los títulos universitarios citados, no siempre se contemplan. El resultado es la confusión reinante que vemos en algunos centros oficiales de EPA, sobre el margen de actuación que tiene el profesorado a la hora de adaptar las enseñanzas a las características, necesidades y demandas de las personas adultas.

En resumen, como viene sucediendo tradicionalmente, la escuela, o mejor, el modelo escolar (con todo lo que ello significa en términos de pedagogía, psicología, didáctica, metodología, organización, currículos, etc.) continúa siendo la referencia o el modelo de educación también para las personas adultas. Una realidad que no se compadece con las propias declaraciones institucionales, ni se ajusta a los acuerdos internacionales y a las orientaciones de la UNESCO.

¿Tiene alguna salida este problema, haciendo compatible la Educación Básica y la Educación Secundaria de adultos (enseñanza formal) con la Educación Social? ¿Tiene sentido que los profesionales de los centros oficiales de EPA se pueden considerar, de alguna forma, también profesionales de la Educación Social?

Nuevamente nos encontramos con un problema que no tiene fácil solución. Habrá quien piense que en el campo de la educación formal de personas adultas no tienen cabida los planteamientos de la Pedagogía Social, dado que en este caso nos movemos en el campo de la Pedagogía Escolar. Pero no faltarán los que se sitúen en una posición diferente, considerando que algunos argumentos centrales de la Pedagogía Social tienen su aplicación cuando se trata de la educación de las personas adultas, sea formal o no formal.

Obviamente, la universidad es el centro superior en el que se forman los futuros titulados, tanto de Grado en Educación Primaria, como de Grado en Educación Social, incluyendo también el Postgrado en Educación Secundaria; titulaciones que, en la mayoría de los centros superiores, se imparten en una misma facultad, generalmente denominada de Educación o de Ciencias de la Educación.

Nos preguntamos si desde la universidad se puede abordar este problema, contando, por supuesto, con la Administración educativa, con las asociaciones directamente relacionadas con la educación social y la educación de las personas adultas, así como con la colaboración y las aportaciones de sindicatos y colegios profesionales. Desde nuestro punto de vista cabrían varias iniciativas, pero podría haber otras, o tendríamos que matizar las que se proponen. Por ejemplo, la creación de una doble titulación, la de Grado en Educación Social y la de Grado en Educación Primaria, en la Facultad de Ciencias de la Educación. También se puede plantear la creación de la especialidad de Educación de Personas Adultas en el título de Grado de Educación Primaria. Asimismo, en el Máster en Educación Secundaria, se podrían añadir algunas asignaturas optativas, como Psicología y aprendizaje de la edad adulta, Sociología de la educación de adultos, Pedagogía Social y Educación de Personas Adultas, etc.

Sea cual sea la salida, entendemos que la clave de este debate sigue estando en la respuesta que la universidad, las autoridades educativas, los centros y los profesionales, demos a estas dos preguntas: ¿los principios pedagógicos y los métodos educativos que se aplican en la escuela con los niños son igualmente válidos para las personas adultas?; ¿para ser educador de personas adultas basta con conocer bien la materia o el contenido a enseñar?

3.2. ¿Un Grado en Educación de Personas Adultas?

Finamente, tal vez sea este el momento de retomar la propuesta del *Grupo 90: Universidad y Educación de Adultos*, hace ya más de dos décadas, sobre lo que entonces se planteaba como una *Licenciatura* y que ahora podría ser el *Grado en Educación de Personas Adultas*.

Anteriormente ya hemos hablado del *Grupo 90*: un colectivo que nace en 1990, formado por profesores de diferentes universidades españolas, dedicados a la docencia y la investigación sobre la EPA.

En el año 2000 y bajo la dirección del profesor de la UNED, Florentino Sanz Fernández, esta asociación de profesores se enfrenta a uno de los desafíos más importantes de la educación de adultos: la creación de un título oficial a nivel del Estado, una Licenciatura, que podría resolver definitivamente la necesaria formación inicial universitaria de los educadores de personas adultas, con un diseño polivalente que abarque tanto el ámbito de las enseñanzas formales como el de las enseñanzas no formales (Lancho, 2008; Arandia y Alonso, 2002).

La propuesta parte inicialmente de un conjunto de profesores universitarios del Grupo 90 de las Universidades de Barcelona, Autónoma de Barcelona, Lleida, Ramón Llull, Rovira y Virgili, Vic y la UNED, contando además con la Federación de Asociaciones Culturales y Educativas de Personas Adultas (FACEPA). Este es el grupo que hace la convocatoria y organiza unas jornadas con el título de *Licenciatura en Formación de Personas Adultas*; jornadas a las que se suman otros profesores del Grupo 90 de las Universidades del País Vasco, Santiago de Compostela, Zaragoza, Las Palmas de Gran Canaria, Murcia, Valladolid, Castilla la Mancha y Almería.

Para todos los profesores participantes estaba claro el contexto que justificaba la iniciativa: por una parte, la existencia en algunos países de una Licenciatura en esta materia, y por otra, el debate que está teniendo lugar en ese momento en España sobre la reforma y reconversión de los títulos universitarios desde la óptica europea.

Concretamente, se celebran dos jornadas para debatir sobre la Licenciatura: la primera, durante el 24 y el 25 de marzo de 2000 en la Universidad de Barcelona, y la segunda, durante el 18 y el 19 de mayo de 2001 en la UNED. La documentación que se utiliza en estos encuentros (Varios autores, 2000 y 2001), preparada previamente, consta de los siguientes cuatro apartados, que se corresponden con los cuatro grupos de trabajo que se crearon entre los participantes: 1. La Educación de Adultos en Europa. Análisis comparado; 2. Conceptualización de la Educación de Adultos; 3. Perfil y salidas profesionales; 4. La formación universitaria en relación con la Educación de Adultos.

En el primer encuentro, celebrado en la Universidad de Barcelona, el debate se centra en los diferentes modelos educativos que se vienen planteando en el seno de la UNESCO y las teorías sobre la sociedad de la información, destacando la función que tiene la educación de las personas adultas como un derecho y un componente clave en el marco más amplio del aprendizaje a lo largo de la vida. Desde este punto de vista general se plantea la Licenciatura asentada en tres principios clave: la importancia de la investigación, la necesidad de unir teoría y práctica y el avance en las nuevas propuestas metodológicas.

En el segundo encuentro, celebrado esta vez en Madrid en la sede de la UNED, se analiza y debate el perfil de los profesionales dedicados a la educación de adultos; perfil al que se supone que tiene que dar respuesta el diseño de la Licenciatura. Concretamente, se definen, en primer lugar, las siguientes funciones de estos educadores: docencia y acreditación, orientación y seguimiento, animación sociocultural, evaluación e investigación, creación de materiales, coordinación y gestión, planificación y supervisión. Teniendo en cuenta tales funciones, se aborda, en segundo lugar, los ámbitos profesionales, que se agrupan en cuatro categorías: formación en competencias básicas (que conduce al título de Graduado en Educación Secundaria), formación para y en el trabajo (que además de la docencia incluye la acreditación y la orientación), educación especializada (centrada en la acogida y la reeducación de las personas adultas) y ámbitos emergentes (como la animación sociocultural, la educación popular, la educación para la salud, etc.).

No obstante, en este segundo encuentro en la UNED, en pleno debate sobre el plan de estudios de la Licenciatura, se recibe la noticia de que las autoridades educativas, al menos en ese momento, no veían la posibilidad de incluir una Licenciatura en educación de adultos entre las enseñanzas universitarias oficiales. La noticia, que se recibe con la lógica decepción entre los asistentes, no resulta del todo extraña teniendo en cuenta la marginación que tradicionalmente ha padecido la educación de adultos en España. Lo que no sabemos es si en el momento presente (ya han pasado 22 años desde el 2001), se dan las condiciones para ello.

En cualquier caso, cerrado el paso a una Licenciatura, lo que hacen los profesores del Grupo 90 reunidos en la UNED es plantear la posibilidad de un Postgrado como oferta de formación continua para que supla por el momento la ausencia de una formación inicial, respondiendo así con más amplitud a la diversidad de ofertas y profesionales de la educación de adultos.

Para ello, se crea una comisión entre los asistentes y se elaboran varios borradores. El tercero se termina en febrero de 2006 con el título de *Máster en educación y formación de personas adultas*. Según vemos en este tercer borrador (Varios autores, 2006), el Máster se diseña como un título propio interuniversitario y europeo, coordinado por la UNED, con la participación de aquellas universidades que se adhieran mediante el correspondiente convenio con la UNED. Para el desarrollo del Máster se crea una Comisión Académica Interuniversitaria, formada por el coordinador, nombrado por la UNED, y los profesores nombrados por las universidades adheridas. La impartición de las enseñanzas se plantea desde la modalidad semipresencial, de forma que las asignaturas obligatorias se imparten a distancia en el Campus Virtual, y las optativas de forma presencial o a distancia, dependiendo de lo que se decida en cada universidad, dejando la organización del *practicum* a lo que se decida también en cada universidad.

El otro tema de interés del Máster, por lo que lo tratamos aquí (la formación de los educadores de personas adultas), es el contenido del plan de estudios, en el que se han tenido en cuenta buena parte de los planteamientos de la Licenciatura, proporcionando una formación avanzada, multidisciplinar y especializada y promoviendo la iniciación en tareas investigadoras. Los destinatarios serían todos aquellos profesionales dedicados a la formación de las personas adultas, tanto en los ámbitos de la educación formal, como la formación ocupacional y continua, así como en lo que se refiere a la educación popular y la participación ciudadana y comunitaria. Desde este punto de vista, la propuesta curricular del Máster se estructura en seis módulos (los tres primeros transversales, y los otros tres específicos), con los correspondientes contenidos formativos:

1. *Los retos de la formación en el siglo XXI*: Sociedad de la información y aprendizaje a lo largo de la vida; Cultura y culturas europeas en el universo común; Las migraciones en el contexto cosmopolita; El horizonte de la tercera edad en crecimiento.

2. *Bases y fundamentos de la educación de personas adultas*: Psicología y desarrollo de la adultez; El aprendizaje en la edad adulta; Aprendizaje dialógico; Procesos de autoaprendizaje; Sociología y educación de personas adultas; Historia de la educación de personas adultas; La investigación en educación de personas adultas; Los métodos de formación de personas adultas; Diseño y evaluación de la formación de personas adultas.

3. *Políticas y modelos de educación de personas adultas*: Modelos europeos de educación de personas adultas; La educación de personas adultas en Hispanoamérica; Centros e instituciones de formación de personas adultas; El profesional de la educación de personas adultas; Aprendizaje on line; Enseñanza a distancia; La educación de personas adultas en las Comunidades Autónomas.

4. *Formación general para el siglo XXI*: Alfabetización para el siglo XXI; Competencias instrumentales básicas; Bachillerato y Formación Profesional para personas adultas; Educación emocional.

5. *Formación y trabajo*: Formación ocupacional; Formación y empresa; Orientación profesional; Acreditación de los aprendizajes.

6. *Participación ciudadana y cohesión social*: Desarrollo sociocultural y comunitario; Democracia, ciudadanía y participación; Desigualdades sociales.

Hasta aquí, el interés de un conjunto de profesores universitarios por la formación de los profesionales dedicados a la educación de adultos. Pero el 22 de septiembre de 2007 un hecho inesperado sorprende a todo el profesorado universitario que habíamos participado en el diseño de la Licenciatura y del Máster: el fallecimiento repentino e inesperado de Florentino Sanz Fernández, coordinador en aquel momento del Grupo 90, quien desde el principio había impulsado y liderado la Licenciatura y el Máster.

El resultado para todos los profesores implicados, además del dolor por la noticia, fue la paralización de todos los trabajos, y el acuerdo de dedicar el siguiente número de la publicación del Grupo 90, la *Revista electrónica de Educación y Formación Continua de Personas Adultas. EFORA* (vol. 2, núm. 1) a una monografía dedicada a la memoria y el reconocimiento del profesor Florentino San Fernández (Lancho, 2008).

Desde el editorial de dicha monografía se destaca la figura de Florentino Sanz como investigador universitario, precisamente en lo que se refiere a la proyección académica de este ámbito educativo: "Es indudable que la educación en general, y la Educación de Personas Adultas en particular, pierde a uno de sus mejores hombres, en un momento de especial trascendencia para la definición y la proyección académica y social de este ámbito educativo. Sus ideas, sus libros, su gestión al frente del *Grupo 90: Universidad y Educación de personas adultas* y su actividad investigadora y universitaria general, marcan un referente de honestidad personal y lucidez intelectual irrepetible" (EFORA, 2008).

CAPÍTULO 6

LA EDUCACIÓN DE PERSONAS ADULTAS COMO CAMPO ACADÉMICO

Hemos visto como ha ido evolucionando la EPA hasta convertirse en la actualidad en todo un sector educativo amplio y heterogéneo, pero al mismo tiempo diferenciado y específico, cuya función social y económica, así como su constante crecimiento de participantes parecen estar fuera de toda duda.

También hemos hablado de las dificultades que tienen los educadores de personas adultas a la hora de actuar como profesionales de un sector educativo tan diverso y complejo, cuya tarea y compromiso, no obstante, ha ido evolucionando en una doble dirección: se ha ido diferenciando respecto de lo que se hacía tradicionalmente y con relación a otros sectores de la educación; y se comparte cada vez más que su actuación profesional debe ajustarse a determinados estándares de calidad en el marco de la educación social, con propuestas formativas que precisan de la colaboración y aportaciones de las universidades.

Dos hechos sobre la EPA que justifican y demandan la intervención del Estado con políticas educativas específicas y apoyo financiero que promuevan su desarrollo, que corrijan sus déficits y, sobre todo, que faciliten el acceso de los sectores sociales más necesitados.

El problema es que aún no contamos con un discurso comprensivo y elaborado sobre este campo de la educación. En efecto, ha habido cambios importantes (o mejor, gestas, si tenemos en cuenta de dónde venimos). Por ejemplo, ya contamos con publicaciones históricas de cierto recorrido, con aportaciones didácticas específicas, con un recuento nada despreciable de buenas prácticas, con investigaciones que aportan evidencias y datos contrastables, así como con teorías y modelos sobre el tipo de intervención. Pero se diría que nos falta un relato global, una narrativa suficientemente argumentada y trabada, que llegue a toda la sociedad y que especialmente cuente con el eco necesario en el mundo académico, entre los profesionales, entre las instituciones y entre los gobiernos, para que por fin se visibilice y se reconozca su función social, debido precisamente al capital cultural y pedagógico que ha ido acumulando la EPA con el paso de tiempo.

Desde nuestro punto de vista, tiene interés que entremos en este tema, tratando de trazar ese marco general de la EPA, porque solo desde esta panorámica más amplia y compleja estaremos en mejores condiciones para superar esos dos problemas (de los que venimos hablando) que impiden tener una visión de conjunto y poder abordar las posibles soluciones que aún se precisan llevar a cabo. Tal vez por este camino podríamos lograr que, cuando se hable de educación, se piense en la educación de toda la sociedad (niños, jóvenes y adultos), lo que llevaría consigo que tanto la Pedagogía como la Psicología se centren también en la dedicación que merece la edad adulta.

En cualquier caso, desde la perspectiva general que estamos planteando, el punto de partida que no podemos perder de vista es que, en las últimas décadas, la evolución de la EPA parece que se consolida, como sector de la educación y como ámbito profesional, avanzando también como campo académico, que es lo que analizamos en este capítulo.

Cabe pensar, por tanto, que el desarrollo de la EPA, como sector educativo y ámbito profesional, haya tenido su correspondiente repercusión desde el punto de vista histórico, psicológico, sociológico, así como también didáctico y pedagógico. Por ello cobra sentido que nos ocupemos ahora de la educación de adultos como campo académico en tanto que dominio de investigación y docencia de nivel superior, cuyo reconocimiento y estatus cognitivo dependen de las publicaciones y de los autores que están integrados en diferentes círculos académicos, científicos y universitarios. Una reflexión que nos lleva también a valorar si avanzamos en un campo científico, cuyas características nos permiten hablar de un saber educativo también con rasgos específicos.

Nos ocupamos, pues, de las teorías que tratan de explicar cómo se concibe y entiende ese fenómeno, realidad o conjunto de actividades, que se realizan en los centros e instituciones proveedoras de la formación. Nos referimos al entramado de hipótesis plausibles que se ha ido generando sobre la educación de las personas adultas. Es decir, indagamos ahora en la ciencia creada o el conocimiento disponible sobre este sector de la educación, tratando de analizar cómo influye en la realidad. Es lo que para Sanvisens (1987) es el "saber educativo que subyace a la práctica"; o lo relacionado con las "las anticipaciones doctrinarias y los proyectos", de acuerdo con León (1977); o también hablaríamos del "conjunto de prescripciones" de este sector de la educación, siguiendo a Moore (1987). Se trata, en suma, de analizar si podemos hablar de un marco teórico que sirva de referencia para la práctica y la identidad de los profesionales, para la docencia universitaria, y para los propios participantes como protagonistas de los programas educativos.

A tal efecto, la pregunta que tratamos de responder a continuación es la siguiente: ¿cuál es el desarrollo teórico de la EPA? Una cuestión que podemos formular de este otro modo: ¿el desarrollo de la educación de adultos como sector educativo y como campo profesional ha discurrido en paralelo con su correspondiente progreso académico como saber educativo? Incluso tiene sentido este otro enunciado: si, como parece, la práctica de la EPA se ha ido diferenciando cada vez más de la educación que se imparte en las escuelas para niños y adolescentes, ¿cuáles son los argumentos que lo justifican y las características de dicha diferencia?

Con todo, antes de seguir adelante, conviene aclarar que hablar del desarrollo teórico de la EPA no significa entrar en una perspectiva que carezca de interés o que no tenga consecuencias prácticas. Todo lo contrario, tal como sucede también en otros campos de conocimiento. Así viene sucediendo tradicionalmente, y de manera muy especial, desde principios de los ochenta, en esa comunidad de investigación y docencia, en la que venimos trabajando diferentes profesores universitarios españoles, en torno a la educación desde una perspectiva teórica, como es el Área de Teoría de la Educación y su órgano de expresión científica, la *Revista Interuniversitaria de Teoría de la Educación* (VV.AA., 2003).

Se trata de valorar el alcance y estatus que tienen las teorías en el conocimiento científico y, más concretamente, las teorías educativas. Tiene importancia lo que decimos porque se ha extendido la creencia contraria, incluso entre el alumnado universitario, que privilegia la práctica sobre las teorías, defendiendo que lo que realmente tiene interés son los hechos, las experiencias, la aplicación, la resolución de problemas, y no tanto las teorías que imponen algunos "expertos" ajenos a su trabajo cotidiano en el aula. Una manera de pensar que también vemos en algunos refranes y en el lenguaje de la calle con expresiones parecidas en las mismas raíces de la lengua castellana: tal vez, la más conocida sea la que dice que "las palabras se las lleva el viento", o aquella otra que sentencia que "lo que importa no es lo que dices sino lo que haces", locuciones que podrían relacionarse con el título de la obra de Lope de Vega: "Obras son amores, y no buenas razones".

Sin embargo, frente a esta posición que impugna las teorías, está la de quienes defendemos las teorías (en nuestro caso, educativas), precisamente por su valor práctico, por lo que aporta, por lo que permite conocer, por lo que nos ayuda a resolver y, sobre todo, porque forma parte del equipamiento profesional de un educador. No está de más recordar aquí algunas frases ya célebres sobre este asunto. Por ejemplo, Karmiloff-Smith e Inhelder (1984) que, con ocasión de explicar su teoría sobre la evolución del pensamiento del niño, titulan su artículo "Si quieres avanzar, hazte con una teoría". O la expresión más conocida de Kurt Lewin (1951) que, al abordar su teoría del campo de fuerza de la conducta humana, sostiene que "no hay nada más práctico que una buena teoría".

Estaremos de acuerdo en que tales afirmaciones no se hacen para la retórica, toda vez que las teorías nacen de la observación de la realidad y solo tienen valor si sirven para entender o mejorar dicha realidad. Ambas cuestiones, teoría y práctica, son dos aspectos de una misma realidad, según Petrus (1987: 40): "la teoría es el aspecto racional de la práctica y allí donde aparezca la praxis, la teoría está implícita".

Por tanto, la reflexión teórica, más que una sobrecarga inútil entre las tareas de un profesional o investigador, es una de las actividades más fértiles a defender entre los profesionales de la educación y también entre los estudiantes universitarios, como dice Moore (1987), admitiendo y fomentando, por supuesto, que las teorías de la educación (entre las que nos movemos), como todas las teorías, tienen que estar abiertas al debate y la crítica para garantizar su reconocimiento y estatus en la comunidad científica. Por ello, siempre aprovechamos la ocasión para comentarle al alumnado que el debate no está entre teoría y práctica, sino entre las buenas o las malas teorías. Las buenas son las que nos sirven para entender la realidad y nos permiten avanzar.

1. La Pedagogía y su aplicación a las personas adultas

Antes de responder a las preguntas anteriores, conviene ver de dónde venimos, toda vez que lo que vayamos a decir de la EPA como campo académico no nace de forma independiente, sino en un contexto histórico y teórico más amplio como es el de la Pedagogía, su objeto de estudio y su relación con la educación de adultos. Un marco de referencia que no solo interesa a quienes se dedican a la investigación educativa, sino también a cualquier educador de personas adultas que pretenda conseguir sus propósitos con criterios de calidad.

En primer lugar, aunque se trata de una distinción de manual, conviene aclarar la diferencia entre educación y Pedagogía. La *educación* es una realidad viva, humana y social, algo que se hace y que se recibe, que tiene que ver con la práctica, con el hacer; podemos observar cómo se realiza la educación y además comprobamos sus resultados. La educación, pues, es un proceso y un efecto, algo que está ahí, un hecho, un fenómeno que percibimos, una actividad que nos plantea una serie de problemas e interrogantes, por lo que se ha convertido también en un campo de investigación.

Esta realidad que es la educación (sea en general o para personas adultas) nos remite a una actividad o proceso de mediación que produce unos aprendizajes con efectos optimizantes en los seres humanos. Lo que quiere decir que, a través de la educación, la persona (sea un niño o un adulto) mejora, se perfecciona, pues adquiere unas cualidades o competencias que no tendría a no ser por la acción educativa. (Peters, 1969; Sanvisens, 1983; Esteve, 1983; Marín Ibáñez, 1983; Martínez, 1986; Medina, 2020b).

Además, dicha tarea educativa que genera diferentes aprendizajes, a lo largo de la historia ha pasado de ser una actividad espontánea, informal y difusa, que no precisaba de alguien concreto que la realizara, a ser una actividad metódica y sistemática, conducida por unos profesionales, que la propia sociedad preparaba específicamente para ello en las universidades.

Precisamente, este modo sistemático y metódico de conducir la acción educativa es lo que ha dado lugar a la aparición de *Pedagogía*, una rama de conocimiento e investigación que se refiere a la educación, sus condicionantes, tipos, efectos, métodos, fines, etc. La Pedagogía, por tanto, es el saber que se ocupa de la educación, pero no puede confundirse con ella. Los problemas e interrogantes que plantea la educación, la práctica educativa, los aborda la Pedagogía.

Así pues, a diferencia de la educación que es una actividad, un fenómeno, una práctica, un *saber hacer*, la Pedagogía es una disciplina, un estudio, un *hacer saber* referido a esa actividad. Una distinción, por otra parte, entre realidad y discurso, que se aplica a otros campos del conocimiento científico.

En los últimos años se ha producido un giro terminológico con relación al saber educativo y algunos autores, en lugar de hablar de *Pedagogía*, prefieren la denominación de *Ciencias de la Educación*. Según Escolano, semejante cambio, lejos de interpretarse como una efímera moda exclusivamente formal, obedece a transformaciones conceptuales y estructurales de gran interés, entre otras, una tendencia epistemológica pluridisciplinar y la acentuación del carácter estrictamente científico de la educación como objeto de estudio (Escolano, 1979). Se trata de apostar por un mayor realismo epistemológico que también se ha operado en otros ámbitos como las Ciencias Sociales, las Ciencias de la Salud, etc.

En cualquier caso, hablemos de la Pedagogía o de las Ciencias de la Educación, entre sus aportaciones teóricas están, por una parte, conocimientos y explicaciones sobre la educación, y por otra, recomendaciones acerca de cómo hemos de educar. En el primer caso, hablamos de *teorías explicativas* que dan cuenta de los hechos y los fenómenos educativos, y en el segundo, de *teorías prácticas*, dado su carácter prescriptivo, valorativo, normativo, recomendatorio. Doble estatus epistemológico de la reflexión pedagógica, que no podemos perder de vista en este capítulo sobre el desarrollo teórico de la EPA.

1.1. Las primeras etapas de la Pedagogía

Desde principios del XIX, la Pedagogía se ha centrado sobre todo en el ámbito escolar y la infancia, respondiendo al proceso de institucionalización masiva de la escuela para niños, que se inicia por la misma época. Así, con el paso del tiempo, la Pedagogía propiamente es "infantil" y "escolar", en la medida en que avanza condicionada por las dos variables que han influido en su desarrollo y aportaciones: por una parte, la *infancia* (los niños como los principales destinatarios de la educación) y, por otra, la *escuela* (los centros escolares y las aulas como los lugares privilegiados para impartir educación). Este enfoque inicial, tan centrado en la infancia y la escuela, ha terminado situando en el escenario educativo una especie de Pedagogía "oficial", convencional, sin apenas reconocimiento y dedicación a la educación de las personas adultas.

Un planteamiento que en la práctica no parece haber superado del todo la propia concepción restringida de la pedagogía que se deriva de su origen etimológico. El término "pedagogo" viene del griego παῖς, παιδός (que significa niño) y ἄγω (que significa conducir, guiar), en alusión a los esclavos de la antigua Grecia que conducían a los niños a las escuelas. A partir de ahí, se generaliza que el "pedagogo" es el que guía o enseña a los niños y la "pedagogía" la que se ocupa de la educación o enseñanza de los niños.

Así se explica que los historiadores, a la hora de analizar cómo se aplica la Pedagogía a las personas adultas, hablen de una primera época, durante el siglo XIX, cuyas prácticas educativas carecen de rasgos propios, con un enfoque escasamente diferenciado del escolar e infantil. En el caso de España, se refieren a que, en general y durante mucho tiempo, las enseñanzas para personas adultas, sobre todo en el ámbito de la educación formal y oficial, carecen de Pedagogía alguna específica, no distinguiendo entre la educación que reciben los niños y los adultos. Topo el esfuerzo pedagógico se centra en los contenidos, independientemente de cuales fueran los destinatarios.

Esta situación es a la que se refieren algunos especialistas en esta materia al hablar del retraso secular de la EPA que, con unas prácticas claramente marginales y secundarias, no daban lugar a un desarrollo propio (Flecha *et al.*, 1988; Güeña, 1992; Sáez, 2007). Retraso que bien puede ser calificado como de cierto subdesarrollo teórico, con un tipo de conocimientos desorganizado, disperso y con muchos elementos de ambigüedad, y con el correspondiente desinterés por parte de las universidades e investigadores. Flecha resume esta situación de partida de la que venía la EPA en esta época: "muchas décadas de exclusividad en el estudio de la infancia y la adolescencia han contaminado los mismos instrumentos de investigación hasta llegar a hacer opacos para el conocimiento de la edad adulta" (Flecha, 1990: 96).

Prueba de lo que decimos es lo limitada que resulta la bibliografía publicada en castellano sobre la etapa de referencia: las pocas publicaciones históricas aportan más datos que explicaciones; algunas revistas pretendidamente especializadas relatan experiencias, pero no desarrollan teorías; los libros que se publican y las conferencias que se exponen en los congresos comparten un enfoque muy general, con permanentes alusiones a los orígenes, cuando no con un fuerte componente ideológico; las escasas controversias que se producen en congresos y encuentros terminan utilizando los textos legales como el único asidero doctrinal de sus argumentos. Al no existir un cierto desarrollo teórico compartido o una síntesis superadora de tantas y variadas experiencias, hablamos de una época de la EPA en la que parece que todo vale, obstaculizando así la crítica y por tanto el progreso. Los propios profesores de adultos critican a sus formadores porque les siguen hablando de la Pedagogía de siempre (en el sentido más etimológico del término), solo que donde antes se decía "niño" ahora se dice "adulto" (Medina, 1997).

De acuerdo con los planteamientos de Kuhn (1990), tal vez podríamos estar aquí ante una primera etapa precientífica de la EPA, en la que todavía no existe una teoría propia o una concepción globalmente aceptada, sino que se utilizan teorías y modelos prestados de otros campos y sobre todo de la Pedagogía escolar y la Psicología infantil (Moreno Martínez, 1994).

Algunos autores, describiendo tal situación de la EPA todavía en los años sesenta, la ven como una encrucijada muy dependiente de lo que se hace en el mundo de la práctica, cuyas aportaciones teóricas, tomadas de la Historia, la Psicología o la Sociología, si bien resultan innovadoras y creativas porque responden a los problemas de los educadores, sin embargo, desde el punto de vista de la Pedagogía, todavía podrían calificarse de "ateóricas" o "aparadigmáticas", precisamente por la inexistencia de rasgos propios (Palazón, 1994). Otros autores también analizan esta fase, destacando las relaciones entre educación de adultos y educación social que ya se establecen en algunas universidades, pero todavía como un mosaico de aproximaciones teóricas ausentes de una filosofía básica que diera unidad y fundamento a la práctica profesional (Leirman, 1994).

Esta es la situación que vemos sobre el desarrollo (más bien, subdesarrollo) teórico de la EPA durante el XIX hasta la primera mitad del XX, cuyas condiciones y circunstancias han achicado el espacio para la elaboración de un saber propio; una situación, todo hay que decirlo, que en algunos casos todavía colea en el momento presente.

Básicamente, lo dicho (aunque con diferentes expresiones y grados) discurre en paralelo con la negación de la EPA como sector educativo diferenciado y como campo profesional específico. Estamos, pues, ante cuestiones clave que operan como causa y efecto a la vez: no ha prosperado un saber propio porque no se reconoce diferencia alguna en la práctica y ésta no acaba de consolidarse por falta de asideros y perfiles más teóricos. Una situación que, como vemos a continuación, comienza a cambiar.

1.2. El debate sobre la Pedagogía diferenciada y las primeras propuestas conceptualizadoras

Esta Pedagogía, carente de rasgos propios y escasamente diferenciada de las primeras épocas, lentamente y de forma desigual, se va abriendo paso hacia un saber cada vez más específico, coincidiendo con la emergencia del concepto de educación permanente que, como venimos diciendo, está en el origen de toda la evolución experimentada por la EPA hasta el momento presente. En este lento y agitado nuevo rumbo tienen una destacada función y alcance las universidades en su intento de crear un espacio académico propio en el marco de la Educación Social y su correlato académico, la Pedagogía Social.

Una primera aportación de las universidades ha sido resolver el primer dilema con el que se enfrentaban los profesionales e investigadores de la educación de adultos de los años sesenta y setenta del siglo XX. Un problema que se ha planteado tanto en Europa, como en Estados Unidos y en América Latina por esta época. La pregunta de partida es la siguiente: ¿La EPA constituye una educación diferente a la educación que se imparte en las escuelas para niños y adolescentes? En su momento tenía mucha importancia responder a esta pregunta por las consecuencias para la práctica profesional y para el posible desarrollo de teorías propias y específicas (Ballauff, 1958; Knowles, 1968; Ludojoski, 1972; Léon, 1986; Flecha, 1990a; Medina, 1997 y 2000; Rumbo, 2010).

En general, con más o menos matices, y a riesgo de simplificar, se daban dos respuestas a la pregunta formulada: una era que la EPA constituye una aplicación adaptativa de la Pedagogía general a las personas adultas; la otra era que la EPA constituye un saber educativo específico en el marco de las Ciencias de la Educación.

Dos posiciones teóricas que rivalizan entre sí, en la medida en que poseen conocimientos, principios y teorías diferentes para explicar los fenómenos que se producen en la práctica de la EPA y para prescribir las correspondientes pautas para la acción educativa. Aunque pueda parecer que se formulan en términos extremos, caben posiciones intermedias que se aproximan más a una y otra respuesta. Todo ello, por supuesto, sin perjuicio de reconocer que en toda acción educativa hay elementos comunes y diferenciados. En todo caso, la cuestión es ponderar el peso y el alcance de lo común y lo diferente en el campo de la EPA.

En el primer caso, se supone que la acción educativa se basa en pautas generales que son aplicables a todas las edades. El punto de partida es que no existen diferencias importantes entre la formación que reciben los adultos y los niños; las diferencias dependen más bien de las materias, no tanto de los destinatarios. Vemos aquí el planteamiento general que subyace a la ausencia de una Pedagogía escasamente diferenciada que, con una buena dosis de inercia, se viene aplicando a la EPA durante el XIX y parte del XX; planteamiento que coincide con esa etapa de cierto subdesarrollo teórico de la educación de adultos, comentado anteriormente. Sea esta manera de pensar explícita o no por parte de los actores intervinientes (educadores, instituciones, autoridades educativas y profesores de universidad), el efecto más inmediato de esta posición lo vemos en las normas educativas que se aprueban en este largo período. Nos referimos a las leyes, decretos y órdenes que definen una función meramente compensatoria para la educación de adultos, cuyo modelo de referencia, sobre qué enseñar y cómo, tradicionalmente ha sido la infancia y la escuela (Gaceta, 1847, 1857 y 1906).

Desde la segunda posición, se supone que nos enfrentamos a hechos y fenómenos educativos que poco o nada tienen que ver con lo que sucede con los niños en las escuelas. Diferencias que no son de grado, sino esenciales, ya que la acción educativa con personas adultas se basa en conocimientos, teorías y pautas específicas, que nos hablan de la existencia de un orden educativo diferente en el campo de las Ciencias de la Educación (Flecha, 1990a; Medina, 1997; Sanz Fernández, 1998, 2006b y 2009c; Ayuste, 1999; Rumbo, 2010).

Esta es la teoría general que acaba haciéndose con el triunfo, basada inicialmente en dos tipos de argumentos: por una parte, en las diferencias que representa el aprendizaje y la autonomía en la Psicología de las personas adultas y, por otra, en que la acción educativa es más comunitaria y social que escolar, según la Pedagogía Social, teniendo en cuenta además la importancia que tiene lo social en la edad adulta.

Así, desde esta visión de partida, desde los años sesenta del s. XX vienen apareciendo diferentes propuestas conceptualizadoras que aspiran a fundamentar el carácter propio de este sector educativo. Un primer empeño teórico que, más allá de la intuición de los profesionales y de la constatación del fracaso de los métodos escolares, coincide con la emergencia de la educación permanente, sobre todo, para dar respuesta a las dificultades y problemas que representaba la enseñanza escolar y formal en su aplicación a las personas adultas.

Por citar solo algunas: la *Educación Recurrente*, consistente en la alternancia entre educación y trabajo (Tuijnman, 1991); la *Andragogía*, neologismo de origen griego que significa la educación del "hombre", por oposición a la Pedagogía, supuestamente centrada en los "niños", según su acepción etimológica (Knowles, 1968; Ludojoski, 1972); la *Educación Comunitaria*, basada en proyectos de desarrollo local y en la participación ciudadana (Cieza y González Sánchez, 1997).

Leirman describe el contexto social y político de los sesenta y setenta, caracterizado por la aparición de nuevos problemas sociales y conflictos políticos de todo orden, de los que se hace eco la UNESCO en las conferencias internacionales que se celebran entre 1960 y 1985, subrayando la idea de que la educación de adultos se enfrenta a múltiples crisis mundiales sobre las que tiene que aportar una comprensión crítica, así como soluciones alternativas. Entre tales propuestas alternativas, Leirman (1994) señala, dos corrientes de pensamiento que también se reconocían entonces como propuestas conceptualizadoras en el campo de la educación de adultos: por un lado, la *Pedagogía emancipatoria*, de inspiración alemana, basada en autores de la Escuela de Franckfurt, especialmente en Habermas (1970); y por otro, en la *Pedagogía de la concientización*, basada en las aportaciones del educador y pedagogo brasileño, Friere (1970).

Mención aparte, en esta misma dirección, merece la *Educación Permanente*, dado que al principio de su aparición se ha teorizado sobre la educación de adultos desde la perspectiva de la educación permanente, llegando incluso casi a identificar ambas expresiones (Requejo *et al.*, 1997). Esto lo hemos visto en España, por ejemplo, en algunas publicaciones (Del Valle, 1971) y también en la Ley General de Educación (LGE) de 1970 (BOE, 1970) al usar la expresión de "Educación Permanente de Adultos", locución que se mantiene hasta 1990 con la publicación de la LOGSE. Algunos autores, identificados con esta asociación, abrigaban la idea de que, por fin, la formación de personas adultas se recuperaba de su frágil existencia con una nueva referencia teórica que la iba a sacar de su tradicional precariedad (Kempfer, 1955). Pero, aunque reconociendo, como afirmaba Lengrand (1966), que la educación de adultos ha funcionado como "punta de lanza" de la educación permanente, esta no se puede limitar a un grupo de edad, pues caeríamos en una flagrante contradicción.

Sin embargo, hay que decir que es también a partir de mitad del s. XX cuando la pretensión de fundamentar el carácter propio de la EPA adquiere un nuevo vigor y estatus en el marco de la Pedagogía Social, como vemos a continuación.

2. La Pedagogía Social como marco teórico

Hemos visto que la Pedagogía desde sus inicios se basa principalmente en la infancia y la escuela, condicionando así sus métodos, investigaciones y teorías. Un enfoque tan hegemónico que durante mucho tiempo ha obstaculizado el desarrollo de la educación social, es decir, la que fundamentalmente se despliega fuera de la escuela o al margen de los sistemas educativos.

En el capítulo 1 ya hemos hablado del largo camino que ha emprendido la educación social, sobre todo en los países desarrollados, y su relación más directa con las políticas sociales y el desarrollo del Estado de Bienestar. Ahora nos interesa analizar el recorrido de la Pedagogía Social, concebida como el conocimiento obtenido, las investigaciones realizadas, las teorías formuladas, los valores compartidos y las prescripciones acordadas.

Partimos de un problema heredado desde los inicios del saber pedagógico, consistente en que, al hablar de Pedagogía (sin más), de alguna manera se ha estado impidiendo que se distinga entre Pedagogía Escolar y Pedagogía Social. Pero las cosas han cambiado y el rumbo casi exclusivamente infantil y escolar de la Pedagogía comienza a variar cuando Natorp (1913) publica su libro *Pedagogía Social*, destacando las relaciones entre educación y comunidad (Pérez Serrano, 2002). Enfoque que, debido a la inercia tradicional, se queda más bien en el plano teórico, porque, en la práctica, la Pedagogía dominante sigue por la misma senda, sobre todo en España. No así en otros países, como Alemania, donde, según Quintana Cabanas (1994), los estudios pedagógicos universitarios, desde hace más de un siglo, se dividen en tres grandes sectores: la Pedagogía General, la Pedagogía Escolar y la Pedagogía Social.

2.1. Nacimiento y desarrollo de la Pedagogía Social en España

En nuestro país, la Pedagogía Social inicia su andadura y comienza a ser visible a partir de 1950, cuando las universidades de Madrid, Barcelona y Valencia la incluyen como asignatura en los estudios de Pedagogía. El propósito inicial era inequívoco, según Ortega Esteban *et al.* (2013): extender la educación más allá de las aulas, abrir la educación a la comunidad, hacer realidad el derecho de todos a la educación, servir *a* y *para* la vida en común, respondiendo así a los problemas económicos y desigualdades sociales cada vez más complejos y crecientes en los Estados modernos. Se trataba, en suma, de mejorar el bienestar colectivo mediante la educación y la participación en una ciudadanía más inclusiva, plural y crítica; y todo ello con la esperanza puesta en que la Pedagogía Social contribuiría a responder a la crisis y nuevos retos de los sistemas escolares (Pérez Serrano, 2003; Caride, 2005).

Pero, desde el punto de vista académico, el gran salto de la Pedagogía Social se da en España a partir de 1991, ya en plena democracia, cuando se crea la Diplomatura de Educación Social (hoy Grado en Educación Social) que, con datos de 2004, se imparte en 36 universidades españolas (Fermoso, 2003; ANECA, 2004). Un tema que, desde hacía varios años, se venía planteando en no pocas universidades a través de diferentes seminarios interuniversitarios y en la publicación de un grupo de profesores especializados en la materia, la *Revista de Pedagogía Social*, que comienza a editarse cinco años antes, en 1986, precisamente, con un monográfico sobre la Pedagogía Social en España. De hecho, algunos profesores universitarios que participaban en los citados seminarios son los que acuerdan con el Ministerio de Educación la creación del título de Educación Social en 1991 mediante el *Real Decreto 1420/1991* (BOE, 1991b).

El interés que tiene este nuevo título universitario se debe a que la norma que lo regula establece que la educación de las personas adultas, como sucede en otros países europeos, es un ámbito propio de la educación social. Una prescripción legislativa que abre un proceso de reflexión y colaboración en buena parte de las universidades españolas, generando varios cambios relacionados con el tema que nos ocupa: por un lado, se crean grupos de investigación y de docencia en Pedagogía Social y en Educación de Adultos; y por otro, se avanza en la idea, cada vez más compartida, de que la Pedagogía Social (en oposición, de alguna manera, a la Pedagogía Escolar) representa el marco teórico de la EPA, o, dicho de otra manera, que la educación de las personas adultas es un ámbito propio de la educación social (Sáez, 1998 y 2007; Caride, 2011; Tiana, 2017).

En este nuevo contexto universitario, todo parece indicar que la Pedagogía Social en España se adentra en un camino ya sin retorno. Los autores especialistas en este campo hablan de la Pedagogía Social como un campo de investigación consolidado y legitimado desde el punto de vista teórico y social. Su fortaleza académica se basa en la identificación de un saber propio, con unas señas específicas de identidad, que ha nacido precisamente de su relación crítica con la práctica (Tiana, 2017). Rigor académico que, como sucede en otros ámbitos del conocimiento, desde hace ya varias décadas, viene funcionando en red a través de la *Sociedad Iberoamericana de*

Pedagogía Social (SIPS, 2022), que tiene una incidencia principal en España, Portugal y América Latina. Una sociedad científica, formada por profesores universitarios especialistas en educación social y sus diferentes ámbitos de intervención, cuyas principales contribuciones, teóricas y profesionales, se canalizan a través de los propios proyectos que promueve y desarrolla; profesores que, como ya se ha dicho, desempeñaron un papel clave en la creación del título universitario de Educación Social. Actualmente, los principales medios con los que cuenta la SIPS son la celebración de los Seminarios Interuniversitarios y Congresos y, sobre todo, la *Revista de Pedagogía Social*.

En la propia página web de la SIPS (2022) se define su naturaleza como punto de encuentro y de transferencia de conocimiento, con el objeto de "contribuir a la mejora de la reflexión, investigación y difusión de la educación y Pedagogía Social en el ámbito Iberoamericano", con varias finalidades: "a) Sugerir cambios en la normativa universitaria a fin de que su contenido se adapte al dinamismo propio de la universidad actual. b) Emitir opinión sobre los proyectos de disposiciones normativas que afecten a este ámbito disciplinar y sociocultural. c) Divulgar los aportes que la Pedagogía Social ofrece a los problemas socioculturales de la sociedad. d) Encauzar la preocupación de la comunidad científica de nuestros países por los aspectos científicos de nuestra disciplina".

Lógicamente, hablamos de una disciplina científica que, aunque joven todavía, aborda cuestiones de carácter general como las siguientes: nacimiento y evolución histórica, concepto, perspectiva epistemológica, paradigmas, métodos científicos, ámbitos profesionales, modelos de intervención, beneficios e impacto social, líneas de investigación, programas de formación, etc. No obstante, tendríamos que señalar algunas concepciones o argumentos propios de este campo académico que, en contraste con otros, han conseguido instalarse en el universo pedagógico, ampliando así cada vez más el ámbito de la reflexión y la investigación educativa. A título de ejemplo y basándolos en diferentes autores (Petrus, 1997; Cabello, 2002; Pérez Serrano, 2003; Caride, 2005; Sáez, 2007; Ortega Esteban *et al.*, 2013; Tiana, 2017; Medina, 2020a), hemos seleccionado algunos de estos argumentos que consideramos centrales en la Pedagogía Social, precisamente por su relación con la EPA.

– Desde el punto de vista histórico, se reconoce que la Pedagogía Social y su práctica educativa han nacido al amparo del *Estado del bienestar*. Lo que significa, desde el punto de vista académico, que estamos ante un campo profesional directamente relacionado con la calidad de vida de los ciudadanos, cuyo desarrollo se va a ver afectado por el papel de los Estados y las políticas sociales de los diferentes países en esta materia.

- Precisamente por la relación que tiene la Pedagogía Social con las políticas sociales, se critica el carácter exclusivamente compensatorio de la educación social, tradicionalmente centrado en la resocialización de los sectores marginales e inadaptados. En su lugar, sin negar dicha finalidad, se habla de una *educación social para todos*, una educación social normalizada que, en todo caso, opera de forma preventiva frente a los desajustes sociales.

- En la concepción actual de la Pedagogía Social se reconoce la importancia que ha tenido y sigue teniendo la *educación permanente*, no solo porque de alguna forma ha estado también en el origen de aquella, sino porque se concibe la educación social como un tipo de intervención, personal y comunitaria, continuada a lo largo y ancho de la vida.

- Otro argumento central de la Pedagogía Social es el convencimiento de que, en lo que se refiere a la educación, *el desarrollo personal se considera inseparable de la mejora del tejido social*. Es esta una doble perspectiva complementaria que va a afectar a todo tipo de intervención, cualquiera que sea el ámbito profesional.

- También está la idea de *comunidad* como un rasgo esencial de la educación social, que tiene tres lecturas: la comunidad como sujeto de la educación en términos de participación; la comunidad como fuente de educación, en la medida en que también educa, además de las instituciones y centros; y la comunidad como destino y objeto de la acción educativa.

- En el ámbito estrictamente universitario, la Pedagogía Social está cumpliendo con la función de *formación inicial* de los futuros titulados en esta materia. Pero, precisamente por la relación que tradicionalmente ha tenido la Pedagogía Social con el campo profesional, cada vez más, desde esta disciplina se responde mejor a las demandas de los educadores sociales y ciudadanos en general en lo que se refiere a las funciones de *formación continua y transferencia* de conocimientos.

En resumen, podemos hablar de la Pedagogía Social como un campo de conocimiento científico, cuyas aportaciones nos ayudan a entender cada vez mejor no solo las relaciones entre sociedad y educación, sino también la función social del aprendizaje a lo largo de la vida en el que la educación de las personas adultas opera como una pieza clave e imprescindible. En tal sentido, quienes nos dedicamos a este campo de la educación (como profesionales, como investigadores y como docentes universitarios) reconocemos la Pedagogía Social como el nuevo paradigma científico-educativo que nos orienta sobre los problemas a observar y el modo de abordarlos, llegando incluso a servir de guía en materia de prescripciones, metodologías y selección de buenas prácticas. Definitivamente, podemos felicitarnos por el hecho de contar con una comunidad científica formada por pedagogos sociales que comparten principios, leyes, supuestos teóricos y metodologías, configurando así una manera de explicar los fenómenos y de hacer ciencia en el campo de la educación social y, más concretamente, en uno de sus ámbitos de intervención: la educación de personas adultas.

2.2. El tratamiento de la educación de adultos en las universidades

Es en el marco de la Pedagogía Social en el que la EPA parece que ha encontrado por fin las condiciones y requisitos para su desarrollo teórico, como una concepción específica y globalmente aceptada. Nuevo contexto teórico en el que se empiezan a reconocer algunos rasgos de esa Pedagogía diferenciada, que los historiadores no veían en las primeras etapas de desarrollo de este campo de la educación.

Ello ha sido posible gracias a la función que han cumplido las universidades, como ese espacio y lugar de encuentro en el que han ido madurando los estudios, las investigaciones, las teorías, los programas educativos y los modelos de intervención referidos a la formación de la población adulta. Aunque ya hemos hablado anteriormente de las universidades (con ocasión de analizar la profesionalización de este campo de la educación), lo que buscamos ahora es describir la ruta de estos centros superiores, sobre todo en España, en lo que se refiere a la docencia y la investigación sobre la EPA.

En primer lugar, conviene señalar que, en general y a nivel internacional, la preocupación de las universidades por la EPA se inicia de manera institucional y generalizada en las dos décadas que van desde 1990 hasta 2010. Aunque hay que reconocer que en algunos países tiene más años de historia. Es el caso, por ejemplo, del Reino Unido, debido sobre todo a las experiencias de Extensión Universitaria realizadas en las universidades de Oxford y Cambridge en el siglo XIX. Así también sucede en Estados Unidos, donde el tratamiento de la EPA se remonta a 1922, de la mano de la Universidad de Columbia (Nueva York), creando además el primer Doctorado en Educación de Adultos en 1935. En otros países europeos, como Alemania, Francia, Suecia, Dinamarca y Países Bajos es a partir de 1970 cuando las universidades tratan de responder a la demanda de formación profesional de quienes querían realizar su carrera en la especialidad de Educación de Adultos; una preocupación que tiene lugar también en algunas universidades de Canadá, Argentina y Méjico (Titmus, 1989; Moreno Martínez, 1993; Alheit, 1998).

El efecto más inmediato que ha tenido (y sigue teniendo) esta dedicación y preocupación de las universidades es la investigación en materia de educación de adultos, que se inicia en la década de los 30 en Inglaterra y Estados Unidos y, en el resto de los países reseñados, en la década de los setenta, aunque con tendencias y orientaciones diferentes según los territorios. Según Moreno Martínez (1993 y 1994), la investigación norteamericana ha estado dominada por la influencia de la Psicología, frente a la investigación europea con una orientación más sociológica, salpicada en algunos casos, de cuestiones históricas, didácticas, económicas y de gestión. Por su parte, la tendencia de la investigación en Latinoamérica se centra en la educación no formal, la cultura popular y la investigación-acción participativa.

La mayoría de las investigaciones de esta primera época se realizan de manera aislada (sin contacto entre investigadores de diferentes países), con un enfoque principalmente orientado a la práctica, centrado en programas y métodos de enseñanza, y sin la debida atención al análisis y evaluación de resultados. Otro de los problemas de estas primeras investigaciones es la dificultad de identificar los temas, campos o áreas objeto de investigación en materia de educación de adultos. Todo ello, debido en parte, a la situación de marginalidad tradicional de este campo en el sistema educativo que en algunos países se prolonga hasta la década de los sesenta.

En España, es a partir de 1970 cuando algunas universidades comienzan a ocuparse de la formación de las personas adultas, aunque propiamente es a partir de 1990 cuando ya vemos algunas asignaturas (sean obligatorias u optativas) directamente relacionadas con la EPA, con diferentes denominaciones (Educación de Adultos, Educación Permanente, Formación Laboral o Pedagogía Social). Esto lo vemos en los planes de estudio universitarios de Pedagogía o Ciencias de la Educación y también en los estudios las Escuelas Universitarias del Profesorado de EGB (antiguas Escuelas de Magisterio). La primera es la Universidad Autónoma de Barcelona a la que le siguen las Universidades de Sevilla, Salamanca, de las Islas Baleares, Santiago de Compostela, Complutense de Madrid, UNED y otras, incluyendo también la Universidad de Las Palmas de Gran Canaria.

La preocupación por la EPA la vemos también en los programas de Doctorado. En el bienio 1990-1991, de un total de 59 programas de doctorado ofertados en España por las universidades, uno de cada cinco incluye diferentes temas relacionados con la formación de adultos. También aquí hemos de incluir a la Universidad de Las Palmas de Gran Canaria que en los bienios de doctorado 1998-2000, 2000-2002, 2002-2004 y 2004-2006, organizados por el departamento de Educación, se incluyen diferentes temas relacionados con la EPA.

Lo mismo sucede con los cursos de Postgrado, específicamente sobre Educación de Adultos (tanto en la modalidad presencial como a distancia) que se llevan a cabo en algunas universidades españolas como la Autónoma de Madrid, la de Barcelona, la de Zaragoza, la Pontificia de Salamanca y la UNED. El propio Ministerio de Educación y Ciencia, de acuerdo con la UNED, publica la *Orden de 25 de abril de 1991* por la que se convocan cursos de postgrado en educación de personas adultas (BOE, 1991a), con la finalidad de aportar una formación específica del profesorado que trabaja con personas adultas.

Continuando con las aportaciones de Moreno Martínez (1993 y 1994), debido a que también se parte de la marginalidad que ha padecido este sector educativo, parece que en España las primeras investigaciones y tesis doctorales sobre educación de adultos aparecen en la década de los 70.

Actualmente, sin embargo, la situación de la investigación en educación de adultos a nivel internacional es bien diferente, entre otros motivos, gracias a los recursos de comunicación que aportan las nuevas tecnologías de la información. Sobre todo, a partir de los años noventa del siglo pasado, podemos constatar un importante desarrollo global de la EPA que, como se puede comprobar a lo largo de este libro, se debe al interés y dedicación de las universidades, entre cuyos indicadores podemos citar los siguientes:

– En primer lugar, hemos de referirnos a los países que cuentan con un título superior universitario de EPA en el que, además de la formación, se fomenta la investigación y la innovación.

– Por otra parte, están los organismos supranacionales, como la OCDE, el Consejo de Europa, la Unión Europea y sobre todo la UNESCO que promueven y financian investigaciones en este campo, siempre en el marco del aprendizaje permanente, cuyos documentos y publicaciones se comentan ampliamente en este libro.

– Hay que mencionar también el incremento de las investigaciones, muchas de ellas ya coordinadas internacionalmente, sobre educación de adultos, tanto cuantitativas como cualitativas, que se centran en analizar determinadas variables acerca del desarrollo de la EPA, por ejemplo, la participación, el impacto social y económico, la relación entre educación formal y no formal, los resultados en materia de equidad, el reconocimiento y la validación de los aprendizajes, etc.

– No menos importante es el alcance que están teniendo las cátedras de la UNESCO que, creadas en 1992, en la actualidad ya funcionan 763 en diferentes universidades de todo el mundo, de las que un total de 22 tienen que ver directa o indirectamente con la educación de las personas adultas.

– Lo mismo podemos decir de las revistas científicas, de difusión internacional, especializadas en educación de adultos, revisadas por pares y con índices de impacto, entre otras, las siguientes: *Adult Education Quarterly*, editada por la Asociación Estadounidense de Educación Continua y de Adultos; *Adult Learning*, editada también en Estados Unidos; *International Journal of Lifelong Education*, editada conjuntamente por varias universidades de Reino Unido, Italia, Australia, Dinamarca y Alemania; *Journal of Lifelong Learning*, editada por la Instituto de la UNESCO para el Aprendizaje a lo Largo de la Vida; *Convergence*, editada por la Asociación Internacional de Educación de Adultos (ICAE); *Pratiques de Formation*, de la Universidad de París VIII-Saint Denis; *Education Permanente,* de la Universidad de París IX-Dauphine; *Revista Interamericana de Educación de Adultos*, publicada por el Centro de Cooperación Regional para la Educación de Adultos en América Latina y el Caribe (CREFAL).

– Otro de los indicadores sobre el nivel de desarrollo de la investigación en la educación de las personas adultas es el avance que se está produciendo en la definición de áreas o dominios sobre el desarrollo científico y teórico de la EPA. Por ejemplo, el que utiliza la UNESCO en los *Informes Mundiales sobre el Aprendizaje y la Educación de Adultos*, que abordan las siguientes áreas de análisis e investigación en este campo: participación y equidad, educación formal y no formal, reconocimiento y validación de aprendizajes, ofertas y proveedores, gobernanza y calidad, políticas y financiación, educadores y su formación. Otro ejemplo lo tenemos en los informes de la Unión Europea, el último, *Educación y Formación de Personas Adultas en Europa*, que agrupa toda la información y documentación en las siguientes ocho áreas: descripción del contexto, gobernanza y políticas, oferta educativa, apoyo financiero, metodologías flexibles, reconocimiento y acreditación de aprendizajes, actividades de sensibilización y divulgación y servicios de orientación.

Tales datos ponen de manifiesto el papel crucial que han desempeñado las universidades en la investigación sobre la EPA, cuyas áreas o dominios teóricos ya se están trasladando a los programas docentes sobre la formación de los educadores.

3. ÁREAS DE INVESTIGACIÓN

Anteriormente, hablando del papel de las universidades sobre la investigación en la EPA, hemos señalado como un indicador del progreso de tal investigación, los avances que se vienen produciendo en la definición y establecimiento de áreas o campos específicos de estudio de este sector de la educción.

Al hablar de áreas de investigación nos referimos a aquellas cuestiones, temas clave, campos de estudio o teorías que, aunque se abordan por separado, dan una visión de conjunto acerca del desarrollo teórico de la educación de adultos que, en todo caso, nos informa también de su riqueza conceptual y del caudal pedagógico que ha ido atesorando a lo largo de su evolución.

A tal efecto, la pregunta a partir de ahora es ¿qué teorías, temas clave o ideas fuerza, fruto de la investigación, de la innovación, del debate, de los acuerdos y de las publicaciones (que habitualmente se despliegan en el seno de las universidades y en los congresos internacionales) nos remiten al desarrollo teórico de la EPA?

Entendemos que responder a esta pregunta representa una ardua tarea, de gran envergadura, que en todo caso tendrá que abordar la propia comunidad científica de la Pedagogía Social. Nuestra pretensión es más modesta. Simplemente, intentamos abordar esta cuestión con algunas reflexiones y aportaciones (eso sí, nacidas del contraste entre la práctica y las aportaciones teóricas), que sometemos a la crítica y el debate entre los profesionales e investigadores universitarios.

Desde nuestro punto de vista, buena parte del desarrollo teórico de la EPA se basa, por una parte, en la Psicología de la edad adulta, y por otra, en Pedagogía Social que integra al mismo tiempo el punto de vista psicológico (sobre todo lo relacionado con la inteligencia y el aprendizaje en la edad adulta), la perspectiva social (respecto del tipo de sociedad y las posibilidades de cambio) y el plano educativo (en dos sentidos: por el carácter prescriptivo y optimizante de toda acción educativa, y por su relación con las pautas metodológicas). Lo que quiere decir que la reflexión y el análisis sobre el desarrollo teórico de la educación de adultos se hace en el marco de la Pedagogía Social que, como toda disciplina, aspira a aportar algo de organización y rigor frente a la confusión tradicional, sentando así las bases de una cierta madurez académica por la que parece discurrir en el momento actual.

Por tanto, abordamos a continuación aquellas áreas o dominios relacionados con la EPA, que se vienen consolidando y que actualmente nos aportan teorías sobre la explicación de determinados fenómenos, así como pautas y orientaciones para la intervención educativa. Esperamos que las cuestiones y argumentos abordados nos sirvan para entender con toda su amplitud y matices el fenómeno de la educación de adultos en la actualidad, su impacto económico y social, así como el modo en que podemos optimizar las ofertas y programas educativos.

Teniendo en cuenta la realidad actual de este sector educativo, el abordaje de sus áreas académicas solo se puede hacer con rigor desde una perspectiva interdisciplinar que tiene en cuenta, en primer lugar, las aportaciones de la Pedagogía y especialmente de la Pedagogía Social, pero también las contribuciones de otras disciplinas como la Psicología en lo que se refiere al desarrollo y el aprendizaje en la edad adulta, y la Sociología en aquellas cuestiones relacionadas con los efectos sociales y la participación. Se proponen un total de once áreas que podríamos agrupar en las siguientes categorías:

- En primer lugar, partimos de una referencia obligada como es la historia de la EPA, lo que nos permitirá ir abordando la evolución y los acuerdos previos sobre el concepto y las metas, así como sobre algunos objetivos más específicos como son el desarrollo comunitario y la acreditación de la experiencia.

– En segundo lugar, teniendo en cuenta el carácter interdisciplinario que tienen las áreas señaladas, se abordan los principales avances de la Psicología de la edad adulta, así como algunas contribuciones de la Sociología de la educación de personas adultas, entre las que destacan determinados cambios sociales, así como investigaciones sobre la participación y el impacto social.

– Finalmente, en tercer lugar, se abordan algunas cuestiones de carácter teórico, precisamente, por su aplicación práctica desde el punto de vista organizativo y didáctico. Nos referimos a la relación entre educación formal y no formal, continuamos con el análisis de la política de los Estados en materia de educación de adultos, y terminamos con las principales pautas metodológicas que se han generalizado en este sector educativo.

Debe quedar claro que las áreas que se abordan no agotan los grandes temas de investigación referidos a la EPA. Lo que se propone es una primera aproximación (necesariamente resumida, aunque con las correspondientes referencias bibliográficas), sobre algunas cuestiones teóricas; pero, naturalmente, habrá otras que, más temprano que tarde, acabarán formando parte de la reflexión y del debate que se plantean en este libro.

3.1. Breve referencia histórica

Lógicamente, situados en el campo de la EPA, la primera de las áreas, desde el punto de vita académico, no puede ser otra que una mirada a la historia de este sector de la educación. Para quienes nos dedicamos a la educación, no cabe la menor duda acerca de su importancia para entender un determinado fenómeno educativo. En cuestiones de educación, difícilmente se puede abordar la correspondiente reflexión teórica y tratar de mejorar la práctica profesional sin retomar el balance de nuestro pasado, a la luz de las aportaciones de los historiadores. No solo por la información y los datos que nos pueden brindar, sino también para avanzar en explicaciones e interpretaciones sobre nuestras raíces y fundamentos.

Muy diferente es el análisis de las aportaciones históricas sobre este sector educativo, que nos desvelen con detalle la evolución de las prácticas educativas, así como su desarrollo institucional. La realidad es que, a diferencia de otros campos de la educación, en esta materia no vemos que exista una suficiente investigación histórica que nos permita plantear y diferenciar una sucesión cronológica de los hechos más relevantes y su significado. Para algunos autores, estamos ante un hecho que se viene a sumar al retraso secular y a la debilidad teórica que tradicionalmente ha tenido este campo de la educación en algunos países como España, en comparación con lo que vemos en otros, como Francia e Inglaterra.

Sobre el origen y evolución de la EPA, aunque con notables diferencias según los períodos, los países y la naturaleza de las ofertas educativas, hay que hablar de un cierto paralelismo con la historia general de la educación, sobre todo si nos referimos a los inicios y los temas clave de su historia. Así, podemos distinguir entre dos grandes períodos separados por el momento de inflexión que representa, en los años sesenta del s. XX, la emergencia del concepto de educación permanente.

Si tenemos en cuenta lo que sucede en Europa, lo que nos dicen los historiadores es que propiamente *la educación de adultos nace durante el siglo XIX*, a partir de las transformaciones económicas y sociales que, herederas de la Revolución Francesa y de las ideas de la Ilustración, se generan a partir de la Revolución Industrial. Todo ello en un contexto en el que se asume y se comparte el valor económico que posee la instrucción como un medio para el desarrollo laboral y social (Hutchinson de 1949; Helly, 1963; Cipolla, 1983; Terrot, 1983; Tiana, 1991; Sanz Fernández, 2000 y 2005).

Hablamos, por tanto, de una EPA que, desde sus inicios, históricamente se ha desarrollado mediante dos tipos diferentes de ofertas para las personas adultas: las oficiales o formales, nacidas en el propio del sistema educativo, y las que se han desarrollado al margen del sistema educativo, las enseñanzas no formales, con la doble finalidad de mejorar en el trabajo y formarse en temas de interés y actualidad. Dos tipos de ofertas que, en el caso de algunos países como España, algunos autores agrupan en dos grandes categorías: por un lado, las enseñanzas de alfabetización y formación básica, y por otro, las experiencias de educación popular (Palacios, 1908; Flecha *et al.*, 1988; De la Riva, 1990; Guereña, 1990 y 1992; Escolano,1992; Guereña y Tiana, 1994; Gómez R. de Castro, 1995; Moreno Martínez y Viñao, 1997; Moreno Martínez, 2005; Sáez, 2007; López Núñez, 2008; Moreno Martínez y Sebastián Vicente, 2010; Medina, 2017 y 2020a).

Es este un período en el que, para determinaos sectores de la población adulta, se practica un tipo de educación *humanista e ilustrada*, consistente en la formación de determinados temas (artes, filosofía, derecho, economía, etc.) que por su naturaleza sólo los adultos ilustrados podían entender, no los niños, dado que aún no poseen la suficiente madurez y conocimientos. Una práctica que se extendió principalmente entre los obreros cultos de Gran Bretaña y en las escuelas populares de Escandinavia (Helly, 1963).

Sin embargo, para otros sectores de la población, la educación de adultos adopta un enfoque *compensatorio y escolar*, como se desprende de las leyes de la época, para responder a las necesidades de formación que exigía la adaptación a las nuevas industrias. Se trataba de ofrecer una segunda oportunidad a las personas adultas, sobre todo a los trabajadores que, por diversas razones, o no habían ido a la escuela de niños o habían fracasado y continuaban siendo analfabetos. Pero con una Pedagogía claramente calcada de lo que se hacía con los niños en las escuelas, que no distinguía entre la educación de los niños y la de las personas adultas. Topo el esfuerzo pedagógico se centra en los contenidos, cualesquiera que fueran los participantes (Hely, 1963; Ludojoski, 1972; Léon, 1977; Guereña, 1990 y 1992)

Se trata, pues, de una primera y extensa etapa de la EPA con un diferente desarrollo, según que las ofertas y programas educativos sean de carácter formal o no formal. En el caso de la educación formal y en el marco del sistema educativo (sector más estudiado por parte de los especialistas), hablamos de ofertas y programas de formación oficial que, dependiendo de las autoridades educativas de los Estados, se regulan a través de las leyes de la época. En España hemos de referirnos a las dos leyes principales del s. XIX en esta materia (Gaceta, 1838 y 1857), que establecen el fomento de las escuelas de adultos con clases en horario de noche y de domingo en un número importante de pueblos.

Pero, acerca de esta primera época, los historiadores, aunque reconocen los efectos de esta legislación en el número de escuelas creadas y en la reducción del analfabetismo, hablan de la *situación marginal* en la que se encuentra la educación de adultos, debido a la falta general de medios, recursos y profesorado preparado. Una situación que, como hemos visto, se pone de manifiesto en algunos hechos: el papel secundario que representaba la educación de adultos en el sistema educativo, debido a la falta de apoyo y de recursos por parte de los gobiernos de la época; desde el punto de vista didáctico, la utilización del modelo escolar, consistente en la aplicación de las prácticas infantiles y escolares en la formación de las personas adultas; el número limitado de participantes o usuarios, fundamentalmente trabajadores, que no tenían tiempo ni ocasión de asistir a las escuelas para los adultos; y como consecuencia de todo ello, la ausencia de algún tipo de Pedagogía diferenciada en su aplicación a la población adulta (Figuerola, 1844; Tiana, 1991; Guereña, 1992; Moreno Martínez y Viñao, 1997).

Tal era la situación secundaria y supletoria de las ofertas educativas formales de esta época que, debido a su enfoque meramente compensatorio, se pensaba que la educación de adultos podría desaparecer en la medida en que fuera mejorando y extendiéndose la educación impartida a los niños. No se pensaba, por tanto, en estos primeros momentos que la educación de adultos fuera necesaria por sí misma, imprescindible en cualquier tiempo, con valor propio debido a sus beneficios personales y sociales.

Una realidad que explica en parte, el *nacimiento de la educación popular* a mediados del siglo XIX en Europa. Nos referimos a programas y ofertas educativas de carácter no formal que se desarrollaban al margen del sistema educativo, principalmente para la población adulta, pero sin restricción alguna para el acceso (Guereña y Tiana, 1994). Un fenómeno propio y característico de la EPA, sobre el que los historiadores señalan varios motivos que están en su origen durante el siglo XIX y XX: en primer lugar, por un cierto fracaso que vinieron a representar los programas oficiales de educación de adultos, que no llegaban a toda la población, ni respondían a las demandas de los participantes o a los problemas de la actualidad; por otra parte, se alude también al cambio de régimen hacia la democracia de algunas naciones, que consideraban la necesidad de democratizar la educación (ponerla al alcance de todos, sin requisito alguno previo) como una condición para el desarrollo de la propia democracia; en tercer lugar, también ejercieron su influencia los problemas y movimientos sociales de la época, que afectaban a la estabilidad social y al propio sistema democrático, como la aparición del caso Dreyfus, cuya revelación en la prensa de la época conmocionó a toda Francia; y finalmente tendríamos que señalar la contribución de algunas universidades y sus profesores, comprometidos con la idea de extender la cultura (el conocimiento y la ciencia, generados en la Universidad) a toda la población, cuyas primeras experiencias se desarrollaron en las Universidades de Oxford y Cambridge (Del Valle, 1971; Mercier, 1986 y 2001; Tiana, 1991, 1997 y 2010; Madrid, 1994; Guereña y Tiana, 1994; Moreno Martínez y Viñao, 1997; Guereña, 1999 y 2001; Delgado, 2005; Torres Carrillo, 2007; Medina, 2017 y 2020a).

A diferencia de las ofertas de educación formal (que fundamentalmente dependían de las autoridades educativas de los Estados), desde el principio estas experiencias de educación popular representan alternativas de la sociedad civil, de las propias empresas y de algunas instituciones públicas con una diversidad de programas, ofertas y proyectos de diferente naturaleza, entre los que tendríamos que señalar los siguientes: extensión universitaria, escuelas populares, programas universitarios para mayores, universidades populares, misiones pedagógicas, animación sociocultural, centros cívicos, casas de la cultura, ateneos, gabinetes, escuelas de ciudadanía, casas del pueblo, etc. Diferentes centros, instituciones y proyectos con la finalidad de difundir la cultura y la formación a través de diferentes formatos: cursos, talleres, debates, teatro, cine, audiciones, etc.

A nivel europeo, algunos autores interpretan estas iniciativas de carácter no formal como las primeras aproximaciones a lo que entonces se podría entender por educación social (Maíllo, 1969; Lawson, 1993; Fermoso, 2003; Pérez Serrano, 2003; Sáez, 2007; Montes, 2016; Medina, 2020a). Procede señalar en este sentido las aportaciones de Grundtvig (1838) sobre la formación del pueblo, la educación democrática y las escuelas para la vida; y la publicación de Palacios (1908), colaborador de la Institución Libre de Enseñanza, sobre las universidades populares como ensayos y experiencias de educación social.

En resumen, hablamos de una primera época de la EPA que, con desigual recorrido según los territorios, ha discurrido por dos vías paralelas y sin relación entre ellas: la vía escolar (oficial, formal) y la vía social (popular, no formal), que prácticamente se mantienen, aunque con diferencias según los países, hasta mediados del siglo XX. Pero esta situación comienza a cambiar a partir de los años sesenta, coincidiendo con la *emergencia del concepto de educación permanente*, tal como venimos explicando, aunque también con diferente ritmo y extensión según los países.

La clave del cambio está en la aplicación del principio de educación permanente, que afecta a las dos vías por las que hasta ahora venía discurriendo la EPA. Nos referimos, por una parte, al espacio creciente que comienza a tener la educación formal en el sistema educativo y al desarrollo constante de la educación no formal, y por otra, a los intentos de aproximación entre las dos modalidades (formal y no formal). Una realidad que, según Tiana (1991), prácticamente en los cinco continentes, coincide en el tiempo con el interés de las universidades por la educación de adultos como campo académico y por la formación de sus educadores, que ha debido jugar un decisivo papel en el cambio que se inicia en la década de los sesenta y que continúa en la actualidad.

Una nueva orientación de la EPA, que lentamente va avanzando (aunque con diferencias según los países) en la siguiente dirección: la oferta obligatoria de enseñanzas formales se complementa con una amplia gama de enseñanzas no formales, relacionadas con el trabajo, el desarrollo personal y la animación sociocultural; se van superando los planteamientos exclusivamente escolares del pasado, ubicando la acción educativa en una perspectiva territorial y social; se ensayan las primeras pasarelas entre la enseñanza formal y no formal, como los sistemas de acreditación de la experiencia para responder a los cambios del mercado laboral; cada vez se tiene más en cuenta el contexto social y local, así como las necesidades y demandas de los participantes; todo ello sin perder de vista la finalidad de la EPA que asocia el desarrollo personal y la participación ciudadana a nivel comunitario.

Cambios, en definitiva, más acordes con los orientaciones y recomendaciones de la UNESCO (1960, 1972, 1975, 1976a y 1976b) que por primera vez en nuestro país vemos en un documento oficial como el *Libro Blanco de la Educación de Adultos en España* (MEC, 1986) y en diferentes publicaciones (Del Valle, 1971; Viladot y Romans, 1988; Flecha, 1990a; Marzo y Figueras, 1990; Cabello, 1994; Requejo, 1994; Peiró, 1994; Gómez R. de Castro, 1995; Jabonero *et al.*, 1997; Sarrate, 1997; Sanz Fernández, 1998; López-Noguero *et al.*, 2001).

Por tanto, si echamos la vista atrás y nos fijamos en el conjunto de la historia, todo parece indicar que las dos vías (formal y no formal) tienden a confluir y que se avanza en un *modelo social de EPA*, que actualmente se desarrolla, tanto en los centros oficiales, como en las instituciones y programas de educación popular. Lo que nos indica que la educación de las personas adultas constituye un tipo de educación social y que la Pedagogía Social representa su marco terminológico, conceptual, histórico, teórico y doctrinal, así como su estrategia metodológica (Medina, 2020a y 2020b; Sáez, 2007).

3.2. Acerca del concepto

Directamente relacionado con la historia está el propio concepto de EPA que también evoluciona a lo largo de sus diferentes etapas. Aquí el problema no está en definir si estamos o no ante una "realidad educativa".

Dos palabras que significan que nos hallamos ante un fenómeno (algo que se hace, actividades, prácticas), que genera aprendizajes (conocimientos, actuaciones y valores) que calificamos de educativos por su carácter optimizante.

Más bien el problema lo encontramos a la hora de determinar qué clase de educación es, su función en el campo de la educación general de la sociedad y a qué sector de la población se dirige. Es decir, tres son las cuestiones que se plantean respecto del concepto de EPA: la primera tiene que ver con las claves de la evolución del propio concepto; en segundo lugar, se trata de determinar la naturaleza de la actividad, lo que se pretende y los valores que encierra, así como el lugar que ocupa en el universo educativo; y, finalmente, está la descripción de sus participantes o destinatarios.

En primer lugar, entramos en su *definición, características y evolución*. ¿A qué nos referimos cuando usamos la expresión tradicional de "educación de adultos" o, la más moderna, de "educación de personas adultas"? Se diría que hay varios procedimientos para responder, entre otros, los siguientes: visitar un centro y ver lo que hacen educadores y alumnos; también podemos indagar en el concepto a través de la historia; o definir lo que se supone que debería ser tal fenómeno educativo. Todo depende del método elegido, cuyos resultados no tienen por qué ser excluyentes, como sucede, por ejemplo, en la definición de "educación social" (Petrus, 1989; Sáez, 2007).

En cualquier caso, se trata de ver qué hay detrás de las palabras, qué dicen y qué propiedades, relaciones y características tiene la realidad a la que se refieren. Como se trata de un fenómeno educativo, el análisis conceptual también indaga en identificar lo que se pretende, los valores que encierra y los acuerdos compartidos.

Entrando en el tema, hay que decir que la EPA no siempre se ha entendido del mismo modo. Los cambios que se han ido produciendo con el tiempo afectan al tipo de educación en función del grado de formalidad.

Las primeras definiciones, que se aportan entre los años 40 y 70 del s. XX, confinan la EPA a las actividades intencionales, sistemáticas, formales, oficialmente reconocidas y vehiculadas por profesionales, hasta el extremo de excluir de la educación de adultos la formación profesional o la alfabetización (UNESCO, 1949; Hely, 1963: 20; Verner, 1964; Liberight y Haygood, 1968; Lowe, 1976). Era la idea de educación escolar que se tenía en esta época, que posteriormente se acabó denominando *educación formal.* Una concepción de la educación que sobre todo se aplicaba a la infancia y se comenzaba a extender, con una finalidad compensatoria, a las personas adultas que carecían de formación básica o de las acreditaciones oficiales del momento.

Posteriormente, entre los 70 y los 80 se avanza en un nuevo rumbo, con la aparición del concepto de *educación permanente*, que cambia las coordenadas espaciotemporales de la educación: la educación es una actividad continuada en el tiempo y se dispensa no solo a través de la escuela sino también por medio de la comunidad y otras instituciones no escolares (UNESCO, 1972 y 1976a). De acuerdo con este significado, la educación de adultos progresa en una doble dirección: comienza a superar el carácter secundario y meramente compensatorio porque se incluye en el derecho de todos a la educación; y se acaba incluyendo en el concepto de EPA también los aprendizajes obtenidos mediante la *educación no formal*.

Finalmente, a partir de los 90 y coincidiendo con el encuentro mundial de CONFITEA V de Hamburgo (UNESCO, 1997a, 1997b y 1997c), la expresión de educación permanente comienza a ser sustituida por la de *aprendizaje a lo largo de la vida*. Un renovado acuerdo internacional que sitúa la educación de adultos en el contexto del aprendizaje permanente, incluyendo todos los tipos de aprendizaje *formal* o *no formal* y todas las oportunidades de *educación informal* que contribuyen a su finalidad principal: el desarrollo personal y comunitario.

Al mismo tiempo, desde esta perspectiva espaciotemporal más amplia, se comienzan a definir los perfiles sociales de este campo de la educación, admitiendo que el desarrollo personal es inseparable de la mejora de la cohesión social. Es lo que, en el mismo encuentro de Hamburgo, se define como el carácter comunitario de la EPA, toda vez que las prácticas educativas, libres ya de la influencia escolar, buscan optimizar, entre otros, los siguientes objetivos: fomentar la participación de la comunidad y de los grupos locales; mejorar la democracia participativa; promover la igualdad entre los sexos; eliminar las barreras entre educación formal y no formal; reconocer los aprendizajes adquiridos en contextos no formales, etc. Un enfoque comunitario, que en los últimos años se ha ampliado con la idea de desarrollo sostenible.

Esta concepción amplia de la EPA se ha ido manteniendo en las sucesivas conferencias internacionales de la UNESCO, contando con el acuerdo de los países miembros. Es lo que vemos en el último de los congresos de la UNESCO, celebrado en 2022 en Marruecos (CONFITEA VII), en cuyo documento final, *Marco de acción de Marrakech*, se precisa en estos términos lo que en se entiende por educación de adultos: "La educación de adultos es un componente esencial del aprendizaje a lo largo de toda la vida. Comprende todas las formas de educación y aprendizaje que tienen por objeto garantizar que todos los adultos participen en sus sociedades y en el mundo del trabajo. Denota el conjunto de procesos de aprendizaje, formales, no formales e informales, mediante los cuales las personas, consideradas como adultas por la sociedad en la que viven, desarrollan y enriquecen sus capacidades para vivir y trabajar, tanto en su propio interés como en el de sus comunidades, organizaciones y sociedades. El aprendizaje y la educación de adultos implican actividades y procesos sostenidos de adquisición, reconocimiento, intercambio y adaptación de capacidades" (UNESCO, 2022a: pág. 3).

Relacionado con el modo de entender la actividad educativa está la segunda cuestión vinculada al concepto: *el lugar que ocupa la EPA en el universo educativo*. Aquí también ha habido una evolución desde unas primeras posiciones que la asociaban con la educación permanente, hacia concepciones más amplias. Es lo que vemos en las últimas reuniones de CONFITEA donde ya se sitúa la educación de adultos en el marco más amplio del derecho de todos a la educación.

Así se formula, por ejemplo, en la definición anterior: "La educación de adultos es un componente esencial del aprendizaje a lo largo de toda la vida". Queda claro que el *Aprendizaje a lo Largo de la Vida* (ALV) es el nuevo paradigma que rige en el universo educativo, destacando la estrecha relación que se establece entre "aprendizaje y vida", que es lo mismo que decir que se refiere al "aprendizaje de las personas de todas las edades", sean niños, jóvenes o adultos. Por tanto, la EPA solo se puede entender como un componente, un sector o eje esencial del ALV, al igual que la educación de los niños y de los jóvenes.

Precisamente por ello, una de las novedades que vemos en el citado encuentro de Marrakech es la propuesta de una definición del nuevo paradigma de ALV en los siguientes términos: "En esencia, el aprendizaje a lo largo de toda la vida se basa en la integración del aprendizaje y la vida, abarcando actividades de aprendizaje para personas de todas las edades (niños, jóvenes, adultos y ancianos, niñas y niños, mujeres y hombres) en todos los contextos de la vida (familia, escuela, comunidad, lugar de trabajo, etc.) y a través de una variedad de modalidades (formal, no formal e informal) que, en conjunto, satisfacen una amplia gama de necesidades y demandas de aprendizaje. Los sistemas educativos que promueven el aprendizaje permanente adoptan un enfoque holístico y sectorial que implica a todos los subsectores y niveles para garantizar la oferta de oportunidades de aprendizaje para todas las personas» (UNESCO, 2022a: pág. 3).

Nuevo paradigma que, en lo que se refiere a la EPA, significa que se cambia el discurso de la enseñanza por el discurso del aprendizaje, que se produce en el amplio espacio de la comunidad y en el tiempo que abarca toda la vida de una persona; es decir, mediante sistemas formales y escolares de enseñanza y mediante otros medios no formales e informales, por ejemplo, en el trabajo, en la familia, individualmente, mediante la participación social, etc. Una renovada concepción educativa, en suma, que afecta a todos los componentes que intervienen: el diseño de la oferta, la organización, la metodología, la actuación de los profesionales y la conducta de los participantes.

En tercer lugar, directamente relacionado con el concepto de EPA, está la *noción de los participantes*. ¿A qué personas adultas nos referimos? También en este caso vemos que ha habido una evolución en la que la pauta tradicional e inevitable de la edad se complementa con otros criterios (Hely, 1963; Verner, 1964; Liberight y Haygood, 1968; Lowe, 1976; UNESCO, 1976a; Harrington, 1977; Apps, 1979). Por tanto, hablamos de tres criterios para definir quienes son los participantes.

Antes que nada, está *la edad de los participantes*. Lógicamente, si hablamos de personas adultas que se forman, el primer criterio para referirnos a los participantes, usuarios o destinatarios de este campo de la educación es la edad que, en lo que se refiere al período de la adultez, sabemos que varía según los países. Por ello, en la definición anterior la UNESCO no fija una edad concreta, sino que se refiere a "las personas consideradas como adultas por la sociedad en la que viven". En algunos países, como España, las leyes educativas fijan las ofertas para personas adultas más allá de la edad que se corresponde con el final de la escolaridad obligatoria: a partir de los 18 años.

No obstante, dado que el criterio de la edad resulta insuficiente, un segundo criterio se refiere a las personas adultas que, por cualquier razón, han *interrumpido sus estudios y los reinician voluntariamente*. Una circunstancia esta, claramente diferente a lo que sucede en algunos niveles del sistema educativo escolar, que se ha establecido como obligatorio.

Incluso hay un tercer criterio para delimitar las características de los participantes en la educación de adultos: *dedicarse a la educación como una actividad secundaria*, dado que las personas adultas tienen otras responsabilidades (familiares, laborales, sociales, etc.) que le impiden dedicarse *full time* a la educación (como sí sucede en otros sectores del sistema educativo). Lo que quiere decir que los participantes, a diferencia de la educación escolar, por ejemplo, nunca podrían ser alumnos a tiempo completo, como lo son los niños y jóvenes universitarios en el sistema educativo.

3.3. Metas y objetivos

De alguna manera, en la definición anterior de la EPA aportada por la UNESCO, dado su carácter prescriptivo, ya se ven claras las referencias a los objetivos como otra de las áreas clave de este campo. Lo que se pretende es "garantizar que todos los adultos participen en sus sociedades y en el mundo del trabajo"; se busca que las personas adultas "desarrollen y enriquezcan sus capacidades para vivir y trabajar, tanto en su propio interés como en el de sus comunidades, organizaciones y sociedades".

No obstante, de forma más explícita, desde su creación la UNESCO ha ido abordando los objetivos de la educación de adultos en los diferentes encuentros y conferencias internacionales. La última definición de esta materia es de 2015, fruto de los acuerdos adoptados en CONFITEA-VI, celebrada en Belén-Brasil en 2009, y refrendados por la 38ª Conferencia General, celebrada en noviembre de 2015 en París.

Se trata de la *Recomendación sobre el Aprendizaje y la Educación de Adultos-2015* (UNESCO, 2016), donde se define la meta y los objetivos en unos términos tan amplios que, como la definición anterior, responden claramente a la función social de este campo de la educación, respecto de la cual, en los últimos años, ya se vienen incluyendo los relacionados con el desarrollo sostenible.

En primer lugar, se define *la meta* de la EPA: "La meta del aprendizaje y la educación de adultos es dotar a las personas de las capacidades necesarias para ejercer sus derechos y hacerlos efectivos, y hacerse cargo de su propio destino. Promueve el desarrollo personal y profesional, propiciando así una participación más activa de los adultos en sus sociedades, comunidades y entornos. Igualmente, fomenta el crecimiento económico inclusivo y sostenible y la creación de perspectivas de trabajo decente para las personas. Es por lo tanto una herramienta esencial para atenuar la pobreza, mejorar la salud y el bienestar y contribuir a edificar sociedades del aprendizaje sostenibles" (apdo. II.8).

Una meta de carácter general que se concreta mucho más en los siguientes *objetivos de* la EPA: "Los objetivos del aprendizaje y la educación de adultos son: a) desarrollar la capacidad de las personas para pensar de forma crítica y actuar con autonomía y sentido de la responsabilidad; b) reforzar la capacidad para afrontar y configurar las evoluciones que se producen en la economía y en el mundo laboral; c) contribuir a crear una sociedad del aprendizaje en la que cada individuo tenga la oportunidad de aprender y participar con plenitud en procesos de desarrollo sostenible, y aumentar la solidaridad de las personas y las comunidades; d) promover la coexistencia pacífica y los derechos humanos; e) fomentar la resiliencia en los adultos jóvenes y en los mayores; f) sensibilizar a la opinión pública acerca de la protección del medio ambiente" (apdo. II.9).

Desde el punto de vista teórico-pedagógico, en la formulación anterior de la meta y objetivos de la EPA, aportada por la UNESCO, vemos que se parte del concepto de educación en su sentido más genuino: las *actividades de aprendizaje optimizantes*, que nos mejoran en el sentido más amplio del término, adquiriendo conocimientos, competencias, habilidades y valores, que no tendríamos (esto es lo decisivo) a no ser por la acción educativa. Una concepción de la educación de la que ya hemos hablado anteriormente, al diferenciar entre Pedagogía y educación.

Esta idea de optimización o mejora es inherente a la naturaleza de lo que se entiende por educación, pues se supone que, mediante la acción educativa, las personas se perfeccionan, desarrollan sus potencialidades e incrementan su capacidad para resolver los problemas y adaptarse mejor al mundo en el que viven. A través de la educación ampliamos nuestros saberes y conocimientos, adquirimos habilidades y destrezas que mejoran nuestra vida y también orientamos nuestra conducta con actitudes (respeto, libertad, eficiencia, generosidad, altruismo, etc.), que mejoran nuestra convivencia. En suma, como dice Marín Ibáñez (1983), la educación nos hace más valiosos en el saber, el saber hacer y en las actitudes; o como dice Martínez (1986), a través de la educación desarrollamos cuatro dimensiones clave (codificadora, adaptativa, proyectiva e introyectiva) que afectan a nuestra vida y bienestar.

3.4. Desarrollo comunitario

Lo que hemos visto anteriormente sobre la meta y los objetivos, además de abundar en el carácter optimizante, propio y genuino de toda acción educativa, pone de manifiesto que la finalidad principal de la EPA es desarrollo personal y comunitario como factores complementarios. Dos puntos de vista relacionados que nos conducen, el primero, a las teorizaciones de la Pedagogía sobre el concepto de educación (comentado anteriormente), y el segundo, a las aportaciones emancipadoras de la Pedagogía Social (de lo que nos ocupamos a continuación).

Esta doble perspectiva es lo que vemos en las metas mencionadas por la UNESCO para la EPA: se busca "el desarrollo personal y profesional", se promueve la "participación más activa de los adultos en sus sociedades", fomentando "el crecimiento económico inclusivo y sostenible". Se diría que el concepto de optimización (propio de toda actividad educativa), en su aplicación a las personas adultas, comprende dos sentidos relacionados entre sí e inseparables: el nivel personal y el nivel comunitario. Esto significa que estamos ante una suerte de *optimización comunitaria* como un objetivo emancipador o modelo social, propio de la formación de la población adulta.

Desde nuestro punto de vista, las razones de tal optimización comunitaria tienen que ver con el propio concepto de *educación social* del que la EPA forma parte y al que se refieren no pocos autores (Colom 1987; Etxeverría, 1989; Petrus, 1989 y 1997; Sáez, 2007). Concepto que, de acuerdo con los autores citados, podríamos precisar con tres características: a) *Educación social para todos*, que pretende superar su inicial carácter meramente compensatorio, ya que solo un modelo generalizante, para todos, podrá prevenir (y operar sobre) las causas de la marginación y las desigualdades sociales; b) *Comunidad versus escolaridad*, definiendo así un nuevo espacio de la educación social que, a diferencia de la escuela, educa en la comunidad, para la comunidad y con la propia comunidad; c) *Educación social como agente de cambio social*, con lo que se quiere decir que su objeto es transformar la realidad y convertirse en un factor dinamizador de la sociedad a través de la acción socio-educativa (Medina, 2003).

Se trata, como vemos, de una concepción de la educación social en la que la comunidad, además del individuo, se ve como norte o destino de la acción educativa, propiciando su transformación con estrategias de cambio social y de dedicación a los grupos menos favorecidos; proceso que va más allá del mero conocimiento y contemplación de la realidad. Es lo que explica que los educadores sociales diseñen, no solo cursos o talleres, sino también programas socioeducativos, proyectos de intervención, campañas de mentalización ciudadana, etc. destinados a la comunidad en general, o a grupos y colectivos específicos, donde, por ejemplo, no siempre existen alumnos matriculados al uso, sino grupos sociales de referencia.

Tan estrecha es la relación entre educación social y EPA que en ambos casos se utilizan métodos y estrategias de intervención comunitaria, aunque con denominaciones diferentes: Desarrollo Comunitario, Animación Sociocultural, Intervención Participativa, Intervención Socioeducativa, Proyectos Sociales, Investigación-Acción, etc. (Quintana Cabanas, 1986; Quitllet, 1986; Trilla, 1988; Sarramona y Úcar, 1988; Palazón, 1989; Besnard, 1991; Lorenzo Vicente, 1993; Lucio-Villegas, 1993; Martín González, 1995; Cieza y González Sánchez, 1997).

Esta relevancia que tiene la comunidad en la EPA conecta con dos perspectivas complementarias que hunden sus raíces en el propio concepto de educación permanente, rescatado ahora por la Pedagogía Social: una, la que entiende que la educación no puede limitarse al estrecho campo de la enseñanza escolar; dos, la que no pierde de vista que la formación de las personas adultas tiene que ver con el mantenimiento y la mejora de la calidad de vida (Ortega Esteban *et al.*, 2013).

Conviene aclarar, con todo, que no hablamos de una mejora comunitaria que podría entenderse como la consecuencia indirecta de toda mejora personal a través de la educación. Más bien, nos referimos a la mejora comunitaria que, explícitamente, es consecuencia directa de la acción educativa cuando esta es protagonizada por personas adultas. Es lo que explica que, entre los objetivos de la EPA, se incluyan cuestiones como mejorar los recursos y servicios comunitarios, reducir las insuficiencias y problemas sociales, incrementar el apoyo a los más necesitados, operar sobre las causas de los problemas sociales, promover la cultura, impulsar las actividades socioculturales, fomentar la participación social y el compromiso, acometer acciones para crear cauces y canales de solidaridad, etc.

En tal sentido, se habla del *desarrollo comunitario*, como un rasgo propio de la EPA en la actualidad, cuyas primeras aproximaciones sitúan algunos autores entre los años sesenta y setenta del s. XX. Un contexto social, caracterizado por el cambio permanente y los conflictos políticos de todo orden, en el que aparecen las primeras propuestas en esta dirección, conectando así con buena parte de los planteamientos filosóficos y pedagógicos de principios del XX (Leirman, 1994; Cortina, 1994; Carbonell, 2000).

Nos referimos a las aportaciones (algunas ya mencionadas) relacionadas con la emancipación, la teoría crítica y la concientización. En primer lugar, es obligado a hablar de la *Pedagogía Emancipatoria* de la escuela de Frankfurt, cuyos autores, con una visión muy crítica de las sociedades industriales, apuestan por una educación basada en el pensamiento crítico para transformar la injusta realidad social (Horkheimer, 2003; Adorno, 1998; Fromm, 2013; Habermas, 1970). Por su parte, la *Pedagogía Crítica*, heredera de los planteamientos de la escuela de Frankfurt, añade a la concepción emancipatoria la visión política de las desigualdades que se unen a las contradicciones de los sistemas educativos, cuya única salida es su transformación, mediante el pensamiento crítico y el compromiso social de los profesionales y los participantes (Freire 1970; Apple, 1987; Giroux y McLaren, 1991; Bernstein, 1993; Giroux, 2003). Finalmente está la *Pedagogía de la concientización*, basada en las aportaciones de Friere que, identificado con la escuela de Frankfurt y cualificado representante de la pedagogía crítica, objeta el modelo pedagógico tradicional, apostando por una educación transformadora y liberadora (Freire, 1973; Mezirow, 1984; Castells *et al.*, 1994; Villalobos, 2000).

En realidad, en este contexto más amplio son las aportaciones de Freire las que más han influido en el desarrollo comunitario como una de las señas de identidad de la EPA; lo que explica su reconocimiento en todo el mundo como uno de los pedagogos más influyentes en el campo de la educación de adultos.

Tres son los planteamientos teóricos de Freire (1970, 1993 y 2005) determinantes en esta dirección. Por un lado, la crítica que hace de la educación tradicional (educación bancaria) en su libro *Pedagogía del oprimido*, proponiendo prácticas educativas dialógicas y liberadoras, que promuevan el pensamiento crítico y la emancipación. Por otro, la idea de que la educación, además de liberadora, tiene que ser esperanzada, basada en la confianza de los educadores en que las sociedades pueden mejorar y en que las personas pueden formarse, avanzar, liberarse, emanciparse, tal como vemos en su libro *Pedagogía de la esperanza*. Y, en tercer lugar, basándose en su experiencia de alfabetizador de personas adultas con su método de las palabras generadoras, en su libro *Política y educación*, nos habla de la relación estrecha entre educación, democracia y política, argumentando que el contexto (personal, familiar, social y económico) en el que viven las personas adultas que se están formando no puede ser ajeno a la acción educativa; por ello afirma que la educación no es una actividad neutral que se limita al mero aprendizaje, sino que constituye una acción política que aspira a mejorar las personas, la realidad en la que viven y sus comunidades.

Esta misma perspectiva crítica y comunitaria es la que identificamos en un buen número de autores extranjeros y nacionales, que actualmente se ocupan de la EPA. Aunque a nivel internacional, el autor más citado es Freire, también debemos mencionar a Jarvis (1989 y 1998), Gelpi (1990), Federighi (1992, 1993 y 1998), Leirman (1994), Mezirow (1994 y 1998) y Bélanger (2015).

En el caso de España, contamos con un importante número de investigadores que cuentan ya con un notable reconocimiento en esta materia. Son profesores universitarios que han contribuido de forma notable al desarrollo teórico y práctico de la EPA, representando actualmente en el panorama español una verdadera punta de lanza, a juzgar por sus orientaciones más sociales, críticas y emancipadoras (García Carrasco, 1997; Sáez, 1998; Ayuste, 1999; Valdivielso, 1999; Beltrán, 2000; Arandia y Alonso, 2002; Cabello, 2002; Requejo, 2003; Flecha, 2004; Sarrate y Pérez de Guzmán, 2005; Sanz Fernández, 2006b; Martín García, 2018).

3.5. Acreditación de la experiencia

La acreditación de la experiencia es otra de las ideas fuerza de la EPA en la actualidad, en la medida en que forma parte de los objetivos clave y específicos de este sector educativo, respondiendo así a los requerimientos de las instituciones supranacionales sobre educación que, desde los años ochenta, vienen recomendando la necesidad de establecer sistemas de relación y colaboración entre los diferentes tipos de educación: formal, no formal e informal (UNESCO, 1985, 1997a y 1997b; Delors *et al.*, 1996; Unión Europea, 1996 y 2000; OCDE, 2001, 2003 y 2017); OIT, 2002 y 2005).

Hablamos de sistemas de validación de competencias a través de los cuales se acredita como enseñanza formal (oficial), los aprendizajes (relacionados con un título oficial) que una persona adulta ha podido adquirir a lo largo de su vida a través de la educación no formal (enseñanzas no regladas ni oficiales) y la educación informal (la experiencia). Una práctica que ya se aplica en la mayoría de los países desarrollados, como hemos visto en el capítulo 1, y por supuesto, también en España, como se describe en el capítulo 4.

Se diría que estamos ante una nueva forma de acceder a un título oficial, valorando las competencias adquiridas por las personas adultas a través de la experiencia y por medio de la enseñanza no formal. Una actividad educativa que acaba generalizándose como consecuencia de la aplicación del principio de educación permanente, aunque no sin dificultades y controversias. El primer problema que se plantea es su legitimidad, teniendo en cuenta el rechazo que generaba, desde sus inicios, entre las autoridades educativas y los propios profesionales de la educación, que veían tales sistemas de acreditación como una aventura pedagógica impredecible, que podrían representar una amenaza para el valor social de los títulos oficiales del sistema educativo.

Pero, superados tales reparos iniciales, hoy se piensa en la acreditación de la experiencia como un recurso educativo innovador y con una importante función social, representando uno de los medios más eficaces para afrontar los retos de la educación del siglo XXI. Por tanto, está justificada desde el punto de vista pedagógico, siempre que reúna los requisitos debidos.

Consiste en la actuación de un tribunal, cuya finalidad es evaluar los aprendizajes que las personas adultas han adquirido a lo largo de su vida por medio de la experiencia o a través de enseñanzas no formales. Durante el proceso de evaluación, el tribunal, formado por profesores de una determinada titulación oficial, trata de comprobar (encontrar evidencias) si tales aprendizajes se corresponden con las competencias de una cualificación o título. Si finalmente, fruto de la evaluación, se comprueba que la persona posee las competencias, el tribunal se lo acredita en términos de créditos oficiales, proponiendo al candidato para la adquisición del título oficial correspondiente. (Medina y Sanz Fernández, 2009a y 2009b).

Desde el punto de vista teórico caben varias aproximaciones a esta materia, como la teoría educativa y del aprendizaje que lo sustenta, las implicaciones con la educación formal, no formal o informal, así como las derivas laborales y sociales. En la literatura sobre este tema encontramos una diversidad de denominaciones para referirse a estos sistemas: balance de competencias, acreditación de competencias, reconocimiento y validación de aprendizajes, valoración de adquisiciones de la experiencia, evaluación y acreditación de aprendizajes no formales e informales, e incluso, nuevos sistemas de titulación. En la legislación española la denominación más utilizada es la de *reconocimiento de competencias* y también *sistemas de acreditación*.

Tales sistemas de acreditación, aunque se relacionan con las enseñanzas oficiales, tienen menos recorrido histórico que estas. Las primeras experiencias, que se inician en Estados Unidos y Canadá, tienen ya más de un siglo de tradición. En los países europeos la legislación sobre este asunto data de mediados del siglo XX (Beaudet, 1984; Meyer y Berger, 1987; Zeller, 2006; Sanz Fernández, 2006a). España accede más tardíamente a estos procesos a través de varias normas legales: en la Comunidad Autónoma de Canarias, mediante el *Decreto 79/1998* que regula la Formación Básica de personas adultas (BOC, 1998); y a nivel del Estado, a través de la *Ley de las Cualificaciones* (BOE, 2002b) y el *Real Decreto 1224/2009* sobre las fases y el procedimiento a seguir (BOE, 2009).

Una normativa legal tan específica indica que estamos ante una nueva *actuación educativa*, concebida como el trabajo de los profesionales de la educación que, además de "enseñar y acreditar" (que es lo que han hecho tradicionalmente), ahora "acreditan" sin haber enseñado previamente (aquí está la novedad). Es más, estamos también ante una nueva forma de titular, que bien podría ser calificada como una *oferta propia y específica*, aunque exclusivamente para personas adultas, dado que es en la edad adulta en la tienen lugar experiencias y aprendizajes no formales e informales susceptibles de ser acreditados. Razón por la cual tales ofertas forman parte ya de las áreas y/o características de este campo de la educación, que, de acuerdo con la bibliografía consultada, ha nacido en la sociedad de la información con una *doble finalidad*: para promover y motivar a los trabajadores en todo lo que relacionado con el aprendizaje a lo largo de la vida; y para luchar de forma más eficaz contra las desigualdades y la exclusión social (Delors *et al.*, 1996; Unión Europea, 1996; Sanz Fernández, 2007).

La actuación educativa de la que hablamos, propiamente, consiste en *evaluar* si las personas adultas, como candidatos a la acreditación, han adquirido, fuera o al margen del sistema educativo formal, determinadas competencias de una cualificación o título oficial. Competencias que se han podido adquirir mediante la enseñanza no formal o a través de la experiencia (aprendizajes informales), en cuyo caso se *reconocen y acreditan* en términos de *enseñanza formal*. Se habla así de una actuación profesional que opera como *puente o pasarela* entre la educación formal, no formal e informal, respondiendo de este modo a las recomendaciones de la UNESCO y a las políticas de la Unión Europea. Lo que nos indica que no puede haber sistemas de acreditación si no existe una cierta *flexibilidad* en el modo de regular y ordenar los sistemas educativos nacionales.

Aunque puede haber diferencias según los países y administraciones educativas, en general, tales sistemas se llevan a cabo a lo largo de un *conjunto de fases*: en primer lugar, hay una fase de información a la opinión pública y a los posibles candidatos; una segunda fase, en la que se asesora al candidato para decidir qué competencias va a solicitar que se le acredite y sobre qué cualificación; en tercer lugar, interviene un jurado o un equipo evaluador para comprobar si el candidato reúne suficientes evidencias sobre las competencias que solicita que se le acrediten; a continuación, si se comprueba que ha adquirido las competencias, se le certifican; y finalmente, la quinta fase consiste en orientar al candidato sobre las opciones de formación que existen en los diversos sistemas educativos para que pueda adquirir las competencias que no han sido acreditadas (Medina y Miranda, 2010).

Hoy ya contamos con no pocas contribuciones (históricas, legales, teóricas, prácticas y metodológicas), que abundan en la argumentación pedagógica que tienen estas nuevas oportunidades educativas para los ciudadanos. Diferentes libros, artículos y documentos que analizan los beneficios para el trabajador, para la empresa y para la sociedad en general, representando, además, en la actualidad una de las mejores respuestas del sistema educativo para eliminar las desigualdades que se están produciendo en la actual sociedad de la información (UNESCO, 1976a, 1985, 1997a, 1997b, 2010a, 2010b, 2016, 2020 y 2021; Aubret *et al.*,1992; Lietard, 1992; Unión Europea, 1996, 2000, 2001a, 2001b y 2006; Bjørnåvold, 1998 y 2002; MECD, 2003, Díaz, 2004; Urso, 2005; Bézille y Courtois, 2006; Medina y Sanz Fernández, 2006a y 2007; OCDE, 2008; Singh, 2015).

Una primera cuestión que plantean los autores citados y los organismos supranacionales es la necesidad de que estos sistemas de reconocimiento y acreditación cuenten con la correspondiente *legislación* que lo regule. La razón es evidente: se trata, como ya se ha dicho, de una nueva forma de titular, o de reconocer las competencias de una titulación, afectando por tanto a las enseñanzas oficiales del sistema educativo que ya están reguladas legalmente por las autoridades educativas de cada país. Por tanto, tiene que haber una nueva norma legal que regule esta otra vía para que se reconozca, en términos de enseñanzas formales, las competencias que las personas adultas han podido adquirir a lo largo de sus vidas. Dicho de otra manera, si los sistemas de acreditación afectan a las titulaciones de las enseñanzas oficiales (formales), tendrán que ser regulados legalmente por las mismas autoridades que tienen las competencias para la ordenación de tales enseñanzas. Solo así se asegura el valor social que ya tienen los títulos, se evita la vía fácil para titular, y se normaliza e institucionaliza la actuación de los profesionales al respecto, sin perder de vista en todo momento la igualdad y la imparcialidad que se deriva del derecho a la educación que tienen todos los ciudadanos.

En general, la legislación de los diferentes países que aplican estos sistemas de acreditación destaca algunas cuestiones de interés. Tal vez lo más novedoso es que se trata de un *proceso individualizado*, mediante la relación directa entre los profesionales y las personas adultas candidatas; queda claro, por tanto, que no se realiza en grupo, como suele suceder con la impartición de las enseñanzas. Un proceso individualizado en el que intervienen *dos tipos de profesionales* con funciones diferentes: los orientadores, que son los que asesoran y ayudan al candidato a decidir sobre qué competencias y de qué cualificación desea ser acreditado; y los evaluadores, cuya tarea es la de comprobar si los aspirantes a la acreditación reúnen las competencias de la cualificación de referencia. Además, las leyes también definen el *procedimiento a seguir* a lo largo de las diferentes fases con instrucciones claras y precisas que se definen, en el caso de España, a nivel del Estado (INCUAL, 2022b), y por CCAA (Medina y Miranda, 2015). En el anterior capítulo 4, podemos ver con más detalle el procedimiento a seguir y la formación que en España y en Canarias precisan tales orientadores y evaluadores.

Abundando en la investigación sobre esta materia, la UNESCO (2021) ha publicado recientemente un informe con la doble finalidad de estudiar las políticas de los Estados y analizar las prácticas de evaluación. Entre sus conclusiones, destaca el hecho de que la RVA (que son las siglas de esta institución para referirse a los sistemas de *Reconocimiento, Validación y Acreditación* del aprendizaje no formal e informal), ya se reconoce como un derecho de los ciudadanos en algunos países, como Francia, Canadá y Noruega. Derecho que se deriva del propio derecho a la educación y el aprendizaje que ya no se circunscribe a una edad específica de la infancia y la adolescencia, sino que «comienza con el nacimiento y continua durante toda la vida» (pág. 9). El informe termina con doce conclusiones o mensajes clave, entre los que destacamos los tres siguientes: la relación que tiene la RVA con el marco de cualificaciones de cada uno de los países; la necesidad de contar con una legislación que regule tales procedimientos con sistemas de calidad y transparencia; el uso de una metodología personalizada, basada en las características de los propios candidatos (págs. 24 y 25).

Por su parte, la Unión Europea (2021), además de reconocer que se trata de una práctica ampliamente consolidada en Europa, plantea tres observaciones que se derivan de la investigación: por una parte, que en algunos países, el proceso puede llevar a cualificaciones formales completas, mientras que en otros es posible obtener solamente partes de las cualificaciones formales; por otra, que no todos los países controlan los diferentes aspectos del proceso; y en tercer lugar, que buena parte de los estudiantes considerados como "desfavorecidos" (p. ej., individuos con bajos niveles de competencias o cualificaciones, abandono escolar temprano, buscadores de empleo, trabajadores mayores, migrantes y refugiados y personas con discapacidades) se encuentran entre los hacen un mayor uso de la validación de competencias (pág. 18).

Finalmente, desde el punto de vista del análisis teórico pedagógico, conviene señalar que estamos ante una práctica educativa que no se podría entender sino en el marco más amplio del aprendizaje a lo largo de la vida. Nuevo paradigma educativo consistente en la integración de aprendizaje y vida, queriendo decir con ello que se puede aprender a través de la *formación* (como así se ha venido haciendo), pero que la experiencia también es fuente de *aprendizaje* (como se reconoce a partir de ahora). O, dicho de otra manera, dado que cambian las coordenadas espaciotemporales de la educación (por una parte, nos educamos a lo largo de la vida y no solo en la infancia y juventud, y por otra, también educa la comunidad y no solo la escuela), lo dicho, en última instancia, significa admitir que lo que rige la educación de la sociedad y el sistema educativo es el hecho de que educación es permanente o que el aprendizaje (sea formal, no formal o informal) se produce a lo largo y lo ancho de la vida (Miranda y Medina, 2009; Bélanger, 2015).

3.6. Psicología de la edad adulta

Desde el enfoque interdisciplinar que adoptamos en el desarrollo de estas áreas, la Psicología es una de las principales disciplinas. No solo porque constituye buena parte de las bases y condicionantes de cualquier acción educativa, sino sobre todo porque, en lo que se refiere al desarrollo psicológico en la edad adulta, nos aporta las evidencias que han ido obligando a cambiar la EPA a lo largo de su reciente historia. No son pocos los autores que abordan la Psicología de la adultez como uno de los fundamentos de la evolución que ha ido experimentando la educación de las personas adultas en las últimas décadas (Knowles, 1970; Flecha, 1990a; Tennant, 1991; Martín García, 1997 y 2018; Medina, 2000; Cabello, 2002; Requejo, 2003; Sanz Fernández, 2009a).

Antes que nada, conviene señalar que en lo que se refiere a los conocimientos psicológicos que nos van a servir para vehicular los procesos de educación de las personas adultas, nos encontramos con un problema que ha tenido una influencia notable en las primeras etapas de la EPA. Nos referimos a las concepciones tradicionales del desarrollo que han popularizado una visión negativa de la adultez, asociada al déficit y al deterioro, reduciendo así las posibilidades de progreso y mejora de este sector educativo.

La razón no es otra que la propia evolución de la Psicología del Desarrollo, que al principio sostenía que los cambios psicológicos tenían lugar casi exclusivamente en las primeras etapas del desarrollo, durante la infancia y la adolescencia, debido a la importancia y magnitud de los cambios biológicos en estas etapas. Lógicamente, los psicólogos no negaban que después de la adolescencia se produjeran cambios, solo que no los consideraban importantes, ni tan relevantes como los que se producían durante las dos primeras décadas de la vida de un individuo.

Pero actualmente quienes se dedican al estudio de la evolución del ser humano ya no se identifican con esta posición tradicional, y admiten que a lo largo de toda la vida se producen cambios destacados y, como tales, dignos de estudio. Se trata de una nueva generación de psicólogos, identificados con las *teorías del ciclo vital* (*life span theory*) que defienden que el desarrollo no se limita a las primeras etapas de la existencia, sino que se produce a lo largo de toda la vida, desde el nacimiento hasta la muerte. Un proceso de cambio del ser humano en el que intervienen, no solo la dimensión biológica, sino también las dimensiones psicológica, cultural y social, poniendo de manifiesto con ello la relevancia que tiene el contexto físico, familiar, laboral y comunitario en el desarrollo evolutivo de la persona. Además de un cambio en la dimensión del desarrollo, los psicólogos del ciclo vital destacan un cambio en su dirección, como un proceso de maduración en el que las ganancias y las pérdidas se producen a lo largo de toda la vida. Lo que le aporta un especial significado a la plasticidad, la autodirección y la diversidad como claves del desarrollo en la edad adulta, relativizando al mismo tiempo el carácter irreversible que se le otorgaba a las experiencias tempranas (Riegel, 1976; Erikson, 1981; Baltes y Willis, 1982; Baltes, 1987 y 1991; Vygotsky, 1989 y 1995; Carretero *et al.* 1991; Marchesi *et al.*, 1991; Vega y Bueno, 1995; Dulcey-Ruiz y Uribe, 2002; Schaie, 2008).

Según estas nuevas teorías, todo parece indicar que el desarrollo psíquico de una persona no está totalmente determinado por su genética, sino que cabe un cierto margen de actuación. Una concepción del desarrollo, por tanto, abierta a la posibilidad de ser optimizado permanentemente por la influencia del entorno, que es el papel que cumple la educación en la sociedad. Razón por la cual, encontramos aquí una visión del desarrollo mucho más acorde con el concepto de aprendizaje a lo largo de la vida, que se añade a la argumentación sobre las oportunidades que ofrece la EPA. Está claro por tanto que, frente a buena parte de los prejuicios tradicionales que todo lo hacían depender de lo sucedido en las primeras etapas del desarrollo, tiene sentido afirmar que en la edad adulta de alguna manera seguimos al mando, continuamos siendo dueños de nuestro destino.

En relación con la educación, una de las conclusiones que se aportan desde las teorías del ciclo vital es que los cambios en el desarrollo durante la edad adulta (biológicos, cognitivos, de aprendizaje, de personalidad, sociales, etc.) son relevantes y específicos y se diferencian de forma significativa de los cambios evolutivos que se producen en la infancia y la adolescencia; pero se insiste en que la naturaleza principal de tales cambios en la adultez es de orden social y sociocultural, a diferencia de la infancia y la adolescencia, donde los cambios son fundamentalmente de carácter orgánico y biológico.

A partir de esta doble consideración sobre la dimensión y dirección del desarrollo en la edad adulta, la pregunta es ¿qué evidencias tenemos actualmente sobre la Psicología de la adultez, que resulten claves y decisivas para el diseño y desarrollo de programas y proyectos en el campo de la educación de las personas adultas?

Entre el conjunto amplio de aportaciones sobre el desarrollo psicológico en la edad adulta, en este trabajo nos limitamos solo a algunas investigaciones sobre la perspectiva psicosocial y el desarrollo cognitivo, porque, desde nuestro punto de vista, han resultado decisivas para los cambios que se han ido incorporando en el modelo, la organización y la metodología de la EPA.

En primer lugar, desde la *perspectiva psicosocial*, hemos de señalar lo que se conoce como el "significado social de la adultez". Nos dicen los psicólogos que, al contrario de lo que ocurre con otros períodos evolutivos, como la niñez o la adolescencia, la vida adulta está básicamente marcada por hechos sociales, cambios de roles, así como demandas y exigencias que no dependen de la biología, sino que emanan de la vida social y cultural (Baltes, 1991; Blanco Abarca, 1991; Palacios, 1991; Carretero *et al.*, 1991; Vega y Bueno, 1995). Quiere esto decir que acontecimientos como la relación de pareja, la familia, el trabajo, la crianza y la educación de los hijos, la participación sociopolítica, así como la formación recibida, condicionan de manera terminante a las personas adultas y sitúan lo social en el centro de gravedad de la vida de un adulto. Una realidad que en los países de nuestro entorno viene a sumarse a un hecho demográfico que no podemos ignorar, como es que estamos ante la etapa del desarrollo más extensa de la vida y el colectivo más numeroso.

Una muestra de este significado social que tiene la edad adulta son las "tareas de desarrollo", que funcionan como objetivos a conseguir para cada persona adulta, del mismo modo que lo son el andar durante la infancia o la madurez sexual durante la adolescencia. Estas tareas son diferentes dependiendo de los cambios biológicos, del contexto social, de la historia personal y de la personalidad de cada uno (Havighurst, 1953; Havighurst *et al.*, 1964; Peck, 1968; Rice, 1997; Izquierdo, 2005). Para estos autores, funcionan como retos sociales y culturales o señales de madurez para las personas adultas que, según se consigan o no, generan satisfacción y bienestar, o estancamiento y desilusión; no obstante, son metas que, dependiendo de las circunstancias, no siempre hay que conseguir y, a veces, se descartan. Aunque tales tareas son diferentes en cada una de las tres etapas de la edad adulta (juventud, madurez y vejez), en general podemos señalar las siguientes en las que se ve con claridad su carácter de reto sociocultural: consolidar una profesión y encontrar satisfacción en ella; ajustarse a los cambios en el trabajo (empleo inestable, desempleo, jubilación); establecer relaciones de intimidad y seleccionar una pareja; conseguir una nueva residencia y hacerse cargo de la responsabilidad del hogar; formar una familia y asumir nuevos roles (padre o madre); integrarse en grupos sociales y redes para disfrutar del tiempo libre; participar en la vida social y cultural, asumiendo la responsabilidad cívica; ir ajustándose a los cambios físicos propios del envejecimiento; ajustarse a los nuevos roles (abuelo, jubilado, viudo, etc.); a lo que hay que añadir continuar con el aprendizaje a lo largo de la vida.

Siguiendo con la perspectiva psicosocial, y directamente relacionado con el significado social de la adultez y las tareas de desarrollo, están las "características de la personalidad adulta", sobre las que diferentes autores señalan las siguientes, y por este orden, entre los rasgos más hallados en las investigaciones: la responsabilidad ante las decisiones y actuaciones; la independencia económica y con respecto a los progenitores; la autonomía en la toma de decisiones y con ello el control sobre la propia vida y la dirección del futuro; la estabilidad emocional con la consiguiente madurez afectiva; y la vinculación social (Fried, 1967; Levinson, 1978; Blanco Abarca, 1991; Zirkel, 1992; Helson y Wink, 1992; Pelechano y De Miguel, 1992; Papalia y Wendkos, 1992; Kenny *et al.*, 1994; Silvestre *et al.*, 1995; Rice, 1997; Cardenal y Fierro, 2001; Bermúdez *et al.*, 2003).

En segundo lugar, nos detenemos ahora en el *desarrollo cognitivo de la edad adulta*, porque, desde nuestro punto de vista y como en el caso anterior, también ha resultado decisivo para los cambios que afectan al modelo, la organización y la metodología de la EPA. Nos referimos a las investigaciones que, en el marco de las teorías del ciclo vital, se refieren a la evolución y los cambios en la inteligencia, la memoria y el aprendizaje.

Tal vez el dato más señalado en este sentido sea que se ha superado la concepción clásica de la inteligencia, entendida casi exclusivamente como la capacidad para el pensamiento formal y abstracto, por una concepción más amplia que tiene que ver con la "capacidad para gobernarnos a nosotros mismos" (Sternberg y Salter, 1987; Sternberg, 1988).

No podemos olvidar en este sentido los efectos negativos que durante mucho tiempo ha tenido dicha concepción clásica de la inteligencia en el desarrollo de la EPA. Nos referimos a la influencia que ha tenido la conocida como "hipótesis del declive" intelectual que supuestamente se producía en la edad adulta y que se acentuaba a partir de los sesenta años. No es difícil entender que este modelo deficitario de la edad adulta de alguna manera negaba las posibilidades de aprendizaje de las personas adultas, debido a la estrecha relación que existe entre inteligencia y aprendizaje (Labouvie-Vief, 1982; Baltes, 1987 y 1991; García Madruga y Carretero, 1991; Schaie, 1994 y 2008).

Sin embargo, las nuevas investigaciones que apuestan por una concepción más amplia de la inteligencia reconocen que esta varía durante la edad adulta, pero en términos de pérdidas y ganancias. Es lo que sucede, por ejemplo, con la "inteligencia fluida" que (al depender de la base fisiológica) experimenta un leve declive perceptible sobre todo a partir de los sesenta años; frente a la "inteligencia cristalizada" (más dependiente de la base social y del aprendizaje) que se incrementa con el paso de los años (Horn y Cattell, 1967).

Relacionado con la inteligencia cristalizada, tienen importancia las aportaciones de Vygotski (1995) sobre la interdependencia entre el pensamiento y el lenguaje, que le llevan a destacar el papel que juega el aprendizaje social (a través de la comunicación y el diálogo) en la edad adulta (Cole y Scribner, 1989).

En esta misma dirección han ido apareciendo nuevas investigaciones que objetan que el pensamiento formal describa cabalmente todo el comportamiento intelectual de una persona adulta. Nuevos estudios han permitido indagar y poner de manifiesto las que se denominan expresiones del "pensamiento postformal" en la edad adulta, como el pensamiento práctico, el pensamiento dialéctico, el pensamiento divergente, el pensamiento flexible, etc. (Scribner, 1986; Ceci y Liker, 1986; García Madruga y Carretero, 1991; León Cascón y Carretero, 1992; Corral, 1992; Vega y Bueno, 1995; Clemente, 1995; Craig, 1997).

Por otra parte, acerca de la memoria, si bien está demostrado que se pierde con la edad, depende del tipo de memoria y de los procesos implicados. Si tenemos en cuenta los estudios consultados y las aportaciones de Palacios y Marchesi (1991), todo parece indicar que con la edad adulta la memoria se hace más selectiva y su efectividad es diferente dependiendo de la naturaleza de la evocación: se pierde memoria para tareas de recuerdo, no para tareas de reconocimiento; se pierde memoria para los datos, las fechas, los hechos, los nombres, los detalles, las anécdotas, etc., pero no tanto para los significados, las ideas, las interpretaciones, los argumentos, los análisis y las síntesis.

Todo lo dicho hasta ahora tiene mucho que ver con el aprendizaje en la edad adulta, por la relación directa que tiene con la inteligencia y la memoria. En general, cuando hablamos de aprendizaje nos referimos a lo que adquirimos a lo largo de nuestra vida, que se supone que nos mejora más allá de nuestro propio desarrollo biológico. En la bibliografía sobre este tema se admite que se trata de una de las facultades humanas más complejas, difícil de identificar en todos sus elementos y nada sencillo de medir y analizar. En nuestro caso, reconociendo que en todos los aprendizajes (sea en la infancia o en la edad adulta) se dan procesos similares, lo que nos interesa es aproximarnos a las diferencias propias y específicas que tienen lugar en la edad adulta.

En tal sentido, lo primero es lamentar que son pocas las investigaciones referidas al aprendizaje en la edad adulta, sobre todo, si las comparamos con las que existen sobre el aprendizaje en la infancia. Según la documentación que hemos consultado, podríamos señalar algunas trayectorias: los estudios comparativos sobre el aprendizaje de los más jóvenes y los mayores (Lehr, 1979; García García *et al.*, 1998a y 1998b); la descripción de las condiciones que favorecen el aprendizaje (Löwe, 1970); el análisis sobre el papel que juega la comunicación y la experiencia en el aprendizaje de las personas adultas (Saddington, 1998; Bond y Wilson, 1998); o los principios para mejorar el aprendizaje en la edad adulta (Rice, 1997). Sin embargo, desde nuestro punto de vista, las investigaciones más prometedoras sobre el aprendizaje en la edad adulta son las que, de acuerdo con los postulados de la Psicología del ciclo vital, reconocen la capacidad de las personas adultas para aprender, así como el papel central que tiene el aprendizaje en sus vidas.

Resumiendo, desde el punto de vista educativo, de lo dicho sobre la perspectiva psicosocial y el desarrollo cognitivo en la edad adulta se derivan algunas consecuencias sobre la concepción de los educandos, sobre el modelo social de intervención, así como sobre la organización y la metodología de la EPA, que se basan en dos líneas de investigación que se reconocen actualmente como propias y específicas de este sector. Nos referimos al "aprendizaje autodirigido" y al "aprendizaje dialógico" que, por su deriva propiamente metodológica, trataremos en el siguiente apartado 3.11.

3.7. Sociología de la educación de las personas adultas

Cuando hablamos del carácter interdisciplinario que tiene la EPA resulta obligado referirnos también a la Sociología. Considerada como la ciencia de las sociedades humanas cuyos individuos comparten una cultura y una forma de vida, una de las preocupaciones centrales de la Sociología es el cambio social y su relación con las estructuras socioeconómicas. Una cuestión sobre la que los fundadores de esta disciplina mantienen posiciones diferentes: para Durkheim es la división del trabajo y la especialización lo que explica el cambio radical que se ha operado en las sociedades industriales; según Weber, el cambio de ninguna manera es radical sino gradual, fruto del proceso de racionalización que tiene lugar en las sociedades modernas; y por su parte, Marx defiende que es el conflicto y la lucha de clases lo que está en el origen de los cambios sociales.

En cualquier caso, sin perder de vista el cambio social, la Sociología investiga los fenómenos sociales (como el trabajo, la familia, la producción, el consumo, las instituciones, etc.), siendo además la educación uno de los principales fenómenos sociales.

Ello explica que se haya desarrollado un campo académico fecundo y ampliamente compartido de esta disciplina como es la Sociología de la Educación que, entre otras cuestiones, analiza la influencia que la sociedad tiene sobre la educación, así como el modo en que esta influye en aquella (Quintana Cabanas, 1987:147-152). Una materia en la que cobran un especial significado los cambios históricos, demográficos, económicos, culturales y sociales y su estrecha relación con la educación y su institucionalización por parte de los Estados.

Precisamente sobre la Sociología de la Educación asistimos a un cambio, consistente en que los análisis sociológicos del fenómeno educativo, que tradicionalmente se han limitado a la educación inicial y la escuela (Bernstein, 1993; Fernández Enguita, 1999; Bourdieu, 2005; Carabaña, 2005), han terminado abriendo el foco de la lectura sociológica al fenómeno del aprendizaje a lo largo de la vida y la educación de las personas adultas (Janne, 1979; Jarvis, 1989; Flecha, 1990b; Giroux y Flecha, 1992; Leirman, 1994; Beltrán y Beltrán, 1996; Sanz Fernández, 2009b).

Un cambio de foco que explica la importancia que tienen los conocimientos que nos aporta la Sociología en lo que se refiere a la EPA. No solo porque el análisis social funciona como el marco contextual previo de cualquier acción educativa. Situados en el sector de la educación de las personas adultas, precisamente por su carácter eminentemente social, la descripción de la realidad social y el análisis del tipo de sociedad, así como la relación de problemas que seleccionamos, siempre se considera el punto de partida de cualquier proyecto o acción educativa con personas adultas. Más aún, si tenemos en cuenta que, en el marco de la Pedagogía Social, hablamos de una actividad educativa que se plantea como un tipo de intervención emancipadora, encaminada a modificar, o en su caso optimizar, buena parte de esas condiciones sociales que se analizan previamente.

Sin embargo, cuando hablamos de la realidad social nos referimos a la realidad más inmediata (próxima) de nuestra población meta (los destinatarios, la comunidad), circunscrita a una localidad o zona determinada; pero sin perder de vista que esa comunidad se desarrolla en un contexto socioeconómico, cultural, incluso ideológico, más amplio a nivel regional, nacional e internacional (global), cuyas influencias y tendencias afectan decisivamente a la propia comunidad. En tales casos, la Sociología no solo nos aporta conocimientos sobre la realidad social global, sino también herramientas, técnicas y métodos para el análisis de la realidad social más próxima.

Desde este punto de vista, las primeras aportaciones sociológicas sobre la EPA se centran en los efectos que el tipo o modelo de sociedad (tradicional, moderna y postmoderna) tiene en la organización e institucionalización de la educación de adultos, reconociendo en todo caso que las principales aportaciones de los diferentes autores se centran en la relación entre educación de adultos y la sociedad actual de la información (Majó, 1996; Flecha y Elboj, 2000; Valls, 2000; Area, 2001; Ballestero, 2002; Aubert *et al.*, 2008; San Fernández, 2009b).

Cuando se habla de la *sociedad tradicional* o, más concretamente la del *Antiguo Régimen* en Europa entre los siglos XVI y XVIII, se describe un sistema sociopolítico estamental, basado en las monarquías absolutas, con una economía artesanal y agraria, muy dependiente de la nobleza y con un tipo de vida familiar, comunitaria y piramidal muy arraigada a nivel local, con una fuerte influencia de costumbres y valores tradicionales religiosos que se heredan de las generaciones anteriores (Artola, 1983; De Tocqueville, 2005). En este contexto social, la educación era una responsabilidad de la propia comunidad local, a través de la familia, las iglesias, el trabajo, el ejercicio de las armas y las propias relaciones sociales, etc. Solo unos pocos, los hijos de las clases altas, de los reyes, de los nobles, de la burguesía eran instruidos por preceptores, encargados de orientar su instrucción durante la infancia y la adolescencia. De acuerdo con la terminología actual, hablamos de un tipo de educación informal, espontánea, comunitaria y permanente, que se llevaba a cabo al mismo tiempo que se vivía.

Frente a la sociedad tradicional, los sociólogos describen la *sociedad moderna* o *industrial* con unas características que nada tienen que ver con las del Antiguo Régimen. A partir del s. XVIII, fruto de la influencia de la Revolución Francesa y de la Revolución Industrial, se inicia un cambio sociopolítico hacia sistemas más igualitarios, con una economía industrial en la que el aumento de la producción en las fábricas y la división del trabajo acaban reemplazando el trabajo manual y agrario. A diferencia de las sociedades tradicionales con una cohesión social basada en la tradición religiosa y el apoyo de la propia comunidad, en las sociedades modernas se avanza en un proceso gradual de individualización, con la consiguiente aparición del sujeto, entendiendo por ello los nuevos valores asociados al espíritu de la modernidad: lo sagrado es sustituido por lo profano, la voluntad divina por la razón humana, la verdad revelada por la ciencia, la superstición y la arbitrariedad moral por el conocimiento de las leyes de la naturaleza, los privilegios por la igualdad (Finkielkraut, 1988; Touraine, 1993; Pérez Gómez, 1994; Ayuste y Trilla, 2005; Ruiz Román, 2010).

Estos nuevos valores de la modernidad son los que, entre otras razones, dan lugar a la aparición de las escuelas, con lo que asistimos a un hecho insólito en la historia de la humanidad: la educación deja de ser una responsabilidad de comunidad para convertirse en una responsabilidad de la escuela, para cuya institucionalización y desarrollo se contará con leyes de todo orden y fondos públicos. Volviendo a la nomenclatura actual, se inicia lo que posteriormente se ha denominado un tipo de educación sistemática, formal, que da lugar al nacimiento de la Pedagogía como disciplina académica, a la aparición de los primeros profesionales de la educación y a la creación del sistema educativo con los correspondientes títulos oficiales.

Teniendo en cuenta que en esta época de la sociedad moderna también se sitúan los orígenes de la EPA, un enfoque sociológico de tales orígenes, explicaría su implantación a lo largo del s. XIX para afrontar dos importantes problemas de la estructura socioeconómica de entonces: por una parte, la necesidad de erradicar las tasas altas de analfabetismo, comparativamente superiores a las de los países europeos desarrollados; y por otra, la necesidad de preparar a los trabajadores para adecuarse al mercado de trabajo (Medina, 1997). Lógicamente, si se entiende que estos son los problemas que tiene la sociedad española en ese momento, no puede extrañarnos que la respuesta sea escolarizar a la población adulta, es decir, formarles del mismo modo que a los niños en las escuelas, que es lo que vemos en las leyes de la época.

Una situación social que empieza a cambiar a partir de mitad del s. XX, con las primeras señales del modelo de *sociedad postmoderna*, caracterizada por una doble ruptura con la modernidad: ruptura del orden epistémico que afecta a todas las ciencias y también a la Sociología; y ruptura del orden social, fruto del desarrollo de las nuevas tecnologías y de la influencia de los medios de comunicación de masas (Lyotard, 1998; Vattimo, 1998). Hablamos, por tanto, de nuevas transformaciones sociales y cambios en el pensamiento, que cuestionan los valores esenciales asociados a la modernidad y se distancian, cada vez más con el paso del tiempo, del tipo de sociedad industrial. Es lo que lleva a algunos autores a hablar de *sociedad postindustrial*, en la que el conocimiento (y no tanto los bienes y mercancías) se convierte en la principal fuerza económica de producción y en una marea creciente que sobrepasa a los Estados nacionales (Anderson, 2000: 38; Touraine, 1969; Bell, 1973).

La importancia que los sociólogos atribuyen al conocimiento en la sociedad postindustrial acaba cuestionando la propia denominación, por la de *sociedad del conocimiento* o también *sociedad de la información*, siendo esta última finalmente la expresión más utilizada (Giddens, 1997). Nueva denominación que parece responder mejor al nuevo tipo de sociedad en la que se identifican tres rasgos sustanciales que la separan de la sociedad industrial: el aumento del sector servicios, que crece más que el sector industrial; el incremento de las tecnologías de la información frente a las tecnologías industriales tradicionales; y una economía basada en la información a diferencia de la economía basada en los bienes de la época industrial (Castells, 2002; UNESCO, 2005).

En efecto, coinciden los sociólogos en afirmar que en la actualidad ya no estamos en la sociedad industrial sino en la sociedad de la información, en la que el conocimiento se ha convertido en la principal fuente de riqueza, a diferencia de la sociedad industrial, basada en la producción de bienes y mercancías. Una nueva sociedad en la que la gente comienza a preferir más la información que los productos, los servicios por encima de los bienes, el tiempo libre antes que el dinero. Es la sociedad red del *homo digitalis* de Terceiro (1996), donde la sustitución del átomo por el bit, y de lo físico por lo digital está consiguiendo cambiar nuestra vida cotidiana, el tipo de trabajo, el interior de las familias y de las empresas, la actividad social y comunitaria. Hablamos de la *telépolis* de Echeverría (1994), una ciudad que no está basada en el principio clásico de organización territorial, sino en estructuras reticulares (sociedad red) que se superponen a los Estados y se extienden por todo el planeta. Desde el punto de vista cultural, se trata de una sociedad mucho más abierta y globalizada, más flexible e interdependiente, en la que se están produciendo cambios notables: los derivados del nuevo papel social de la mujer, el resurgimiento de una conciencia ecológica, y sobre todo, la importancia que el capital cultural de cada persona (a diferencia del capital económico, propio de la sociedad industrial) está teniendo en la vertebración de la sociedad (Bélanger, 1998; Negroponte, 1999; Beck, 2002; Bauman, 2002).

En lo que se refiere al impacto sobre la EPA, la visión que tienen los sociólogos de la educación sobre la sociedad de la información es que las claves del progreso y del cambio social ya no dependen solo de factores económicos o de la posesión de materias primas, sino de los recursos de la mente humana, de la educación y de la formación continua. Incluso la competitividad de las empresas depende de la formación de los trabajadores. Con otras palabras, el poder está asociado al capital cultural, como uno de los rasgos más sobresalientes de la actual sociedad en la que el conocimiento está ocupando un lugar central en la estructura social, que afecta a la posición de cada individuo en la sociedad, aunque con efectos paradójicos: aumentan las oportunidades para todos, pero al mismo tiempo se crean situaciones de exclusión intolerables (Kozol, 1990; Flecha, 1994; Unión Europea, 1996; Sanz Fernández, 1998; Ballestero, 2002).

Desde esta visión del capital cultural algunos especialistas hablan del aprendizaje como un valor clave en la sociedad de la información (Hutchins, 1968; Husén 1974; Tedesco, 2000), tal como reconoce la propia UNESCO en su publicación *Hacia las sociedades del conocimiento*: "la expresión 'sociedad del aprendizaje' (*learning society*) se refiere a un nuevo tipo de sociedad en la que la adquisición de los conocimientos no está confinada en las instituciones educativas (en el espacio), ni se limita a la formación inicial (en el tiempo). En un mundo cada vez más complejo en el que todo individuo puede verse obligado a ejercer varias profesiones en el transcurso de su existencia, es indispensable seguir aprendiendo a lo largo de toda la vida" (UNESCO, 2005: 61).

Así se explica que sea precisamente en este período en el que aparecen algunas aportaciones específicas desde la Sociología de la EPA, inicialmente en el Reino Unido y Estados Unidos, durante la década de los setenta del s. XX (Rivera, 1982; Jarvis, 1989). Una década, en la que los sociólogos de la educación se interesan por la "Sociología de la educación permanente de adultos", debido en parte a que ya se conocían, desde dos décadas antes, las primeras publicaciones sobre el concepto de educación permanente como la única respuesta a la crisis de la escuela y al cambio acelerado y de todo orden en el que vivíamos (Husén, 1968; Schawartz, 1973; Janne, 1979).

Actualmente, la mayoría de los autores que entran en el campo de la Sociología de la EPA lo hacen desde el abordaje de la sociedad de la información, poniendo de manifiesto que la única forma de sobrevivir en la sociedad actual es el aprendizaje permanente. La importancia que cada vez más cobra la información y el conocimiento, y con ello, la cultura y el aprendizaje nos llevan a concluir que no será posible transitar por la sociedad de la información sin una preocupación (personal y social) por el aprendizaje permanente, cuya motivación se espera que se inicie en la escuela y sobre todo se practique y se consolide en la edad adulta (Delors *et al.*, 1996; Geremek, 1996; Unión Europea, 1996; Flecha, 1997b; Sanz Fernández, 1998; Flecha y Elboj, 2000; Area, 2001; Medina, 2004; Ayuste y Trilla, 2005).

Y ello, por dos razones principales. Por el significado que tiene, en términos de desarrollo personal y progreso social y económico, responder a las exigencias de la sociedad de la información, teniendo en cuenta que cada vez más se mejora el acceso universal y los recursos al conocimiento a través de Internet y las tecnologías de la información, que ya forman parte de nuestro trabajo, de nuestro ocio, de nuestras relaciones y de nuestra vida cotidiana. Y, en segundo lugar, porque está comprobado que en la sociedad de la información se agudizan las viejas desigualdades económicas y se crean otras nuevas, derivadas de la desigual distribución del capital cultural de cada persona, del dominio de los conocimientos, de las competencias que se poseen y, sobre todo, de la capacidad para seguir aprendiendo.

3.8. Participación e impacto social

Justamente, desde la Sociología de la EPA, en las últimas décadas se han multiplicado las contribuciones de diferentes autores e instituciones, que abordan variables tan importantes y relacionadas entre sí como la participación y el impacto social. La primera, porque se ha venido incrementando sustancialmente desde mediados del siglo XX; y la segunda, para responder a la lógica pregunta de los investigadores sobre los efectos de dicha participación.

La participación de las personas adultas en procesos de formación ha ido cambiando con el paso del tiempo. Desde las primeras etapas del s. XIX, venimos de unas cifras muy bajas de participación. Un fenómeno marginal y secundario en términos de usuarios, que comienza a modificarse a partir de mitad del s. XX, con la emergencia del concepto de educación permanente que, como ya hemos comentado, trata de responder a una doble problemática: la crisis de la escuela y el cambio social y cultural permanente y acelerado.

En realidad, en las últimas décadas observamos un fenómeno nuevo del que venimos hablando a lo largo de este libro: cada vez son más las personas adultas que se forman y quieren seguir aprendiendo. El incremento de la participación de la población adulta en procesos de formación sistemática ha transformado radicalmente la demanda y la oferta de EPA, cuya creciente escalada ha llegado a representar en la actualidad un rasgo propio y diferencial de este sector de la educación. Por ello, vemos hoy día que no hay informe alguno sobre la educación de adultos, cualquiera que sea el nivel de referencia (centro, localidad, región, nación, internacional), que no comience con datos de participación.

Algunas cifras concretas ya se aportan con más detalle en el capítulo 1. Los números que se ofrecen son diferentes dependiendo de los territorios y de las referencias a los tramos de edad. Algunos autores aportan cantidades de participación que, dependiendo de los países, oscilan entre el 10% y el 60% de la población entre 16 y 65 años (Bélanger, 1999; Bélanger y Valdivielso, 1997). La UNESCO (2010c: 62), que se refiere a la educación formal y no formal, sitúa la participación en el 35,7% de media. Entre los países de la OCDE (2017), alrededor de la mitad de las personas adultas participa en procesos de aprendizaje formal o no formal, optando la mayoría por la educación no formal. En la Unión Europea (2021), la media de participación en educación no formal, por encima del 40%, más que triplica el porcentaje de la educación formal. En España, con datos de 2016, participa en educación formal 4.715.973 de personas adultas, cifra que en el caso de la educación no formal llega hasta 11.822.954 (INE, 2016).

Diríamos que en la actualidad la educación continuada de las personas adultas ha dejado de ser el fenómeno marginal que representaba tradicionalmente. El propio Paul Bélanger, analizando este tema en el período que va desde 1989 hasta 1999, mientras fue el director del *Instituto de la UNESCO para el Aprendizaje a lo Largo de la Vida*, habla de un cambio que se extiende por todo el planeta, pero con cifras muy elevadas de participación en los países más desarrollados, donde "los estudiantes adultos superan ahora en número el total de la población estudiantil de las escuelas primarias y secundarias" (Bélanger, 1998: 168).

Pero más allá de los datos (que son importantes porque muestran una tendencia en la actualidad), está el punto de vista específicamente sociológico, que analiza, entre otras cuestiones, las siguientes: las relaciones entre participación y nivel de formación adquirido por las personas adultas; las causas que explican las diferencias en la participación entre países y entre territorios de cada país; las motivaciones que llevan a las personas adultas a participar en procesos de aprendizaje, a continuar con la formación, y también, a abandonar; la evolución de las tasas de participación, teniendo en cuenta los objetivos anuales y plurianuales; la diferencia de participación entre educación formal y no formal; o la situación socioeconómica de los propios participantes (Cross, 1981; UNESCO, 2010c).

Específicamente sobre los motivos de dicha participación, los investigadores aluden a cambios demográficos, cambios en el mercado laboral, cambios económicos y sociales propios de la sociedad de la información, etc. En realidad, los motivos por los cuales las personas adultas deciden participar en procesos de formación se encuentran directamente relacionados con las áreas u ofertas que ofrecen las instituciones proveedoras de programas educativos. En la mayoría de los informes internacionales se reconocen tres tipos de áreas u ofertas educativas, que lógicamente se relacionan con los motivos para participar: a) Programas oficiales para adquirir una cualificación reconocida oficialmente. b) Programas no oficiales para adquirir conocimientos y competencias profesionales. c) Programas no oficiales para adquirir conocimientos y competencias relacionados con la cultura, los intereses, el ocio, la participación, los temas de actualidad, etc.

Tales programas ponen de manifiesto que en general las personas adultas se forman por dos motivos estrechamente relacionados entre sí: porque desean seguir aprendiendo a lo largo de sus vidas (tienen curiosidad, quieren saber y adquirir competencias) y porque quieren mejorar sus relaciones sociales a través del aprendizaje (desean salir de casa, comunicarse, relacionarse con otras personas). Tiene interés conocer esta doble motivación, no solo porque nos habla de sus demandas (que no pueden ser ignoradas), sino también porque nos remite de la doble función (cultural y social) que tiene este campo de la educación (UNESCO, 2010c y 2020; Desjardins, 2017; CEDEFOP, 2020; FEUP, 2022b).

Finalmente, en este análisis de la participación nunca podría faltar, como hacen todos los organismos supranacionales, el análisis de la participación de las personas adultas con baja cualificación, lo que conduce a cruzar los datos de participación con indicadores de equidad, inclusión y desigualdad; una cuestión que también se trata en varios capítulos de este libro.

Por otra parte, a partir de los datos sobre el sostenido incremento de la participación, hay una pregunta que se plantean los investigadores en el marco de la Sociología de la Educación: ¿qué efectos (personales, familiares, laborales, económicos y sociales) está teniendo la participación de las personas adultas en procesos de formación?

Afortunadamente, en la actualidad contamos con no pocas investigaciones que responden a esta pregunta, aportando evidencias sobre el impacto de la EPA para los propios participantes y sus comunidades (Cross, 1981; Regido *et al.*, 1999; Leon y Hammond, 2004; Field, 2005; OCDE, 2007, 2016, 2017, 2021a y 2021b; Leon *et al.*, 2008; Sabates y Hammond, 2008; UNESCO, 2010c y 2017; OMS, 2012; Bosche y Bemi, 2013; BELL, 2014; Ruhose *et al.*, 2019; Schoultz *et al.*, 2020).

La OCDE (2017) nos ofrece no pocos datos sobre la relación entre el nivel de educación alcanzado y otras variables, como el empleo, los ingresos, la incidencia de la depresión y, en este último caso, con diferencias entre hombres y mujeres. Así vemos que, en los países de la OCDE y entre las personas de 25 a 64 años, las probabilidades de conseguir empleo se incrementan (con diferencias que van del 85% de tasas de desempleo hasta el 60%), dependiendo del nivel educativo alcanzado. Lo mismo sucede con los ingresos, que se incrementan en función de la formación, y con la depresión, cuya incidencia es menor también dependiendo de la educación recibida. Además, hay datos que demuestran que la proporción de personas que declaran padecer depresión es mayor en las mujeres que en los hombres, pero este índice se reduce de manera más acusada para las primeras que para los segundos, a medida que se alcanza un nivel educativo más alto. Además, en los mismos países estudiados se ha comprobado una cierta relación entre participar en educación de adultos, sea formal o no formal, y la realización de actividades de voluntariado.

La Unión Europea (2021) también aporta información y argumentos en la misma dirección, reconociendo que el aprendizaje a lo largo de la vida se está convirtiendo cada vez más en el motor del progreso social y económico, en la medida en que contribuye al desarrollo y bienestar personal, a la empleabilidad, a la mejora del tejido social, a enfrentarnos a retos importantes (como ha sucedido con la pandemia de COVID-19) y a avanzar hacia una sociedad digital y ambientalmente sostenible (pág. 9).

"A lo largo de los años —se afirma— se han reunido numerosas pruebas que demuestran que la educación y la formación de personas adultas, tanto formales como no formales, pueden contribuir a la empleabilidad, la salud y el bienestar de las personas" (pág. 11).

No obstante, conviene señalar que, como sucede en otras materias, también en esta vemos que, entre los organismos internacionales, nuevamente es la UNESCO la institución que nos aporta una información más amplia y detallada sobre el impacto social de la educación de adultos, basándose en más de doscientas referencias bibliográficas. Se trata del tercero de los informes GRALE, que se dedica precisamente a este asunto, como vemos en el subtítulo: *El impacto del aprendizaje y la educación de adultos sobre la salud y el bienestar, el empleo y el mercado de trabajo, y la vida social, cívica y comunitaria* (UNESCO, 2017).

Acerca del impacto de la educación de adultos sobre la *salud y el bienestar*, se aportan evidencias sobre varias cuestiones (pág. 71-85): buena salud general y más responsabilidad personal con la salud, comportamientos y actitudes saludables, mayor esperanza de vida, reducción de las enfermedades, menos visitas al médico y menos hospitalización, una mejor salud mental y menores tasas de depresión, beneficios intergeneracionales, menos absentismo en la educación y en el trabajo, mayor independencia, capacidad para asumir las responsabilidades familiares y participar con la comunidad, prolongación del período de vida sin discapacidades limitantes, mejores competencias y estrategias para enfrentar las diferentes situaciones, mejor calidad de vida, mayor satisfacción con su vida, etc.

En relación con los beneficios que tiene la formación de personas adultas en el *empleo y el mercado de trabajo,* algunas evidencias se centran en los siguientes aspectos (pág. 95-109): mejora el empleo y su acceso, el progreso a lo largo de la carrera, la posibilidad de cambiar de empleo y de profesión, una mejor salud laboral, etc. También mejora la propia organización con efectos en la productividad, la satisfacción y el compromiso de los empleados, la innovación tecnológica, etc. Y desde una perspectiva más general, se aportan datos sobre la actividad económica, la prolongación de la edad para trabajar, la flexibilidad laboral, niveles de emprendimiento más altos, etc.

En tercer lugar, sobre la *vida social, cívica y comunitaria*, los resultados de la evaluación del impacto del aprendizaje de las personas adultas no son menores (pág. 117-126). En tal sentido, se aportan pruebas sobre los beneficios personales, por ejemplo, los relacionados con la alfabetización y las competencias en nuevas tecnologías, así como competencias para la gestión de la propia vida (resiliencia, confianza, resolución de problemas, etc.) y todo lo relacionado con el aprendizaje cultural (artes, idiomas, ética, historia, etc.). Las pruebas se refieren también a los beneficios comunitarios: cohesión social e integración, confianza interpersonal e institucional, conexiones sociales, valoración de la democracia y ciudadanía activa, participación en actividades sociales, cívicas y políticas, actitudes más tolerantes, pacíficas y cohesivas, conciencia ecológica, respeto de diferentes credos, culturas y estilos de vida, etc.

3.9. Educación formal y educación no formal

Otra de las áreas que se plantean desde el punto de vista teórico en este sector es la que atañe a los conceptos de educación formal y no formal y sus relaciones. Un gran tema de debate en el campo de la EPA, ampliamente tratado en las últimas décadas, debido a la rápida proliferación de los programas de educación no formal, que ha difuminado los contornos educativos de las propias instituciones de educación formal.

Son varios los temas que se plantean sobre la educación formal y la educación no formal. El primero se refiere al modo en que se aplica la educación formal a las personas adultas, teniendo en cuenta lo que ya establece la legislación en esta materia; una cuestión que, en el caso de España, ya hemos abordado en el capítulo cuatro (apartados 3 y 4). Lo que sí nos interesa analizar ahora son dos cuestiones que han tenido un diferente recorrido: por un lado, el uso de los conceptos de educación formal y no formal y las consecuencias que está teniendo, sobre todo, en el ámbito de lo no formal; y por otro, el análisis de las relaciones entre ambos sistemas (formal y no formal), todo ello, por supuesto, con independencia de la evolución que acabe experimentando la propia terminología.

Comenzamos con el *debate sobre la clasificación 'formal' y 'no formal'.* Respecto del uso de tales expresiones, a lo largo de este libro, siempre que hemos hablado de enseñanzas, ofertas, instituciones o profesionales, hemos distinguido entre "educación formal", por una parte, y "educación no formal", por otra; una clasificación controvertida, pero que se sigue utilizando a nivel internacional. Lo cual no impide reconocer que estamos ante una terminología claramente contestada, entre otras razones, por la influencia negativa que ha terminado operando en el sector de la EPA.

Todo parece indicar que no estamos ante una clasificación neutra, sino todo lo contrario. Pero aclaremos los conceptos y posteriormente veamos qué consecuencias tienen.

Sobre el origen del uso de estos términos hemos de referirnos al interés de los pedagogos por categorizar todo el universo educativo. Así, tradicionalmente han distinguido entre tres tipos de educación (formal, no formal e informal), en función de la intencionalidad y sistematicidad de la acción educativa (Coombs, 1968; Touriñan, 1983; García Carrasco, 1988a; Trilla, 1993). Además, algunos de estos autores prefieren hablar de dos especies educativas (en lugar de tres): por un lado, la formal y no formal, y por otro, la informal. La primera especie (educación formal y no formal) se refiere a actividades que se realizan con una clara intencionalidad educativa y de forma sistemática. La segunda (educación informal) se aplica a las actividades que, realizadas con una finalidad no educativa y mucho menos sistemáticamente, pueden tener efectos educativos *per accidens* o como subproductos de otras actividades llevadas a cabo con otras finalidades.

Sobre la diferencia entre educación formal y no formal, lo que nos dicen los especialistas en la materia, es que no depende de una cuestión pedagógica, sino más bien administrativa, a saber, la decisión de las autoridades educativas de un país a la hora de regular legalmente el currículo obligatorio y las condiciones de su impartición de un determinado nivel educativo que conduce a un título oficial. Pero (aquí está la clave del debate), el hecho de tratarse de una cuestión legal y administrativa tiene mucha importancia, teniendo en cuenta la influencia que acaba teniendo la educación formal en otros tipos de formación. Así, podemos comprobar que la educación formal, en la medida en que se refiere a las enseñanzas oficiales, sancionadas legalmente por los poderes públicos en el Boletín Oficial del Estado, consiguen legitimar estas enseñanzas (así como sus prácticas y su discurso teórico) frente a otras, confiriéndoles un especial valor y modelo que no tendrían a no ser por la intervención del Estado.

El resultado que acaba teniendo esta diferencia es el reconocimiento social y mayor rango educativo que se le otorga a la educación formal frente a la educación no formal. Por una parte, vemos que la educación formal es la oficial, la que da prestigio, es decir, la que cuenta para un título y un trabajo o para el estatus social; y por otra, que, debido a su reconocimiento social, la educación formal se convierte en modelo y referencia obligada en el mundo de la educación, cuyos supuestos teóricos, principios, métodos, contenidos, sistema de evaluación, etc. se acaba transfiriendo a cualquier oferta educativa, aplicándose también a la educación no formal. Es decir, se termina asociando la educación no formal con un tipo de enseñanza de segundo orden, de menor categoría, así como dependiente y subsidiaria de la educación formal, de la que se la considera deudora en última instancia. Ello explica que, en las últimas décadas, algunos autores hayan cuestionado esta clásica distinción (formal, no formal e informal) por considerarla imprecisa y contaminada (Melich, 1994; Colom, 1997; Ortega Esteban, 1998 y 2005; Caride, 2004; Pastor, 2007; Llebrés, 2021).

Coincidimos con estos autores que nos alertan sobre la imagen negativa que acaba teniendo la educación no formal, precisamente por la influencia nociva de tales expresiones en esta clasificación. Desde nuestro punto de vista, aunque reconociendo que estamos ante locuciones casi inevitables, como se ve a lo largo de este libro (sobre todo porque se siguen usando en la mayoría de las leyes educativas y en las estadísticas), es evidente que aquí el lenguaje no le hace justicia a la realidad. Porque, independientemente de sea formal o no formal, se trata de educación, y su calidad no resulta de que esté regulada o no por las autoridades educativas (que es lo que determina la diferencia entre una y otra). Todo lo contrario, cualquiera que sea el tipo de formación, la calidad depende de tres factores que consideramos clave desde el punto de vista estrictamente pedagógico: de que las instituciones y centros tengan establecidos sistemas de transparencia, control y calidad; de los profesionales, cuyas competencias han adquirido a través de su formación inicial y se van renovando mediante su formación continua; y de los propios participantes, de los que se espera que, en diálogo con sus profesores o monitores, expresen sus demandas y valoren los resultados obtenidos.

Lo ideal, como dice Caride (2004), sería poder afirmar que en el ámbito de la educación social (en el que se sitúa la EPA) "no hay educación no formal". Un horizonte deseable al que podrían contribuir los avances en el campo de la EPA, sobre todo porque en el momento presente se perfilan con más claridad las relaciones entre tales conceptos en la práctica.

La segunda cuestión se refiere a *las relaciones entre educación formal y no formal*. Sea cual sea el resultado del debate sobre el uso de los términos, otra de las cuestiones teóricas de interés está en las relaciones entre ambas formas de educación. En la literatura sobre este tema vemos algunas contribuciones de profesionales y académicos que últimamente vienen planteando la necesidad de establecer una estrecha colaboración, cooperación y apoyo mutuo entre ambos sistemas, desde dos perspectivas: la que apuesta por tales relaciones en el ámbito del sistema educativo o la escuela; y la que sitúa el debate en el sector de la educación de las personas adultas.

En el primer caso, se destaca el carácter complementario que tiene la educación no formal o informal para los niños y adolescentes en el sistema educativo. El argumento de fondo es que vivimos en una sociedad cada vez más global, cambiante y diversa, y las competencias que se necesitan para vivir en este tipo de sociedad no se cubren únicamente en el entorno escolar. Todo indica que asistimos a un cambio de las formas tradicionales de educación y hoy día se precisa una estrategia integrada y convergente, en la que los programas de educación formal se complementen con otras ofertas de educación no formal e informal, que se desarrollan a nivel local y familiar (aprendizaje de proximidad) con programas y proyectos vinculados a una diversidad de temas y formatos: igualdad, no discriminación, arte, deporte, música, educación emocional, etc. (Trilla, 1985; Younis, 1993; Hamadache, 1995; Martín, 2014; Cuenca, 2022; Rausell Köster, 2022).

Tenemos aquí una nueva mirada sobre el sistema educativo que, si bien es difícil de planificar explícitamente, sí permite acuerdos y sinergias a nivel municipal y en las relaciones escuela-familia. Además, es esta una cuestión de actualidad, como se pone de manifiesto en la última publicación de la revista del Consejo Escolar del Estado en España, dedicada al monográfico *Mas allá del aprendizaje formal,* en la que la propia ministra de Educación y Formación Profesional publica un artículo titulado *Aproximar las enseñanzas formales y las no formales: una confluencia necesaria* (Alegría, 2022).

Se trata, en suma, de rentabilizar para el sistema educativo los aprendizajes que (querámoslo o no) tienen lugar fuera de la escuela (en la familia, entre los amigos, a través de los medios de comunicación, en la sociedad). Una posición que conduce a analizar la posibilidad de que determinados valores esenciales (que tradicionalmente se asociaban al sistema educativo o a los profesionales de la educación formal y oficial), como la equidad, la calidad, el rigor científico y la competencia profesional, se puedan aplicar también a la educación no formal e informal.

Por otra parte, si nos situamos en el sector de la EPA, lo que vemos es un sistema dual de aprendizaje con un importante desarrollo institucional y profesional de la educación formal y de la educación no formal, al que se suman las diferentes oportunidades de aprendizaje informal. Y cuando en este sector se habla de las relaciones entre educación formal y no formal, en primer lugar, tenemos que referirnos a las pasarelas o formas de comunicación y colaboración que se plantean y se recomiendan a nivel internacional desde los años 80. Son propuestas que han terminado instalándose en la mayoría de los Estados modernos como sistemas de reconocimiento y acreditación de competencias (de lo que ya hemos hablado anteriormente), en todos los casos para conseguir varias finalidades: responder a los acelerados cambios sociales, elevar el nivel de formación de la población, reducir la exclusión social, mejorar la transparencia del mercado de trabajo, etc. (UNESCO, 1985, 1997a y 1997b; Delors *et al.*, 1996; Unión Europea, 1996 y 2000; OCDE, 2001, 2003 y 2017; OIT, 2002 y 2005).

No obstante, cuando en el sector de la EPA se habla de dicha relación, se avanza todavía más en materia de colaboración y cooperación entre las instituciones formales y no formales en un determinado territorio. El punto de partida es que los límites y las diferencias entre los tipos de aprendizaje (formal, no formal e informal) solo existen, desde el punto de vista administrativo, en el sistema educativo, pero tales límites y diferencias no obedecen a la experiencia cotidiana de cada ciudadano en su proceso de aprendizaje a lo largo de su vida.

Por tanto, si nos situamos en la práctica y en la experiencia cotidiana, vemos que los procesos de aprendizaje son globales e integrales y no distinguen entre formal, no formal o informal. Es verdad que en el caso del aprendizaje formal contamos con un tipo de educación muy estructurada, planificada e institucionalizada por parte de organismos y profesionales acreditados, precisamente por su relación con el mercado laboral y el acceso a los diferentes niveles oficiales del sistema educativo.

Pero cada vez está más claro que el acceso al conocimiento no se limita a la educación formal. Si bien en el pasado el principal proveedor de conocimientos era la escuela, actualmente no es así. Debido a los cambios sociales y al desarrollo de las tecnologías, el acceso al conocimiento y el proceso de educación tienen lugar de forma más abierta y global, en un escenario que ha roto con los límites espaciotemporales del pasado, para situarse en el contexto actual más amplio del aprendizaje a lo largo y ancho de la vida.

En la bibliografía pedagógica actual vemos que es precisamente en este marco más amplio del aprendizaje permanente, en el que se cuestionan los límites tradicionales entre educación formal y no formal, apostando por las *competencias básicas*, o también *competencias clave*, como el mejor punto de encuentro entre educación formal y no formal (Hipkins, 2006; Pérez Gómez, 2007; Bolívar, 2008; Moya, 2008).

El concepto de competencias básicas o clave se refiere a un conjunto de conocimientos, habilidades y actitudes que las personas vamos adquiriendo a lo largo de nuestra vida en diferentes contextos, y que contribuyen al desarrollo personal, laboral y social. Ese conjunto combinado de conocimientos, habilidades y actitudes no es otra cosa que una selección de la cultura compartida o saberes necesarios, que nos sirven para vivir en la sociedad actual y para el ejercicio de la ciudadanía de pleno derecho sin riesgo de exclusión. Según Pérez Gómez (2007: 16), se trata de un saber complejo y adaptativo "que se aplica no de forma mecánica sino reflexiva, es susceptible de adecuarse a una diversidad de contextos y tiene un carácter integrador, abarcando conocimientos, procedimientos emociones, valores y actitudes, que evolucionan a lo largo de la vida".

Desde este punto de vista, está claro que, cuando hablamos de competencias, no nos referimos a determinadas materias o asignaturas, sino a capacidades globales, contextuales, transversales, más bien de carácter interdisciplinar, que se adquieren al mismo tiempo que se vive, mediante el aprendizaje formal, no formal e informal.

Este es el sentido de la política educativa europea en los últimos años, según la *Recomendación sobre las competencias clave para el aprendizaje permanente*, que como ya hemos explicado en el capítulo 4, se han incorporado al sistema educativo español mediante varios reales decretos (BOE, 2022a y 2022b). En esta recomendación de la Unión Europea (2018) se puntualiza del siguiente modo las competencias clave: "A los efectos de esta Recomendación, se definen las competencias como una combinación de conocimientos, capacidades y actitudes" [...] "Las competencias clave son aquellas que todas las personas precisan para su realización y desarrollo personales, su empleabilidad, integración social, estilo de vida sostenible, éxito en la vida en sociedades pacíficas, modo de vida saludable y ciudadanía activa. Estas se desarrollan con una perspectiva de aprendizaje permanente, desde la primera infancia hasta la vida adulta, y mediante el aprendizaje formal, el no formal y el informal en todos los contextos, incluidos la familia, el centro educativo, el lugar de trabajo, el entorno y otras comunidades" (pág. 7).

En el mismo texto se definen ocho competencias clave y se pide a los Estados "que desarrollen la oferta de las competencias clave para todos en el contexto de sus estrategias de aprendizaje permanente". Petición que se completa con este reconocimiento del papel de la educación no formal e informal: "El aprendizaje no formal e informal desempeña un papel importante en el apoyo al desarrollo de capacidades interpersonales, comunicativas y cognitivas esenciales, como el pensamiento crítico, las capacidades analíticas, la creatividad, la resolución de problemas y la resiliencia, que facilitan la transición de los jóvenes a la edad adulta, la ciudadanía activa y la vida laboral" (pág. 3).

Desde nuestro punto de vista, esta concepción de las competencias básicas representa el marco teórico, desde el que pierde sentido la distinción entre educación formal y no formal. Además, este es también el marco conceptual desde el que se justifica y se hace viable la cooperación y la colaboración entre instituciones de educación formal y no formal en el campo de la EPA. Las experiencias de colaboración que vamos conociendo se desarrollan sobre una diversidad de temas: educación para el ocio, animación lectora, idiomas, deporte, voluntariado, comunidades de aprendizaje, etc. (La Belle, 1982; Carron y Carr-Hill, 1991; Luque, 1997; Colom, 2005; Pastor Homs, 2007; Sarrate, 2008; Felgueroso, 2015; Domínguez Rodríguez, 2017; Llebrés, 2021).

Un especial interés tiene en este sentido la colaboración para suplir las deficiencias en competencias básicas que tiene la población adulta, tratando en parte de rentabilizar las elevadas tasas de participación en educación no formal frente a la formal. Según el informe elaborado por Felgueroso (2015), a diferencia de lo que vemos en otros países de Europa, España no dispone de programas orientados a proveer a nuestros adultos de competencias básicas más allá de la vuelta a la escuela, para cursar un nivel de enseñanza del sistema educativo reglado.

El problema es que hablamos de un tema difícil de planificar, precisamente por las diferencias (legales y administrativas) que existen entre la educación formal y no formal. Muchas veces, ni siquiera los propios responsables de los centros tienen claro en qué se puede colaborar y cómo. En cualquier caso, para que la colaboración sea viable, lógicamente, se precisan acuerdos de carácter general entre las autoridades educativas y determinados centros o instituciones de educación no formal de personas adultas, eso sí, sin perder de vista que la finalidad de la colaboración es dotar de valor educativo y acreditable, por supuesto, a la educación formal, pero también a la educación no formal. Acuerdos que lleven consigo seguramente ampliar el margen de autonomía de los centros y profesionales de la educación formal.

Establecido el marco institucional de colaboración, a nivel local y territorial se pueden establecer alianzas entre un centro oficial (formal) y un centro de educación no formal. Estos pactos pueden ser de colaboración en general: cooperar en temas relacionados con la orientación personal y profesional de las personas adultas, teniendo en cuenta la nueva cultura que hoy representa el aprendizaje a lo largo de la vida; informar a la población adulta sobre las ofertas de una y otra institución; colaborar en la formación de los profesionales, sean del ámbito formal o no formal; organizar encuentros y convivencias entre los participantes y profesionales de los centros formales y no formales; etc.

Pero también caben acuerdos más concretos. El que ya tiene un cierto recorrido es el que se refiere al reconocimiento y la acreditación de enseñanzas no formales en términos de enseñanza formal. Otros acuerdos específicos pueden ser de colaboración en algunas enseñanzas como las que se mueven en ese territorio fronterizo entre lo formal y lo no formal, por ejemplo, alfabetización de personas adultas, formación para el acceso a la universidad para mayores de 25 y 45 años, alfabetización digital o informática básica, formación para el acceso a los ciclos formativos, formación para el empleo de acuerdo con el CNCP, etc. Lo mismo hay que decir de las competencias básicas, siguiendo el ejemplo de algunos países europeos.

Todo indica que actualmente asistimos a un auténtico desafío sobre los límites entre la educación formal y no formal. Límites que, en el marco del aprendizaje permanente, y sobre todo en el ámbito de las competencias básicas, se difuminan, danto lugar a que se abran nuevas vías de colaboración formal-no formal. Un camino de momento solo iniciado, pero prometedor para que la EPA cumpla con su función educativa y social.

3.10. Política educativa y financiación

Lo dicho hasta ahora sobre el desarrollo teórico de la EPA obliga a entrar en la perspectiva política y su relación con el desarrollo institucional; un argumento este último, sobre la situación en España, de lo que ya hemos hablado anteriormente en el capítulo 4.

En general, el desarrollo institucional de la educación se asocia a la actuación de los Estados en todo lo referente a su progreso y mejora mediante la regulación legislativa y la correspondiente asignación de recursos financieros y humanos. Una pauta gubernamental, de carácter estratégico, que a lo largo de la historia se ha aplicado a la educación, sobre todo de los niños y adolescentes, en el marco del sistema educativo, mediante la creación de escuelas, servicios y recursos de todo orden para conseguir determinados objetivos sociales y económicos (Banco Mundial, 1987; Buyck, 1991; Enemark, 2006; Vargas-Hernández, 2013).

Pero sobre la educación de adultos la pregunta es la siguiente: ¿hablamos de un fenómeno, la EPA, que debe ser apoyado, promovido y financiado por los poderes públicos, con recursos humanos y financieros, que aseguren su continuidad y su calidad? Dicho de otra manera: ¿se ha planificado y desarrollado en este sector alguna actuación estratégica a largo plazo para conseguir algunos fines y valores compartidos?

Acerca del desarrollo de la EPA no han faltado artículos y documentos sobre política educativa y desarrollo institucional que afectan al papel de las autoridades educativas, sean a nivel del Estado o de las regiones y entes locales. Nos referimos a las actuaciones de los gobiernos que tendrían que traducirse, lógicamente, en determinados estándares de inversión, de profesionales, de investigación y de calidad (Requejo, 1994; Beltrán y Beltrán, 1996; Sáez y García Molina, 2004; Bélanger *et al.*, 2007; CMEC, 2008; UNESCO, 2013; Avramovska *et al.*, 2017; Edineide *et al.*, 2020; Medina 2021).

Es esta una cuestión sobre la que se han pronunciado ampliamente la OCDE (2021a y 2021b), la Unión Europea (2021) y sobre todo la UNESCO (2010b y 2016). En diferentes documentos, estos organismos supranacionales apuestan por el necesario apoyo institucional cuando se refieren al aprendizaje a lo largo de la vida y a la educación de las personas adultas, subrayando los beneficios personales y las funciones sociales que produce: entorno para el empoderamiento y el pensamiento crítico, elemento esencial del derecho a la educación, factor de progreso social y económico, recurso para el desarrollo de los pueblos y las comunidades, herramienta para responder a los retos del desarrollo sostenible, programas para avanzar en la igualdad y la reducción de las desigualdades, ofertas para poder abordar de forma crítica los retos y desafíos del mundo moderno, etc.

Lógicamente, para conseguir tales beneficios y funciones sociales para la población adulta hace falta contar con un cierto desarrollo institucional de la mano de los Estados, que promuevan y aseguren su implementación y desarrollo en lo que se refiere a todas las formas de educación (formal, no formal e informal) y a todos los niveles (local, regional, nacional e internacional).

Hablamos propiamente de política educativa y de financiación de la EPA como las dos facetas esenciales del desarrollo institucional; temas clave de los que, desde hace tiempo, viene hablando la UNESCO, simplemente para hacer posible y realizable (también, creíble) sus orientaciones y recomendaciones sobre el concepto, los objetivos, la organización, la profesionalización y la función social de la educación de adultos (Bélanger *et al.*, 2007).

En general, los autores que entran en el tema de la *política educativa* se refieren a la toma de decisiones y a las correspondientes acciones, por parte de los poderes públicos, que afectan a la estructura, organización y financiación de la educación en una sociedad. Todo ello, por supuesto, sin perder de vista que la política educativa (como otras políticas: la política económica, la política social, la política lingüística, etc.) tiene dos puntos de vista: por una parte, opera como un subsistema en el marco de un sistema político más amplio del que se considera deudor; y por otra, las políticas educativas no solo crean marcos legales y directrices de actuación, sino también valores y maneras de pensar (Diez Hochleitner, 1976; Puelles, 1987 y 1996; Viñao, 1996; García Garrido, 1996; Colom y Domínguez, 1997; Capella, 2004; Fernández Soria, 2006; OCDE, 2015; Medina, 2021).

Sobre *las políticas* en materia de EPA, la UNESCO plantea que sean globales, incluyentes e integrales: "Las políticas y las medidas legislativas relativas a la educación de adultos tienen que ser globales, incluyentes e integradas en una perspectiva de aprendizaje a lo largo y ancho de la vida, basadas en enfoques sectoriales e intersectoriales, y abarcar y vincular todos los componentes del aprendizaje y la educación" (UNESCO, 2010b: apdo. 12). Tales políticas, se recomienda, deben "responder a las necesidades en materia de aprendizaje de todos los adultos, brindando un acceso equitativo a las posibilidades de aprendizaje y estrategias diferenciadas, sin discriminación por ningún motivo"; y también deben abarcar "una amplia gama de esferas, como por ejemplo la económica, la política, la social, la cultural, la tecnológica y la ambiental" (UNESCO, 2016: apdo. 11). Asimismo, se propone que, a la hora de elaborar dichas políticas sobre el aprendizaje y la educación de adultos, se realice en "foros interministeriales", se promueva "la participación de todas las partes interesadas (parlamentarios, autoridades públicas, universidades, organizaciones de la sociedad civil y el sector privado)", y se elaboren con "la flexibilidad necesaria para adaptarse a las necesidades, los aspectos y los desafíos que puedan surgir en el futuro" (UNESCO, 2016: apdo.12).

En cualquier caso, para que las políticas sobre educación de adultos sean efectivas, la UNESCO plantea la necesidad de contar con un entorno propicio consistente en lo siguiente: sensibilizar a la opinión pública "acerca de la importancia que tiene el aprendizaje y la educación de adultos como componente sustancial del derecho a la educación y pilar fundamental del sistema educativo"; "adoptar medidas a fin de proporcionar información, motivar a los educandos y orientarlos hacia oportunidades adecuadas de aprendizaje"; "demostrar, entre otras formas mediante el acopio, el análisis y la difusión de prácticas y políticas eficaces, los amplios beneficios que generan en la sociedad la alfabetización, el aprendizaje y la educación de adultos, por ejemplo, en lo que respecta a cohesión social, salud y bienestar, desarrollo de las comunidades, empleo y protección medioambiental, como aspectos de desarrollo inclusivo, equitativo y sostenible" (UNESCO, 2016: apdo. 13).

Además de las políticas, la otra faceta del desarrollo institucional es la *financiación* de la educación de adultos, entendida no como un gasto sino como una inversión. Este es el planteamiento de la UNESCO que habla de la financiación de la EPA como una inversión valiosa, precisamente, por los beneficios que genera y como la única forma de mejorar su calidad: "El aprendizaje y la educación de adultos son una inversión valiosa que produce beneficios sociales al crear sociedades más democráticas, pacíficas, integradoras, productivas, saludables y sostenibles. Las inversiones financieras importantes son esenciales para asegurar la prestación de un aprendizaje y una educación de adultos de calidad" (UNESCO, 2010a: apdo. 14). En este sentido, la recomendación a los Estados miembros es clara cuando se habla del papel de los gobiernos: "deberían movilizar y asignar recursos financieros suficientes para sustentar una mayor participación en el aprendizaje y la educación de adultos y respaldar su éxito"; "tomar las medidas necesarias para utilizar los recursos disponibles de manera sostenible, eficaz, eficiente, democrática y responsable"; "no se deberían escatimar esfuerzos en la elaboración de una estrategia para movilizar recursos en todos los ministerios gubernamentales pertinentes y de distintas partes interesadas" (UNESCO, 2016: aptos. 18-21).

En resumen, el gran reto al que se enfrenta la EPA en la actualidad tiene que ver con las facetas de su necesario e imprescindible desarrollo institucional: la política educativa y su financiación. Más allá de las declaraciones y recomendaciones, estos son los dos factores clave para el desarrollo de la nueva concepción de la educación basada en el aprendizaje permanente y el derecho de todos los ciudadanos a la educación y para todas las oportunidades de aprendizaje (formal, no formal e informal).

Con este explícito propósito, la UNESCO, teniendo en cuenta los balances que viene haciendo de los progresos realizados en esta materia, ha conseguido definir cinco niveles de concreción que garantizan el mejor desarrollo institucional para que la EPA cumpla con sus funciones y objetivos. Cinco materias o puntos clave, que vienen funcionando en los países con un mejor impulso y avance de este sector, y a los que los Estados miembros deben prestar una atención prioritaria, en la medida en que operan como indicadores clave del desarrollo institucional de la EPA. Cinco niveles de gestión que van desde la actuación política y legislativa a la calidad, que este organismo internacional ha ido perfilando cada vez con más claridad en los diferentes documentos con ocasión de los encuentros de CONFITEA, como el *Marco de acción de Belén* (UNESCO, 2010b) y el *Marco de acción de Marrakech* (UNESCO, 2022a):

– *Política*. Son las medidas legislativas globales e inclusivas que han de implementar los Estados desde la perspectiva del aprendizaje a lo largo de la vida, incluyendo las diferentes formas de aprendizaje (formal, no formal e informal) de las personas adultas.

– *Financiación*. La idea que se plantea en esta materia es clara: la educación de adultos, lejos de ser un gasto, representa una inversión valiosa cuyos beneficios personales y comunitarios están más que demostrados. En la práctica, se trata de que el acuerdo del 6% del PIB para educación incluya un incremento creciente para la educación de adultos en tanto que componente del aprendizaje a lo largo de la vida.

– *Gobernanza*. Las medidas legislativas de los Estados deben completarse con la asignación de medios y recursos para garantizar que se cumple con los objetivos previstos. Además, deben crearse mecanismos de colaboración de todas las instituciones implicadas en la educación y la cultura, apostando por una gestión de las ofertas e instituciones proveedoras que promuevan la transparencia, la profesionalidad y llegar a los más necesitados.

- *Participación, inclusión y equidad.* Para que la educación de adultos contribuya al desarrollo humano, social y económico hay que contar con medios suficientes de información y orientación y con una organización que facilite el acceso de todas las personas adultas a los programas y actividades sin discriminación alguna en función del sexo, la edad, el origen étnico, la condición migratoria, el idioma, la discapacidad, la condición rural, la identidad sexual, la pobreza, etc.

- *Calidad.* Se busca crear una cultura de calidad que afecta a las instituciones proveedoras, a los educadores profesionales y a los tutores voluntarios, incluyendo sistemas de evaluación con indicadores precisos para todas las modalidades de formación, pero haciendo hincapié en el aprendizaje presencial.

3.11. Pautas metodológicas

A partir de lo visto hasta ahora sobre el concepto de partida, los objetivos y las aportaciones específicas de la Historia, la Psicología y la Sociología, así como las cuestiones políticas y de financiación previas, la pregunta es ¿cómo conseguirlo en los diferentes encuentros entre profesionales y educandos? La respuesta está en las pautas metodológicas, en tanto que medios, estrategias, tipo de organización, prácticas y experiencias educativas a disposición de los educadores y los participantes para ir adquiriendo las metas previstas, de acuerdo con los correspondientes criterios de calidad.

Desde el punto de vista educativo, hablamos del modo de producirse la educación, cuya denominación más compartida es la de "método", en alusión al origen etimológico de este término, que significa camino, plan de acción o modo de operar para conseguir algo (Kidd, 1973; Joyce y Weil, 1985; Hernández Hernández *et al.*, 1989; Soler *et al.*, 1992; Zabalza, 1993). Se trata en definitiva del procedimiento que vamos a emplear para conseguir determinados fines socioeducativos. Procedimiento que tiene que elegir el profesional de la educación en un contexto institucional más amplio en el que se supone que las metas educativas están claras y definidas, que se ha diseñado un plan de acción para conseguirlas en diálogo con los participantes, y que la ejecución del plan se realiza con rigor y de forma sistemática. Es decir, hablamos de algo que va más allá de la propia intuición y del mero sentido común, ajeno, por tanto, a la improvisación y al azar.

En el fondo, enfrentarnos a las pautas metodológicas es abordar la acción formativa y su correspondiente diseño previo en coherencia con las teorías, las investigaciones y los acuerdos compartidos. Para muchos autores, la metodología viene a significar la prueba de fuego sobre la viabilidad de los planteamientos teóricos, que se concretan en el modo de proceder en el aula con los participantes y en las decisiones que se toman sobre la selección cultural, las experiencias y las prácticas educativas que se espera que generen determinados aprendizajes. Entre los elementos de la educación sistemática, la metodología empleada también representa el momento de la verdad, la piedra de toque que nos enfrenta a la coherencia entre la teoría y la práctica.

Es lo que explica que, para algunos autores, como Gimeno (1985), la elección del método dé lugar a un tipo diferenciado de educación, con una dinámica propia y con efectos singulares en los participantes. De ahí que el problema central a la hora de abordar el trazado de la metodología, según Hernández Hernández *et al.* (1989), sea el de definir un marco teórico de referencia que justifique la elección del método más adecuado.

En su aplicación a la EPA, la metodología educativa comienza a plantearse con rasgos propios y específicos, basados en el marco teórico de este campo, de lo que venimos hablando en este capítulo. ¿De qué métodos hablamos y de qué forma afectan a las instituciones proveedoras, a los profesionales y a los participantes? En la bibliografía actual sobre EPA se habla de tres principales métodos que, por su recorrido, han terminado instalándose en la educación de adultos; métodos que ya se comparten entre los investigadores, y con los que también se identifican los educadores y las propias personas adultas. Hablamos de métodos flexibles, métodos basados en el autoaprendizaje y aprendizaje dialógico.

Comenzamos por la *flexibilidad.* En el sector de la EPA, la flexibilidad es la pauta metodológica más admitida entre los profesionales y académicos, como se desprende de las aportaciones de la UNESCO (1949, 1960, 1972, 1985 y 1997a) desde los primeros encuentros de CONFITEA. En todos estos encuentros, las recomendaciones de la UNESCO se refieren a los métodos flexibles de forma global, destacando, sobre todo a partir de los encuentros de Paris y Hamburgo, la importancia que tienen las contribuciones de las universidades en la investigación y experimentación sobre tales métodos, así como su función en la formación y en la adquisición de competencias, tanto de los profesionales como de los voluntarios, e independientemente de que la educación sea formal o no formal.

En general, cuando se habla de métodos flexibles se apela a dos referencias que hacen posible la flexibilidad: por una parte, el tipo de organización y el uso de recursos que se distancian del mimetismo escolar que tradicionalmente ha padecido la educación de adultos; y por otra, el compromiso por adaptar la oferta educativa y sus componentes a las características de las personas adultas.

En el primer caso, nos referimos a un tipo de organización y a los recursos que muchas veces vienen definidos de antemano, en unos casos, por razones legales, en otros, dependiendo de las características del centro o la institución de referencia, y no pocas veces, en función de los medios disponibles. Por ejemplo: si se va a emplear una metodología presencial, a distancia o semipresencial; el tipo de oferta curricular según que sea formal o no formal; las condiciones y requisitos de acceso; si la oferta es pública o privada y su importe; los umbrales máximo y mínimo de alumnos por oferta; la duración de las enseñanzas; el uso de medios técnicos e informáticos; los sistemas de seguimiento y evaluación; el grado de intervención de los participantes en el diseño, desarrollo y evaluación de la acción formativa; el tipo de reconocimiento y acreditación; etc.

Aquí tenemos que referirnos necesariamente al tipo de organización que depende de las herramientas y oportunidades que hoy nos ofrecen las tecnologías de la información y la comunicación, y que aportan una mayor flexibilidad a la EPA. Por ejemplo, la enseñanza a distancia, o teleformación, o enseñanza en línea (conocidas por las expresiones inglesas *on line* o también *e-learning*), así como el uso del móvil, el ordenador e Internet. Recursos que permiten una mayor flexibilidad de horarios para la enseñanza y el aprendizaje en cualquier momento, haciendo de este modo más compatible la formación con las responsabilidades familiares y tareas de las personas adultas (Wedemeyer, 1977; García Llamas, 1986; Kaye, 1988; Keegan, 1990; García Aretio, 2001; Hanna, 2002).

La segunda referencia que tiene la flexibilidad como método que se aplica en la EPA se refiere a lo que hacen las instituciones y los profesionales para adaptar la acción formativa a los destinatarios, en nuestro caso, personas adultas, cuyas características demográficas y psicosociales no puede perder de vista un educador. Ya hemos hablado anteriormente de lo que significa ser una persona adulta desde el punto de vista del desarrollo psicológico y psicosocial. Las implicaciones educativas que ello comporta nada tienen que ver con la cultura escolar y la enseñanza de niños y jóvenes en el sistema educativo formal.

Los profesores que ya tienen experiencia en este campo de la educación saben que no pocos aspectos de la Psicología del alumnado (maduración, aprendizaje, inteligencia, memoria, motivación, personalidad, relaciones, etc.) cambian cuando tienen personas adultas en sus aulas. Es esta una realidad psicológica que les obliga a plantear la educación en unos términos más amplios y abiertos, que nada tienen que ver con las pautas tradicionales y que afectan, entre otras, a las siguientes variables: la confianza, la actividad y el estudio, la organización de la información, la experiencia propia, el tiempo de aprendizaje, el diálogo entre participantes, la autonomía, la responsabilidad, la toma de decisiones, etc.

Es evidente que estamos ante un cambio importante en el perfil del alumnado, que es lo que justifica en última instancia que hablemos de métodos flexibles y abiertos. Si nos situamos en el sector de la EPA, podemos comprobar que nuestros alumnos no son jóvenes en período de formación, sino personas adultas que tienen una madurez, unas responsabilidades familiares, laborales y sociales, y que han decidido libremente continuar con su formación a lo largo de la vida. Entre sus motivaciones para formarse está su afán por aprender, pero tan fuerte aún es su interés por comunicarse y relacionarse con otras personas. Como todos los ciudadanos, tienen necesidades de formación, pero poseen una cultura y una experiencia, nada desdeñables, que pueden compartirse en clase con el profesor y todos los participantes.

Además, las personas adultas tienen otro rasgo que les separa de lo que solemos ver en las escuelas: se dedican a la educación como una actividad secundaria, porque tienen otras responsabilidades que ocupan un lugar preeminente en sus vidas. Esta diferente dedicación, cuando se trata de EPA, es lo que ha llevado a algunos autores a hablar de un tipo de "alumnado no tradicional", a diferencia de los alumnos tradicionales del sistema educativo (CREA, 1998 y 2006-2011; Bourgeois y Frenay, 2001; Medina, 2008). Se supone que los alumnos tradicionales no han salido del sistema educativo y mantienen una dedicación total a la formación, dado que su responsabilidad principal es la de estudiar. Por su parte, los alumnos no tradicionales son los que han salido del sistema educativo y asumen una dedicación menor a los estudios. Porque, como tales personas adultas, a diferencia de los preadultos, tienen otras responsabilidades familiares, laborales y sociales: independencia económica, trabajo, hogar propio, matrimonio, hijos, actuación social, etc.

En este mismo sentido, Verner (1964) se refiere a que lo que caracteriza a la EPA es un cambio en la jerarquía de roles en relación con la educación: para las personas adultas el rol de alumno ocupa un tercero o cuarto lugar entre los roles, frente a los alumnos tradicionales para quienes el rol de alumno ocupa el primer lugar, porque para estos, estudiar es lo primero, su principal obligación. Esta diferencia es lo que conduce a Lowe (1976) a distinguir entre alumnos escolares o a "tiempo completo" (*full time students*) y alumnos adultos o a "tiempo parcial" (*part time students*). Lo que quiere decir que los participantes adultos, a diferencia de la educación escolar, en la mayoría de los casos no pueden ser alumnos a plena dedicación, como lo son los niños, los adolescentes y los jóvenes universitarios en el sistema educativo.

Este rasgo sobre el uso del tiempo para las personas adultas y, en función de ello, la menor dedicación a la formación constituye otro de los argumentos clave que justifica que hablemos de métodos flexibles y de más apertura en el sector de la EPA. Hemos visto el significado y el valor del tiempo para una persona adulta, cómo lo vive, cómo lo distribuye, cómo lo usa para atender sus diferentes responsabilidades y compromisos, entre los cuales está el formarse. Si las personas adultas son estudiantes a tiempo parcial, no se entendería que el educador diseñara una oferta educativa pensando en unos estudiantes a tiempo completo. En este caso, las expectativas de los profesores, el tipo de relación que tienen con los alumnos, las actividades a realizar y los sistemas de evaluación no pueden ignorar esta circunstancia.

Evidentemente esto no significa bajar el nivel de exigencias de las diferentes ofertas educativas, pero sí puede significar introducir en el sistema una mayor flexibilidad organizativa que puede llevar consigo algunos cambios en la metodología: más atención por parte del profesorado, contar recursos tecnológicos, vincular más la formación a la práctica, uso de módulos que reduzcan el tiempo de dedicación, diálogo y acuerdos sobre las tareas a realizar, tener más en cuenta las circunstancias personales del alumnado, proponer más alternativas respecto de las actividades a realizar, incluir el trabajo en grupo en el ritmo habitual de las clases, introducir cambios en los umbrales de tiempo, contar más con la experiencia propia, poder negociar algunas exigencias legales (en caso de haberlas), etc. (Kember, 1995; Attwell, 2007; Castañeda, 2011; Salinas, 2013).

El *autoaprendizaje* es otro de métodos privilegiados en el sector de la EPA. En primer lugar, conviene señalar que hablamos de un método que se cita entre las formas de aprendizaje flexible, pero, por la importancia que ha terminado teniendo, merece un tratamiento aparte. El término "autoaprendizaje" se refiere a la capacidad que tiene uno mismo de aprender. Se trata de una facultad de los seres humanos, que lleva consigo cierta dosis de autonomía y reflexión y que consiste en dirigir y regular la forma de aprender, haciendo uso de estrategias y recursos, para conseguir determinados objetivos. También se conoce con otras denominaciones: autodidaxia, autoformación, autodirección del aprendizaje, aprender a aprender, etc. Incluso se entiende que, fundamentalmente, la finalidad de toda educación es el autoaprendizaje.

En la EPA, se comienza a hablar de autoaprendizaje sobre todo a partir de las aportaciones Knowles (1968 y 1970), que ha conseguido generalizar en la literatura norteamericana la expresión "Andragogía" como la educación del hombre (según su significado etimológico), a diferencia de la Pedagogía (que etimológicamente alude a la educación de los niños). Para Knowles, la diferencia entre Pedagogía y Andragogía está en que la Pedagogía se centra en el "estudio dirigido por maestros", frente a la Andragogía que consiste en el "estudio dirigido por uno mismo".

Así, a partir de esta diferencia, el propio Knowles y otros autores como Faure (1972), Brockett (1983), Chene (1983), Garrison (1987), Brockett y Hiemstra (1993), Massot (1996), comienzan a hablar del estudio dirigido por uno mismo o también de la autodirección o del aprendizaje autodirigido como un rasgo propio de la metodología que se emplea en los procesos de formación de la población adulta, consistente en que los participantes se convierten en los verdaderos protagonistas de su proceso de formación.

No obstante, la autodirección propiamente no significa la eliminación del profesorado, sino un cambio en su rol tradicional, acostumbrado a tomar todas las decisiones en relación con el aprendizaje. Hablamos de un nuevo papel de educador de personas adultas coherente con una concepción del alumno como persona autónoma, capaz de tomar decisiones en relación con su propio aprendizaje. En este sentido los métodos basados en la autodirección del aprendizaje se refieren al papel del profesor como alguien que proporciona información, que aporta recursos y los localiza, que contribuye a valorar las necesidades y competencias, que ayuda a desarrollar actitudes de estudio independiente, que aporta el *feed-back* necesario. Un rol de educador, en suma, más próximo al de animador, consejero, orientador, tutor, etc.

Es esta una línea de investigación que ha concitado los esfuerzos de no pocos profesionales e investigadores en todo el mundo, cuyos argumentos se basan en el desarrollo psicológico que tiene lugar en la edad adulta, caracterizado por la madurez, la experiencia, la autonomía y la responsabilidad, tal como hemos visto anteriormente.

La educación a distancia es un ámbito de la EPA en el que se vienen practicando estos métodos basados en la autodirección o en la cultura de la autoformación, como señala Sarramona (1994). No solo como condición para la enseñanza a distancia, sino también como la respuesta más coherente ante unos alumnos, sujetos adultos, que tienen que funcionar como principales rectores y evaluadores de su proceso de aprendizaje. Así lo entienden también los autores del informe *Aprender a ser*, hablando de esta nueva estrategia educativa, que los lleva a formular el siguiente principio: "La nueva ética de la educación tiende a hacer del individuo el dueño y autor de su propio progreso cultural" (Faure, 1972: 294).

En principio, las hipótesis de partida que justifican la autodirección del aprendizaje se basan en la diferencia que, según la Psicología del Desarrollo, tienen los niños y las personas adultas. En realidad, los seres humanos evolucionan desde la inmadurez y la dependencia hacia la madurez y la autonomía, a lo que se suma, desde el punto de vista psicosocial, las diferencias en los roles sociales, la experiencia acumulada, la toma de decisiones y la elección de opciones (Erikson, 1981; Tennant, 1991; Baltes, 1991; Blanco Abarca, 1991; Palacios, 1991; Carretero *et al.*, 1991; Vega y Bueno, 1995; Medina, 2000; Schaie, 2003).

Pero el punto de vista psicológico y psicosocial de las personas adultas no es la única clave que nos sirve de fundamentación para argumentar la autodirección. Desde el punto de vista filosófico, tenemos que referirnos a un conjunto de autores, entre otros, Mounier (1984) y Buber (1973), así como teóricos de la educación, como Rogers (2000) y el mismo Freire (1973, 1976, 2005), que hablan de la "persona" como "sujeto" dotado de racionalidad, libertad, independencia, autonomía y compromiso. Desde esta concepción personalista también cobra sentido la autodirección, toda vez que cuando hablamos de la EPA no hablamos de la educación que se ejerce "sobre" las personas adultas, sino más bien de la educación de las personas adultas "como sujetos" que deciden libremente educarse, prota-gonistas, por tanto, de su propia acción educativa.

De ahí que la "responsabilidad personal" representa un concepto central en los procesos de autodirección, que afecta al alumnado y al profesorado. En el caso de los alumnos o participantes, asumir la responsabilidad prin-cipal sobre el aprendizaje y la toma de determinadas decisiones sobre el diseño, desarrollo y evaluación de los procesos de formación. Y por parte del profesorado, diseñar la acción formativa de forma que el alumnado tenga la oportunidad de generar opciones relacionadas con la planifica-ción, elaboración y evaluación de su aprendizaje (Lowe, 1976; Knowles, 1982 y 2001; Caffarella y O'Donnell, 1987; Brockett e Hiemstra, 1993; Sarramona, 1994; Brookfield, 1985).

Es evidente que no es lo mismo para un educador asentar la actividad educativa en una intervención esencialmente directiva (cuyo destino pa-rece más adecuado para unos estadios de la vida caracterizados por la in-madurez y la dependencia) que basarla en la responsabilidad personal (que se adquiere a lo largo del desarrollo psicológico). Pero, si somos coherentes, hablamos una metodología que afecta también al seguimiento y el control de los aprendizajes. Lo cual lleva consigo rescatar para la EPA unas rela-ciones más responsables con la evaluación de los aprendizajes donde la cu-riosidad intelectual, el disfrute de la información, el aprendizaje en grupo y la motivación interna deben prevalecer sobre la disciplina, las notas y otros mecanismos de control, más propios del modelo escolar.

Finalmente, entre los tres métodos señalados, *el aprendizaje dialógico* es el que está teniendo más aceptación entre la población adulta. Aunque la relación entre aprendizaje y diálogo tiene una larga tradición en la cul-tura antigua (occidental y oriental), en la actualidad hablamos de una pro-puesta metodológica que ha prosperado específicamente en el campo de la EPA. Su desarrollo y consolidación se deben, inicialmente, a las pro-puestas de Freire, fundamentadas en las teorías de Habermas, enriquecidas por especialistas como Mezirow y contando con perspectivas y recursos nacidos al amparo de las investigaciones sobre la Psicología de los Grupos. Situados en España, hemos de señalar algunas contribuciones notables de diferentes autores y grupos de investigación, especializados en la educación de personas adultas.

Nos referimos, por tanto, a una metodología centrada en el carácter emancipador de la EPA, en la que se cruzan y confluyen tendencias y experiencias relacionadas con el pensamiento crítico, el aprendizaje comunitario, el enfoque social de la acción educativa y la participación en grupo; cuestiones al mismo tiempo relacionadas con la Pedagogía Crítica, la Pedagogía Social y la Psicología Social.

Freire es reconocido como el representante principal de esta metodología, no solo por sus contribuciones teóricas, sino también por su experiencia como profesor alfabetizador de personas adultas en Brasil. En su principal obra (Freire, 1970), destaca la diferencia entre la pedagogía tradicional y la pedagogía liberadora. Según Freire, en la pedagogía tradicional se practica un tipo de educación vertical y dispensadora; el educador es el sujeto que piensa, sabe, habla y educa; y el educando el objeto, que no piensa, no sabe, no habla y es educado. Frente a esta concepción tradicional, que él llama "bancaria", propone una concepción "liberadora", que parte de la convicción y el reconocimiento de que el educando es sujeto, que tiene un pensamiento y una cultura propias, que siempre tiene la palabra y que se educa a sí mismo con la ayuda del educador. Esta teoría de la relación educativa liberadora se desarrolla y se lleva a cabo mediante el "diálogo entre iguales", que es lo que da lugar a la expresión de "aprendizaje dialógico", aludiendo con ello a la función que tiene el diálogo, entre los participantes y con el educador, en el proceso de aprendizaje.

La relevancia que en este caso tiene el diálogo entre iguales pone de manifiesto que los resultados de la acción formativa, y con ello el acceso al conocimiento y al aprendizaje, no dependen de la autoridad del profesor ni de la posición social que se ocupe, sino de la validez de los argumentos que se exponen en un ambiente de comunicación y de libertad entre todos los intervinientes, educandos y educadores. Una concepción sobre el diálogo y el acceso a la verdad que conecta esta propuesta metodológica de Freire con la teoría de la acción comunicativa de Habermas (1988, 1998 y 2002). Para este filósofo alemán, resulta infundada la tesis de la llegada de la postmodernidad y apuesta por una nueva lectura de la modernidad, desde la que siguen vigentes lo valores y las utopías emancipadoras desde el punto de vista educativo y social. Nueva interpretación de la modernidad, basada en la intersubjetividad que nace de la acción comunicativa de los hablantes, que es lo que aporta validez y fundamentación racional (racionalidad comunicativa) acerca de la realidad y de la acción educativa (Losse, 1981; Colom y Mèlich, 1994; Hargreaves, 1996; Berciano, 1998; Rossi, 1998; Ayuste, 1999; Ayuste y Trilla, 2005).

Basándose en las teorías de Freire y de Habermas, Mezirow (1984, 1994, 1996, 1998 y 2007) es otro de los autores que habla del aprendizaje dialógico, como la mejor propuesta metodológica para responder a los requerimientos de la actual sociedad de la información. En su aportación sobre el "aprendizaje reflexivo" se basa en la capacidad de las personas adultas para la reflexión crítica sobre la realidad actual, partiendo del análisis de las influencias no críticas ocurridas durante el proceso de socialización infantil (prejuicios, autoengaños, ideologías distorsionadas, represiones, etc.). Se trata de que las personas adultas, por un lado, comprendan cómo y por qué han llegado a pensar lo que piensan y a ser como son, y por otro lado, que consigan articular medios y estrategias para cambiar.

Por otra parte, para que tenga lugar el aprendizaje dialógico, se precisan determinadas condiciones, que han sido ampliamente estudiadas por parte de los psicólogos sociales en las investigaciones sobre la Psicología de los Grupos. A partir de las aportaciones iniciales de Lewin (1939) y otros autores (Shaw, 1986; Gil Rodríguez y Alcover, 1999; Canto, 2019), hoy contamos con evidencias suficientes que demuestran la función que tiene el grupo (en nuestro caso el grupo de aprendizaje) como un contexto que facilita no pocas cuestiones directamente relacionadas con el aprendizaje dialógico: la toma de conciencia, la asunción de la propia responsabilidad, el compromiso con la tarea y los objetivos, la madurez grupal y la eficiencia. Pero se precisan algunas condiciones, que se dan en los grupos pequeños, que tiene que hacer posible el educador: fomentar la comunicación y la participación, abierta y sin trabas por parte de todos, así como la reflexión y el debate en un clima cómodo e informal. Condiciones grupales que, además, refuerzan las motivaciones principales que tienen las personas adultas para participar en actividades formativas: aprender y conocer el mundo en el que viven y mejorar las relaciones sociales a través del aprendizaje.

En España, algunos investigadores (Flecha, 1997a y 2004; Ayuste, 1999; Valls, 2000; Alonso *et al.*, 2008; Aubert *et al.*, 2008; Duque y Prieto, 2009; Valls y Munté, 2010) y grupos de investigación, como CREA (1998 y 2020) y Grupo 90 (2000), se han interesado por esta concepción dialógica del aprendizaje en el caso de las personas adultas, tratando de abordar las condiciones que lo hacen posible, así como aportar los resultados de algunas experiencias.

Con carácter general son autores que se apartan de las visiones pesimistas de la educación y la sociedad que han podido terminar legitimando las desigualdades. Frente a esa posición, se adscriben a una concepción más realista de los cambios educativos y sociales, apostando por experiencias y propuestas educativas basadas en el conocimiento científico y el compromiso ético, con resultados rigurosos y contrastables. En tal sentido, hablamos de autores que han podido demostrar que el diálogo entre los participantes constituye uno de los medios más adecuados para el desarrollo del conocimiento, la adquisición de competencias y el cambio social. Así, basándose en diferentes experiencias de quienes han conseguido importantes aprendizajes mediante el diálogo a lo largo de sus vidas, Flecha (1997a) ha conseguido identificar siete principios del aprendizaje dialógico: diálogo igualitario, inteligencia cultural, transformación, dimensión instrumental, creación de sentido, solidaridad e igualdad de diferencia. Una metodología que se aplica también en las comunidades de aprendizaje, cuya transformación educativa y social no depende tanto de la actividad que se realice en las instituciones, como del grado de implicación y compromiso que se genere en los espacios compartidos por parte de todos los componentes de la comunidad: educadores, educandos, familias, instituciones y voluntarios.

En resumen, hablamos de un clima de aprendizaje en el que se acepta por parte de todos (educandos y educadores) la capacidad de las personas adultas para aprender por sí mismas y la convicción de que, mediante el diálogo entre iguales, es posible formarse, avanzar, liberarse y emanciparse.

CAPÍTULO 7

UNIVERSO EDUCATIVO *VERSUS* SISTEMA EUCATIVO

Lo que venimos planteando a lo largo de este libro es que la EPA entra en nuevo horizonte a partir de los años sesenta del s. XX, coincidiendo con la emergencia del concepto de educación peramente. A partir de esta época se inicia un proceso de cambio sin precedentes que se va apartando cada vez más de la situación tradicional caracterizada por la marginación dentro del sistema educativo, el papel secundario que ejercía en la sociedad y el mimetismo escolar e infantil que se practicaba en las escuelas de adultos, a lo que se sumaba la debilidad teórica de sus planteamientos educativos.

Es decir, todo lo relacionado con la educación de las personas adultas empieza a cambiar como consecuencia de la influencia de la educación permanente en el mundo académico, en las instituciones educativas, en los profesionales de la educación y en los propios gobiernos de los Estados. Fundamentalmente por dos razones complementarias: para hacer frente a la crisis de la escuela y de su función tal como la conocíamos; y para responder a una realidad social caracterizada por el cambio (económico, laboral, cultural, familiar, etc.) cada vez más extendido y acelerado, que muchas veces sorprendía a los ciudadanos sin los recursos y sin la preparación suficiente para reaccionar de acuerdo con sus intereses.

Pero, a pesar del cambio experimentado a nivel internacional, todavía nos queda mucho por hacer en materia de EPA, a la vista de la evolución experimentada en algunos países, si tenemos en cuenta lo señalando por parte de la UNESCO, la Unión Europea y la OCDE.

El principal reto que tenemos pendiente de abordar tiene que ver con la participación de los más necesitados. En todo el planeta se incrementan las cifras de participación de personas adultas en los procesos de formación, pero quienes participan no son precisamente los más necesitados de formación, sino todo lo contrario. Está demostrado que, en todos los países cualquiera que sea su nivel de desarrollo, cuanta más formación tiene una persona más formación demanda, y en cambio, cuanta menos formación se tiene, menos se siente la necesidad de formarse. Lo que significa que el incremento de las ofertas y de la participación en las diferentes comunidades sobre todo tiende a favorecer a los que ya poseen un buen nivel de instrucción.

Otra de las tareas pendientes de la EPA pone de manifiesto que el avance al que se ha llegado a nivel internacional sobre la formación de los educadores y su profesionalización no siempre se ha conseguido contemplando la doble realidad de la educación formal y la educación no formal. El resultado es un sector profesional indefinido, caracterizado por su amplitud, pluralidad y heterogeneidad, que no acaba de encontrar sus propias señas de identidad.

En este contexto, es el ámbito de la educación formal el que se encuentra mejor profesionalizado, debido a su regulación legislativa en el sistema educativo. Pero todavía constatamos algunas carencias en dicha regulación legislativa, así como una insuficiente formación específica de los profesionales, no tanto en cuestiones de didáctica general, sino en lo que se refiere a la adaptación de las ofertas a las características, necesidades y demandas de las personas adultas. Un escollo tradicional, de mimetismo escolar e infantil, que se agudiza todavía más con la limitada autonomía que tienen estos centros y sus profesores en algunos países.

No obstante, la pieza más endeble la tenemos en la educación no formal, con una débil profesionalización y, en algunos casos, con un importante déficit en la calidad de sus ofertas educativas. Un tipo de educación huérfana de apoyo institucional, que no cuenta con recursos suficientes, ni con la financiación adecuada, y ni siquiera con la correspondiente dedicación de las universidades y los pedagogos. Lo cual no se entiende si tenemos en cuenta, como hemos podido ver en los capítulos anteriores, que se trata de una oferta cada vez más creciente y que está cumpliendo una importante función personal, económica y social.

Para responder a estos obstáculos y retos nos interesa abordar en este capítulo tres cuestiones clave que nos ofrezcan algo de luz sobre el estancamiento de la EPA en determinados países. En primer lugar, analizar el significado y alcance que tiene el concepto de educación permanente, que está en el origen del cambio experimentado en la educación de la población adulta. En segundo lugar, describir el modo en que algunos Estados han aplicado la idea del aprendizaje permanente en sus correspondientes leyes educativas. Y en tercer lugar, indagar en las consecuencias que se derivan de aplicar el principio de aprendizaje permanente, más allá del sistema educativo, al universo educativo, es decir, a la educación de la sociedad, para hacer realidad el derecho de todos a la educación.

1. SIGNIFICADO Y ALCANCE DEL APRENDIZAJE PERMANENTE

Aunque sobre la educación permanente ya hemos aportado una primera aproximación en el capítulo 1, quedan no pocos análisis y perspectivas que completan el cuadro. La idea más generalizada señala que la educación no comienza en la infancia y termina en la juventud, tal como se pensaba tradicionalmente, sino que se prolonga de forma permanente a lo largo de la vida de los seres humanos. Esta parece ser la única forma de hacer frente a la crisis de la escuela y a un tipo de sociedad en permanente transformación. Lo que se propone es desterrar la idea tradicional de que hay una edad para estudiar y otra para trabajar, por una nueva concepción en la que las personas se educan al mismo tiempo que viven. Se trata de hacer de la educación el centro de nuestra vida, en lugar de una etapa de la vida. Este nuevo concepto de educación es el que está en el origen de los cambios que han ido transformando la situación de la educación de las personas adultas en todo el planeta.

Para comprender el significado y trayectoria de esta nueva concepción educativa, conviene hacer una breve incursión en los orígenes de la escuela. Hasta el siglo XVIII, la educación era una responsabilidad de la comunidad, pues la mayoría de la población se educaba en la familia, en las iglesias, en el trabajo, en las relaciones sociales, etc. Un tipo de educación comunitaria, que se producía de manera informal al mismo tiempo que se vivía, por lo que, de alguna manera, cabe decir que se trataba de una forma de educación también permanente, que existe desde los inicios de la historia de la humanidad (Gelpi, 1983 y 1990; Fullat, 1985; Marín Ibáñez, 1988).

Esta situación cambia a partir de finales del XVIII y durante el XIX con la institucionalización de la educación en los países más desarrollados, mediante la creación de escuelas para los niños (y, como hemos visto, también para las personas adultas). Un cambio que con el paso del tiempo avanza en la obligatoriedad y en el apoyo de los Estados con la dedicación de fondos públicos para su extensión y progreso.

A diferencia de lo que venía sucediendo tradicionalmente, se iniciaba así, por primera vez en la historia de la humanidad, la atribución a la escuela de la responsabilidad por la educación y, con ello, la implantación de un tipo de educación sistemática y metódica (que más tarde se denominaría como formal). Hecho que da lugar a la aparición de los sistemas educativos y de los primeros profesionales de la educación. Nueva forma de educar que también está en el origen de la Pedagogía, que desde el principio se ha ocupado del estudio de la educación a través de dos variables que siempre han condicionado su actividad: la escuela como el lugar privilegiado de la educación y los niños y jóvenes como los destinatarios principales de la acción educativa.

Sin embargo, esta noción de la educación (centrada en la escuela y en los niños) es la que cambia con la aparición del concepto de educación permanente. Aunque, las primeras aportaciones doctrinarias a este nuevo concepto son del s. XVII y XVIII (Kirpal, 1979; Negrín Fajardo, 1990), propiamente, el cambio del que hablamos, por su repercusión social, se inicia a mitad del siglo XX.

Es en este período (años sesenta y setenta) en el que aparecen los primeros autores que hablan de "educación permanente", coincidiendo con las aportaciones de algunos organismos supranacionales del momento. Algunos de los autores más reconocidos internacionalmente, son Lengrand (1966), Coombs (1968), Husén (1968 y 1974), Schwartz (1968, 1970, 1972 y 1973), Maíllo (1969), Mauriras (1969 y 1974), Tardy (1970), Faure (1972), Kallen y Bengtsson (1973) Léon (1975), Besnard y Liétard (1976), Dave (1976), Lowe (1976), Junoy (1979), Apps (1979) y otros. Y sobre los organismos supranacionales nos referimos a los que tradicionalmente se han ocupado de la educación: la UNESCO (1972 y 1976a) el Consejo de Europa (1969, 1970, 1973 y 1978) y la OCDE (1973).

Entre estos organismos internacionales, es especialmente la UNESCO la entidad que lidera el análisis y la difusión de este giro histórico que experimentaba la educación en el mundo. Un primer antecedente de este liderazgo tiene lugar en 1960, con ocasión de celebrar la Segunda Conferencia Internacional de Educación de Adultos en Montreal. De hecho, el tema de este encuentro es *La Educación de Adultos en un mundo en transformación* (UNESCO, 1960: 10), tratando así de responder a uno de los factores contextuales que, como ya se ha dicho, está en el origen de esta nueva concepción de la educación. Ante un mundo que cambia de forma acelerada, los asistentes plantean un cambio sobre la consideración de la educación de adultos. La EPA (se acuerda en esta reunión de CONFITEA) tiene que superar la concepción tradicionalmente compensatoria (para los que no estudiaron, para los que fracasaron, para la clase trabajadora, etc.) y situarse en el marco más amplio de "una educación de adultos para todos que dure toda la vida", porque a todas las personas adultas a lo largo de sus vidas afectan los cambios sociales acelerados y de todo orden.

Como vemos, una concepción más amplia, aunque todavía no se usa la expresión de educación permanente, que es lo que explícitamente ya vemos en la Tercera Conferencia Internacional de Educación de Adultos, celebrada en 1972 en Tokio, esta vez, bajo el lema *La Educación de Adultos en el contexto de la educación permanente*. A partir de esta época, la reflexión, los encuentros, la documentación y la bibliografía dedicada a la educación permanente no deja de crecer, tal como consta en un informe de la UNESCO publicado en estas fechas en el que, además de 46 publicaciones de la UNESCO y 31 del Consejo de Europa, se reseñan 83 reuniones dedicadas a la educación permanente, 122 estudios individuales y colectivos, 42 artículos, 27 números especiales de revistas, 8 revistas más especializadas en el tema y 5 monografías bibliográficas (Marín Ibáñez, 1977: 68: UNESCO, 1973).

En medio de este debate internacional, algunos de los autores citados, tratando de identificar ciertos componentes esenciales del cambio que representa la educación permanente, hablan de su "dimensión temporal y espacial". Con la dimensión temporal se alude a que la educación no tiene fin, abarca todas las edades del ciclo vital, así como todas las dimensiones de la persona y todas las etapas de la educación. Por su parte, la dimensión espacial subraya que no solo educa la escuela, sino la comunidad en su conjunto, lo que significa que los grupos, las instituciones, las empresas, las ciudades, etc. son, al mismo tiempo, fuente y destino de la acción educativa. Dos dimensiones que, lógicamente, reclaman un sistema educativo más abierto, rescatando así la función educativa que tradicionalmente ha tenido la comunidad (antes de la aparición de la escuela) y todas sus instituciones, a través de la idea de "ciudad educativa" o "sociedad educativa" (Faure, 1972; Dave, 1976; Ortega Esteban, 2005).

En general, lo que vienen a decir los especialistas y los organismos internacionales es que la educación de la sociedad o los sistemas educativos de los Estados no pueden limitarse a la educación de los niños y jóvenes, ni referirse solo a la formación inicial que se realiza en las escuelas, que era el planteamiento dominante a partir de la institucionalización de la educación obligatoria a finales del XVIII. Las aportaciones sobre la educación permanente abundan en la idea de que la educación es un derecho de todos los ciudadanos, cualquiera que sea la edad que se tenga, y un deber de los Estados para apoyarla y para remover los obstáculos que impiden su desarrollo.

Realmente, esta perspectiva de la educación como un derecho de todos los ciudadanos a lo largo de la vida, que va más allá de las aulas, es la que desde el principio de su aparición ha estado presente en las concepciones y planteamientos de la Pedagogía Social, con la finalidad de mejorar el bienestar de todos y la participación comunitaria (Ortega Esteban *et al.*, 2013; Pérez Serrano, 2003; Caride, 2005).

Posteriormente, a partir de los noventa del siglo pasado aparecen nuevas lecturas sobre este asunto, también por parte de autores y de organismos internacionales, con un protagonismo, esta vez, claramente innovador y sostenido, de la Unión Europea (Gelpi, 1990; UNESCO, 1991, 2010a, 2010b, 2016 y 2023g; Federighi *et al.*, 1992; Delors *et al.*, 1996; Bélanger, 1995 y 1998; Unión Europea, 1994, 1996, 2000, 2001a, 2001b, 2002, y 2006; Ayuste, 2000; Fernández, 2000; Vázquez Gómez, 2002; Colom, 2005). Con estas nuevas contribuciones vemos que el concepto de educación permanente adquiere un nuevo vigor y se desarrolla con más fuerza, toda vez que, en lugar de utilizar los términos de "educación permanente", se prefiere la expresión de "aprendizaje a lo largo de la vida" o también la de "aprendizaje permanente". Porque se supone que responde mejor a los problemas y cambios sociales propios de la sociedad de la información en la que vivimos. Y porque el acento no se pone en la "educación", conducida por el profesor, sino en el "aprendizaje", cuyo protagonista es el estudiante.

A la hora de describir la dirección del cambio y las consecuencias que supone esta nueva concepción del aprendizaje permanente, los enunciados que se utilizan son múltiples, según que se destaquen unas u otras características o consecuencias para la práctica, por ejemplo: la escuela ya no posee el monopolio de la educación; vivir y aprender se entienden como componentes intrínsecos e inseparables; el cambio contempla la realidad de la educación en la doble dirección temporal (a lo largo de la vida) y espacial (a lo ancho de la vida); el proceso de aprendizaje tiene que ser más flexible y diversificado; hay que transformar los sistemas educativos cerrados en sistemas abiertos; es necesario crear puentes entre la educación formal, no formal e informal; hay que asociar más educación y trabajo; se puede aprender a través de la formación y también mediante la experiencia; se trata de promover los métodos basados en la responsabilidad personal, el autoaprendizaje y la participación; cambian los roles tradicionales de profesor y alumno; hace falta una mayor flexibilidad desde el punto de vista institucional y organizativo; la orientación es un componente esencial de todo proceso de aprendizaje, sea inicial, o continuo; etc.

La idea argumental que se plantea es que la educación permanente, o mejor, el aprendizaje a lo largo de la vida no significa prolongar la enseñanza obligatoria y dar más importancia a la educación de adultos. Se trata de una concepción más amplia, que va más allá del sistema educativo, contando ahora con un nuevo principio organizador, que afecta a todo el universo educativo y que significa varias cosas al mismo tiempo: nos educamos a lo largo de la vida (no solo en la infancia); también educa la comunidad (no solo la escuela); se aplica a todas las formas de educación (escolar y extraescolar, profesional y extraprofesional); afecta a todas las oportunidades de aprendizaje (formal, no formal e informal); teniendo como objetivo el desarrollo personal y social de todos los ciudadanos; tratando de hacer realidad el derecho de todos a la educación.

Si consultamos la, amplia ya, literatura sobre este tema, queda claro que la transformación que representa este giro de 180 grados que se le da a la educación no se ve como coyuntural o de menor calado, sino todo lo contrario. Los discursos utilizados no ofrecen ninguna duda sobre la naturaleza del cambio. Se habla de "nueva dimensión de la práctica educativa" que lleva consigo una "nueva conceptualización de lo que entendemos por educación". También vemos otros argumentos, como los que aluden a un "nuevo orden educativo", o los que destacan el cambio como "factor fundamental de la educación del futuro". Se dice que estamos ante "el sistema de los sistemas educativos" que tiene que ver con el desarrollo personal y social. No faltan los que aluden a un "nuevo modelo de educación", o simplemente a toda una suerte de "revolución educativa", etc. También se usa la expresión de "nuevo paradigma educacional", como "una ruptura epistemológica" que afecta a la concepción que se comparte acerca de lo que entendemos por fenómeno educativo en la sociedad actual.

Todo indica que estamos ante un cambio de gran profundidad, una transformación radical, global, totalizadora que, insistimos, afecta no solo al sistema educativo sino a todo el "universo educativo", entendiendo por ello, la educación de toda la población (sean niños, jóvenes o personas adultas), sea cual sea el tipo de ofertas (formales, no formales o informales), concerniendo también con ello a todas las instituciones educativas, a la actuación de los profesionales y de los participantes, así como a la legislación educativa y a la financiación de la educación. Una nueva visión medular y transversal que sitúa el derecho a la cultura y a la educación en el centro del debate de los Estados democráticos y sociales, por su indeclinable responsabilidad pública para garantizarlo, mediante instituciones y ofertas que aseguren su desarrollo, así como la participación, la igualdad y la calidad.

Además, hablamos de un cambio en la concepción de la educación que afecta también al modo en que interpretábamos sus efectos sociales. Nos referimos a que la concepción, consistente en que la educación de los niños y adolescentes aseguraba el desarrollo de los pueblos ya no se sostiene. Todo parece indicar que los códigos habituales sobre los que ha venido operando la educación se desvanecen. Dicho de otra manera, la idea tradicional de que el derecho a la educación terminaba en torno a los 16-21 años, ha saltado por los aires, perdiendo toda su vigencia.

En su lugar, ahora se habla de aprendizaje a lo largo de la vida, que tiene un nuevo significado (lógicamente, incluyente de lo que se pensaba tradicionalmente) en lo que se refiere al sujeto de la educación y a sus efectos: por una parte, que la educación es un derecho de los ciudadanos de todas las edades (no solo de los niños); y por otra, que este, el aprendizaje permanente (no exclusivamente la educación de los infantoadolescentes en la escuela), sea formal, no formal o informal, es el nuevo paradigma que asegura y consolida el progreso económico y social (ONU, 2015; UNESCO, 2010a, 2020b y 2022; Unión Europea, 2021).

Desde el punto de vista teórico y desde la práctica educativa, este es el marco en el que hay que situar a la EPA. En primer lugar, conviene recordar que la educación permanente no constituye una teoría propia de la educación de adultos, sino un nuevo paradigma, teórico y social, que se aplica a todo el universo educativo. La idea de continuidad de la educación no es exclusiva de la educación de adultos. La educación permanente es un concepto, un principio, una teoría que afecta a toda la educación, sea cual sea la edad de los participantes; punto de vista desde el cual se entiende que la EPA representa un componente o eje fundamental del aprendizaje permanente, que funciona como un derecho y un factor de desarrollo al mismo tiempo.

Una posición, en suma, global y rotunda sobre el aprendizaje a lo largo de la vida y la educación de las personas adultas, que afecta, como venimos diciendo, al universo educativo, y sobre la que algunos organismos supranacionales denuncian que todavía no se haya llegado a comprender su concepción y alcance, su función social en la sociedad actual y los beneficios económicos que entraña.

En tal sentido, la UNESCO (2010c) llama la atención sobre las señales contradictorias que se perciben, entre la teoría y la práctica, respecto del aprendizaje a lo largo de la vida y la función de la educación de adultos en algunos Estados miembros: "El aprendizaje a lo largo de toda la vida sigue siendo más una visión que una realidad." [...] "A pesar del uso frecuente del término 'aprendizaje a lo largo de toda la vida' en una diversidad de documentos legales, de política y de programas, no se ha generalizado la claridad conceptual acerca de lo que constituye el aprendizaje a lo largo de toda la vida y el lugar que en él ocupan el aprendizaje y la educación de adultos" (pág. 14 y 24).

En esta misma dirección, la Unión Europea (2006) insiste en el aprendizaje a lo largo de la vida como una concepción global que afecta a todas las personas (sean niños, jóvenes o adultos), con efectos contrastados en el desarrollo económico y social (empleabilidad, productividad, salud, sociabilidad, bienestar, participación, etc.). Pero en este comunicado de la Comisión Europea, en el que se reconoce que "nunca es demasiado tarde para aprender", se lamenta la inercia tradicional de algunos países que todo lo limitan al sistema educativo, impidiendo con más ambición el desarrollo que merece la EPA: "Los Estados miembros ya no pueden permitirse no tener un sistema eficaz de aprendizaje de adultos, integrado en su estrategia de aprendizaje permanente" (pág. 6).

Dicho sistema eficaz para el desarrollo de la EPA se concreta con más detalle en la *Agenda Europea Renovada para al Aprendizaje de Adultos* con un conjunto de medidas concretas que se recomienda que vayan aplicando los Estados miembros en base a los siguientes objetivos: "1. Hacer del aprendizaje permanente y de la movilidad una realidad. 2. Mejorar la calidad y eficiencia de la educación y la formación. 3. Promover la equidad, la cohesión social y la ciudadanía activa mediante el aprendizaje de adultos. 4. Mejorar la creatividad e innovación de los adultos en sus entornos educativos. 5. Mejorar la base de conocimientos sobre el aprendizaje de adultos y la supervisión del sector del aprendizaje de adultos" (Unión Europea, 2011: 5-6).

En resumen, si ahondamos en el concepto de aprendizaje permanente, está claro que no estamos ante un cambio meramente metodológico o didáctico, sino más profundo que, desde el punto de vista antropológico, afecta a la propia concepción del ser humano y su desarrollo. Lo contrario, por obvio que resulte, significaría borrar de nuestra memoria lo que somos, de dónde venimos y a dónde vamos. Incluso lo podemos expresar de esta otra forma: seguir como hasta ahora representaría ignorar lo que realmente hemos llegado a ser como especie, desconocer la función que han ejercido la cultura y la educación en la aparición y consolidación del *homo sapiens* a través de miles de años, tal como reconocen los antropólogos, los paleontólogos y los psicólogos.

En el fondo, de acuerdo con los autores citados, se trata reinventar la educación, transformarla, rediseñar otro modelo, que responda a los cambios culturales y sociales con otras estrategias y nuevas líneas de acción, que conectan mejor con su verdadera naturaleza, función y objetivos. Reinvención, cuyo eje central no es el sistema educativo (que es de donde venimos), sino el universo educativo, que es el nuevo principio organizador de la educación desde el que será posible acometer y solventar los déficits y trabas que actualmente tiene la EPA en algunos países.

Otra cosa es que, dependiendo de los gobiernos, se haya sabido (o se haya querido) entender la envergadura del cambio y extraer las conclusiones debidas para la organización de la educación, en primer lugar, por la inercia de las instituciones y su resistencia tradicional al cambio, pero también, por la complejidad que supone, por el mayor gasto que representa y por la considerable dotación de personal que se precisa. Por ello, ante esta nueva concepción de la educación como un derecho de todos los ciudadanos, cobran sentido las siguientes preguntas: ¿cómo y en qué medida se aplica el aprendizaje permanente en las leyes educativas?; ¿cómo han cambiado los sistemas educativos a partir de tales leyes?; ¿qué consecuencias tiene el nuevo concepto para el sistema educativo y para la formación de las personas adultas?

2. EL APRENDIZAJE PERMANENTE Y EL SISTEMA EDUCATIVO

Si estamos de acuerdo con el significado y alcance que tiene el concepto de aprendizaje permanente, nos interesa ahora analizar la respuesta de los gobiernos a través de las leyes educativas. En general, lo que vemos a partir de mediados del siglo XX es que en la mayoría de los países las leyes educativas comienzan a incluir la educación permanente como un principio global que se aplica a todo el sistema educativo. Son países que, de acuerdo con las recomendaciones de la UNESCO, se refieren a la educación permanente como un factor fundamental que va a mejorar la educación de todos los ciudadanos, ayudándonos a resolver viejos y nuevos problemas, como la pobreza, el desempleo, la exclusión social, las desigualdades, etc. El argumento principal que aparece en la legislación de esta etapa es que la educación permanente representa la única salida que tenemos para responder a las transformaciones económicas y sociales cada vez más extendidas y aceleradas. Se contempla la educación permanente como la mejor alternativa a los cambios de todo orden que van apareciendo: laborales, económicos, sociales, políticos, familiares, institucionales, tecnológicos, científicos, etc. y también, por supuesto, educativos.

En España, ya hemos comentado que es en 1970 cuando vemos la expresión "educación permanente" en una ley de educación. Se trata de la *Ley General de Educación* (LGE) en la que, por primera vez, en un texto legal español se regula el sistema educativo de acuerdo con el principio de educación permanente, incluyendo la educación de adultos en su estructura. Un cambio este importante con expresiones y párrafos que abundan en la idea que venimos señalando: se concibe la educación como una permanente tarea inacabada, que incumbe a toda la población; para ello se plantea construir un sistema educativo permanente, capaz de desarrollar hasta el máximo la capacidad de todos y cada uno de los españoles; además, se habla de la educación como un derecho de todos los ciudadanos y un deber del Estado para conseguirlo, dando plena efectividad al principio de igualdad de oportunidades; precisamente por todo ello, se formula que uno de los fines del sistema educativo es asegurar la unidad y continuidad de la educación a lo largo de la vida (BOE, 1970: preámbulo y arts. 2 y 9).

En lo que se refiere a la formación de las personas adultas, la principal aportación de esta ley es que cambia radicalmente su concepción respecto de las leyes anteriores. La EPA abandona el perfil meramente compensatorio y sustitutorio y deja de ser coyuntural y limitada en el tiempo. A partir de ahora la educación de adultos forma parte del sistema educativo (art. 12.1, 43, 44, y 45), lo que (independientemente del debate que genera dicha inclusión) significó fundamentalmente dos cosas: adquiere valor en sí misma como una oferta con sentido propio, que ya no se vincula a la formación previa que posean los destinatarios, ni depende de la evolución efectiva de la escolaridad infantil, como se desprendía de las leyes del s. XIX; y se normaliza institucionalmente, contando con partidas presupuestarias propias, mediante la dotación correspondiente de recursos materiales y humanos a lo largo de todo el territorio.

Pasados veinte años, también hemos comentado que, ya en plena democracia, se produce un momento articular en relación con la aplicación del aprendizaje permanente al sistema educativo. En 1990 se aprueba en el parlamento español la *Ley Orgánica General del Sistema Educativo* (la LOGSE), en la que se establece que también la educación permanente (un concepto ya generalizado en la mayoría de las leyes educativas de otros países) será el principio básico del sistema educativo, concebido como un criterio integrador que asegura el derecho de todos a la educación, que se extiende a lo largo de toda la vida, evitando la discriminación y reduciendo las desigualdades (BOE, 1990: preámbulo y art. 2 y 54).

Una ley, por tanto, de carácter general, como vemos en su título, pero que aborda cuestiones clave de la EPA (BOE, 1990: arts. 51-54), que no se habían resuelto en las leyes anteriores. Nos referimos a tres importantes cambios (de los que ya hemos hablado en el capítulo 4), que benefician a las personas adultas, mejorando sus oportunidades de formación y que se desarrollan en el marco del sistema educativo:

- En primer lugar, se adaptan las enseñanzas formales (pensadas inicialmente para los niños) a la población adulta, con ofertas más flexibles; lo que da lugar a que se puedan modificar los currículos de algunas enseñanzas y sus componentes, como los objetivos, la organización y la metodología, los sistemas de evaluación, etc., teniendo en cuenta las características de las personas adultas.

- En segundo lugar, se sientan las bases y se desarrollan para la población adulta los sistemas de reconocimiento de la experiencia y de la formación no reglada, facilitando así otras vías para la titulación y para el acceso a la formación permanente.

- Y en tercer lugar, se abre el sistema educativo a la formación continua de los trabajadores, con ofertas de formación permanente, de carácter profesional, que ofrecen tanto las universidades como los centros de educación secundaria y las propias autoridades educativas.

Cambios, sin duda, significativos para la formación de la población adulta que, como ya se ha dicho, se mantienen en las leyes educativas posteriores como la LOCE (BOE, 2002a), la LOE (BOE, 2006), la LOMCE (BOE,

2013) (independientemente de la orientación política del Gobierno de cada momento) y en la actualmente vigente LOMLOE (BOE, 2020). Lo cual, conviene recordarlo, representó un avance importante que daba cumplida respuesta, por fin, a reivindicaciones, algunas centenarias, de los profesionales y académicos de este sector educativo, relativas a la diferencia entre educar a niños y a personas adultas.

Pero, como vemos, son cambios que se limitan al sistema educativo que, fruto de la aplicación del principio de educación permanente y en consonancia con las orientaciones de los organismos supranacionales, superan la rigidez tradicional y evolucionan en una dirección más abierta, diversificada y flexible. Prueba de lo que decimos es que en tales leyes se incluyen artículos sobre las siguientes cuestiones: se plantea que toda la población consiga, como mínimo, un nivel de educación secundaria postobligatoria o equivalente; se promueven acciones para recuperar a los jóvenes y adultos que abandonaron el sistema educativo sin ninguna titulación; se facilita el acceso a la información y a la orientación sobre las ofertas del sistema educativo; se fomenta el aprendizaje de las capacidades y aptitudes relacionadas con el trabajo y el empleo; se propone avanzar en el reconocimiento y la validación de los aprendizajes adquiridos a través de la experiencia y de la educación no formal; se promueve la creación de ofertas de aprendizaje abiertas a la adquisición de competencias básicas; especialmente, por tratarse de personas adultas que tienen otras responsabilidades sociales, laborales y familiares, se recomienda el uso de ofertas de aprendizaje y métodos flexibles, como la educación a distancia, el uso de las nuevas tecnologías de la información, la apertura de centros en horario de tarde y noche, etc.

A partir de lo anteriormente expuesto, la pregunta es la siguiente: ¿son suficientes estos cambios en el marco del sistema educativo cuando se trata de aplicar a la educación el principio de aprendizaje permanente?

Entendemos que no. No son suficientes estos cambios, aunque hay que reconocer que han sido y siguen siendo fundamentales, y afortunadamente, ya irreversibles. Pero reiteramos que no son suficientes porque, desde esta posición de partida, (aplicar el aprendizaje permanente al sistema educativo) no se abordan con la profundidad necesaria y la correspondiente amplitud de miras las dificultades y obstáculos que aquejan a la EPA, impidiendo su desarrollo teórico y práctico, con todo lo que ello significa en términos de igualdad, calidad, empoderamiento e impacto social. Con lo cual sobre todo se impide también (aquí está la importancia que tiene la posición de partida que se critica) hacer realidad y avanzar en el derecho a la cultura y a la educación de todos los ciudadanos.

Algunos de estos problemas son ya tradicionales y continúan actualmente; otros afectan a todos los países, sea cual sea su nivel de desarrollo; y también los hay que están más próximos a nosotros en algunos países, dependiendo de cuáles sean sus políticas educativas.

Nos referimos a tres principales problemas o déficits de la EPA, de los que venimos hablando en este libro: el primero, es el problema de *los excluidos* en alusión a las personas adultas más necesitadas de formación y competencias básicas que no están participando de las ofertas oficiales que se les ofrece por parte de los poderes públicos; en segundo lugar, hemos de señalar el problema de la *regulación de las enseñanzas formales y la autonomía de sus profesionales,* un asunto en el que todavía se puede mejorar más para adaptar las ofertas y los currículos a las características de las personas adultas; y en tercer lugar, está el problema de *la educación no formal,* cuyo abandono y desinterés por parte de las políticas educativas están frenando su desarrollo y calidad, pese al incremento de las cifras de participación y a los efectos económicos, sociales y políticos que se vienen acreditando.

No obstante, lo dicho no quiere decir que estos sean los únicos retos a los que enfrenta la EPA en el momento actual. Pero creemos que sí son claves y decisivos para que este sector de la educación discurra por una senda de mayor consolidación, desarrollo y calidad.

3. El aprendizaje permanente y el universo educativo

Desde nuestro punto de vista, la única forma de abordar los déficits y problemas señalados, con la suficiente ambición y con respuestas de largo recorrido, es aplicar el principio de aprendizaje permanente, no al sistema educativo, sino al universo educativo. Ya hemos aclarado antes la diferencia. El sistema educativo se refiere a una parte de la educación (la formal), que es la conduce a los títulos oficiales en cada momento, y a una parte de la población (niños, jóvenes y adultos sin titulación). El universo educativo, en la medida en que concibe la educación como un derecho de todos los ciudadanos, se refiere a la totalidad de los procesos de educación que tienen lugar en una sociedad (formal, no formal e informal) y a toda la población (niños, jóvenes y adultos), cualquiera que se la edad de los participantes. Una concepción esta más amplia de la educación y del escenario educativo en la doble dirección temporal (a lo largo de la vida) y espacial (a lo ancho de la vida), que no siempre se ajusta a la realidad (Delors *et al.*, 1996; Comisión Europea, 2000; Vázquez, 2002; Colom, 2005). Pero ello resulta oportuno recordar aquí lo que señalábamos anteriormente sobre la visión de la UNESCO en este tema: "El aprendizaje a lo largo de toda la vida sigue siendo más una visión que una realidad".

Si volvemos a las mismas leyes educativas españolas, lo que vemos es que a veces se confunde sistema educativo con universo educativo. En efecto, tanto en las leyes del Estado (BOE, 1990, 2002a, 2006, 2013, 2020), como en la legislación educativa de las CCAA, si nos atenemos al texto, vemos que se solemniza y aplaude el nuevo paradigma de la educación permanente o aprendizaje a lo largo de la vida. Basándose en su valor y reconocimiento para guiar y ordenar la acción educativa, son leyes, por ejemplo, que declaran el derecho de todos a la educación, subrayan la lucha contra la discriminación, buscan reducir las desigualdades, promueven la posibilidad de formarse a lo largo de la vida dentro y fuera del sistema educativo, pregonan que el sistema educativo se rige por el principio básico de la educación permanente, apuestan por la conciliación del aprendizaje con otras responsabilidades y actividades propias de las personas adultas, se refieren a la educación como tarea de todo el país, abundan en el desarrollo de las capacidades de todos los españoles mediante la educación formal y no formal, apuestan incluso por la capacidad para el aprendizaje autónomo como condición para hacer efectivo el principio de educación permanente, etc.

Pero se quedan ahí, en las declaraciones, en las palabras, y, a la hora de sacar las conclusiones para la práctica, en lugar de situarse en la perspectiva del derecho a la educación de todos los ciudadanos, se limitan a mejorar las oportunidades de formación de las personas adultas en el sistema educativo formal y con relación a la formación laboral. Es decir, se proclama el principio de educación permanente, incluso se profundiza en su significado y extensión, pero cuando se trata de su aplicación, las leyes y las autoridades educativas continúan con la inercia tradicional de limitarse al sistema educativo formal. Aquí tenemos un problema: no se puede hablar de educación permanente y del derecho de todas las personas a la educación y limitarse solo al ámbito del sistema educativo formal y oficial (cuyos destinatarios son los niños, los jóvenes y algunos adultos que carecen de titulación), incluyendo la formación laboral de los trabajadores o desempleados.

Quedan fuera otras muchas formas de educación que realizan las personas adultas. Philips Coombs (que, además de formar parte del gobierno del presidente Kennedy, acabó siendo director del departamento de planificación de la UNESCO) decía que "los ministerios de educación" propiamente deberían llamarse "ministerios de escuelas y de universidades", porque no se ocupan de todas las formas de educación, sino de las que tienen lugar en las escuelas y universidades (Coombs, 1991).

En realidad, lo que vemos no es otra cosa que un colosal contraste entre los principios, las declaraciones y la realidad. Abundantes y hermosas palabras sobre la educación permanente y su relación con el sistema educativo, sobre el derecho de todos a la educación, sobre la lucha contra la discriminación, sobre la reducción de las desigualdades, etc., pero con un impacto limitado en la realidad, es decir, en el universo educativo. Expresiones que se han quedado en el texto y que, como ya ha sucedido con otras leyes, más bien han servido para la argumentación, las justificaciones, las declaraciones, los discursos, quedándose simplemente en la mera retórica.

Una posición que deja en la penumbra y con escaso margen de maniobra las posibles salidas que tiene la sociedad y sus autoridades educativas para abordar convenientemente los tres problemas señalados que afectan a la EPA, y con ello, al derecho a la educación: el de los excluidos, el de la regulación de la educación formal y el de la educación no formal. Tres problemas que, como veremos a continuación, se encuentran estrechamente relacionados entre sí (sobre todo los dos primeros) y que ponen de manifiesto un cierto estado de marginación y de bloqueo en el que todavía se encuentra la EPA en algunos países, frenando su desarrollo y, sobre todo, impidiendo que este sector educativo cumpla con su función educativa y social.

Veamos con más detenimiento los tres problemas señalados y las alternativas que se presentan desde la perspectiva de aplicar el principio del aprendizaje permanente, más allá del sistema educativo, al universo educativo. Empezamos con el primero y el segundo con posibles salidas y potenciales cambios que afectan a ambos, precisamente por la relación estrecha relación que guardan entre sí. Finalmente entramos en el tercero de los problemas con opciones más complejas que afectan a la misma concepción de la educación y su organización en las sociedades modernas.

Comenzamos con el *problema de los excluidos*, sobre cuyo origen y características ya hemos hablado en el capítulo 1. Se trata de un fenómeno internacional que, con más o menos intensidad y capacidad de respuesta por parte de los Estados, se da en todos los países, cualquiera que sea su nivel de desarrollo. Nos referimos a las personas adultas que poseen un bajo nivel de cualificaciones y habilidades básicas, debido a que o no fueron a la escuela en su momento, o la abandonaron antes de finalizar los estudios, o no consiguieron superar las enseñanzas y titular; un colectivo, en algunos territorios nada escaso, situado entre los grupos sociales más desfavorecidos del mercado laboral y de la sociedad.

En la mayoría de los países existe una oferta pública y gratuita de formación básica, de carácter formal y oficial (conocida como educación de segunda oportunidad), para que estas personas mejoren sus competencias cognitivas y habilidades sociales, lo que les servirá inicialmente para obtener la titulación mínima del sistema educativo, pero, sobre todo, dado su carácter de educación básica, para defenderse mejor en la vida, para mejorar en su actividad laboral y para beneficiarse de las oportunidades que les ofrece el Estado de bienestar.

Y lo que sucede es que un número importante de estas personas no participa de tales ofertas de formación básica. Precisamente, las que más lo necesitan que son las que menos formación tienen. Porque está demostrado que cuanta más formación tiene una persona, más formación demanda; y por contra, cuanta menos formación tiene, menos siente la necesidad de formarse (Lowe, 1978). Un fenómeno que ya se trató en la Conferencia Internacional de Educación de Adultos de Tokio: "La experiencia demuestra —se decía en Tokio— que el aumento de los servicios educativos de una comunidad tiende a favorecer sobre todo a los que ya disfrutan de los beneficios de la educación" (UNESCO, 1972: 21).

Precisamente por ello, este problema se ha convertido en una preocupación primordial de la UNESCO (2010b), dado que 774 millones de adultos en todo el mundo (dos tercios de ellos mujeres), carecen de competencias básicas de alfabetización, lectura, escritura y aritmética, así como de habilidades para la gestión de la vida diaria (anexo, apdo. 3). Una inquietud que se comparte también en la Unión Europea, donde se confirma que las personas adultas con baja cualificación participan menos en la educación y la formación que aquellos con niveles más altos de logro educativo. Todavía una de cada cinco personas adultas en la UE (más de cincuenta millones de personas de 25 a 64 años) no ha completado la segunda etapa de educación secundaria, lo que significa que tienen bajos niveles de alfabetización y competencias básicas, como aritmética, lectoescritura, habilidades digitales, etc. (Unión Europea, 2021: 12).

Por otra parte, directamente relacionado con la situación de los excluidos, está el problema de la *regulación de las enseñanzas formales y la autonomía de sus profesionales* en el marco del sistema educativo. Entre las diferentes aproximaciones que tiene este problema, ya hemos abordado en los capítulos 4 y 5 el análisis de la legislación actual y el margen de actuación que tienen los educadores. Pese a los inequívocos avances, todo indica que todavía no se ha superado del todo el mimetismo tradicional de aplicar a la educación de adultos determinadas pautas y modelos escolares e infantiles que afectan a los currículos, la selección de contenidos, la organización, los métodos, las actividades, los sistemas de evaluación, etc. El resultado es una legislación todavía restrictiva que limita la necesaria autonomía de los profesionales para poder responder con más opciones a las dificultades que se encuentran con su alumnado, evitando así las deserciones y el incremento de las estadistas de los excluidos.

En la actualidad, la situación de los excluidos y el modo en que se regulan las enseñanzas oficiales (formales), sobre todo las que conducen a la adquisición de las competencias básicas, sigue igual en algunos países, porque se continúa abordando desde las limitaciones que impone el sistema educativo. No podemos olvidar que nos enfrentamos a las desigualdades que vemos en el campo de la educación de adultos, que acaban interpelando a los propios Estados democráticos de derecho, toda vez que está claro que no basta con el incremento de las ofertas de formación si, al mismo tiempo, no se toman medidas específicas en favor de los menos favorecidos, que son los más necesitados de educación. Si seguimos así, tendremos cada vez más difícil hacer realidad el derecho de todas las personas a la educación, cuyo referente no puede ser otro que el universo educativo, desde el que será posible contar con respuestas que lleven consigo la aportación de más recursos y la aplicación de medios y programas innovadores para llegar a los más necesitados de formación.

Entre las respuestas para abordar estos dos problemas de la EPA, en primer lugar, están las que proponen la UNESCO (2016) y la Unión Europea (2021) cuando se refieren a los programas de cualificación básica destinados a los sectores de población más desfavorecidos social y económicamente. Si, en efecto, queremos llegar a los más necesitados de formación, las ofertas concretas que se desarrollan en los diferentes centros tienen que estar apoyadas por campañas de divulgación, sensibilización y motivación, y además, los propios centros tienen que contar con servicios de orientación personal, así como con herramientas (información, autoayuda, bases de datos en línea, etc.) sobre las oportunidades de aprendizaje.

Pero, debido a su magnitud y a la centralidad que ocupan en la EPA, son problemas que precisan de una respuesta de mayor calado, cuyo análisis teórico hemos visto en el capítulo anterior. Teniendo en cuenta que asistimos a un cambio que afecta a los canales, formas y fuentes tradicionales de educación, actualmente se precisa una estrategia educativa integrada y convergente de colaboración entre las ofertas de educación formal y no formal incluyendo las diferentes oportunidades de aprendizaje informal.

Entendemos que esta es la única salida que tienen estos dos problemas: la creación de pasarelas y nuevas formas de relación y comunicación entre los diferentes tipos de educación (formal, no formal e informal) en el marco de las competencias básicas (de lo que ya hemos hablado en el capítulo 6), cuyo espacio natural de acogida y de justificación educativa, como venimos diciendo, tiene que ser el universo educativo. La propia Unión Europea (2018) reconoce que el aprendizaje no formal e informal desempeña un papel importante en el desarrollo de capacidades básicas relacionadas con la comunicación, el pensamiento crítico, las capacidades analíticas, la creatividad, la resolución de problemas, la ciudadanía activa, la vida laboral, etc. Una posición que aconseja concebir y organizar la Educación Básica desde el enfoque de las "competencias clave" que es el marco teórico-práctico, según la Unión Europa y algunos autores, para llegar a los más necesitados desde la perspectiva del aprendizaje a lo largo de la vida (Pérez Gómez, 2007).

En todo caso se precisan cambios en la legislación actual de las enseñanzas oficiales (formales) de Educación Básica, si no queremos quedarnos inermes y sin margen de maniobra frente a los problemas señalados. Nos referimos a los cambios que profundizan todavía más en los planteamientos de la UNESCO acerca de la situación y el funcionamiento de la educación de las personas adultas en el marco del aprendizaje permanente y del derecho de todos a la educación.

En España, tales planteamientos, inicialmente recogidos en el Libro Blanco de la educación de adultos de España (MEC, 1986), representaban en su momento el punto de partida de los académicos, de los profesionales y del propio Ministerio de Educación sobre las bases de una posible ley de educación de adultos para todo el Estado, que pudiera dar respuesta a los problemas señalados. De hecho, la idea central del Libro Blanco es que la EPA representa un subconjunto de un proyecto global de educación permanente, que precisa de un tratamiento diferenciado del resto del sistema educativo.

Pero, como ya se ha dicho, abandonada la oportunidad de una ley de EPA, la norma legal que se aprueba, la LOGSE (incluyendo las leyes posteriores y la actualmente vigente), en lo que se refiere a las personas adultas se limita a regular solo las enseñanzas formales, donde no queda clara la idea de subconjunto (o subsistema) integrado en un proyecto más general de aprendizaje permanente, sino que se percibe como un apéndice del sistema educativo, que por la misma razón no se le da todo el tratamiento propio y específico que merece.

Por tanto, sin olvidar lo que se ha avanzado en este campo, aún nos queda mucho por hacer. Pensamos que en lo que se refiere a la regulación legal de las enseñanzas formales para las personas adultas, cualquiera que fuera la ley que lo aborde, tendría que avanzarse todavía más en la *flexibilidad* de la regulación y en la correspondiente *autonomía* de los profesionales. Flexibilidad y autonomía que garantizan que el sistema educativo cambia en una dirección más abierta, más diversificada, más personalizada, más comunitaria, más integradora e inclusiva.

Cuando hablamos de flexibilizar la regulación nos referimos a las normas que van encaminadas a adaptar las ofertas y enseñanzas formales (inicialmente pensadas para los infantoadolescentes en la escuela) a las características, necesidades y demandas de las personas adultas; pero siempre que no perdamos de vista que, a diferencia de lo que vemos en el sistema educativo, las personas adultas tienen que hacer compatible sus responsabilidades personales, laborales y sociales con la formación.

Como ya se ha visto, la legislación española actual ya contempla algunas medidas organizativas y curriculares en esta dirección: las enseñanzas a distancia, las ofertas semipresenciales, la obligación de adaptar los currículos, la organización de los centros, el acceso a la titulación mediante pruebas, etc. Pero pensamos que es posible que se precisen de mayores esfuerzos para flexibilizar todavía más las ofertas educativas, en cuyo caso se proponen algunas medidas, que, sin duda podrán ser debatidas y completadas por los lectores con nuevas iniciativas en la misma dirección:

- La primera consideración en este sentido se refiere al diseño de las ofertas. Los currículos de las enseñanzas formales (oficiales) para personas adultas no pueden ser una mera adaptación de los diseños curriculares de las enseñanzas escolares dirigidas a los niños y adolescentes, sino que han de ser unos currículos específicos con contenidos propios que den respuestas educativas a las necesidades (instrumentales, personales, familiares, laborales, sociales, económicas, políticas, etc.) que tienen las personas adultas.

— Otra de las medidas que contribuyen a la flexibilidad de las enseñanzas formales se refiere a los requisitos de acceso. Lo que se propone es suprimir (o rebajar) las exigencias formales y administrativas relativas al nivel de instrucción anteriormente adquirido, subordinando exclusivamente la participación en un programa de formación a los conocimientos previos de las personas adultas y a su capacidad para seguir la formación impartida.

— Aunque ya se reconoce que el autoaprendizaje es un principio metodológico propio para personas adultas, se puede ampliar su aplicación a todas las enseñanzas formales, facilitando incluso que las ofertas educativas permitan que los participantes puedan tomar decisiones, por sí mismos y en diálogo con su profesor, acerca de su aprendizaje y de su trayectoria formativa.

— Las enseñanzas formales para personas adultas ya incorporan sistemas de reconocimiento y acreditación que permiten evaluar no solo la instrucción recibida, sino también los aprendizajes adquiridos a través de la experiencia o por medio de la formación no reglada. No obstante, se podría mejorar más en esta dirección, dando una mayor publicidad, extendiendo tales sistemas a todas las enseñanzas formales y permitiendo no solo la acreditación parcial, sino también la acreditación total, como ya se hace en otros países.

— En lo que se refiere al seguimiento de las enseñanzas formales y la evaluación del alumnado, tendríamos que intensificar la diferencia ente instrucción y aprendizaje, donde lo importante no es saber qué camino ha seguido el alumnado, sino lo que ha adquirido. Esto significa valorar, no tanto el recorrido escolar del alumno, como los aprendizajes y competencias obtenidos, independientemente de la forma de adquirirlos.

— Por otra parte, sobre toto en el campo de formación básica vamos conociendo experiencias, basadas en las competencias clave, encaminadas a fortalecer los vínculos y la colaboración entre educación formal, no formal e informal, reduciendo así la tradicional dicotomía entre estos sectores de la educación, mediante acuerdos entre instituciones y profesionales.

— Algunas prácticas, que tienen ya una cierta andadura en el campo de la educación no formal, podrían aplicarse también a la educación formal. Teniendo en cuenta la valiosa experiencia que han adquirido los adultos a lo largo de sus vidas, se trata de solicitar su participación y contribución también a la hora de seleccionar determinados conocimientos y contenidos de las enseñanzas.

— Todo ello, por supuesto, sin perjuicio de lo que podemos progresar todavía más en flexibilizar los aspectos organizativos de las ofertas de enseñanza, por ejemplo, individualizando los itinerarios, aplicando el sistema de créditos y módulos, haciendo más uso de medios tecnológicos e informáticos, como el móvil, el ordenador e Internet, admitiendo incluso la posibilidad de combinar la enseñanza presencial y la enseñanza a distancia.

— Finalmente, debemos salir al paso de los efectos negativos que tienen algunas reformas educativas que, al elevar el nivel de escolaridad básica y obligatoria, dejan en estado de obsolescencia académica y social a aquellas personas adultas que habían conseguido su titulación básica antes de la reforma. Si queremos evitar las desigualdades que esto genera en la población adulta, tales leyes han de ir acompañadas de medidas destinadas a mantener el reconocimiento académico y social de las competencias básicas que ya poseen las personas adultas.

No obstante, todo lo dicho sobre flexibilizar las enseñanzas formales no puede prosperar si no avanzamos también en la autonomía de los profesores. En este caso, flexibilidad y autonomía operan como elementos complementarios, si lo que se pretende es que las ofertas de las enseñanzas formales respondan mejor a las necesidades de las personas adultas, haciendo compatible su dedicación a la formación con sus responsabilidades personales, laborales y sociales.

Está claro que cualquier perspectiva educativa que se precie, optando por una mayor flexibilidad en lo que se refiere a las enseñanzas formales, tiene que contar con su propio complemento, la autonomía profesional; un asunto, además, que tiene que estar presente en cualquier propuesta de formación de tales profesionales. Así lo entienden algunos autores que abordan la autonomía del profesorado como un rasgo propio del concepto de profesionalización, que nos remite a las competencias para el ejercicio de una actividad que cumple con ciertos niveles de calidad. El tal sentido, la autonomía, más allá de una aplicación meramente técnica e instrumental de la normativa, se asocia con la necesaria responsabilidad, compromiso y juicio crítico, que en el mundo de la educación siempre opera con un norte optimizante y emancipador (Mertens, 1994; Contreras, 1997; Sarramona *et al.*, 1998; Bazán y González, 2007).

El tercero de los problemas de la EPA es el que se refiere al abandono y desinterés de la *educación no formal* por parte de las políticas educativas. En este caso, como en los anteriores, también se ponen de manifiesto las incoherencias de una legislación sobre el aprendizaje permanente basada exclusivamente en su aplicación al sistema educativo y no al universo educativo.

Una evidente contradicción que ignora la diversidad, el volumen y los efectos sociales que tiene la formación que hoy realizan muchos ciudadanos: la formación laboral que está fuera del CNCP, las actividades educativas que ofrecen los ayuntamientos, las ofertas para mayores de las universidades, los talleres de los centros cívicos, los programas de las universidades populares, los proyectos de animación sociocultural, las actuaciones de las asociaciones y grupos solidarios, los diferentes voluntarios que se dedican a la formación de las personas adultas, etc.

En suma, las actuales leyes educativas dejan fuera las actividades de educación no formal e informal que realizan las personas adultas, sobre cuya demanda, participación, beneficios personales e impacto social hemos hablado ampliamente en este libro, aportando datos y evidencias que contrastan con este abandono y dejación (no sabemos si desinterés) de los gobiernos a todos los niveles de la administración.

De ninguna manera se entiende que se continúe dando la espalda a los efectos educativos, culturales, económicos, sociales y políticos que se están generando en las sociedades modernas en las que las personas adultas han decidido seguir aprendiendo a lo largo de la vida. Un fenómeno, por otra parte, relacionado con determinados cambios personales, demográficos, sanitarios y sociales que afectan a la población adulta: el incremento de la esperanza de vida, la longevidad creciente y en condiciones saludables de muchas personas mayores y que estamos ante un colectivo social cada vez más numeroso.

Dicho de otra manera. El hecho de que la legislación educativa prescinda de la educación no formal de personas adultas significa partir de una concepción restringida de la educación (limitada solo al sistema educativo), que conduce a admitir (al menos implícitamente) que buena parte de los problemas educativos que hoy tenemos se resuelven únicamente tratándolos con los niños en las escuelas. Pero de sobra es sabido que no es así. Pensemos, por ejemplo, en cualquiera de los siguientes problemas educativos del momento presente: la intolerancia, la ignorancia, la manipulación, las desigualdades, la malnutrición, la obesidad, la violencia de género, el desconocimiento de la propia historia, las teorías conspiranoicas, el calentamiento global, las derivas políticas autoritarias, los prejuicios sobre las vacunas, las *fake news*, etc. ¿Alguien cree que tales problemas educativos solo se resuelven en las escuelas y que no afectan también a las personas adultas?

En su momento, coincidiendo con la publicación del Libro Blanco y el debate sobre la LOGSE, ya perdimos la ocasión de que la legislación educativa española abordara con un horizonte más amplio la EPA sin dejar fuera la educación no formal, de acuerdo con las recomendaciones de la UNESCO y otros organismos supranacionales. Así se explica que, pese a los avances incontestables que representó la LOGSE (y en general, las leyes educativas a partir de la Constitución de 1978), un cierto desamparo y sobre todo incomprensión se apoderó de los profesionales de la EPA, las instituciones y los investigadores universitarios.

Se instalaba así en España la falta de apoyo y la insuficiente financiación de la mayoría de las ofertas de educación no formal de las personas adultas. Un hecho, cuya demanda y cifra de participantes, como ya se ha señalado, se mantiene creciendo casi de forma exponencial desde hace ya varias décadas en dos grandes campos: la *Formación Profesional Continua*, relacionada con el empleo y que se realiza en las empresas, o por parte de organizaciones empresariales y sindicales; y la *Formación Personal y Comunitaria* que, sobre todo, se desarrolla a nivel municipal por parte de los ayuntamientos, las universidades populares y otras instituciones públicas o privadas.

Pero ¿cómo funciona en España esta educación no formal y cómo se financia? La *Formación Profesional Continua* funciona de acuerdo con un Plan de Formación y dispone de una financiación específica, que cada año se concreta en los Presupuestos Generales del Estado, con fondos provenientes de distintas fuentes, entre otras, de la cuota de formación profesional que aportan las empresas y los trabajadores (FUNDAE, 2023). En el caso de la *Formación Personal y Comunitaria*, que se realiza voluntariamente y que sobre todo tiene lugar a nivel municipal por parte de los ayuntamientos, las universidades populares los centros cívicos y otras instituciones públicas o privadas, no existe plan alguno ni financiación del Estado o de las Comunidades Autónomas. Se trata de una formación que, en la mayoría de los casos, se la costean las propias personas adultas, salvo algunos ayuntamientos que cuentan con un sistema de ayudas y becas.

Frente a esta realidad vemos que, en España, coincidiendo con las recomendaciones de los organismos supranacionales, no son pocos los autores e investigadores que reclaman un compromiso mayor de la sociedad y de las autoridades educativas por la educación no formal. Así se ha puesto de manifiesto en el libro *La educación no formal, una prioridad de futuro*, coordinado por Diaz Hochleitner (1991), con aportaciones de autores tan relevantes como García Garrido (1991), De la Orden (1991), Coombs (1991), Garrido (1991), Power (1991), Cariola (1991), Haddad (1991) y otros.

Entendemos que este compromiso mayor de las autoridades educativas, del que se habla en el libro citado, tendría que desarrollarse mediante una legislación sobre la educación que contemple el universo educativo, que es lo que se corresponde con el principio del aprendizaje permanente.

Lógicamente, no se trata de regular toda la educación, incluyendo la educación no formal, tal como se regula la educación formal. Si así se hiciera, se desvirtuaría su valor y sentido, lo que conduciría a su desnaturalización y pérdida de identidad. De ninguna manera.

Desde este marco más general, independientemente de lo que se haga en el ámbito de la educación formal (que no se cuestiona), lo que se demanda en el ámbito de la educación no formal es su apoyo legislativo, su financiación y su promoción (no su regulación en términos de niveles, calendario, calificación, rendimiento, condiciones de acceso, tipos de centros, materias a impartir, etc.). Nos referimos a una legislación y financiación sobre educación no formal que permita llegar a toda la población sobre todo a los más necesitados, que avance en la lucha contra la discriminación y las desigualdades, que cuente con recursos y medios suficientes, que apoye a las instituciones y centros, que respete su diversidad y características propias, que sea objeto de investigación y seguimiento y, sobre todo, que repercuta en la calidad de las ofertas, de los programas y de las actividades.

Hablamos, pues, de no pocas cuestiones sobre la educación no formal de personas adultas que pueden ser objeto de legislación y financiación, pero que su responsabilidad y ejecución está en manos de las universidades, de las instituciones proveedoras y de los profesionales. Nos referimos, por ejemplo, al seguimiento científico, a la formación de sus profesionales, a la aplicación de nuevas tecnologías, al trabajo en equipo, al desarrollo psicológico en la edad adulta, a las técnicas de comunicación social, a los sistemas de información y orientación, a la innovación de experiencias, al diseño de proyectos, a la definición de las ofertas, a las estrategias de evaluación, a los sistemas de excelencia, a los criterios e indicadores de calidad, a la gestión de instituciones y centros, etc.

En resumen, cuando hablamos de "universo educativo *versus* sistema educativo", que es el título que damos a este último capítulo, nos referimos a que la única posibilidad que existe de abordar y resolver los grandes problemas y déficits que han condicionado la evolución de la EPA, lastrando su desarrollo teórico y práctico a lo largo de su historia, es superar la concepción restringida de la educación que ha prevalecido en las leyes educativas españolas desde el XIX hasta la actualidad. Una concepción restringida que, al confundirse con el sistema educativo, deja fuera otras muchas experiencias y formas de educación. Por tanto, desde nuestro punto de vista, tendríamos que avanzar en una triple dirección para mejorar la situación de la EPA:

– Las leyes educativas deben basarse en el aprendizaje a lo largo de la vida y, precisamente por ello, referirse a todo el universo educativo, que debe ser apoyado, promovido y dotado de recursos por todas las instituciones del Estado.

– En el universo educativo, la EPA tiene que funcionar como un subsistema propio y diferenciado y tanto en el ámbito formal como en el no formal.

– El ámbito de la educación no formal e informal de personas adultas necesita apoyo institucional y financiación, así como una mayor dedicación de la Pedagogía y de los investigadores universitarios.

Terminamos recordando la doble perspectiva que se aborda en este libro sobre la educación en la edad adulta. Por una parte, de acuerdo con el conocimiento que tenemos disponible actualmente, la EPA en el marco de la Pedagogía Social parece avanzar como sector educativo diferenciado, como ámbito profesional específico y como campo académico que comienza a poseer áreas propias de investigación. Por otra parte, en algunos países este avance se ve frenado por políticas educativas que, si bien se basan en el aprendizaje permanente, no parece que hayan sabido extraer las debidas consecuencias para la organización de la educación.

La clave del cambio, por tanto, tenemos que situarla en las políticas educativas ya que, como dice Bélanger (1999: 197), vivimos una "nueva era en la historia de la educación, en la cual el centro de gravedad se está desplazando definitivamente de la educación inicial a la continua". Esta nueva era reclama un nuevo entorno político para la EPA, que promueva y garantice unos programas de formación que no se limiten a lo formal, lo profesional o lo económico y vayan más allá, con ofertas creativas y de calidad, que respondan a los problemas de la actualidad, teniendo en cuenta las características, necesidades y demandas de las personas adultas.

Nos jugamos mucho en este empeño. En efecto, se trata de mejorar la situación de la educación de las personas adultas como práctica y como saber educativo, pero no por interés alguno corporativo o etnocéntrico, sino precisamente para hacer realidad el derecho a la educación (en el sentido más amplio de esta palabra) de todos los ciudadanos.

Inmersos como estamos ya en la tercera década del siglo XXI, en un mundo en constante transformación científica y tecnológica, con la amenaza del cambio climático pisándonos los talones y con la inteligencia artificial llamando a nuestra puerta, la educación tiene que superar la inercia tradicional y transformarse radicalmente para que todos los ciudadanos podamos vivir y aprender, respondiendo a los diferentes desafíos que cada vez más nos sorprenden en este planeta que habitamos, preñado de incertidumbres culturales, sociales, económicas y políticas.

ADORNO, T. (1998). *Educación para la emancipación*. Madrid: Morata.

AHMED, M. (2009). *The State and Development of Adult Learning and Education in Asia and the Pacific: Regional Synthesis Report*. Hamburg: UNESCO Institute for Lifelong Learning. En UNESCO (2010a), *opus cit.*

ALEGRÍA, P. (2022). Aproximar las enseñanzas formales y las no formales: una confluencia necesaria. En *Participación Educativa*, vol. 9, núm. 12, 19-27.

ALFAGEME, A., CABEDO, S. y ESCUDER, P. (2004). Los Programas Universitarios para Mayores en el espacio europeo de aprendizaje permanente. En Varios, *Una apuesta por el aprendizaje a lo largo de toda la vida. Actas del VIII Encuentro Nacional de Programas Universitarios para Personas Mayores*. Madrid: Ministerio de Trabajo y Asuntos Sociales-IMSERSO.

ALHEIT, P. (1998). Investigación e innovación en el campo de la educación de adultos contemporánea. En VV. AA., *Sectores emergentes en el campo de la educación permanente*. Universitat de les Illes Balears.

ALONSO MATURANA, R. (1997). Nuevo contrato educativo: cambio social y cambio institucional. En García Carrasco, J. (coord.), *Educación de Adultos*. Barcelona: Ariel.

ALONSO, M. J, ARANDIA, M. y LOZA, M. (2008). La tertulia como estrategia metodológica en la formación continua: avanzando en las dinámicas dialógicas. En *Revista electrónica interuniversitaria de formación del profesorado*, vol. 11, núm. 1, 1-7.

AMENÓS, J. y OTROS (eds.) (2012). *Actas del VII Congreso estatal de Escuelas Oficiales de Idiomas. 100 años a la vanguardia del multilingüismo en Europa*. Madrid: APEOIM.

ANDERSON, P. (2000). *Los orígenes de la postmodernidad*. Barcelona: Anagrama.

ANECA (2004). Libro Blanco. Título de Grado en Pedagogía y Educación Social. Vol. 1. Agencia Nacional de Evaluación de la Calidad y Acreditación. [Consulta 17 abril 2022] Disponible en: http://www. apega.org/wp-content/uploads/2018/03/libroblanco_pedagogia1 _0305.pdf

APPLE, M. (1987). *Educación y poder*. Barcelona: Paidós.

APPS, J. W. (1979). *Problems in Continuing Education*. New York: McGraw-Hill Book Company (Primera edición en castellano: 1985. *Problemas de la educación permanente*. Barcelona: Paidós).

ARANDÍA, M. (1997). Los educadores de personas adultas y su formación ante un mundo de cambio. En Cabello, M. J. (coord.), *Didáctica y Educación de Personas Adultas: Una Propuesta para el Desarrollo Curricular*. Málaga: Aljibe.

— (2004). La formación de educadores y educadoras desde la mirada de Freire. En *Revista Interuniversitaria de Formación del Profesorado*, vol. 18, núm. 2, 59-77.

ARANDIA, M. y ALONSO, M. J. (2002). La formación de agentes en la educación de personas adultas. ¿Una aventura posible? En Sanz Fernández, (coord.), *La educación de las personas adultas entre dos siglos: historia pasada y desafíos de futuro*. Madrid: Ministerio de Educación, Cultura y Deportes y Universidad Nacional de Educación a Distancia (UNED).

AREA, M. (2001). Sociedad de la información y analfabetismo tecnológico: nuevos retos para la educación de adultos. En *Diálogos. Educación y Formación de Personas Adultas*, 26-27, 11-15.

ARTOLA, M. (1983). *Antiguo Régimen y revolución liberal*. Barcelona, Ariel.

ARVIL, V. MIDDLETON, A. y ZIDERMAN, A. (1992) El documento de política del Banco Mundial sobre la educación técnica y la formación profesional. En *Perspectivas. Revista trimestral de Educación*, núm. 82, XXII,2, 133-150.

ATTWELL, G. (2007). The Personal Learning Environments –the future of eLearning? En *eLearning Papers. 2*(1). [Consulta 2 abril 2022] Disponible en: https://www.researchgate.net/publication/22835 0341_Personal_ Learning_Environments-the_future_of_eLearning

AUBERT, A., FLECHA, A., GARCÍA, C., FLECHA, R., y RACIONERO, S. (2008). *Aprendizaje dialógico en la sociedad de la información*. Barcelona: Hipatia.

AUBRET, J. y AUTRES (1992). Reconnaissance et validation des acquis: le portefeuille de compétences. *Pratiques de Formation* (Collection Thématiques) Septiembre 1992. Universite de Paris VIII.

AUPEX (2022). Asociación de Universidades Populares de Extremadura. [Consulta 2 abril 2022] Disponible en: https://www.aupex.org/

AVRAMOVSKA, M., HIRSCH, E. Y SCHMIDT-BEHLAU, B. (edit.) (2017). *Los centros de educación de adultos como clave del desarrollo-desafíos y factores del éxito*. Bonn: DVV International.

AYUSTE, A. (1999). *Participación, acción comunicativa y educación de personas adultas* (Tesis doctoral). Barcelona: Universidad de Barcelona.

— (2000). L'educació permanent: la historia d'una idea. En *Temps d'Educació*, 24, 203-217.

AYUSTE, A. y TRILLA, J. (2005). Pedagogías de la modernidad y discursos postmodernos sobre la educación. En *Revista de Educación*, 336, 219-248.

BALTES, P. B. (1987). Theoretical propositions of life-span developmental psychology: On the dynamics between growth and decline. En *Developmental Psychology*, 23 (5), 611-626.

— (1991). Psicología Evolutiva del ciclo vital. Algunas observaciones convergentes sobre historia y teoría. En Marchesi, A., Carretero, M., Palacios, J., *Psicología Evolutiva 1: Teorías y métodos*. Madrid: Alianza.

BALTES, P. B. y WILLIS, S. L. (1982). Plasticity and enhancement of intellectual functioning in old age. En Craik, F. I. M. y Trehug, S. E. (eds.), *Aging and cognitive processes*. Nueva York: Plenum Press.

BALLAUFF, Th. (1958). *Erwachsenenbildung-Snn und Grenzen*. Berlín: Quelle und Meyer. En Leirman (1994), *opus cit.*

BALLESTERO, F. (2002) *La brecha digital. El riesgo de exclusión en la sociedad de la información*. Madrid: Fundación AUNA.

BANCO MUNDIAL (1987). *Informe sobre el desarrollo mundial 1987*. Washington: Banco Mundial.

BANCO MUNDIAL (1991) *Educación técnica y formación profesional*. Washington: Banco Mundial.

BAUMAN, Z. (2002). *La globalización: consecuencias humanas*. México: Fondo de Cultura Económica.

BAZÁN, D. y GONZÁLEZ, L. (2007). Autonomía profesional y reflexión del docente: una resignificación desde la mirada crítica. *En REXE. Revista de Estudios y Experiencias en Educación*, 11, 69-90.

BEAUDET, A. (1984). La reconnaissance des apprentissages expérientiels: une approche selon les besoins de groupes particuliers de population. En *Prospectives*, 20, 3: 157-158.

BECK, U. (2002). *La sociedad del riesgo global*. México: Siglo XXI.

BÉLANGER, P. (1995) Lifelong Learning: The dialectics of lifelong education. En Bélanger, P. y Ettore Gelpi, E. (eds.), *Lifelong Education / Education Permanente*; London: Kluwer Academic Publishers. Traducido por Lilia Mosconi para la *Revista del Instituto de Investigaciones en Ciencias de la Educación*, 2012: núm. 31, 9-36.

— (1998). El sorprendente retorno de la educación a lo largo de la vida. En VV. AA., *Sectores emergentes en el campo de la educación permanente*. Universitat de les Illes Balears.

— (1999). La amenaza y la promesa de una sociedad que reflexiona. Nuevo entorno político de la educación de adultos. En *Educación de Adultos y Desarrollo*, 52, 193-211.

— (2015). *Self-Construction and Social Transformation. Lifelong, Lifewide and Life-Deep Learning*. Hamburg: UNESCO Institute for Lifelong Learning.

BÉLANGER, P. and VALDIVIELSO, S. (1997). *The emergence of learning societies: Who participates in adult learning?* Oxford: Pergamon and UNESCO Institute for Education.

BÉLANGER, P., DUKE, C. and HINZEN, H. (2007). Policy, legislation, and financing for adult education. En *Convergence*, vol. XL (3/4), 245-252.

BELTRÁN, F. (1994). Diez años de política y práctica de la educación de personas adultas en la Comunidad Valenciana (1982-1992). En Requejo, A. (coord.), *Política de Educación de Adultos*. Santiago: Tórculo.

BELTRÁN, F. y BELTRÁN, J. (1996). *Política y prácticas de la educación de personas adultas*. Valencia: Universitat de València.

BELTRÁN, J. (1994). Una agenda de formación del profesorado para el ámbito de Educación de Personas Adultas. En *Aula*, vol. VI, 107-126.

— (2000). Para una sociología crítica de la educación de personas adulta. En *Arxius de sociologia*, 4, 39-55.

BELL (2014). Benefits of Lifelong learning. What is adult education for? German Institute for Adult Education. Leibniz Centre for Lifelong Learning. [Consulta 18 mayo 2022] Disponible en: http://www. bell-project.eu/cms/

BELL, D. (1973). *The Coming of Post-Industrial Society*. New York: Basic Books.

BENÍTEZ HERRARA, A. (1990). *Formación del profesorado de educación de adultos de Andalucía*. Sevilla: Consejería de Educación y Ciencia. Junta de Andalucía.

BERCIANO, M. (1998). *Debate en torno a la posmodernidad*. Madrid: Síntesis.

BERMÚDEZ, M. P., TEVA, I. y SÁNCHEZ, A. (2003). Análisis de la relación entre inteligencia emocional, estabilidad emocional y bienestar psicológico. En *Universitas Psychologica*, 2 (1), 27-32.

BERNSTEIN, B. (1993). *La estructura del discurso pedagógico*. Madrid: Morata.

BESNARD, P. (1991). *La animación sociocultural*. Barcelona: Paidós.

BESNARD, P. y LIÉTARD, B. (1976). *La formation continue*. Paris: Presses Universitaires de France. Primera edición en castellano: (1978). *La Educación Permanente*. Barcelona: Oikos-Tau.

BEZILLE, H. y COURTOIS, B. (coords.) (2006). *Penser la relation expérience-formation*. Lyon: Chronique Sociale.

BIEREMA, L. L. (2011). Reflections on the profession and professionalization of adult education. En *Journal of Lifelong Learning*, 20, 21-36.

BJØRNÅVOLD, J. (1998). La evaluación del aprendizaje no formal: calidad y limitaciones de las metodologías. En *Formación Profesional,* (CEDEFOP), 12, 58-75.

— (2002). Identificación, evaluación y reconocimiento de los aprendizajes no formales: tendencias europeas. En *Agora V. Detección, evaluación y reconocimiento de competencias no formalizadas* (CEDEFOP. Panorama series 46). Luxemburgo: Oficina de Publicaciones Oficiales de las Comunidades Europeas.

BLANCO ABARCA, A. (1991). Factores psicosociales de la vida adulta. En Carretero, M., Palacios, J., Marchesi, A. (comps.), *Psicología evolutiva 3. Adolescencia, madurez y senectud*. Madrid: Alianza.

BOC (1989). Ley 5/1989, de 4 de mayo, de Reorganización Universitaria de Canarias. *Boletín Oficial de Canarias* (núm. 64, de 8 de mayo de 1989). Santa Cruz de Tenerife.

— (1991). *Orden de 10 de mayo de 1991 por la que se establece el contenido y los objetivos del Programa de Educación de Adultos. Boletín Oficial de Canarias* (núm. 91 de 10 de julio de 1991). Santa Cruz de Tenerife.

— (1993). Decreto 310/1993, de 10 de diciembre, por el que se establece el currículo de la Educación Secundaria Obligatoria. *Boletín Oficial de Canarias* (núm. 12 de 28 de enero de 1994). Santa Cruz de Tenerife.

— (1998). Decreto 79/1998, de 28 de mayo, por el que se establece el currículo de la Formación Básica para la Educación de Personas Adultas. *Boletín Oficial de Canarias* (núm. 72 de 12 de junio de 1998). Santa Cruz de Tenerife.

— (2003). Ley 13/2003, de 4 de abril, de Educación y Formación Permanente de Personas Adultas de Canarias. *Boletín Oficial de Canarias* (núm. 79, de 25 de abril de 2003). Santa Cruz de Tenerife.

— (2010). Orden de 29 de enero de 2010, por la que se convoca, en la Comunidad Autónoma de Canarias, el procedimiento de evaluación y acreditación de determinadas competencias profesionales adquiridas a través de la experiencia laboral o de vías no formales de formación. *Boletín Oficial de Canarias* (núm. 30, de 15 de febrero de 2010). Santa Cruz de Tenerife.

— (2018). Decreto 142/2018, de 8 de octubre, por el que se establece la ordenación y el currículo de las enseñanzas y la certificación de idiomas de régimen especial para la Comunidad Autónoma de Canarias. *Boletín Oficial de Canarias* (núm. 200 de 16 de octubre de 2018). Santa Cruz de Tenerife.

— (2022a). Orden de 20 de octubre de 2022, por la que se regulan la oferta educativa y la evaluación de las enseñanzas que integran la Educación Básica de Personas Adultas en la Comunidad Autónoma de Canarias. *Boletín Oficial de Canarias* (núm. 215 de 31 de octubre de 2022). Santa Cruz de Tenerife.

— (2022b). Resolución de 16 de noviembre de 2022, de la Dirección General de Formación Profesional y Educación de Adultos, por la que se dictan instrucciones para la organización y el desarrollo de la Valoración Inicial de los Aprendizajes (VIA) de la Educación Básica de Personas Adultas en la Comunidad Autónoma de Canarias. *Boletín Oficial de Canarias* (núm. 236 de 30 de noviembre de 2022). Santa Cruz de Tenerife.

BOE (1945). Ley de 17 de julio de 1945 de Educación Primaria. *Boletín Oficial del Estado* (núm. 199 de 18 de julio de 1945). Madrid.

— (1970). Ley 14/1970, de 4 de agosto, General de Educación y Financiamiento de la Reforma Educativa. *Boletín Oficial del Estado* (núm. 187 de 6 de agosto de 1970). Madrid.

— (1974). Orden del 14 de febrero de 1974 por la que se aprueban las Orientaciones Pedagógicas para la Educación Permanente de Adultos, a nivel de Educación General Básica. *Boletín Oficial del Estado* (núm. 55 de 5 de marzo de 1974). Madrid.

— (1990). Ley Orgánica 1/1990, de 3 de octubre, de Ordenación General del Sistema Educativo. *Boletín Oficial del Estado* (núm. 238 de 4 de octubre de 1990). Madrid.

— (1991a). Orden de 25 de abril de 1991 por la que se convocan cursos de postgrado en educación de personas adultas. *Boletín Oficial del Estado* (núm. 110 de 8 de mayo de 1991). Madrid.

— (1991b). Real Decreto 1420/1991, de 30 de agosto, por el que se establece el título universitario oficial de Diplomado en Educación Social y las directrices generales propias de los planes de estudios conducentes a la obtención de aquél. *Boletín Oficial del Estado* (núm. 243 de 10 de octubre 1991). Madrid.

— (1991c). Real Decreto 1344/1991, de 6 de septiembre, por el que se establece el currículo de la Educación Primaria. *Boletín Oficial del Estado* (núm. 220 de 13 de septiembre de 1991). Madrid.

— (1991d). Real Decreto 13451199/. de 6 de septiembre, por el que se establece el currículo de la Educación Secundaria Obligatoria. *Boletín Oficial del Estado* (núm. 220 de 13 de septiembre de 1991). Madrid.

— (1992). Real Decreto 1179/1992, de 2 de octubre, por el que se establece el currículo del Bachillerato. *Boletín Oficial del Estado* (núm. 253, de 21 de octubre de 1992). Madrid.

— (1993). Real Decreto 676/1993 de 7 de mayo por el que se establecen directrices generales sobre los títulos y las correspondientes enseñanzas mínimas de formación profesional. *Boletín Oficial del Estado* (núm. 122 de 22 de mayo de 1993). Madrid.

— (2002a). Ley Orgánica 10/2002, de 23 de diciembre, de Calidad de la Educación. *Boletín Oficial del Estado* (núm. 307 de 24 de diciembre de 2002). Madrid.

— (2002b). Ley Orgánica 5/2002, de 19 de junio, de las Cualificaciones y de la Formación Profesional. *Boletín Oficial del Estado* (núm. 147 de 20 de junio de 2002). Madrid.

— (2005). Real Decreto 1558/2005, de 23 de diciembre, por el que se regulan los requisitos básicos de los Centros Integrados de Formación Profesional. *Boletín Oficial del Estado* (núm. 312 de 30 de diciembre 2005). Madrid.

— (2006). Ley Orgánica 2/2006, de 3 de mayo de Educación. *Boletín Oficial del Estado* (núm. 106 de 4 de mayo de 2006). Madrid.

— (2008). Real Decreto 229/2008, de 15 de febrero, por el que se regulan los Centros de Referencia Nacional en el ámbito de la Formación Laboral. *Boletín Oficial del Estado* (núm. 48 de 25 de febrero de 2008). Madrid.

— (2009). Real Decreto 1224/2009, de 17 de julio, de reconocimiento de las competencias profesionales adquiridas por experiencia laboral. *Boletín Oficial del Estado* (núm. 205 de 25 de agosto de 2009). Madrid.

— (2011). Real Decreto 1147/2011, de 29 de julio, por el que se establece la ordenación general de la formación profesional del sistema educativo. *Boletín Oficial del Estado* (núm. 182 de 30 de julio de 2011). Madrid.

— (2013). Ley Orgánica 8/2013, de 9 de diciembre, para la mejora de la calidad educativa. *Boletín Oficial del Estado* (núm. 295 de 10 de diciembre de 2013). Madrid.

— (2015). Ley 30/2015, de 9 de septiembre, por la que se regula el Sistema de Formación Profesional para el empleo en el ámbito laboral. *Boletín Oficial del Estado* (núm. 217 de 10 de septiembre de 2013). Madrid.

— (2017). Real Decreto 1041/2017, de 22 de diciembre, por el que se fijan las exigencias mínimas del nivel básico a efectos de certificación, se establece el currículo básico de los niveles Intermedio B1, Intermedio B2, Avanzado

C1, y Avanzado C2, de las Enseñanzas de idiomas de régimen especial reguladas por la Ley Orgánica 2/2006, de 3 de mayo, de Educación, y se establecen las equivalencias entre las Enseñanzas de idiomas de régimen especial reguladas en diversos planes de estudios y las de este real decreto. *Boletín Oficial del Estado* (núm. 311, de 23 de diciembre de 2017. Madrid.

— (2020). Ley Orgánica 3/2020, de 29 de diciembre, por la que se modifica la Ley Orgánica 2/2006, de 3 de mayo, de Educación. *Boletín Oficial del Estado* (núm. 340 de 30 de diciembre de 2020). Madrid

— (2022a). Real Decreto 217/2022, de 29 de marzo, por el que se establece la ordenación y las enseñanzas mínimas de la Educación Secundaria Obligatoria. *Boletín Oficial del Estado* (núm. 76 de 30 de marzo de 2022). Madrid.

— (2022b). Real Decreto 243/2022, de 5 de abril, por el que se establecen la ordenación y las enseñanzas mínimas del Bachillerato. *Boletín Oficial del Estado* (núm. 82 de 6 de abril de 2022). Madrid.

— (2022c). Ley Orgánica 3/2022, de 31 de marzo, de ordenación e integración de la Formación Profesional. *Boletín Oficial del Estado* (núm. 78 de 1 de abril de 2022). Madrid.

BOLÍVAR, A. (2008). Competencias básicas y ciudadanía. En *Caleidoscopio. Revista de contenidos educativos del CEP de Jaén*, 1, 1-29.

BOND, C. y WILSON, V. (1998). Experiential learning: fron theory to practice. En *Lifelong Learning in Europe*, KVS Fundation, Finland, 3; 139-147.

BOSCHE, B. y BEMI, B. (2013). Benefits des community learning: Ergebnisse aus Irland. Wider Benefits of lifelong learning. En *DIE Journal for Adult Education*, 1, 30-34.

BOTKIN, J. W., ELMANDJRA, M. y MALITZA, M. (1979). *Aprender, horizonte sin límites*. Madrid: Santillana.

BOURDIEU, P. (2005). *Capital cultural, escuela y espacio social*. México: siglo XXI.

BOURDIEU, P. y PASSERON, J. C. (1970). La Reproduction. Éléments pour une théorie du système d'enseignement. (Edición en castellano: 1977, La reproducción. Elementos para una teoría del sistema de enseñanza. Barcelona: Laia).

BOURDONCLE, R. (1994). La professionnalisation des enseignants. En *European Journal of Teacher Education*, vol. 17, núm. 1/2, 25-29.

BOURGEOIS, E. y FRENAY, M. (coords.) (2001). *University adult access policies and practices across the European Union; and their consequences for the participation of non-traditional adults*. (Final report). (Documento no editado). Universidad de Barcelona: CREA. [Consulta 7 abril 2022] Disponible: https://cordis.europa.eu/docs/projects/ files/SOE/SOE297 2021/78645521-6_en.pdf

BROCKETT, R. G. (1983). Self-directed learning and the hard-to-reach adult. En *Lifelong Learning: The Adult Years*, 6/8, 16-18.

BROCKETT, R, G. y HIEMSTRA, R. (1993). *El aprendizaje autodirigido en la educación de adultos*. Barcelona: Paidós.

BROOKFIELD, S. (1985). Self-directed learning: A critical review of research. In S. Brookfield (ed.), *Self directed learning: Theory to practice* (pp. 1-16). New Directions for Continuing Education, No. 25. San Francisco: Jossey-Bass.

BUBER, M. (1973). *¿Qué es el hombre?* México: Fondo de Cultura Económica.

BUYCK, B. (1991). The bank's use of technical assistance for institutional development. En *Policy, planning, and research working papers*. Washington, D.C.: The World Bank.

CABELLO, M. J. (1994). Educación básica de personas adultas. Del proyecto de base territorial al proyecto intercultural. En *Revista Complutense de Educación*, vol. 5 (2), 123-135.

— (1996). Diversidad cultural y contenidos en un currículum para la educación de personas adultas. En *Diálogos. Educación y Formación de Personas Adultas*, año II, vol. 1, núm. 5, 72-76.

— (2002). *Educación Permanente y Educación Social*. Málaga: Aljibe.

CACÉRÈS, B. (1964). *Histoire de l'éducation populaire*. Paris: Ed. Du Seuill.

CACHO LABRADOR, X. (1999). Antecedentes, ámbitos y perfiles profesionales del educador social. En *Pedagogía Social. Revista Interuniversitaria*, 4, 139-150.

CAFFARELLA, R.S., y O'DONNELL, J.M. (1987). Self-directed adult learning: a critical paradigm revisited. En *Adult Education Quarterly*, 37, 199-211.

CALDERÓN, M. J. y GOTOR, V. (2013). La profesión de la Educación Social en Europa. En *RES: Revista de Educación Social*, 17, 1-5.

CANTO, J. M. (2019). *Psicología de los grupos. Fundamentos teóricos para la práctica e intervención grupal*. Málaga: Aljibe.

CAPELLA, J. (2004). Políticas educativas. En *Educación*, 13 (25), 7-41.

CARABAÑA, J. (2005). Sociología para educadores y sociología de la educación. En Ruiz Berrio, J. y Vázquez Gómez, G. (coords.), *Pedagogía y educación ante el siglo XXI*. Universidad Complutense de Madrid: Departamento de Teoría e Historia de la Educación.

CARBONELL, J. (2000). *Pedagogías del siglo XX*. Barcelona: Ciss-Praxis.

CARDENAL, V. y FIERRO, A. (2001). Sexo y edad en estilos de personalidad, bienestar social y adaptación social. En *Psicothema*, vol. 13, núm. 1, 118-126.

CARIDE, J. A. (2002). Construir la profesión: la Educación Social como proyecto ético y tarea cívica. En *Pedagogía Social. Revista Interuniversitaria*, 9, 91-125.

— (2004). No hay educación «no» formal» en Educación Social. En *Revista d'intervenció socioeducativa*, 28, 6-8.

— (2005). *La Animación Sociocultural y el desarrollo comunitario como Educación Social*. En *Revista de Educación*, 336, 73-88.

— (2011). La Pedagogía Social en la transición democrática española: apuntes para una historia en construcción. En *Educació i Història: Revista d'Història de l'Educació*, 18, 37-59.

CARIOLA, P. (1991). Panorámica de la educación no formal: un intento clarificador. En Díez Hochleitner, R. (coord.), *La educación no formal, una prioridad de futuro*. Madrid: Fundación Santillana.

CARRETERO, M., PALACIOS, J. y MARCHESI, A. (comps.) (1991). *Psicología evolutiva 3. Adolescencia, madurez y senectud*. Madrid: Alianza.

CARRON, G. y CARR-HILL, R. A. (1991). Non-formal education: information and Planning Issues. París: International Institute for Educational Planning UNESCO.

CASTAÑEDA, L. (2011) Analizar y entender la enseñanza flexible. Un modelo de análisis de desarrollo curricular. En *Píxel-Bit. Revista de Medios y Educación*, 39, 167-195.

CASTELLS, M. (1994). Flujos, redes e identidades: una teoría crítica de la sociedad informacional. En Castells, M. y otros, *Nuevas perspectivas críticas en educación*. Barcelona: Paidós.

— (2002). *La era de la información*. Vol. I: *La sociedad red*. Vol. II: *El poder de la identidad*. Vol. III: *Fin de milenio*. México: Siglo XXI.

CASTELLS, M., FLECHA, R., FREIRE, P., GIROUX, H., MACEDO, D. y WILLIS, P. (1994). *Nuevas perspectivas críticas en educación*. Paidós Barcelona.

CECI, S. J. y LIKER J. (1986). Academic and nonacademic intelligence: an experimental separation. En Sternberg, R. J. y Wagner, R. K. (edit.), *Practical Intelligence. Nature and origins of competence in the everyday world*. London: Cambribge University Press.

CEDEFOP (2020). *Perceptions on adult learning and continuing vocational education and training in Europe*. Luxembourg: Publications Office of the European Union.

CCEC (1991). *La formació dels educadors de persones adultes per al desenvolupament*. Valencia: Conselleria de Cultura, Educació i Ciència. Generalitat Valenciana.

CGCES (2022). Código deontológico. Consejo General de Colegios de Educadoras y Educadores Sociales. [Consulta 16 octubre 2022] Disponible en: http://www.consejoeducacionsocial.net/wp-content/uploads/2019/11/Documentos-profes-Sept-2007.pdf

CIEZA, J. A. y GONZÁLEZ SÁNCHEZ, M. (1997). Desarrollo humano, participación y dinamización sociocultural. En García Carrasco, J. (coord.), *Educación de adultos*. Barcelona: Ariel.

CIPOLLA, C. M. (1983). *Educación y desarrollo en occidente*. Barcelona: Ariel.

CLEMENTE, A. (1995). *Psicología del desarrollo adulto*. Madrid: Narcea.

CMEC (2008). *The Development and State of the Art of Adult Learning and Education (ALE)*. Council of Ministers of Education Canada (Canadian Commission for UNESCO).

CNCP (2022a). El Catálogo Nacional de las Cualificaciones Profesionales. INCUAL. Ministerio de Educación y Formación Profesional. [Consulta 14 octubre 2022] Disponible en: https://incual.educacion.gob.es/bdc

— (2022b). Catálogo Nacional de las Cualificaciones Profesionales. Acreditación. Manual de procedimiento. Instituto Nacional de las Cualificaciones. Ministerio de Educación y Formación Profesional. [Consulta 18 junio 2022] Disponible en: https://incual. educacion.gob.es/manual-procedimiento

COLE, M. y SCRIBNER, S. (1989). Introducción. En Vygotsky. *El desarrollo de los procesos psicológicos superiores*. Barcelona: Crítica.

COLEMAN, J. S. y OTROS (1966). *Equality of educational opportunity*. Washington U.S.: Department of Health, Education and Social Welfare.

COLOM, A. J. (1987). *Modelos de Intervención Socioeducativa*. Madrid: Narcea.

— (1997). Las instituciones educativas no formales. En Colom, A. J. (coord.), *Teorías e instituciones contemporáneas de la educación*. Barcelona: Ariel.

— (2005). Continuidad y complementariedad entre la educación formal y no formal. En *Revista de Educación*, 338, 9-22.

COLOM, A. J. y DOMÍNGUEZ, E. (1997). *Política y administración educativa*. Madrid: UNED.

COLOM, A. J. y MÈLICH, J. C. (1994). *Después de la modernidad. Nuevas filosofías de la educación*. Barcelona: Paidós.

CONSEIL DE L'EUROPE (1969). Nouvelles tendances de l'éducation des adultes. Strasbourg: Conseil de la Coopération Culturelle.

— (1970). *Permanent Education*. Strasbourg: Conseil de la Coopération Culturelle.

— (1973). *Permanent Education. Principes de liase*. Strasbourg: Conseil de la Coopération Culturelle.

— (1978). *L'éducation permanente. Rapport final*. Strasbourg: Conseil de la Coopération Culturelle.

CONTRERAS, J. (1997). *La Autonomía del Profesorado*. Madrid: Morata.

COOMBS, PH. H. (1968). *The world educational crisis*. Nueva York: University Press (Primera edición en castellano: 1971, *La crisis mundial de la educación*. Barcelona: Península).

— (1991). El futuro de la educación no formal en un mundo cambiante. En Díez Hochleitner, R. (coord.), *La educación no formal, una prioridad de futuro*. Madrid: Fundación Santillana.

CORRAL, A. (1992). El desarrollo intelectual durante la vida adulta y la vejez. En García Madruga, J. A. y Lacasa, P., *Psicología evolutiva 2*. Madrid: UNED.

CORTINA, A. (1994). *Crítica y utopía. La Escuela de Francfort*. Madrid: Síntesis.

CRAIG, G. J. (1997). *Desarrollo Psicológico*. México: Prentice-Hall Hispanoamericana.

CREA (1998). Habilidades comunicativas y desarrollo social. Ministerio de Educación y Ciencia. Secretaría de Estado de Universidades e Investigación. Dirección General de Investigación Científica y Técnica. DGICYT - MEC. (1995-1998).

— (2006-2011): INCLUD-ED. Strategies for inclusion and social cohesion from education in Europe, FP6 028603-2. Sixth Framework Programme. Priority 7 Citizens and governance in a knowledge-based society. European Commission.

— (2020). Tertúlias Dialógicas. Formaçao en Comununidades de Aprendizagem. CREA: Universidad de Barcelona.

CROSS, K. P. (1981). *Adults as Learners: Increasing Participation and Facilitating Learning*. San Francisco: Jossey-Bass. En UNESCO (2010c), *opus cit.*

CUENCA, E. (2022). Presentación. Más allá del aprendizaje formal. En *Participación Educativa*, vol. 9, núm. 12, 3-5.

CUENCA, M. E. (2013). *Evaluación del Programa Universitario para Mayores UNED-Senior*. Madrid: UNED.

CHENE, A. (1983). The concept of autonomy in adult education. A philosophical discussion. En *Adult Education Quarterly*, 1, 38-47.

D'ANDREA, R. E, ZUBIRÍA, A. y SASTRE VÁZQUEZ, P. (2012). Reseña histórica de la Extensión Universitaria. [Consulta 16 abril 2022] Disponible en: http://extension.unicen.edu.ar/jem/completas/188.pdf

DAVE, R. H. (dir.) (1976). Foundations of Lifelong Education. París: UNESCO. (Primera edición en castellano: 1979, *Fundamentos de la educación permanente*. Madrid: Santillana).

DE ASIS, F. (1993). El desarrollo de la LOGSE y la educación de personas adultas. En *Materiales para la Educación de Adultos*, 5, 7-15.

DE LA FUENTE, A. y DOMENECH, R. (2016). El nivel educativo de la población en España y sus regiones: 1960-2011. En *Investigaciones Regionales – Journal of Regional Research*, 34. 73-94.

DE LA ORDEN, A. (1991). La educación no formal en una sociedad compleja. En Díez Hochleitner, R. (coord.), *La educación no formal, una prioridad de futuro*. Madrid: Fundación Santillana.

DE LA RIVA, F. (1990). Universidades Populares españolas y democracia. En Osorio, J. (ed.), *Educación de Adultos y Democracia*. Madrid: Popular.

DE MANUEL JEREZ, E. y DONADEI, M. (2018). La extensión universitaria como dinamizadora de la función social completa de la universidad. En *Estoa. Revista de la Facultad de Arquitectura y Urbanismo de la Universidad de Cuenca*, vol. 7, núm. 14, 115-127.

DE TOCQUEVILLE, A. (2005). *El Antiguo Régimen y la Revolución*. Madrid: Alianza.

DEBÓN, N. y LLOP, M. (1995). *La formación básica de personas adultas. ¿Retórica o dialéctica?* Valencia: Nau Llibres.

DEL VALLE, A. (1971). *Cultura popular, una exigencia imperativa en una sociedad democrática*. Madrid: Marsiega.

DELGADO, P. (2005). Las primeras experiencias de educación popular y regeneración social en jóvenes. En *XXI. Revista de Educación*, 7, 73-79.

DELORS, J. y OTROS (1996). *La educación encierra un tesoro*. Madrid: Santillana-UNESCO.

DESJARDINS, R., (2017). *Political economy of adult learning systems. Comparative study of strategies, policies and constraints.* London: Bloomsbury. En Unión Europea (2021), *opus cit.*

DGPE (1990). *Nuevo modelo de Educación de Adultos en Canarias*. Las Palmas de Gran Canaria: Dirección General de Promoción Educativa. Consejería de Educación, Cultura y Deportes. Gobierno de Canarias.

— (1991). Compromiso del Gobierno por la Educación de Adultos. Día Regional de la Alfabetización. En *Materiales para la Educación de Adultos*, 1-29-31.

— (1992a). *La problemática curricular y el proceso de experimentación*. Las Palmas de Gran Canaria: Dirección General de Promoción Educativa. Consejería de Educación, Cultura y Deportes. Gobierno de Canarias.

— (1992b). *Diseño curricular base para la Educación de Adultos de Canarias. Estructura y elementos del diseño (Primer borrador)*. Las Palmas de Gran Canaria: Dirección General de Promoción Educativa. Consejería de Educación, Cultura y Deportes. Gobierno de Canarias.

— (1992c). Memoria Estadística. Curso 90-91. Programa de Educación de Adultos de Canarias. Documento fotocopiado. Las Palmas de Gran Canaria: Dirección General de Promoción Educativa. Consejería de Educación, Cultura y Deportes. Gobierno de Canarias.

— (1993a). Informe sobre las respuestas del profesorado al primer borrador del DCBEA. Documento fotocopiado. Las Palmas de Gran Canaria: Dirección General de Promoción Educativa. Consejería de Educación, Cultura y Deportes. Gobierno de Canarias.

— (1993b). Jornadas Técnicas para el desarrollo de la LOGSE en materia de educación de personas adultas. En *Materiales para la Educación de Adultos*, 5, 3.

— (1994). *Diseño curricular para la formación básica de la Educación de Adultos. Fundamentos y elementos (Segundo borrador)*. Las Palmas de Gran Canaria: Dirección General de Promoción Educativa. Consejería de Educación, Cultura y Deportes. Gobierno de Canarias.

DÍAZ, T. (2004). Certificación de competencias en el marco de la formación continua: contexto y metodología. En *Diálogos. Educación y Formación de Personas Adultas*, 39-40, 7-12.

DIEZ HOCHLEITNER, R. (1976). *Política y financiación de la educación*. Madrid: Escuela de Administración Pública.

— (coord.) (1991). *La educación no formal, una prioridad de futuro*. Madrid: Fundación Santillana.

DOMÍNGUEZ RODRÍGUEZ, F. J. (2017). Calidad educativa en Comunidades de Aprendizaje: Participación de familiares y voluntariado. *Revista Educación, Política y Sociedad, 2*(2), 81-109.

DU BOIS-REYMOND, M. (2005). What does learning mean in the Learning Society? En Chisholm, L., Hoskins, B. y Glahn, C. (eds.), *Trading Up: Potential and Performance in Non-formal Learning*. Strasbourg: Council of Europe Publications.

DULCEY-RUIZ, E. y URIBE, C. (2002). Psicología del ciclo vital: hacia una visión comprehensiva de la vida humana. En *Revista Latinoamericana de Psicología*, vol. 34. nos. 1-2, 17-27.

DUQUE, E. y PRIETO, O. (2009). El aprendizaje dialógico y sus aportaciones a la Teoría de la Educación. En *Revista Electrónica Teoría de la Educación. Educación y Cultura en la Sociedad de la Información*, 10/3, 7-30.

DVV INTERNATIONAL (2019). *El buen educador de adultos*. Bonn: DVV International. Educación de Adultos y Desarrollo.

EAEA (2019). Manifiesto por la educación de personas adultas en el siglo XXI. El poder y la alegría de aprender. Brussels: European Association for the Education of Adults [Consulta 18 abril 2023] Disponible en: https://eaea.org/wp-content/uploads/2020/01/eaea_manifesto_2019_ spanish.pdf

ECCA (1988). Plataforma de exigencies para la Educación de Adultos (editorial). En *Radio y Educación de Adultos*, 8, 2.

— (2020). Memoria Institucional curso 2019-2020. Publicación informativa. Las Palmas de Gran Canaria: Radio ECCA.

— (2023). Plan Estratégico Institucional. Las Palmas de Gran Canaria: Radio ECCA.

ECHEVERRÍA, B. (1993) *Formación Profesional. Guía para el seguimiento de su evolución*. Barcelona: PPU.

— (2003). Cualificar mediante la Formación Profesional, ¿quimera, realidad, anhelo? En *Bordón. Revista de Pedagogía*, 55(3), 349-364.

ECHEVERRIA, J. (1994). *Telépolis*. Barcelona: Destino.

EDINEIDE, E. P., BELTRÁN, J. MONTANÉ, A. (2020). La educación a lo largo de la vida: lógicas sociales y marcos de análisis. En *Revista Lusófona de Educação*, 49, 179-197.

EFORA (2008). Editorial: Florentino Sanz Fernández, *in memoriam*. En *Revista electrónica de Educación y Formación Continua de Personas Adultas (EFORA)*, vol. 2, núm. 4-5.

ENEMARK, S. (2006). Capacity Building for Institutional Development in Surveying and Land Management. En PS2.1 Capacity Building for Institutional Development in Surveying and Land Management Promoting Land Administration and Good Governance. 5th FIG Regional Conference. Accra, Ghana, págs. 8-11.

EOI (1927). *La Escuela Central de Idiomas: Su creación, sus enseñanzas, su desenvolvimiento, sus éxitos (1911-1927)*. Madrid: Asin Palacios.

— (2011). *Escuelas Oficiales de Idiomas, 100 años, 1911-2011*. Madrid: Escuela Oficial de Idiomas de Madrid-Jesús Maestro.

EPAC (2022a). Educación de Personas Adultas de Canarias. Consejería de Educación, Universidades, Cultura y Deportes. [Consulta 27 mayo 2023] Disponible en: https://www.gobiernodecanarias.org/ educacion/web/adultos/informacion/ensenanzas/

— (2022b). Formación Básica de Personas Adultas (FBPA) de Canarias. Consejería de Educación, Universidades, Cultura y Deportes. [Consulta 27 mayo 2023] Disponible en: https://www.gobiernodecanarias.org/educacion/web/adultos/informacion/ensenanzas/formacion_basica_personas_adultas/

— (2022c). Bachillerato de Personas Adultas (BPA) de Canarias. Consejería de Educación, Universidades, Cultura y Deportes. [Consulta 27 mayo 2023] Disponible en: https://www.gobiernodecanarias. org/educacion/web/adultos/informacion/ensenanzas/bachillerato_personas_adultas/

ERIKSON, E. (1981). *La adultez*. México: Fondo de Cultura Económica.

ESCOLANO, A. (1979). Los estudios de Ciencias de la Educación: problemática curricular y profesional. En *Studia Paedagogica. Revista de Ciencias de la Educación*, núm. 3-4, pág. 5-30.

— (dir.) (1992). *Leer y escribir en España. Doscientos años de alfabetización*. Madrid: Pirámide.

ESTEVE J. M. (1983). El concepto de educación y su red nomológica. En Varios, *Teoría de la educación I (El problema de la educación)*. Murcia: Limite.

ETXEVERRÍA, F. (coord.) (1989). *Pedagogía Social y educación no escolar*. San Sebastián: Universidad del País Vasco.

EUR-LEX (2021). El proceso de Bolonia: creación del Espacio Europeo de Educación Superior. Acceso al Derecho en la Unión Europea. [Consulta 22 febrero 2021] Disponible en: https://eur-lex. europa. eu/legalcontent/ES /TXT/?uri=LEGISSUM:c11088

FAURE, E. (1972). *Apprendre à être*. París: UNESCO-Fayard (Primera edición en castellano: 1973, *Aprender a ser*. Madrid: Alianza/UNESCO).

FEDERIGHI, P. (1998). Las teorías críticas sobre los procedimientos formativos en la edad adulta. Tendencias y aspectos problemáticos en las principales corrientes contemporáneas. En VV. AA., *Sectores emergentes en el campo de la educación permanente*. Universitat de les Illes Balears.

FEDERIGHI, P. y OTROS (1992). *La organización local de la Educación de Adultos*. Madrid: Popular.

FEDERIGHI, P., BAX, W., y BOSSELAERS, L. (1993). *Organizaciones de Educación de Adultos en los países de la Comunidad Europea. Notas para una guía*. Barcelona: European Association for the Education of Adults.

FELGUEROSO, F. (2015). Claves para mejorar la educación y formación de adultos en España en la post-crisis. Reflexiones sobre el sistema educativo español. Madrid: Fundación Ramón Areces.

FERMOSO, P. (2003). *Historia de la Pedagogía Social Española*. Valencia: Nau Llibres.

FERNÁNDEZ ENGUITA, J. (1999). *La escuela a examen. Un análisis sociológico*. Madrid: Pirámide.

FERNÁNDEZ LUZÓN A. y TORRES M. (2013) *Las Políticas de Formación Profesional en España y en Europa: Perspectivas Comparadas*. Barcelona: Octaedro.

FERNÁNDEZ PÉREZ, J. (2001). Elementos que consolidan al concepto de profesión. Notas para su reflexión. En *Revista Electrónica de Investigación Educativa,* vol. 3, núm. 1, 22-39.

FERNÁNDEZ SORIA, J. M. (2006). La nueva historia política de la educación. En *Historia de la educación. Revista Interuniversitaria,* 25, 71-103.

FERNÁNDEZ, A., GARCÍA-LLAMAS, J. L. y PÉREZ-SERRANO, G. (2016). Grado de satisfacción de los adultos con los programas universitarios. En *Revista Complutense de educación,* 3(27), 1021-1040.

FERNÁNDEZ, J. A. (2000). EL descubrimiento de la educación permanente. En *Educación XX1. Revista de la Facultad de Educación* (UNED), 3, 21-51.

FERNÁNDEZ, J. M. y TAMAYO, R. (1976). La Institución Libre de Enseñanza. *Tiempo de Historia,* 24 (1), 1-13.

FEUP (2022a). ¿Qué es FEUP? Recorrido por la historia de la Federación Española de Universidades Populares. [Consulta 18 mayo 2023] Disponible en: https://feup.org/web/que-es-la-feup/

— (2022b). Libro Blanco de las Universidades Populares. Madrid: Federación Española de Universidades Populares. [Consulta 18 mayo 2021] Disponible en: http://www.feup.org/wp-content/uploads/2021/09/libro_blanco_UUPP_avance.pdf

FIELD, J. (2005). *Social capital and lifelong learning.* Chicago IL: The University of Chicago Press. [Consulta 2 febrero 2022] Disponible en: https://changecom.files.wordpress.com/2012/10/field-john-2005-social-capital-and-lifelong-learning.pdf

FIGUEROLA, L. (1844). *Guía legislativa e inspectiva de instrucción pública que contiene 1º toda la legislación vigente distribuida por orden de materias y 2º instrucciones para visitar las escuelas de todas las clases.* Madrid: Librería Europea de Hidalgo. En Guereña, (1992), *opus cit.*

FINKIELKRAUT, A. (1988). *La derrota del pensamiento.* Barcelona: Anagrama.

FINKEL, L. (1999). ¿Qué es un profesional? Las principales conceptualizaciones de las Sociología de las profesiones. En Castillo, C. A. (coord.), *Economía, organización y trabajo. Un enfoque sociológico.* Madrid: Pirámide.

FLECHA, R. (1990a). *Educación de las personas adultas. Propuesta para los años noventa.* Barcelona: El Roure.

— (1990b). *La nueva desigualdad cultural.* Barcelona: El Roure.

— (1991). Desarrollo curricular de la educación de las personas adultas en el marco de la reforma de la enseñanza. En *Materiales para la Educación de Adultos,* 1, 9-10.

— (1994). Nuevas desigualdades educativas. En Castells, M. y otros, *Nuevas perspectivas críticas en educación*. Barcelona: Paidós.

— (1997a). *Compartiendo palabras. El aprendizaje de las personas adultas a través del diálogo*. Barcelona: Paidós.

— (1997b). Pensamiento y acción crítica en la sociedad de la información. En Goikoetxea, L. y García Peña, J. (coords.), *Ensayos de Pedagogía Crítica*. Madrid: Popular.

— (2004). La Pedagogía de la Autonomía de Freire y la Educación Democrática de Personas Adultas. En *Revista Interuniversitaria de Formación del Profesorado*, 50, 27-44.

FLECHA, R. LÓPEZ, F y SACO, R. (1988). *Dos siglos de educación de adultos*. Barcelona: El Roure.

FLECHA, R. y ELBOJ, C. (2000). La educación de personas adultas en la sociedad de la información. En *Educación XXI. Revista de la Facultad de Educación* (UNED), 3, 141-162.

FORMARIZ, A. (1994). Política autonómica de Educación de Adultos: Catalunya. En Requejo, A. (coord.), *Política de Educación de Adultos*. Santiago: Tórculo.

FREIRE, P. (1970). *Pedagogía del oprimido*. México: Siglo XXI.

— (1973). *Concientización. Teoría y práctica de la liberación*. Bogotá: Asociación de Publicaciones Educativas.

— (1976). *La educación como práctica de la libertad*. Madrid: Siglo XXI.

— (1993). *Política y educación: ensayos*. Sao Paulo: Cortez.

— (1997a). *A la sombra de este árbol*. Barcelona: El Roure.

— (1997b). *Pedagogía de la autonomía*. Madrid: Siglo XXI.

— (2005). *Pedagogía de la esperanza. Un reencuentro con la Pedagogía del oprimido*. México: Siglo XXI.

FREIRE, P. y MACEDO, D. (1989). *Alfabetización. Lectura de la palabra y lectura de la realidad*. Barcelona: Paidós.

FRIED, R. (1967). *The middle-age crisis*. New York: Harper and Row.

FROMM, E. (2013). *¿Tener o ser?* México: Fondo de Cultura Económica.

FUNDAE (2023). *Memoria de actividades 2021*. Madrid: Fundación Estatal para la Formación en el Empleo.

FULLAT, O. (1985). L'educació permanent. En *Educar*, 7, 23-35.

FULLER, A. (2006) La combinación formación-trabajo. En *Revista Europea de Formación Profesional* (CEDEFOP), 37, 70-83.

GACETA (1838). Ley Provisional de Instrucción Primaria de 21 de julio de 1838. *Gaceta de Madrid* (núm. 1391 de 28 de agosto de 1838). Madrid.

— (1847). Real Decreto de 23 de septiembre de 1847. Madrid: Gaceta de 27 de septiembre. En Guereña (1992), *opus cit.*

— (1857). Ley de Instrucción Pública de 9 de septiembre de 1857. *Gaceta de Madrid* (núm. 1710 de 10 de septiembre de 1857). Madrid.

— (1906). Real Decreto de 4 de octubre de 1906 referente a las clases nocturnas de adultos. Gaceta de 9 de octubre. Madrid: Ministerio de Instrucción Pública y Bellas Artes.

— (1911). Real Orden disponiendo los estudios que se han de cursar en la Escuela Central de idiomas. *Gaceta de Madrid* (núm. 2, de 2 de enero de 1911). Madrid: Ministerio de Instrucción Pública.

— (1936). Decreto de 21 de noviembre de 1936. Gaceta de la República de 23 de noviembre. En Sala *et al.* (1975), *opus cit.*

GARCÍA ARETIO, L. (1989). *La educación.* Madrid: Paraninfo.

— (2001). *La educación a distancia. De la teoría a la práctica.* Barcelona: Ariel

GARCÍA CARRASCO, J. (1988a). Agentes de la educación formal, no formal e informal, en Varios, *Symposium Internacional de filosofía de l'educació.* Bellaterra: Universitat Autònoma de Barcelona.

— (1988b). La profesionalización de los profesores. En *Revista de Educación,* 285, 111-124.

— (1991). *La educación básica de adultos.* Barcelona: CEAC.

— (coord.) (1997). *Educación de adultos.* Barcelona: Ariel

GARCÍA GARCÍA, L. A. y OTROS (1998a). Perfiles psicoeducativos en la educación para personas adultas de Canarias. En *Evaluación e Intervención Psicoeducativa. Revista Interuniversitaria de Psicología de la Educación,* 1, 119-139.

— (1998b). Enseñanza de adultos: motivos de abandono del sistema educativo. En *Evaluación e Intervención Psicoeducativa. Revista Interuniversitaria de Psicología de la Educación,* 1, 141-150.

GARCÍA GARRIDO, J. L. (1991). Educación para todos y educación no formal en el marco de una Europa unida. En Díez Hochleitner, R. (coord.), *La educación no formal, una prioridad de futuro.* Madrid: Fundación Santillana.

— (1996). Políticas educativas: una perspectiva internacional. En *Innovación pedagógica y políticas educativas. XI Congreso Nacional de Pedagogía.* San Sebastián: Universidad del País Vasco: Servicio de Publicaciones.

GARCÍA LLAMAS, J. L. (1986). *El aprendizaje adulto en un sistema abierto a distancia.* Madrid: Narcea.

GARCÍA MADRUGA, J. A. y CARRETERO, M. (1991). La inteligencia en la vida adulta. En Carretero, M., Palacios, J., Marchesi, A., *Psicología evolutiva 3. Adolescencia, madurez y senectud.* Madrid: Alianza.

GARCÍA RAMOS, J. M. (1990). Con motivo del Año Internacional de la Alfabetización. En *Materiales para la Educación de Adultos*, núm. 0, pág. 4.

GARRIDO, J. L. (1991). Diez tesis sobre la educación abierta (también llamada no formal). En Díez Hochleitner, R. (coord.), *La educación no formal, una prioridad de futuro*. Madrid: Fundación Santillana.

GARRISON, D. R. (1987). Self-directed and distance learning. Facilitating self-directed learning beyond the institucional setting. En *International Journal of Lifelong Education*, 6, 309-318.

GELPI, E. (1983). La Educación permanente en el mundo actual. En *El Correo de la UNESCO*, XXXVI, 4-8.

— (1990). *La Educación permanente*. Madrid: Popular.

— (1994). Educación Social y Pedagogía Social. En Muñoz Sedano, A. (coord.), *El educador social: profesión y formación universitaria. Semana de Educación Social*. Madrid: Popular.

GEREMEK, B. (1996). Cohesión, solidaridad y exclusión. En Delors *et al.*, *La educación encierra un tesoro*. Madrid: Santillana-Unesco.

GESSLER, M. (2009) El sistema de formación profesional en Alemania. En Gairín, J; Essomba, M. y Muntané, D. (coords.), *La calidad de la Formación Profesional en Europa, hoy*. Madrid: Wolters Kluwer España.

GIDDENS, A. (1997). *Consecuencias de la modernidad*. Madrid: Alianza.

GIL RODRÍGUEZ, F. y ALCOVER, C. M. (1999) (coord.). *Introducción a la Psicología de los grupos*. Madrid: Pirámide.

GIMÉNEZ, J. J. (2000). La Extensión Universitaria en España. México: V Congreso Iberoamericano de Extensión.

GIMENO, J. (1985). *Teoría de la enseñanza y desarrollo del currículo*. Madrid: Anaya.

GIROUX, H. (2003). *Pedagogía y política de la esperanza. Teoría, cultura y enseñanza*. Buenos Aires: Amorrortu.

GIROUX, H. y FLECHA, R. (1992). *Igualdad educativa y diferencia cultural*. Barcelona: El Roure.

GIROUX, H. y MCLAREN, P. (1991). *Sociedad, cultura y educación*. México: Universidad Nacional Autónoma.

GÓMEZ R. DE CASTRO, F. (1995). La educación de las Personas Adultas a lo largo de la historia. Perspectiva nacional e internacional. En Sanz Fernández, F. (coord.), *La formación en Educación de Personas Adultas*. Tomo I. Madrid: UNED.

GÓMEZ, J. (1991). Una aproximación al estudio de la sociología de las profesiones. En *Revista Umbral XXI*, (6), 23-40.

GONZÁLEZ RAMOS y OTROS (1996). *El proyecto curricular. Elaboración en un centro de Educación de Personas Adultas.* Madrid: Escuela Española.

GREINERT, W-D. (2004) Los "sistemas" europeos de formación profesional: algunas reflexiones sobre el contexto teórico de su evolución histórica. En *Revista de Formación Profesional*, 32, 18-26.

GRUNDTVIG, N. F. S. (1838). *Skolen for Livet.* En Lawson (1993), *opus cit.*

GRUPO 90 (2000). *I Jornadas de investigación en Educación de Personas Adultas.* Barcelona: El Roure.

GUEREÑA, J. L. (1990). Las Escuelas de Adultas en España (1860-1885). En *Mujer y Educación en España.* Santiago: Universidad de Santiago.

— (1992). Los orígenes de la educación de adultos en la España contemporánea. En Escolano A. (dir.), *Leer y escribir en España. Doscientos años de alfabetización.* Madrid: Pirámide.

— (1999). La educación popular a principios del siglo XX. En Ruiz, J. Bernat, A., Domínguez, M. R. y Juan, V. M. (eds.), *La educación en España a examen.* Zaragoza: Ministerio de Educación y Cultura e Institución Fernando el Católico.

— (2001). El espacio de la educación popular en la época contemporánea. En *Historia de la Educación*, 20, 5-10.

GUEREÑA, J. L. y TIANA, A. (1994). La educación popular. En Guereña, J. L., Ruiz Berrido, J. y Tiana, A. (eds.), *Historia de la Educación en la España Contemporánea. Diez años de investigación.* Madrid: CIDE/Centro de Publicaciones del Ministerio de Educación y Ciencia.

GUEVARA, J. R. (2019). El "nuevo profesionalismo" y mi trayectoria para convertirme en un educador de adultos. En El buen educador de adultos. Bonn: DVV Internacional. Educación de Adultos y Desarrollo.

GUIRAO, M. y SÁNCHEZ, M. (1997). Los programas universitarios para mayores en España. En Lemieux, A., *Los programas universitarios para mayores: enseñanza e investigación.* Madrid: IMSERSO.

GUIRAO, M. y SÁNCHEZ, M. (1999). Sobre los mayores universitarios. En *Pedagogía Social. Revista Interuniversitaria*, 3, 191-200.

HABERMAS, J. (1970). *Technik und Wissenschaft als Ideologie.* Frankfurt: Suhrkamp. (Traducido al castellano: 1986, *Ciencia y técnica como 'ideología'.* Madrid: Tecnos).

HABERMAS, J. (1988). *Teoría de la acción comunicativa.* Madrid: Taurus.

HABERMAS, J. (1998). La modernidad: un proyecto incompleto. En Foster, H. (ed.), *La postmodernidad.* Barcelona: Kairós.

HABERMAS, J. (2002). *Verdad y justificación*. Madrid: Trotta.

HADDAD, W. D. (1991). Vías para la democratización de la educación de adultos. En Díez Hochleitner, R. (coord.), *La educación no formal, una prioridad de futuro*. Madrid: Fundación Santillana.

HAMADACHE, A. (1995). Relaciones entre la educación formal y la no formal. Implicaciones para el entrenamiento docente. En *Proyecto Principal de Educación en América Latina y Caribe*. Santiago de Chile: OREALC.

HANNA, D. (edit.) (2002). *La enseñanza universitaria en la era digital*. Barcelona: Octaedro.

HARGREAVES, A. (1996). *Profesorado, cultura y postmodernidad*. Madrid: Morata.

HARRINGTON, F. H. (1977). *The Future of Adult Education: New Responsabilities of Colleges and Universities*. San Francisco: Jossey-Bass. En Apps (1985), *opus cit.*

HAVIGHURST, R. J. (1953). *Human development and education*. New York: Longman. En Craig (1997), *opus cit.*

HAVIGHURST, R.J., NEUGARTEN, B.L. Y TOBIN, S.S. (1964). Disengagement and patterns of aging. En *The Gerontologist, 4* (3), 24-24.

HELSON, R. y WINK, P. (1992). Personality change in women from the early 40s to the 50s. En *Psychology and Aging*, 7, 45-56.

HELY, A. S. M. (1963). *Nuevas tendencias de la educación de adultos. De Elsinor a Montreal*. París: UNESCO.

HERNÁNDEZ HERNÁNDEZ, P. y OTROS (1989). *Diseñar y enseñar*. Madrid: Narcea/ICE Universidad de La Laguna.

HIPKINS, R. (2006): *The nature of Key Competencies. A background paper*. New Zealand Council of Educational Research. [Consulta 16 diciembre 2021] Disponible en: https://www.nzcer.org.nz/system/files/nature-of-k-round-paper.pdf

HOMS, O. (2008) La formación profesional en España. Hacia la sociedad del conocimiento. Barcelona: Obra Social. Fundación La Caixa. [Consulta 20 junio 2022] Disponible en: www.laCaixa.es/ObraSocial

HORKHEIMER, M. (2003). *Teoría crítica*. Buenos Aires: Amorrortu.

HORN, J. L. y CATTELL, R. B. (1967). Age diferences in fluid and crystallized intelligence. En *Acta Psychologica*, 26, 107-129.

HUSÉN, T. (1968). Lifelong Learning in the "Educative Society". En *Convergence*, 1(4), 12-21.

— (1974). *The Learning Society*. London: Methuen.

HUTCHINS, R. (1968). *The Learning Society*. Londres: Penguin.

HUTCHINSON, E. M. (1949). Les relations entre les institutions privées d'education des adultes et l'État en Grande Bretagne et en Suéde. En *L'educations des adultes: tendences et realisations actuelles*. París: UNESCO. En Hely (1963), *opus cit.*

ILE (2022). Institución Libre de Enseñanza. Fundación Giner de los Ríos. [Consulta 22 octubre 2022] Disponible en: http://www.fundacionginer.org/

ILLICH, I. (1974). *La sociedad desescolarizada*. Barcelona: Barral.

IMBERNON, F. (1994): *La formación y el desarrollo profesional del profesorado. Hacia una nueva cultura profesional*. Barcelona: Grao.

INCUAL (2003) *Sistemas Nacionales de Cualificaciones y Formación Profesional*. Madrid, Instituto Nacional de Empleo.

— (2022a Instituto Nacional de las Cualificaciones. Ministerio de Educación y Formación Profesional. [Consulta 14 octubre 2022] Disponible en: https://incual.educacion.gob.es/inicio

— (2022b). Manual de Procedimiento. Acreditación. Instituto Nacional de las Cualificaciones. Ministerio de Educación y Formación Profesional. [Consulta 14 octubre 2022] Disponible en: https://incual.educacion.gob.es/manual-procedimiento

INE (2016). Encuesta sobre Participación de la Población Adulta en Actividades de Aprendizaje (EADA). Madrid: Instituto Nacional de Estadística. [Consulta 5 febrero 2022] Disponible en: https://www.ine.es/dynt3/inebase/es/index.htm?padre=4477&capsel=4475

— (2022). Encuesta de Población Activa. Población de 16 y más años por nivel de formación en 2014 y 2018. [Consulta 4 noviembre 2022] Disponible en: https://www.ine.es/jaxiT3/Datos.htm?t=6346#!tabs-tabla

IZQUIERDO, A. (2005). Psicología del desarrollo de la edad adulta. Teorías y contextos. En *Revista Complutense de Educación*, vol. 16, núm. 2, 601-619.

JABONERO, M. (1992). La educación de las personas adultas en la LOGSE. Perspectivas de desarrollo. En *Materiales para la Educación de Adultos*, 3-4, 21-23.

JABONERO, M., NIEVES, M. R. y RUANO, M.I. (1997). *Educación de personas adultas: un modelo de futuro*. Madrid: La Muralla.

JANNE, H. (1979). Fundamentos teóricos de la educación permanente: enfoque sociológico. En Dave, R. H., *Fundamentos de la educación permanente*. Madrid: Santillana.

JARVIS, P. (1989). *Sociología de la educación continua y de adultos*. Barcelona: El Roure.

— (1998). Desarrollo del conocimiento en educación de adultos. En Sáez, J. y Escarbajal, A., *La Educación de Personas Adultas. En defensa de la reflexividad cívica*. Salamanca: Amaru Ediciones.

JOYCE, B y WEIL, M. (1985). *Modelos de enseñanza*. Madrid: Anaya.

JUNOY, G. (1979). *La cooperación intergubernamental cultural y educativa en el marco del Consejo de Europa. 1949-1978*. Madrid: Servicio de publicaciones del Ministerio de Educación y Ciencia.

KALLEN, D. y BENGTSSON, J. (1973). *Recurrent Education. A Strategy for Lifelong Learning*. París: OCDE.

KARMILOFF-SMITH, A. e INHELDER, B. (1984). Si quieres avanzar, hazte con una teoría. En Carretero y García Mdruga (comp.), *Lecturas de psicología del pensamiento*. Madrid: Alianza.

KAYE, A. (1988). La enseñanza a distancia: situación actual. En *Perspectivas* (Unesco), vol. XVIII, núm. 1, París.

KEEGAN, D. (1990). *Fundations of Distance Education*. London: Routledge.

KEMBER, D. (1995). *Open Learning. Courses for Adults*. Englewood Cliffs NJ.: Educational Technology Pub.

KEMPFER, H. (1955). *Adult education*. New York: McGraw-Hill. En Requejo *et al.* (1997), *opus cit*.

KENNY, D. A., ABRIGHT, L., MALLOY, T. E. y KASHY, D. A. (1994). Consensus in interpersonal perception: acquaintance and the big five. En *Psychological Bulletin*, 116 (2), 245-258.

KIDD, J.R. (1973). *El proceso de aprendizaje. Cómo aprende el adulto*. Buenos Aires: El Ateneo.

KIRPAL (1979). Estudios históricos y fundamentos de la educación permanente. En Dave, R. H. (dir.), *Fundamentos de la educación permanente*. Madrid: Santillana.

KNOWLES, M. S. (1968). Andragogy, not pedagogy! En *Adult Leadership*, 16/10, 350-352.

— (1970). *Modern practice of adult education: Andragogy versus pedagogy* (Follett Publishing Company). Chicago: Association Press.

— (1982). *El estudio autodirigido*. México: Alhambra Mexicana.

KNOWLES, M. S., HOLTON, E. F. y SWANSON, R. A. (2001). *Andragogía. El aprendizaje de los adultos* (Edición de Knowles de 1973, revisada por Holton y Swanson). México: Osford University Press.

KOZOL, J. (1990). *Analfabetos U.S.A.* Barcelona: El Roure.

KUHN, T. S. (1990). *La estructura de las revoluciones científicas*. Madrid: Fondo de Cultura Económica.

LA BELLE, T.J. (1982) Formal, non-formal and informal education: holistic perspectives on lifelong teaming. En *International Review of Education,* vol. 28, núm. 2, 159-175.

LABOUVIE-VIEF, G. (1982). Growth and aging in life span perspective. En *Human Development*, 25, 65-79.

LABRADOR, M. C. (2003). Las instituciones y agentes de educación social desde el siglo XVI al XIX. En Tiana, A, y Sanz Fernández, F. (coords.), *Génesis y situación de la educación social en Europa*. Madrid: UNED.

LANCHO, J. (2005). *La Educación de Adultos en la España autonómica*. Madrid: UNED.

— (2008). Florentino Sanz: el ansia por la coherencia. En *Revista electrónica de Educación y Formación Continua de Personas Adultas (EFORA),* vol. 2, núm. 1, 82-97.

LAWSON, M. (1993). N.F.S. Grundtvig (1783-1872). En *Perspectivas: revista trimestral de educación*, vol. XXIII, nos. 3-4, págs. 651-662.

LEHR, U. (1979). *Psicología de la senectud*. Barcelona: Herder.

LEIRMAN, W. (1994). El movimiento y la disciplina de educación de adultos entre los dorados sesenta y los férreos ochenta. En Sáez, J. y Palazón, F., *Educación de adultos: ¿una nueva profesión?* Valencia: NAU Llibres.

LENGRAND, P. (1966). *L'education permanente*. París: Peuple et Culture. (Primera edición en castellano: 1973, *Introducción a la educación permanente*. Barcelona: Teide).

LEÓN CASCÓN, J. A y CARRETERO, M. (1992). Perspectivas en el estudio del desarrollo cognitivo durante la vida adulta. En García Madruga, J. A. y Lacasa, P., *Psicología evolutiva 2*. Madrid: Universidad Nacional de Educación a Distancia.

LÉON, A. (1975). La notion d'éducation permanente: sources, promesses, ambiguïtés. En *L'orientation scolaire et professionnelle*, 3, 217-232.

— (1977). *Psicopedagogía de los adultos*. Madrid: Siglo XXI.

— (1986). Aspectos psicológicos de la educación permanente. En Debesse, M y Mialaret, G., *Formación continua y educación permanente*. Barcelona: Oikos-tau.

LEON, F., BUDGE, D., VORHAUS, J. y DUCKWORTH, K. (2008). *The social and personal benefits of learning: A summary of key research findings*. London: Center for Research on the Wider Benefits of Learning, Institute of Education, University of London. [Consulta 12 noviembre 2022] Disponible en: http://eprints.ioe.ac.uk/3177/ http://eprints.ioe.ac.uk/3177/1/Feinstein2008thesocialreport.pdf

LEON, F. y HAMMOND, C. (2004). The Contribution of Adult Learning to Health and Social Capital. En *Oxford Review of Education*, vol. 30, núm. 2, 199- 221.

LEVINSON, D. J. (1978). *The seasons of a man's life*. New York: Knopf.

LEWIN, K, (1939). Field and experiment in social psychology: concepts and methods. En *American Journal of Sociology*, 44, 868-897.

— (1951). *Field theory in social science*. New York: Harper and Roe.

LEWIN, K., LIPPITT, R., y WHITE, R. (1939). Patterns of aggressive behavior in experimentally created 'social climates'. En *Journal of Social Psychology*, 10, 271-299.

LIBERIGHT, A. A. y HAYGOOD, N. (1968). *The Exeter papers*. Boston. En Lowe (1978), *opus cit.*

LIÉTARD, B. (1992). Institutionnalisation d'une pratique: les bilans. En *Education Permanente*, 108, 137-146.

LIMÓN MENDIZÁBAL, M. R. (1990). La educación básica en adultos. En *Revista Complutense de Educación*, vol. 1 (2), 281-290.

LOPEZ LACALLE y OTROS (2008). *El reconocimiento de la competencia profesional en el País Vasco. La experiencia de la evaluación, reconocimiento y certificación de los aprendizajes informales y no formales en el País Vasco.* Vitoria: Departamento de Educación, Universidades e investigación. Gobierno Vasco.

LÓPEZ NOGUERO, F. (2008). Hacia un espacio europeo de aprendizaje para toda la vida. Evolución y desarrollo de la Educación Permanente en la Unión Europea. En *Pedagogía Social. Revista Interuniversitaria*, 15, 123-135.

LÓPEZ-NOGUERO, F., CRUZ-DÍAZ, R. y BELTRÁN RUIZ, R. (2001). *Formación permanente: tendencias actuales*. Huelva: Asociación Educa-Acción.

LÓPEZ-NÚÑEZ, J. A. (2008). *Las Universidades Populares españolas: un acercamiento a Europa y Sudamérica*. Barcelona: Davinci Continental.

LÓPEZ-NÚÑEZ, J. A. y LORENZO-MARTÍN, M. E. (2009). Universidades populares en España y su relación con la universidad suramericana. En *Educación y Educadores*, vol. 12, núm. 1, 153-167.

LORENZO VICENTE, J. A. (1993). Perspectiva histórica de la educación de adultos y la animación sociocultural en España. En *Revista Complutense de Educación*, vol. 4(l), 89-117.

LOSEE, J. (1981). *Introducción histórica a la filosofía de la ciencia*. Madrid: Alianza.

LÖWE, H. (1970). Einführung in die Lernpsychologie des Erwachsenenalters. Berlin: VEB Dt. Verlag der Wissenschaften. En Lehr (1979), *opus cit.*

LOWE, J. (1976). *L'education des adultes. Perspectives mondiales*. París: Les Press de l'UNESCO (Primera edición en castellano: 1978. *La Educación de Adultos. Perspectivas mundiales*. Salamanca: Sígueme-UNESCO).

LUCIO-VILLEGAS, E. (1993). *La investigación participativa en educación de personas adultas. La construcción de un saber colectivo*. Sevilla: CAPP-Kronos.

— (1994). Una propuesta de formación de educadores de personas adultas. En *Pedagogía Social. Revista Interuniversitaria*, 9, 79-92.

LUDOJOSKI, R. L. (1972). *Andragogía o educación del adulto*. Buenos Aires: Guadalupe.

LUQUE, P. A. (1997). Educación no formal. Un acercamiento a otras instituciones educativas. *Pedagogía Social. Revista Interuniversitaria, 15-16*, 313-320.

LUZURIAGA, L. (1958). *La Institución Libre de Enseñanza y la educación en España*. Buenos Aires: Universidad Nacional de Buenos Aires.

LYOTARD, J. E. (1998). *La condición postmoderna*. Madrid: Cátedra.

LLEBRÉS, A. (2021). Educación formal y educación no formal: acortando las distancias. En *Cuaderns d'animació i Educació Social*, 33. [Consulta 10 enero 2021] Disponible en: http://quadernsanimacio.net/

MADRID, J. M. (1994). Las Universidades Populares y la Educación de Adultos. En *Pedagogía Social. Revista Interuniversitaria*, 9, 107-114.

MAESTRE, M., VIDAL, S. y MIRABELL, J. (2023). Educación para adultos: ¿dónde y qué puedo estudiar? En *The Conversation*. Disponible en: https://theconversation.com/educacion-para-adultos-donde-y-que-puedo-estudiar-208602?

MAÍLLO, A. (1969). *Educación de adultos. Educación Permanente*. Madrid: Escuela Española.

MAJÓ, J. (1996). Educación a lo largo de la vida en la sociedad de la información. En *Diálogos. Educación y formación de personas adultas*, 6/7, 45-47.

— (1997). *Chips, cables y poder*. Barcelona: Planeta.

MARCHESI, A., PALACIOS, J., CARRETERO, M. (1991). Psicología Evolutiva: problemas y perspectivas. En Marchesi, A., Carretero, M. Palacios, J. (comps.), *Psicología Evolutiva 1: Teorías y métodos*. Madrid: Alianza.

MARÍN IBÁÑEZ, R. (1977). La educación continuada, nueva frontera educativa. En *La enseñanza a distancia y los medios de telecomunicación*. Madrid: Fundesco.

— (1983). La educación como optimización del hombre. En Varios, *Teoría de la educación I (El problema de la educación)*. Murcia: Limite.

— (1988). De la educación de adultos a la educación permanente. En *Revista Española de Pedagogía*, vol. 46, núm. 181, 395-419.

MARÍN IBÁÑEZ, R. y OTROS (1988). La Educación Permanente. En *VII Seminario Interuniversitario de Teoría de la Educación*. Universidad de Valencia: Departamento de Teoría de la Educación.

MARTÍN GARCÍA, A. V. (1997). Jubilación y Educación de Adultos. En García Carrasco, J. (coord.) (1997), *Educación de adultos*. Barcelona: Ariel.

— (2018). Gerontología y educación. En *Aula: Revista de Pedagogía de la Universidad de Salamanca*, 24, 23-27.

MARTÍN GONZÁLEZ, M. T. (1995). Educación de Personas Adultas y desarrollo comunitario. En Sanz Fernández, F. (coord.), *La formación en Educación de Personas Adultas*. Tomo I. Madrid: Universidad Nacional de Educación a Distancia (UNED.

MARTÍN, R. B. (2014). Contextos de aprendizaje formales, no formales e informales. En *Ikastorratza. e-Revista de Didáctica*, 12, 1-13.

MARTÍNEZ, M. (1986). *Inteligencia y educación*. Barcelona: Promociones Publicaciones Universitarias.

MARZO, A. y FIGUERAS, J. M. (1990). *Educación de adultos. Situación actual y perspectivas*. Barcelona: Horsori.

MASSOT, M. (1996): El aprendizaje en autonomía en los centros de educación permanente de adultos. *Revista de Educación a Distancia (RED)*, 16, 20-29.

MAUCH, W. y OTROS (2019). Perfil del buen educador de adultos. En el buen educador de adultos. Bonn: DVV Internacional. Educación de Adultos y Desarrollo.

MAURIRAS, M. (1969). L'education permanente vue par un usager. En *Education Permanente*, 4, 96-97.

— (1974). Problemática de la educación permanente. En *Revista de Educación* (Monográfico sobre problemas de la educación postsecundaria), 231-232, 48-60.

MEC (1986). *Libro Blanco de la Educación de Adultos en España*. Madrid: Ministerio de Educación y Ciencia.

MEC y CCAA (1993). Conclusiones de los grupos de trabajo de las Jornadas Técnicas para el Desarrollo de la LOGSE en materia de Educación de Personas Adultas. En *Materiales para la Educación de Adultos*, 5, 16-19.

— (1995). Acuerdos sobre los elementos comunes a todo el Estado para la elaboración de un diseño curricular específico de la Formación Básica de las personas adultas. En *Materiales para la Educación de Adultos*, 6-7, 8-18.

MECD (2003). *Proyecto experimental para la evaluación, reconocimiento y acreditación de las competencias profesionales* (Proyecto ERA). Madrid: Ministerio de Educación Cultura y Deportes.

MEDINA, O. (1988). La Educación de Adultos en el Proyecto para la Reforma de la Enseñanza. En *Radio y Educación de Adultos*, 8. 3-10.

— (1994). Canarias. Políticas de desarrollo y situación actual de la Educación de Adultos. En Requejo, A. (coord.), *Política de Educación de Adultos*. Santiago: Tórculo.

— (1995). El proceso de experimentación curricular de la Formación Básica de adultos de Canarias. En *Materiales para la Educación de Adultos*, 6-7, 36-47.

— (1997). *Modelos de educación de personas adultas*. Barcelona: El Roure.

— (2000). Especificidad de la Educación de Adultos. Bases psicopedagógicas y señas de identidad. En *Educación XXI. Revista de la Facultad de Educación* (UNED), 3, 91-140.

— (2003). *Proyectos de intervención en Pedagogía Social*. Universidad de Las Palmas de Gran Canaria: Departamento de Publicaciones.

— (2004). Internet, desigualdades y educación de personas adultas. En *Diálogos. Educación y Formación de Personas Adultas*, 37, 35-47.

— (2006). *El sistema de acreditación en la Formación Básica de personas adultas de Canarias*. Las Palmas de Gran Canaria: Dirección General de Formación Profesional y Educación de Adultos.

— (2008). Universidad y educación de personas adultas. En *Revista electrónica de Educación y Formación Continua de Personas Adultas (EFORA)*, vol. 2, núm. 1, 113-133.

— (2017). Universidades Populares y Pedagogía Social. En *Intervención psicoeducativa en la desadaptación social: IPSE-ds*, 10, 71-97.

— (2020a). *Apuntes para una historia de la Educación de Personas Adultas*. Las Palmas de Gran Canaria: Servicio de Publicaciones y Difusión Científica de la Universidad de Las Palmas de Gran Canaria.

— (2020b). La Educación de Personas Adultas a los cincuenta años de la Ley General de Educación. En *Cuestiones Pedagógicas*, 29, vol. 2, 12-25.

— (2021). Política educativa y Educación de Personas Adultas. En *Crónica. Revista Científico Profesional de la Pedagogía y Psicopedagogía*, 6, 129-147.

MEDINA, O, AGUIAR, M. V. y REYES, C. M. (2005). La función del tutor en la educación a distancia y su influencia en el autoaprendizaje y la participación de los alumnos. Análisis de una experiencia. En Castro, J. J. y Rodríguez, J. M. (coords.), *Tecnologías de la Información y la Comunicación (TIC) en la docencia universitaria*. Las Palmas de Gran Canaria: Servicio de Publicaciones de la Universidad de Las Palmas de Gran Canaria.

MEDINA, O. y MIRANDA, C. (2010). La acreditación de la experiencia profesional en Canarias: análisis del dispositivo experimental. En *Formación XXI. Revista de Formación y Empleo* (mayo-2010), 19-30.

— (2011). *Reconocimiento y acreditación de competencias profesionales adquiridas a través de la experiencia y de la enseñanza no formal. Las tres ediciones del dispositivo experimental de Canarias.* Las Palmas de Gran Canaria: Instituto Canario de las Cualificaciones Profesionales. Consejería de Empleo del Gobierno de Canarias.

— (2015). *Acreditación de Competencias Profesionales adquiridas por Experiencia Laboral. Procedimiento de Acreditación de Canarias. Manual de Formación de Asesores y Evaluadores.* Las Palmas de Gran Canaria: Instituto Canario de las Cualificaciones Profesionales y Departamento de Educación de la Facultad de Ciencias de la Educación de la Universidad de Las Palmas de Gran Canaria. Disponible en ACCEDACRIS-ULPGC: http://hdl. handle. net/10553/23756

MEDINA, O. y SANZ FERNÁNDEZ, F. (2009a). Los sistemas de reconocimiento y acreditación de los aprendizajes no formales e informales: referencias históricas, funciones socioeducativas y perspectiva teórica. En *Revista de Educación*, núm. 348, 253-281.

— (2009b). El reconocimiento y la acreditación de la experiencia. En *Teoría de la Educación. Revista Interuniversitaria*, 21-2, 165-193.

MEDINA, O., GÓMEZ, A. y DE RADA, P. (1998). Los profesionales de la formación en la empresa: más allá de la frontera entre lo formal y lo no formal. En Rodríguez Pulido, J. (coord.), *La Formación del profesorado: evaluación y calidad*. Las Palmas de Gran Canaria: Servicio de Publicaciones de la Universidad de Las Palmas de Gran Canaria.

MEFP (2020). Texto completo de la LOE con las modificaciones de la LOMLOE. Elaborado a partir de la Ley Orgánica por la que se modifica la Ley Orgánica 2/2006, de 3 de mayo, de Educación aprobada en el Pleno del Senado de 23 de diciembre de 2020. Disponible en: https://educagob. educacionyfp.gob.es/dam/jcr:f92577f1-f2b4-4135-8f4a-c41e80628954/loe-con-lomloe-texto.pdf

— (2022a). Educagob. Portal del Sistema Educativo Español. Enseñanzas de Idiomas. [Consulta 31 octubre 2022] Disponible en: https://educagob. educacionyfp.gob.es/ensenanzas/idiomas.html

— (2022b). Estadísticas de la Educación. Ministerio de Educación y Formación Profesional. [Consulta 4 noviembre 2022] Disponible en: https://www. educacionyfp.gob.es/servicios-al-ciudadano/estadisticas/laborales/epa.html

— (2022c). Igualdad en cifras. Ministerio de Educación y Formación Profesional. [Consulta 4 noviembre 2022] Disponible en: https://sede.educacion.gob.es/publiventa/descarga.action?f_codigo_agc=23186

MELICH, J.C. (1994). *Del extraño cómplice, la educación en la vida cotidiana.* Barcelona: Anthropos.

MENÉNDEZ, E. (1997). ¿Globalización o desarrollo? En *EL PAIS*, 8 de octubre de 1997, Madrid.

MERCIER, L. (1986). *Les universités populaires: 1899-1914. Éducation populaire et mouvement ouvrier au début du siè-cle.* Paris: Les Éditions Ouvrières.

— (2001). La educación popular a través de la Universidad Popular en la Francia del primer siglo XX. En *Historia de la Educación*, 20, 117-135.

MERTENS, H. (1994). Professionalization and innovation. En *European Journal of Teacher Education,* vol. 17, núms. 1/2, 31-33.

MERTON, R. K. (1968). The Matthew Effect in Science. En *Science*, 159 (3810), 56-63.

MEYER, N. y BERGER, G. (1987). Expériences nord-americaines en reconnaissance des acquis (Québec-Etats Unis). En *Pratiques de Formation* (Numéro Spécial. Universite de Paris VIII), 5-126.

MEZIROW, J. (1984). Perspective transformation. En *Adult Education*, 28(2), 104-122.

— (1994). Transformaciones en la educación y aprendizaje adultos. En Sáez, J. y Palazón, F. (coords.), *La Educación de Adultos: ¿una nueva profesión?* Valencia: Nau Llibres.

— (1996). Beyond Freire and Habermas: Confusion. A response to Bruce Pietrykowski. En *Adult Education* Quarterly, 46(4), 237-239.

— (1998). Concepto y acción en la educación de adultos. En Sáez, J. y Escarbajal, A., *La Educación de Personas Adultas. En defensa de la reflexividad cívica.* Salamanca: Amaru Ediciones.

— (2007). Una teoría crítica del aprendizaje auto dirigido. En Campillo, M. y Zaplana, A. (coords.), *Investigación, educación y desarrollo profesional.* Palencia: Diego Marín.

MIRANDA, C. y MEDINA, O. (2009). *Los sistemas de reconocimiento y acreditación de competencias. La experiencia piloto de Canarias: acreditación para el título de Técnico en Cocina.* Las Palmas de Gran Canaria: Instituto Canario de las Cualificaciones Profesionales. Consejería de Empleo del Gobierno de Canarias.

— (2017). Desarrollo curricular basado en tareas esenciales. Apuntes para una Pedagogía de la Formación Profesional. En *Revista Qurriculum*, 30, 127-155.

MIRANDA, C., ÁLVAREZ, P. y MEDINA, O. (2015). *Creación y funcionamiento de las Unidades de Orientación en los Centros Integrados de Formación Profesional de Canarias. Proyecto de investigación e intervención.* Monografía científica editada por la Dirección General de Formación Profesional y Educación de Adultos y el Departamento de Educación de la Facultad de Ciencias de la Educación de la Universidad de Las Palmas de Gran Canaria. Disponible en ACCEDACRIS-ULPGC: http://hdl.handle.net/ 10553/ 25327

MIRANDA, C., MEDINA, O., MARTÍN, A. y VALDIVIELSO, S. (2007). *Dimensión social de la Psicopedagogía: análisis de los perfiles profesionales emergentes.* Las Palmas de Gran Canaria: Servicio de Publicaciones de la Universidad de Las Palmas de Gran Canaria.

MONTES, V. M. (2016). Origen de las Universidades Populares. En *Revista Española de Educación Comparada,* 27, 215-236.

MOORE, T. W. (1987). *Introducción a la teoría de la educación.* Madrid: Alianza.

MORENO MARTÍNEZ, P. L. (1992a). La Ley General de Educación y la educación de adultos. En *Revista de Educación* (núm. extr.), 109-130.

— (1992b). De la alfabetización a la educación de adultos. En Escolano A. (dir.), *Leer y escribir en España. Doscientos años de alfabetización.* Madrid: Pirámide.

— (1993). La educación de adultos en la Universidad española. En *Educación y Sociedad, 12,* 109-125.

— (1994). Apuntes para un estudio sobre la investigación de educación de adultos en España. En *Pedagogía Social. Revista Interuniversitaria,* 9, 65-78.

— (2005). Haciendo memoria: las Universidades Populares en España. En *Tabanque,* 19, 21-40.

— (2008). *Educación popular en la Segunda República Española. Carmen Conde, Antonio Oliver y la Universidad Popular de Cartagena.* Madrid: Biblioteca Nueva.

MORENO MARTÍNEZ, P. L. y SEBASTIÁN VICENTE, A. (2010). Las Universidades Populares en España (1903-2010). En *CEE. Participación educativa,* núm. extr., 165-179.

MORENO MARTÍNEZ, P. L. y VIÑAO, A. (1997). La Educación de Adultos en España (siglos XIX y XX): Historia de una realidad cambiante y multiforme. En García Carrasco, J. (coord.), *Educación de adultos.* Barcelona: Ariel.

MORENO-CRESPO, P., PRIETO, E. Y PÉREZ DE GUZMÁN, M. V. (2018). La universidad, educadora permanente: el aula abierta de mayores. En *Revista de Humanidades,* 35, 31-53.

MOUNIER, E. (1984). *El personalismo*. Bogotá: El Buho.

MOYA, J. (1991). Problemática curricular. En *Materiales para la Educación de Adultos*, 1, 4-8.

— (1995). El diseño curricular para la Formación Básica de la Educación de Adultos de Canarias. En *Materiales para la Educación de Adultos*, 6-7, 19-27.

— (2008). Las competencias básicas en el diseño y el desarrollo del currículo. En *Revista Qurrículum*, 21, 57-78.

NATORP, P. (1913). *Pedagogía Social. Teoría de la educación de la voluntad sobre la base de la comunidad*. Madrid: La lectura.

NEGRÍN FAJARDO, O. (1990). *Condorcet. Informe y proyecto sobre la organización general de la instrucción pública*. Madrid: Centro de Estudios Ramón Areces.

NEGROPONTE, N. (1999). *El mundo digital*. Barcelona: Ediciones BSA.

OCDE (1973). L'éducation récurrente: une stratégie pour une formation continue. Paris: Centre for Educational Research and Innovation (CERI).

— (2001). The role of National Qualifications Systems in promocing lifelong learning. Issues Paper Meeting of National Representatives and Experts. Comité de Educación. París: Publicaciones de la OCDE.

— (2003). Más allá de las palabras: políticas y práctica de la educación de adultos. París: Publicaciones de la OCDE. [Consulta 1 abril 2022] Disponible en: www.oecd.org/bookshop/

— (2005). *Adult Learning*. París: OECD Publishing.

— (2007). Understanding the Social Outcomes of Learning. París: OECD Publishing. [Consulta 5 junio 2022] Disponible en: https://www.oecd.org/education/ceri/understandingthesocialoutcomesoflearning.htm

— (2008). *Sistemas de Cualificaciones. Puentes para el aprendizaje a lo largo de la vida*. Madrid: Ministerio de Educación, Política Social y Deporte.

— (2010). Learning for Jobs. Reviews of Vocational Education and Training. París. [Consulta 10 enero 2022] Disponible en: https://www.oecd.org/education/skills-beyond-school/Learning%20for%20Jobs%20book.pdf

— (2015). Política educativa en perspectiva 2015. Hacer posibles las reformas educativas. Madrid: Fundación Santillana. [Consulta 25 enero 2022] Disponible en: https://dialnet.unirioja.es/servlet/articulo?codigo=7847306

— (2016). *Technical Report of the Survey of Adult Skills (PIAAC), 2nd Edition*. París: OECD Publishing. [Consulta 7 junio 2021] Disponible en: http://www.oecd.org/skills/piaac/PIAAC_Technical_Report_2nd_Edition_Full_Report.pdf

— (2017). *Panorama de la educación 2017. Indicadores de la OCDE.* Madrid: Fundación Santillana y Ministerio de Educación, Cultura y Deportes.

— (2021a). Education at a Glance 2021. OECD Indicators. París: OECD Publishing. [Consulta 7 junio 2022] Disponible en: https://www.oecd.org/education/education-at-a-glance/

— (2021b). Adult learning and COVID-19: How much informal and non-formal learning are workers missing? En *Tackling Coronavirus (COVID-19): Contributing to a Global Effort,* París: OECD Publishing. [Consulta 7 junio 2022] Disponible en https://www.oecd.org/coronavirus/policy-responses/adult-learning-and-covid-19-how-much-informal-and-non-formal-learning-are-workers-missing-56a96569/

— (2021c). Preparando a los adultos para el futuro: el aprendizaje en América Latina. Plan de acción. [Consulta 10 enero 2022] Disponible en: https://www.oecd.org/employment/emp/skills-and-work/adult-learning/aprendizaje-adultos-america-latina-2021.pdf

OIT (2002): *Aprender y formarse para trabajar en la sociedad del conocimiento.* Ginebra, Organización Internacional del Trabajo. https://www.ilo.org/global/publications/ilo-bookstore/order-online/books/WCMS_PUBL_9223 128765_SP/lang—es/index.htm

— (2005). Recomendación 195 sobre el desarrollo de los recursos humanos: educación, formación y aprendizaje permanente. Organización Internacional del Trabajo. [Consulta 10 enero 2022] Disponible en: https://www.oitcinterfor.org/sites/default/files/edit/docref/rec195.pdf

OMEÑACA, J. (1978). La Universidad Popular de Rekaldeberri. En *Cuadernos de Pedagogía,* 40, 53-55.

OMS (2012). *Determinantes sociales de la salud.* Ginebra: Organización Mundial de la Salud.

ONU (2015). Agenda 2030 para el Desarrollo Sostenible. Naciones Unidas. Asamblea General. [Consulta 9 abril 2022] Disponible en: https://www.fundacioncarolina.es/wp-content/uploads/2019/06/ONU-Agenda-2030.pdf

ORTEGA ESTEBAN, J. (1998). Educación a lo largo de la vida o el espacio de la Educación Social. En Pantoja (edit.), *Nuevos espacios para la Educación Social.* Bilbao: Universidad de Deusto.

— (1999a). *Pedagogía Social Especializada.* Barcelona: Ariel.

— (1999b). *Educación Social Especializada.* Barcelona: Ariel.

— (2005). La educación a lo largo de la vida: la educación social, la educación escolar, la educación continua... todas son educaciones formales. En *Revista de Educación,* 338, 167-175.

ORTEGA ESTEBAN, J. CARIDE, J. A. y ÚCAR, X. (2013). La Pedagogía Social en la formación-profesionalización de los educadores y las educadoras sociales, o de cuando el pasado construye futuros. En *RES: Revista de Educación Social*, 17, 1-24.

PALACIOS, J. (1991). El desarrollo después de la adolescencia. En Palacios, J., Marchesi, A., Coll, C. (comps.), *Desarrollo Psicológico y Educación, vol. 1: Psicología Evolutiva*. Madrid: Alianza.

PALACIOS, J. y MARCHESI, A. (1991). Inteligencia y memoria en el proceso de envejecimiento. En Carretero, M., Palacios, J. y Marchesi, A. (Comp.), *Psicología evolutiva. Adolescencia, madurez y senectud*. Madrid: Alianza.

PALACIOS, L. (1908). *Las Universidades Populares*. Valencia: Sempere y Compañía Editores. (Edición digital en junio de 2002 a cargo de la Fundación Municipal de Cultura de Gijón). [Consulta 20 junio 2022] Disponible en: http://www.filosofia.org/aut/lpm/index.htm

PALAZÓN, F. (1989). Investigación-acción como metodología puente entre la educación de adultos y el desarrollo comunitario. En *Pedagogía Social. Revista Interuniversitaria*, 7, 51-62.

— (1992). La investigación-acción como metodología puente entre la educación de adultos y el desarrollo comunitario. En *Pedagogía Social. Revista Interuniversitaria*, 7, 51-62.

— (1994). Educación de adultos: ¿tecnología, investigación o militancia? En Sáez, J. y Palazón, F., *Educación de adultos: ¿una nueva profesión?* Valencia: NAU Llibres.

PAPALIA, D. E. y WENDKOS, S. (1992). *Desarrollo Humano*. Madrid: McGraw-Hill.

PASTOR HOMS, M. I. (2007). Reflexiones en torno a algunas propuestas de caracterización genérica de la educación no formal. En *Bordón*, 59/4, 659-672.

PECK, R.C. (1968). Psychological developments in the second half of life. En Neugarten, B.L. (ed.), *Middle age and aging*. Chicago: University of Chicago Press. En Izquierdo (2005), *opus cit.*

PEIRÓ, S. (1994). *Actas del primer Congreso Internacional de Educación de Adultos*. Granada: Adhara.

PELECHANO, V. y DE MIGUEL, A. (1992). Dimensiones de personalidad, motivación y habilidades interpersonales en ancianos: una primera aproximación. En *Análisis y Modificación de Conducta*, 18 (57), 67-99.

PÉREZ GÓMEZ, A. I. (1994). La cultura escolar en la sociedad postmoderna. En *Cuadernos de Pedagogía*, 225, 80-85.

— (2007). La naturaleza de las competencias básica y sus implicaciones pedagógicas. En *Cuadernos de Educación de Cantabria 1*. Santander: Consejería de Educación.

PÉREZ SERRANO, G. (1990). *Investigación-acción. Aplicaciones al campo social y educativo*. Madrid: Dykinson.

— (2002). Origen y evolución de la Pedagogía Social. En *Pedagogía Social. Revista Interuniversitaria*, 9, 193-231.

— (2003). *Pedagogía social - Educación social*. Madrid: Narcea.

— (2013). *Promoción del Envejecimiento Activo a través de las Universidades de Mayores: UNED Senior*. Madrid: Libertad Digital.

PETERS, R. S. (1969). *El concepto de educación*. Buenos Aires: Piados.

PETRUS, A. (1987). Teoría y teorías de la educación. En Sanvisens, A. (coord.), *Introducción a la Pedagogía*. Barcelona: Barcanova.

— (1989). Concepto y campos de la Educación Social. En VV.AA., *Actas del congreso sobre Educación Social en España*. Madrid: CIDE, Ministerio de Educación y Ciencia.

— (1997). Concepto de Educación Social. En Petrus (coord.), *Pedagogía Social*. Barcelona: Ariel.

— (coord.) (1997). *Pedagogía Social*. Barcelona: Ariel.

PIKETTY, T. (2021). *Una breve historia de la igualdad*. Barcelona: Deusto-Planeta.

PINILLA, C. (2017). Adultos mayores y programas universitarios: el envejecimiento activo. En VV. AA (coords.), *XXX Seminario Interuniversitario de Pedagogía Social: Pedagogía Social y Desarrollo Humano*. Universidad de Sevilla.

POWER, C. (1991). Enfoques no formales para la consecución de la educación para todos. En Díez Hochleitner, R. (coord.), *La educación no formal, una prioridad de futuro*. Madrid: Fundación Santillana.

PRIETO, E. y MORENO-CRESPO, P. (2009). Diseñando programas para nuestros mayores: el caso del Aula Abierta de Mayores, en *V Jornadas de Calidad de Vida en Personas Mayores. Envejecimiento Activo y Participativo*. Madrid: UNED.

PUELLES, M. (1987). *Política y administración educativas*. Madrid: UNED.

— (1996). Política de educación y políticas educativas: una aproximación teórica. En *Innovación pedagógica y políticas educativas. XI Congreso Nacional de Pedagogía*. San Sebastián: Universidad del País Vasco: Servicio de Publicaciones.

PUENTE, J. M. (1983). Tres años de Universidades Populares. *Cuadernos de Pedagogía*, 105, 35-37.

QUINTANA CABANAS, J. M. (coord.) (1986). *Investigación Participativa Educación de Adultos*. Madrid: Narcea.

— (1987). Tendencias actuales de la sociología de la educación en España. En *Revista Internacional de Sociología*, 4, 657-682.

— (1994). *Pedagogía Social*. Madrid: Dykinson.

— (1997). Antecedentes históricos de la educación social. En Petrus, A. (coord.), *Pedagogía Social*. Barcelona: Ariel.

QUITLLET, R. (1986). Educación de adultos, desarrollo comunitario y promoción de la mujer. En Quintana Cabanas, J. M. (coord.), *Investigación Participativa Educación de Adultos*. Madrid: Narcea.

RANJARD, P. (1988). Responsabilidad y conciencia profesional de los enseñantes. En *Revista de Educación*, 285, 65-76.

RAUSELL KÖSTER, P. (2022). Ecología del aprendizaje. Los procesos no formales e informales de aprendizaje en cultura y comunicación. En *Participación Educativa*, vol. 9, núm. 12, 47-59.

REGIDO, E., BARRIO, G., DE LA FUENTE, L., DOMINGO, A., RODRÍGUEZ, C. y ALONSO, J. (1999). Association between educational level and health related quality of life in Spanish adults. En *Journal of Epidemiology and Community Health,* vol. 53, núm. 2, 75-82. [Consulta 17 febrero 2022] Disponible en: https://www.jstor.org/stable/i25568843

REQUEJO, A. (1992). La Educación de Adultos y la reforma del sistema educativo. En *Materiales para la Educación de Adultos*, 3-4, 10-20.

— (2003). *Educación permanente y educación de adultos*. Barcelona: Ariel.

— (coord.) (1994). *Política de Educación de Adultos*. Santiago: Tórculo.

REQUEJO, A., SARRAMONA, J. y MARTÍNEZ MUT, B. (1997). Educación permanente y nuevas tecnologías. En Barroso, C. y Gallardo, M., *Tecnologías y formación permanente*. XV Seminario Interuniversitario de Teoría de la Educación. La Laguna: Universidad de La Laguna.

RICE, F. P. (1997). *Desarrollo humano. Estudio del ciclo vital*. México: Prentice-Hall Hispanoamericana.

RIEGEL, K. F. (1976). The dialectis of human development. En *American Psychologist*, 31, 689-700.

RIVERA, W. M. (1982). Reflections on Policy Issues in Adult Education. En Wharples, G. C. and Rivera, W. H. (eds.), *Policy Issues and Process*. Washington D. C.: University of Mariland.

RODRÍGUEZ CORREA, M. y RIVADULLA-LÓPEZ, J. C. (2018). Percepciones sobre la educación de personas adultas. Análisis de la formación, la práctica docente y el perfil profesional. En *Educar*, vol. 54/2, 431-448.

RODRÍGUEZ ROJO, M. y DÍAZ GONZÁLEZ, T. (1988). Formación de educadores de adultos. En *Revista Interuniversitaria de Formación del Profesorado*, 3, 69-82.

RODRÍGUEZ, J., MIRANDA, C. y MOYA, J. (coords.) (2001). *La transición a la vida universitaria*. Las Palmas de Gran Canaria: Servicio de Publicaciones de la Universidad de Las Palmas de Gran Canaria.

RODRÍGUEZ, V. M. (1993). De Roma a Maastricht: 35 años de cooperación comunitaria en educación. En *Revista de Educción*, II (monográfico), 7-24.

ROGERS, C. (2000). *El proceso de convertirse en persona*. Barcelona: Paidós.

ROSSI, P. (1998). *El nacimiento de la ciencia moderna en Europa*. Barcelona: Crítica.

RUBENSON, K. (2006). The Nordic model of lifelong learning. En *Compare* (Abingdon: Routledge), vol. 36, núm. 3, 327-341. En UNESCO (2010a), *opus cit.*

RUHOSE, J., THOMSEN, S. y WEILAGE, I. (2019). The benefits of adult learning: Work-related training, social capital, and earnings. En *Economics of Education Review*, 72, 166-186. [Consulta 17 septiembre 2022] Disponible en: http://dx.doi.org/10.1016/j.econedurev.2019.05.010

RUIZ ROMÁN, C. (2010). La educación en la sociedad postmoderna: desafíos y oportunidades. En *Revista Complutense de Educación*, vol. 21; núm. 1, 173-188.

RUMBO, B. (1998). Política y didáctica de la educación de adultos (1821-1936). En *Sarmiento: Anuario galego de historia da educación*, 2, 181-202.

— (2010). La profesionalización de la educación de personas adultas. En *Revista Iberoamericana de Educación*, 54/4, 1-7.

— (2020). La Educación de las Personas Adultas en los Cincuenta Años de Historia Democrática en España. En *Cuestiones Pedagógicas*, 29, vol. 2, 41-49.

SABATES, R. y HAMMOND, C. (2008). *The Impact of Lifelong Learning on Happiness and Well-being*, London: Institute of Education. [Consulta 28 septiembre 2022] Disponible en: https://www.academia.edu/32125048/The_Impact_of_Lifelong_Learning_on_Happiness_and_Well_being

SADDINGTON (1998): Exploring the roots and branches of experiential learning. En *Lifelong Learning in Europe*, KVS Fundation, Finland, 3; 133-138.

SÁEZ, J. (1987). *La construcción de la Pedagogía Social en España*. Valencia: Nau Llibres.

— (1994). La profesionalización de los educadores de adultos. En Sáez, J. y Palazón, F., *Educación de adultos: ¿una nueva profesión?* Valencia: NAU Llibres.

— (1998). La formación de personas adultas: ¿para una sociedad pasiva o la consecución de personas críticas. En Sáez, J. y Escarbajal, A. (coords.), *La*

Educación de personas adultos. En defensa de la reflexibidad crítica. Salamanca: Amaru.

— (2005). La profesionalización de los educadores sociales: construcción de un modelo teórico para su estudio. En *Revista de Educación*, 336, 129-139.

— (coord.) (2007). *Pedagogía Social y Educación Social.* Madrid: Pearson Prentice Hall.

SÁEZ, J. y ESCARBAJAL, A. (coords.) (1998). *La educación de personas adultas. En defensa de la reflexividad crítica.* Salamanca: Amarú.

SÁEZ, J. y GARCÍA MOLINA, J. (2004). El Estado como actor clave en la profesionalización de los educadores sociales: de las políticas sociales a las necesidades. En *Pedagogía Social. Revista Interuniversitaria*, 11, 135-163.

SÁEZ, J. y PALAZÓN, F. (coords.) (1994a). *Educación de adultos: ¿una nueva profesión?* Valencia: NAU Llibres.

SÁEZ, J. y PALAZÓN, F. (1994b). Profesiones en marcha: percepción y experiencia. En Sáez, J. y Palazón, F., *Educación de adultos: ¿una nueva profesión?* Valencia: NAU Llibres.

SALA, M., ESTEBAN, M. A. y FARRE, R. (1975). *Una educación permanente para adultos.* Madrid: Marsiega.

SALINAS, J. (2013). Enseñanza Flexible y Aprendizaje Abierto. Fundamentos clave de los PLEs. En Castañeda, L. y Adell, J. (eds.), *Entornos Personales de Aprendizaje: Claves para el ecosistema educativo en red.* Alcoy: Marfil.

SÁNCHEZ AROCA, M. (1999). Voices Inside Schools - La Verneda-Sant Martí: A School Where People Dare to Dream. En *Harvard Educational Review*, 69 (3), 320-336.

SANVISENS, A. (1983). Concepción sistémico-cibernética de la educación. En Varios, *Teoría de la educación I (El problema de la educación).* Murcia: Limite.

— (1987). Educación, Pedagogía y Ciencias de la Educación. En Sanvisens, A. y otros, *Introducción a la Pedagogía.* Barcelona: Barcanova.

SANZ FERNÁNDEZ, F. (1998). Perspectivas de la Educación de Adultos en una sociedad globalizada. En *Revista Española de Educación Comparada,* 4, 69-100.

— (2000). La Educación Básica de Adultos en América Latina durante la década de los noventa: de Jomtien a Dakar. En *Revista española de educación comparada*, 6, 143-176.

— (coord.) (2002). *La educación de las personas adultas entre dos siglos: historia pasada y desafíos de futuro.* Madrid: Ministerio de Educación, Cultura y Deportes y Universidad Nacional de Educación a Distancia (UNED).

— (2003). La educación de adultos en la Europa actual. En García Molina, J. (coord.), *De nuevo, la educación social.* Madrid: Dykinson.

— (2005). Génesis y desarrollo de la educación de personas adultas. En López-Barajas, E. y Sarrate, M. L. (coords.), *La educación de personas adultas: reto de nuestro tiempo.* Madrid: Dykinson.

— (2006a). Reconocimiento y validación de los aprendizajes adquiridos en la experiencia: la ley francesa de modernización social. En Guijarro, E. Quintanal, J. (coords.), *El practicum en las titulaciones de educación: reflexiones y experiencias.* Madrid: Dykinson.

— (2006b). Procesos educativos para la participación comunitaria en el desarrollo local. En Murga Menoyo, M. A., *Desarrollo local y Agenda 21.* Madrid: Pearson Educación.

— (2006c). *As raizes históricas dos modelos actuais de educação de pessoas adultas.* Lisboa: Facultade de Psicologia e de Ciencias de Educação.

— (2006d). *El aprendizaje fuera de la escuela. Tradición del pasado y desafío para el futuro.* Madrid: Ediciones Académicas.

— (2007). Pensar la relación entre experiencia y aprendizaje. En *Miscelánea Comillas: Revista de Ciencias Humanas y Sociales,* vol. 65, núm. 126, 237-266.

— (2009a). Bases psicológicas del aprendizaje de los adultos. Teorías sobre el aprendizaje. En Jiménez Frías, R. (coord.), *Educación de personas adultas en el marco del aprendizaje a lo largo de la vida.* Madrid: UNED.

— (2009b). Aspectos sociológicos de la educación de personas adultas. En Jiménez Frías, R. (coord.), *Educación de personas adultas en el marco del aprendizaje a lo largo de la vida.* Madrid: UNED.

— (2009c). Fundamentos pedagógicos de la educación de personas adultas. En Jiménez Frías, R. (coord.), *Educación de personas adultas en el marco del aprendizaje a lo largo de la vida.* Madrid: UNED.

SARRAMONA, J. (1994). Fundamentos y resultados de la enseñanza a distancia. Ponencia del acto inaugural del curso 94-95, Centro Asociado de la UNED, Las Palmas de Gran Canaria.

SARRAMONA, J y ÚCAR, X. (1988). Arees d'intervenció en educación social. En *Educar,* 13, 7-16.

SARRAMONA, J., NOGUERA, J y VERA VILA, J. (1998). ¿Qué es ser profesional docente? En *Teoría de la Educación,* 10, 95-144.

SARRATE, M. L. (1997). *Educación de Adultos. Evaluación de centros y de experiencias.* Madrid: Narcea.

— (2008). Ocio y tiempo libre en los centros educativos. *Bordón, 60*(4), 51-61.

SARRATE, M. L. y PÉREZ DE GUZMÁN, M. V. (2005). Educación de Personas Adultas: situación actual y propuestas de futuro. En *Revista de Educación*, 336, 41-57.

SCHAIE, K. W. (1994). The Course of Adult Intellectual Development. En *Americam Psychologist*, vol. 49, núm. 4, 304-313.

— (2003). *Psicología de la edad adulta y la vejez*. Madrid: Pearson Prentice-Hall.

— (2008). A lifespan developmental perspective of psychological aging. En Laidlaw, K. y Knight, B.G. (eds.), *The Handbook of emotional disorders in late life: Assessment and treatment*. Oxford, UK: Oxford University Press.

SCHÖN, D. (1983). *The Reflective Practitioner: How professionals think in action*. London: Temple Smith. (Primera edición en castellano: 1983, *El profesional reflexivo. Cómo piensan los profesionales cuando actúan*. Barcelona: Paidós).

SCHOULTZ, M., ÖHMAN, J. y QUENNERSTEDT, M. (2020) A review of research on the relationship between learning and health for older adults. En *International Journal of Lifelong Education*, 39/5-6, 528-544.

SCHULLER, T., PRESTON, J., HAMMOND, C., BRASSETT-GRUNDY, A. y BYNNER, J. (2004). *The Benefits of Learning*. University of London.

SCHWARTZ, B. (1968). Réflexions sur le développement de l'education permanente. En *Revue française de Pédagogie*, 4, 32-44.

— (1970). A prospective view of permanent education, *Council for Cultural Cooperation, Permanent Education*. Strasbourg: Council of Europe.

— (1972). Projet d'éducation permanente. Amsterdan: Convention culturelle européenne. (Primera edición en castellano: 1976, Proyecto de Educación Permanente. Madrid: Publicaciones ICCE).

— (1973). *L'éducation demaine*. París: Aubier-Montaigne.

SCRIBNER, S. (1986). Thinking in action: some characteristics of practical thought». En Sternberg, R. J. y Wagner, R. K. (Edit.), *Practical Intelligence. Nature and origins of competence in the everyday world*. London: Cambribge University Press.

SEVILLANO, E. (2011). Un siglo de tránsito por otras lenguas. En *El País*, 29 de marzo.

SHAW, M. E. (1986): *Dinámica de grupo. Psicología de la conducta de los pequeños grupos*. Barcelona: Herder.

SILVESTRE, N., SOLÉ, M. R., PÉREZ, M. y JODAR, M. (1995). *Psicología evolutiva. Adolescencia, edad adulta y vejez*. Barcelona: CEAC

SINGH, M. (2015). *Global perspectives on recognising non-formal and informal learning. Why recognition matters*. Heidelberg: Springer Open.

SIPS (2022). Sobre la SIPS. Sociedad Iberoamericana de Pedagogía Social. [Consulta 28 enero 2022] Disponible en: https://sips-es.blogspot.com/p/quienes-somos.html

SOLER, E. y OTROS (1992). *Teoría y práctica del proceso de enseñanza-aprendizaje*. Madrid: Narcea.

STERNBERG, R. J. (1988). La inteligencia es el autogobierno mental. En Sternberg, R. J. y Detterman, D. K., *¿Qué es la inteligencia? Enfoque actual de su naturaleza y definición*. Madrid: Pirámide.

STERNBERG, R. J. y SALTER, W. (1987). Concepciones de la inteligencia. En Sternberg, R. J., *Inteligencia humana, I. La naturaleza de la inteligencia y su medición*. Barcelona: Paidós.

TARDY, M. (1970). Le champ sémantique de l'expression, Éducation permanente, En Timus, C. et autres, *Terminologie de l'éducation des adultes*. Conseil Europe. Estrasbourg: Conseil de la Coopération Culturelle.

TEDESCO, J. C. (1995). *El nuevo pacto educativo*. Madrid: Anaya.

— (2000). *Educar en la sociedad del conocimiento*. Argentina: Fondo de cultura académica.

TENNANT, M. (1991). *Adultez y aprendizaje. Enfoques psicológicos*. Barcelona: El Roure.

TERCEIRO, J. B. (1996). *La socied@d digit@l. Del homo sapiens al homo digitalis*. Madrid: Alianza.

TERROT, N. (1983) *L'histoire de l'éducation des adultes en France*. Paris: L'Armattan.

THOMAS, J. (1976). *Los grandes problemas de la educación en el mundo*. Salamanca: Anaya.

TIANA, A. (1991). La educación de adultos en el siglo XIX: los primeros pasos hacia la constitución de un nuevo ámbito educativo. En *Revista de Educación*, 294, 7-26.

— (1997). Movimiento obrero y educación popular en la España contemporánea. En *Historia Social*, 27, 127-144.

— (2010). Sobre la caracterización de la educación popular como campo de investigación histórica. En *CEE Participación Educativa*, núm. extraordinario, 8-24.

— (2017). La evolución de la educación social como campo académico y profesional. En *RES. Revista de Educación Social*, 24, 81-109.

TITMUS, C. J. (1989). Educación de adultos: investigación en Europa occidental. En Husén, T. y Postlethwaite, N. D. (dirs.), *Enciclopedia Internacional de la Educación*. Barcelona: MEC-Vicens-Vives.

TOCQUEVILLE, A. (1996). *El Antiguo Régimen y la Revolución*. México: Fondo de Cultura Económica.

TOFFLER, R. A. (1985). *La tercera ola*. Barcelona: Plaza Janés.

TORRES AGUILAR, M. (2009). Extensión universitaria y Universidades Populares: el modelo de educación libre en la Universidad Popular Mexicana (1912-1920). En *Revista Historia de la Educación Latinoamericana*, vol. 12, 196-219.

TORRES CARRILLO, A. (2007). Paulo Freire y la educación popular. En *Educación de Adultos y Desarrollo*, 69, 29-52.

TOURAINE, A. (1969). *La societé post-industrielle*. Paris: Denoël.

— (1993). *Crítica de la modernidad*. Madrid: Temas de hoy.

TOURIÑAN, J. (1983). Análisis teórico del carácter formal, no formal e informal de la educación. En *Papers d'Educació*, 1, 105-127.

TRILLA, J. (1985). *La educación fuera de la escuela*. Barcelona: Planeta.

— (1988). Animación sociocultural, educación y educación no formal. En *Educar*, 13, 17-41.

— (1993). *Otras educaciones*. Barcelona: Anthropos.

— (coord.) (1997). *Animación Sociocultural. Teorías, programas y ámbitos*. Barcelona: Ariel.

TUIJNMAN, A. (1991). La Educación Recurrente: del concepto a la aplicación. En *Perspectivas*, vol. XXI, núm. 1, 15-23.

ÚCAR, X. (1992). *La animación sociocultural*. Barcelona: CEAC.

— (1999). La profesión del Educador Social: reflexiones sobre la dimensión práctica de la formación. En Calvo de León, R. y Esteban Ruiz, F.T., (coords), *El prácticum en la formación de educadores sociales: XIV Seminario Interuniversitario de Pedagogía Social*. Universidad de Burgos: Servicio de Publicaciones.

ULPGC (2020a). Grado en Educación Primaria. Facultad de Ciencias de la Educación. Universidad de Las Palmas de Gran Canaria. [Consulta 20 mayo 2022] Disponible en: https://www.fcedu.ulpgc.es/grado-de-educacion-primaria/grado-de-educacion-primaria-presentacion/

— (2020b). Guía del estudiante. Máster Universitario en Formación del Profesorado de Educación Secundaria Obligatoria y Bachillerato, Formación Profesional y Enseñanza de Idiomas de las universidades de la Laguna y de Las Palmas de Gran Canaria. Facultad de Ciencias de la Educación de la Universidad de Las Palmas de Gran Canaria. [Consulta 20 mayo 2022] Disponible en: https://www.fcedu.ulpgc.es/wp-content/uploads/2020/10/Guia-estudiante-2020-21.pdf

— (2022a). Programas Formativos Especiales. Universidad de Las Palmas de Gran Canaria. [Consulta 20 octubre 2022] Disponible en: https://www. ulpgc.es/programas-formativos-especiales

— (2022b). V Plan Estratégico Institucional de la Universidad de Las Palmas de Gran Canaria. Oficina de Planificación Estratégica de la ULPGC. [Consulta 11 noviembre 2022] Disponible en: https://www.ulpgc.es/sites/default/files/ArchivosULPGC/rectorado/vplanestrategicoinstitucional_r.pdf

— (2023). Títulos propios. Universidad de Las Palmas de Gran Canaria. [Consulta 07 abril 2023] Disponible en: https://apps.ulpgc.es/tpw/

ULL (2018). *Memoria académica 2016-2017*. Universidad de La Laguna: Secretaría General.

UNESCO (1949). Primera Conferencia Internacional de Educación de Adultos. CONFITEA-I: Elsinor, 1949. En OEI/EDA, 1981, *Reuniones internacionales mundiales sobre Educación de Adultos*. Madrid: Oficina de Educación Iberoamericana.

— (1960). Segunda Conferencia Mundial de Educación de Adultos. CONFITEA-II: Montreal, 1960. Informe de la Conferencia. París: UNESCO.

— (1972). Tercera Conferencia Internacional de Educación de Adultos. Recomendaciones. CONFITEA-III: Tokio, 1972. En OEI/EDA, 1981, *Reuniones internacionales mundiales sobre Educación de Adultos*. Madrid: Oficina de Educación Iberoamericana.

— (1973). The School and Coninuing Educatión. Four Studies. París: UNESCO. En Marín Ibáñez (1977), *opus cit.*

— (1975). Simposio Internacional de la Alfabetización (Persépolis, 1975). En OEI/EDA, 1981, *Reuniones internacionales mundiales sobre Educación de Adultos*. Madrid: Oficina de Educación Iberoamericana.

— (1976a). 19ª Reunión de la Conferencia General de la UNESCO (Nairobi, 1976). En OEI/EDA, 1981, *Reuniones internacionales mundiales sobre Educación de Adultos*. Madrid: Oficina de Educación Iberoamericana.

— (1976b). Conferencia Internacional sobre Promoción y Educación de Adultos (Dar-Es- Salaam, 1976). En OEI/EDA, 1981, *Reuniones internacionales mundiales sobre Educación de Adultos*. Madrid: Oficina de Educación Iberoamericana.

— (1985). Cuarta Conferencia Internacional de Educación de Adultos. CONFITEA-IV: París, 1985. Informe final. París: UNESCO.

— (1991). Carta Mundial sobre la educación para todos; satisfacción de las necesidades básica de aprendizaje. En *Materiales para la Educación de Adultos*, 1, 20-25.

— (1996). La Educación Técnica y la Formación Profesional. Oficina Regional de Educación para América Latina y el Caribe [Consulta 22 marzo 2022]. Disponible en: http://unesdoc.unesco.org/images/0011/001161/ 116133 so.pdf

— (1997a). Quinta Conferencia Internacional de Educación de Adultos. CONFITEA V: Hamburgo, 1997. Informe final. [Consulta 10 febrero 2022] Disponible en: https://unesdoc.unesco.org/ark:/48223/pf0000110364_ spa

— (1997b). Declaración de Hamburgo sobre Educación de Adultos. Quinta Conferencia Internacional de Educación de Adultos. CONFITEA V: Hamburgo, 1997 [Consulta 8 abril 2022] Disponible en: https://unesdoc.unesco.org/ark:/48223/pf0000116114_spa

— (1997c). Plan de acción para el futuro de la Educación de Adultos. Quinta Conferencia Internacional de Educación de Adultos. CONFITEA V: Hamburgo, 1997. En *Diálogos. Educación y formación de personas adultas,* núm. 11-12; pág. 11-24.

— (2005). Hacia las sociedades del conocimiento. París: UNESCO. [Consulta 17 abril 2023] Disponible en: https://unesdoc.unesco.org/ark:/48223/ pf0000141908

— (2010a). Sixth International Conference on Adult Education: Final Report. CONFINTEA VI. Belén (Brasil). Hamburgo: Instituto de la UNESCO para el Aprendizaje a lo Largo de la Vida (UIL). [Consulta 29 mayo 2023]. Disponible en: https://unesdoc.unesco.org/ark:/48223/pf0000187790

— (2010b). Marco de Acción de Belén. Sexta Conferencia Internacional de Educación de Adultos (CONFITEA VI). Hamburgo: Instituto de la UNESCO para el Aprendizaje a lo Largo de la Vida (UIL). [Consulta 29 mayo 2022] Disponible en: https://unesdoc.unesco.org/ark:/48223/ pf0000187789

— (2010c). *I Informe Mundial sobre el Aprendizaje y la Educación de Adultos (GRALE-I).* Hamburgo: Instituto de la UNESCO para el Aprendizaje a lo Largo de la Vida (UIL). [Consulta 29 abril 2022] Disponible en: https://unesdoc.unesco.org/ark:/48223/pf0000189407

— (2010d). *I Informe Mundial sobre el Aprendizaje y la Educación de Adultos. Resumen ejecutivo (GRALE-I).* Hamburgo: Instituto de la UNESCO para el Aprendizaje a lo Largo de la Vida (UIL). [Consulta 29 abril 2022] Disponible en: https://unesdoc.unesco.org/ark:/48223/pf0000186371_spa

— (2013). *II Informe Mundial sobre el Aprendizaje y la Educación de Adultos (GRALE-II).* Hamburgo: Instituto de la UNESCO para el Aprendizaje a lo Largo de la Vida (UIL). [Consulta 29 abril 2022] Disponible en: https://unesdoc.unesco.org/ark:/48223/pf0000225875

— (2016). Recomendación sobre el Aprendizaje y la Educación de Adultos-2015. Hamburgo: Instituto de la UNESCO para el Aprendizaje a lo Largo de la Vida (UIL). [Consulta 25 febrero 2022] Disponible en: https://uil.unesco.org/es/educacion-adultos/recomendacion/recomendacion-sobre-aprendizaje-y-educacion-adultos-unesco-2015

— (2017). *III Informe Mundial sobre el Aprendizaje y la Educación de Adultos (GRALE-III). El impacto del aprendizaje y la educación de adultos sobre la salud y el bienestar; el empleo y el mercado de trabajo, y la vida social, cívica y comunitaria.* Hamburgo: Instituto de la UNESCO para el Aprendizaje a lo Largo de la Vida (UIL). [Consulta 25 febrero 2022] Disponible en: https://unesdoc.unesco.org/ark:/48223/pf0000247556

— (2020). *IV Informe Mundial sobre el Aprendizaje y la Educación de Adultos (GRALE-IV). No dejar a nadie atrás: participación, equidad e inclusión.* Hamburgo: Instituto de la UNESCO para el Aprendizaje a lo Largo de la Vida (UIL) [Consulta 25 febrero 2022] Disponible en: https://unesdoc.unesco.org/ark:/48223/pf0000374755

— (2021). Reconocimiento, validación y acreditación de la educación básica de jóvenes y adultos como fundamento del aprendizaje a lo largo de la vida. París: UNESCO.

— (2022). *Hacer del aprendizaje a lo largo de toda la vida una realidad.* Hamburgo: Instituto de la UNESCO para el Aprendizaje a lo Largo de la Vida (UIL).

— (2022a). Marco de Acción de Marrakech. Séptima Conferencia Internacional de Educación de Adultos (CONFITEA VII: Marrakech. Hamburgo: Instituto de la UNESCO para el Aprendizaje a lo Largo de la Vida (UIL). [Consulta 29 mayo 2022] Disponible en: https://unesdoc.unesco.org/ark:/48223/pf0000382306_spa

— (2022b). *V Informe Mundial sobre el Aprendizaje y la Educación de Adultos (GRALE-IV). Educación para la ciudadanía* (Resumen ejecutivo). Hamburgo: Instituto de la UNESCO para el Aprendizaje a lo Largo de la Vida (UIL). [Consulta 29 mayo 2022] Disponible en: https://unesdoc.unesco.org/ark:/48223/pf0000381669_spa

— (2022c). *V Global Report on Adult Learning and Education. Citizenship education.* Hamburgo: Instituto de la UNESCO para el Aprendizaje a lo Largo de la Vida (UIL). [Consulta 25 mayo 2022] Disponible en: https://unesdoc.unesco.org/ark:/48223/pf0000381666

— (2023a). Sobre la UNESCO [Consulta 20 diciembre 2022] Disponible en: https://es.unesco.org/about-us/introducing-unesco

— (2023b). Historia y misión de la UNESCO [Consulta 20 abril 2023] Disponible en: https://www.unesco.org/es

— (2023c). Sobre el Instituto de la UNESCO para el Aprendizaje a lo Largo de la Vida (UIL). [Consulta 20 abril 2023] Disponible en: https://www.uil.unesco.org/es

— (2023d). Library [Consulta 20 diciembre 2022] Disponible en: https://uil.unesco.org/library

— (2023e). The International Review of Education – Journal of Lifelong Learning. [Consulta 20 abril 2023] Disponible en: https://uil.unesco.org/journal-international-review-of-education

— (2023f). Foro Político de Alto Nivel sobre el Desarrollo Sostenible [Consulta 20 abril 2023] Disponible en: https://www.un.org/es/cr%C3%B3nica-onu/el-foro-pol%C3%ADtico-de-alto-nivel-sobre-desarrollo-sostenible-de-julio-de-2019-una

— (2023g). Hacer del aprendizaje a lo largo de la vida una realidad (El enfoque de la UIL) [Consulta 20 abril 2023] Disponible en: https://unesdoc.unesco.org/ark:/48223/pf0000384098

UNIÓN EUROPEA (1994). *Crecimiento, competitividad y empleo. Retos y pistas para entrar en el siglo XXI. Libro blanco.* Luxemburgo: Oficina de Publicaciones Oficiales de las Comunidades Europeas.

— (1996). *Enseñar y aprender. Hacia la sociedad del conocimiento. Libro Blanco.* Luxemburgo: Oficina de Publicaciones Oficiales de las Comunidades Europeas.

— (2000). Memorandum sobre el aprendizaje permanente. Bruselas: Comisión de las Comunidades Europeas.

— (2001a). Hacer realidad un espacio europeo del aprendizaje permanente. Bruselas: Comunicación de la Comisión. [Consulta 20 noviembre 2022] Disponible en: https://eur-lex.europa.eu/LexUriServ/LexUrServ.do?uri= COM: 2001:0678:FIN:ES:PDF

— (2001b). *Iniciativas nacionales para promover el aprendizaje a lo largo de la vida.* CEDEFOP y EURIDICE. Madrid: Subdirección General de Información y Publicaciones del MEC.

— (2002). La Declaración de Copenhague. Diario Oficial de las Comunidades Europeas. [Consulta 7 junio 2022] Disponible en: https://eur-lex.europa.eu/ES/legal-content/summary/world-summit-for-social-development.html

— (2004). Principios europeos comunes para la identificación y validación de los aprendizajes no formales e informales. Conclusiones del Consejo. Bruselas: Comisión de las Comunidades Europeas. [Consulta 7 mayo 2023] Disponible en: https://data.consilium.europa.eu/doc/document/ST-9600-2004- INIT/es/pdf

— (2006). Aprendizaje de adultos: Nunca es demasiado tarde para aprender. Bruselas: Comunicación de la Comisión Europea.

— (2011). *Renewed European Agenda for Adult Learning*. Luxemburg: Official Journal of the European Union. [Consulta 17 septiembre 2022] Disponible en: https://eur-lex.europa.eu/legal-content/EN/TXT/?uri=uriserv:OJ.C_.2011.372.01.0001.01.ENG

— (2015). Educación y formación de adultos en Europa. Ampliar el acceso a las oportunidades de aprendizaje. Informe Eurydice. Madrid: Ministerio de Educación, Cultura y Deportes. [Consulta 17 abril 2022] Disponible en: http://publications.europa.eu/resource/cellar/aaeac7ed-7bad-11e5-9fae-01aa75ed71a1.0004.01/DOC_1

— (2016). Directrices europeas para la validación del aprendizaje no formal e informal. CEDEFOP. Luxembourg: Oficina de publicaciones. [Consulta 7 junio 2022] Disponible en: http://dx.doi.org/10.2801/758304

— (2017). Pilar Europeo de Derechos Sociales. Bruselas: Consejo de la Unión Europea. [Consulta 17 abril 2022] Disponible en: https://ec.europa.eu/info/strategy/priorities-2019-2024/economy-works-people/jobs-growth-and-investment/european-pillar-social-rights/european-pillar-social-rights-20-principles_en

— (2018). C 189/1 Recomendación del Consejo de 22 de mayo de 2018 relativa a las competencias clave para el aprendizaje permanente. Diario Oficial de la Unión Europea. [Consulta 17 diciembre 2022] Disponible en: https://eur-lex.europa.eu/legal-content/ES/TXT/PDF/?uri=CELEX:32018H0604(01)

— (2020). Population by educational attainment level, sex and age (%) En Eurostat [Consulta 4 diciembre 2022] Disponible en: https://ec.europa.eu/eurostat/databrowser/view/edat_lfs_9903/default/table?lang=en

— (2021). Educación y formación de adultos en Europa. Creación de vías de acceso inclusivas a las competencias y cualificaciones. Informe Eurydice. Luxemburgo: Oficina de Publicaciones de la Unión Europea. [Consulta 17 abril 2022] Disponible en: https://sede.educacion.gob.es/publiventa/descarga.action?f_codigo_agc=23188

URSO, J. P. (2005). *Comment valider les acquis de son expérience*. Paris: Chiron.

VALDIVIELSO, S. (1999). *Women´s participation in adult education: the IALS data*. Hamburg: Unesco Institute for Education.

VALDIVIELSO, S. y RODRÍGUEZ, G. (1997). The Canary Islands: a dual learning society. En Bélanger y Valdivielso, *The emergence of learning societies: Who participates en adult learning?* Oxford: Pergamon and UNESCO Institute for education.

VALLS, R. (2000). *Comunidades de aprendizaje: una práctica educativa de aprendizaje dialógico para la sociedad de la información* (Tesis doctoral). Barcelona: Universidad de Barcelona.

VALLS, R. y MUNTÉ, A. (2010). Las claves del aprendizaje dialógico en las Comunidades de Aprendizaje. En *Revista Interuniversitaria de Formación del Profesorado*, vol. 24, núm. 1, 11-15.

VALLS, R., PRADOS, M. y AGUILERA, A. (2014). El proyecto INCLUD-ED: estrategias para la inclusión y la cohesión social en Europa desde la educación. En *Investigación en la escuela*, Monografía, 31-43.

VARGAS-HERNÁNDEZ, J. G. (2013) Análisis crítico sobre el desarrollo institucional. En *DRd-Desenvolvimento Regional em debate*, año 3, núm. 1.

VATTIMO, G. (1998b). *El fin de la modernidad*. Barcelona: Gedisa.

VÁZQUEZ GÓMEZ, G. (2002). El sistema educativo ante la educación de calidad para todos a lo largo y ancho de la vida. En *Revista de Educación* (núm. extr.), 39-57.

VEGA, J. L. y BUENO, B. (1995). *Desarrollo adulto y envejecimiento*. Madrid: Síntesis.

VERNER, C. (1964). Definition of terms. En Jensen, *et al.* (comps.), *Adult education: outlines of an emerging field of university study*. Washington, D. C.: Adult Education Association of the United States. En Lowe (1976), *opus cit.*

VILADOT, G. y ROMANS, M. (1988). *La Educación de Adultos*. Barcelona: Laia.

VILAPLANA, C. (2010). Relación entre los programas universitarios para Mayores, la satisfacción durante la jubilación y la calidad de vida. *Revista de Investigación Educativa*, 1(28), 195-216.

VILLALOBOS, J. (2000). Educación y concientización: legados del pensamiento y acción de Paulo Freire En *Educere*, vol. 4, núm. 10, 17-24.

VIÑAO, A. (1996). Innovación y políticas educativas en su perspectiva histórica: teoría, legalidad y prácticas. En *Innovación pedagógica y políticas educativas. XI Congreso Nacional de Pedagogía*. San Sebastián: Universidad del País Vasco: Servicio de Publicaciones.

VV. AA. (1998). *Sectores emergentes en el campo de la educación permanente*. Universitat de les Illes Balears.

— (2000). Licenciatura en Formación de Personas Adultas. I Jornadas de Trabajo de Ámbito Estatal. (Documento de trabajo no editado). Universidad de Barcelona.

— (2001). Licenciatura en Formación de Personas Adultas. II Jornadas de Trabajo de Ámbito Estatal. (Documento de trabajo no editado). Universidad de Barcelona.

— (2003). *Teoría de la educación ayer y hoy.* Seminario Interuniversitario de Teoría de la Educación. Murcia: Selegráfica.

— (2006). Máster en Educación y Formación de Personas Adultas. (Documento de trabajo no editado). UNED.

VYGOTSKY, L. S. (1989). *El desarrollo de los procesos psicológicos superiores.* Barcelona: Grijalbo.

VYGOTSKY, L. S. (1995). *Pensamiento y lenguaje.* Barcelona: Paidós.

WEDEMEYER, C. (1977). Independent study. En Knowles, A. S. (ed.) *The International Encyclopedia of Higher Education*, pág. 2114-32. Boston: CIHED. En Keegan (1990), *opus cit.*

YOUNIS, J. A. (1993). *El aula fuera del aula.* Las Palmas de Gran Canaria: Nogal.

ZABALZA, M. A. (1993). *Diseño y desarrollo curricular.* Madrid: Narcea.

ZELLER, O. (2006). *Valider ses acquis.* Paris: Groupe Express.

ZIRKEL, S. (1992). Developing independence in a life transition: Investing the self in the concerns of the day. En *Journal of Personality and Social Psychology*, 62, 506-521.